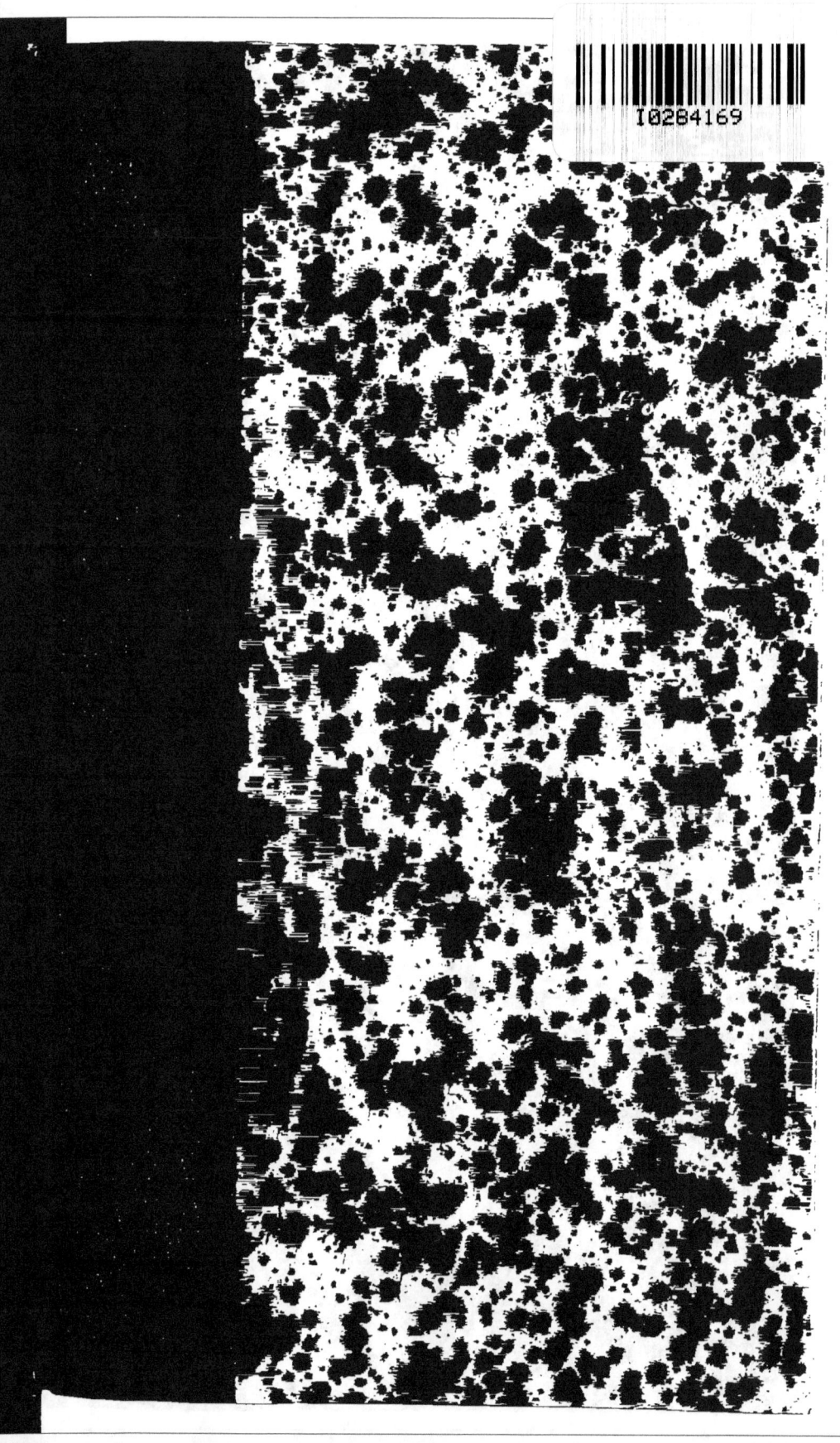

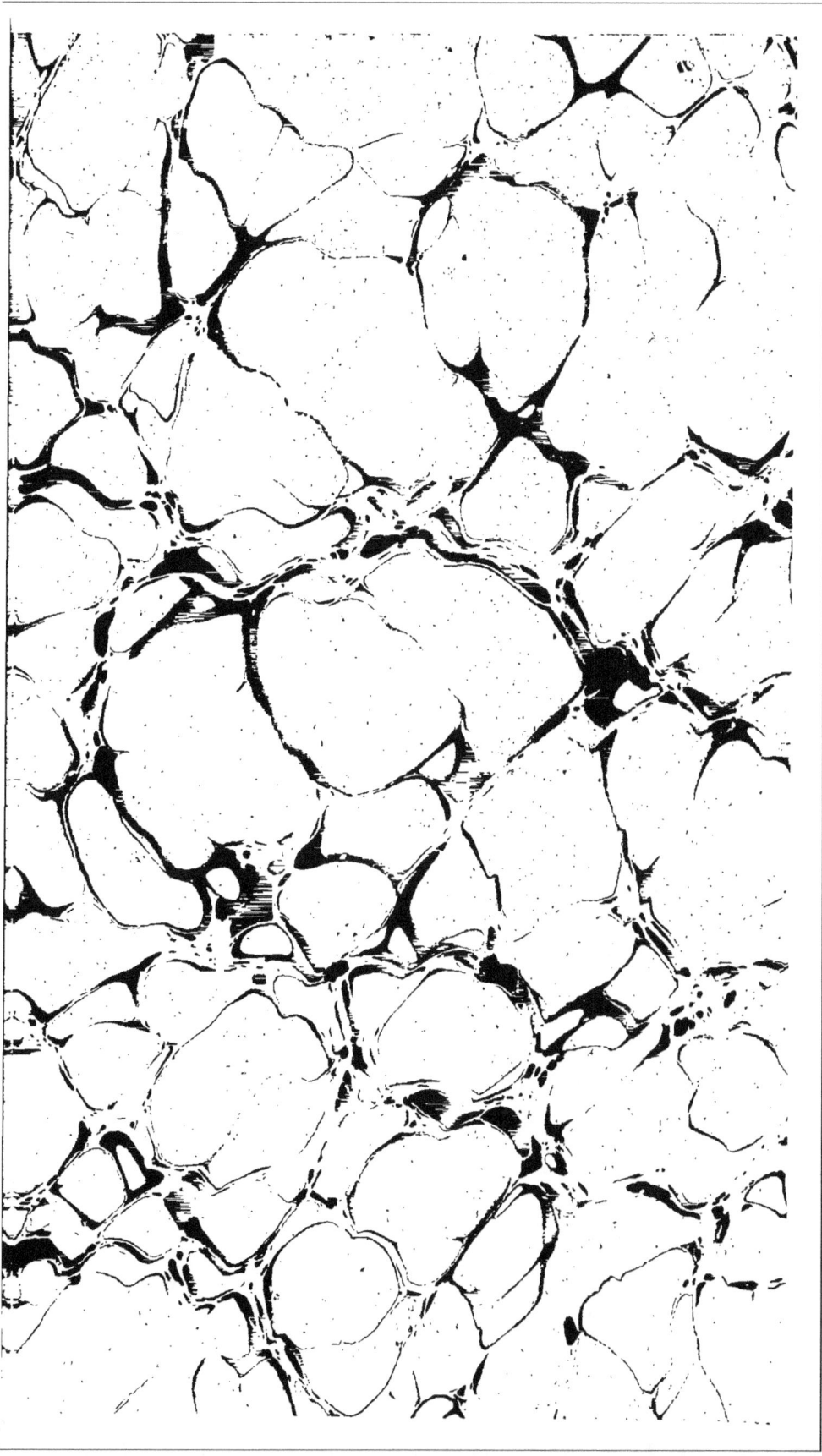

MANGEYNES & FILS
RELIURE INTRO
BREVETÉ S.G.D.G

HISTOIRE

DE

SAINTE MONIQUE

PAR

M. L'ABBÉ BOUGAUD

VICAIRE GÉNÉRAL D'ORLÉANS

CINQUIÈME ÉDITION

PARIS
LIBRAIRIE POUSSIELGUE FRÈRES
RUE CASSETTE, 27

1872

Tous droits réservés.

HISTOIRE

DE

SAINTE MONIQUE

PROPRIÉTÉ DES ÉDITEURS

HISTOIRE

DE

SAINTE MONIQUE

PAR

M. L'ABBÉ BOUGAUD

VICAIRE GÉNÉRAL D'ORLÉANS

« Lisez l'histoire de sainte Monique.
« Vous y verrez le soin qu'elle eut de
« son Augustin, et plusieurs choses qui
« vous consoleront. »

(*Lettre de saint François de Sales
à M*^{me} *de Chantal.*)

CINQUIÈME ÉDITION

PARIS

LIBRAIRIE POUSSIELGUE FRÈRES

RUE CASSETTE, 27

1872

Tous droits réservés.

AVANT-PROPOS

DE LA DEUXIÈME ÉDITION

———

Personne n'avait encore songé à nous donner l'histoire de sainte Monique; et pourquoi n'avouerions-nous pas qu'à la première ouverture que nous fîmes de notre projet, nous trouvâmes, parmi nos amis eux-mêmes, un peu d'étonnement avec beaucoup d'inquiétude. Où étaient les matériaux et quel pouvait être l'intérêt d'une pareille histoire? Les matériaux! il y avait plus d'un an que nous les étudiions avec une émotion croissante; et quant à l'intérêt de l'histoire, que voulait-on de plus que ce drame d'un fils sauvé par les larmes de sa mère, et devenant, sous cette rosée vivifiante, un grand génie et un grand saint? Nous résolûmes donc de passer outre, comptant sur

Dieu pour nous bénir, et, s'il y avait témérité dans notre projet, sur le cœur des mères pour nous absoudre. Nous n'avons pas eu lieu de nous en repentir. La première édition de cet ouvrage, tirée à un nombre considérable d'exemplaires, a été enlevée en quelques semaines; et, malgré tous nos efforts, il nous a été impossible de répondre plus tôt à l'empressement du public, qui depuis plusieurs mois nous en demande une seconde.

Mais ce qui, mieux encore que cette bienveillance empressée, est pour nous le signe de la bénédiction de Dieu sur ce livre, ce sont les sentiments avec lesquels il a été accueilli. Depuis qu'il a paru, il n'est pas de jour qui ne nous apporte quelques lettres, signées la plupart du temps de noms inconnus, et empreintes de toutes les tristesses et de toutes les espérances des mères. Voilà six mois que nous entendons battre leurs cœurs et crier leurs âmes; et que nous recueillons des témoignages de reconnaissance dont la vivacité nous étonne.

L'*Introduction* venait à peine de paraître, qu'une dame du monde éprouvée par de

grands malheurs, et élevée par ces malheurs mêmes aux plus hautes vertus, nous demandait la permission de faire imprimer cette *Introduction* à cent mille exemplaires, « afin de
« procurer, nous écrivait-elle, à une foule de
« mères la consolation qu'elle y avait trouvée
« elle-même. » Et le même jour nous recevions d'un père de famille, un de ces hommes de foi et de cœur comme il n'y en a plus assez dans la société moderne, la lettre suivante, que sa trop grande bienveillance nous oblige à mutiler : « Un cri s'échappe de toutes les
« poitrines à la lecture de votre préface de la
« *Vie de sainte Monique*. De pareils accents
« sont faits pour consoler bien des misères et
« pour rendre l'espérance à bien des cœurs
« brisés. Les mères s'attendrissent jusqu'au
« fond des entrailles, et les pères eux-mêmes
« essuient les larmes que vous leur arrachez.
« Oui, monsieur l'abbé, je crois être l'écho
« de tous les chefs de famille en vous disant
« que vous nous avez subjugués. Votre émo-
« tion nous a émus; vos accents si vrais, si
« éloquents, si passionnément exprimés, ont
« fait vibrer les dernières fibres de notre sen-

« sibilité, en nous forçant à rentrer dans cette
« voie des joies austères, mais assurées, que
« donne la foi, et en réveillant l'énergie de
« notre volonté par l'amour le plus noble et
« le plus pur qui puisse jamais enflammer un
« cœur. Merci, Monsieur; le service que vous
« nous rendez ne se paie pas; mais si la re-
« connaissance d'un père a quelque valeur,
« daignez en accepter l'hommage, etc. »

Écoutons maintenant la voix d'une mère :
« Si je réfléchissais, Monsieur, à la hardiesse
« qui me fait vous écrire, je ne prendrais pas
« la plume; mais je cède à l'élan d'une âme
« accablée de douleur et qui n'ose encore
« s'abandonner à l'espérance. Je viens de lire
« votre livre, et j'ai baigné de mes larmes la
« page où vous dites qu'une mère peut sauver
« son fils, si elle le veut. Mais moi, Monsieur,
« je ne suis qu'une pauvre pécheresse : le
« puis-je malgré cela? J'aurais dû être sainte,
« ayant été mariée à un homme de bien que
« Dieu a éprouvé de mille manières, qui a
« été trahi, calomnié, ruiné, et avec lequel
« j'ai vécu de pleurs et de larmes depuis qua-
« torze ans, et l'année dernière il a terminé sa

« vie, accablé d'épreuves. Il me reste un fils;
« mais, hélas! c'est lui qui a été la source la
« plus amère des larmes de mon pauvre mari.
« Priez pour ce malheureux enfant. Qu'il ait
« le courage d'abandonner la vie qu'il mène,
« pour laquelle il a tout sacrifié, son père, sa
« mère, son nom, sa fortune. Ah! du moins,
« qu'il ne perde pas son âme. Oh! Monsieur,
« sainte Monique doit vous aimer; priez-la
« pour une mère qui se meurt de douleur en
« pensant au salut de son fils, etc. »

J'ai là, sous les yeux, plus de cinquante lettres baignées des mêmes larmes, et arrachées aux mêmes émotions. Je les laisse pour en choisir une, d'un ton bien différent, mais qui, elle aussi, a été profondément à mon cœur. Elle est d'une dame du monde qui porte un nom considérable, une grande âme qui faillit un jour et se releva plus grande, transfigurée par le repentir et par le douloureux sacrifice que lui arracha l'amour de Dieu. Après quelques mots sur l'ensemble du livre :
« Vous dirai-je maintenant, ajoute-t-elle,
« mon émotion aux pages qui nous montrent
« rapidement *la malheureuse jeune fille qui*

« *oublie Dieu pour Augustin...*, *et pour la-*
« *quelle Augustin oublie Dieu?* Pour moi,
« *cette figure voilée* n'a pas de voiles. C'est
« mon âme elle-même qui lutte quinze ans,
« qui s'échappe enfin, qui ne se repose qu'en
« Dieu, qui passe le reste de sa vie à prier, à
« se purifier, à aimer encore! L'histoire ne
« dit rien des grâces qui furent assez fortes
« pour l'arracher des côtés d'Augustin et d'A-
« déodat, mon âme reconnaissante est là pour
« les conter. L'histoire ne dit pas non plus
« qu'elle quitta tout et se donna à Dieu pour
« que son fils s'y donnât lui-même, pour en-
« serrer sa jeune âme dans les mille liens de
« ses incessantes prières, et afin que, si un
« jour la vérité lui était connue, ou qu'il
« tombât lui-même, il sût comment on se re-
« lève; et qu'enfin elle avait tendrement, mais
« constamment pleuré le malheur qu'il fût
« né! Je suis là pour le dire. Mon mal ne se
« guérit pas vite; mais je ne doute pas de
« finir ma vie, avec ou sans guérison, dans
« l'amour de Dieu, qui est plus fort que tout.
« Priez pour moi, et demandez avec moi la
« parfaite réalisation des vues de Notre-Sei-

« gneur sur mes ruines. Je l'attends en priant
« et en pleurant sans relâche ni repos, mais
« en paix. » Elle ajoute, en faisant allusion à
« un passage du livre : « Dieu au ciel, et ceux
« que j'ai aimés, offerts à Dieu et rachetés à
« force de larmes ! Cela me suffit presque. Et
« que faut-il de plus, même pour aller au ciel,
« si on a un repentir plus mêlé d'amour que
« de crainte? »

Voici maintenant des accents bien différents. C'est une toute jeune fille, un de ces anges de piété, de pureté, de modestie, qui, dans des familles nombreuses et peu fortunées, se dévouent quelquefois à aider la mère, et, si elle venait à manquer, à la suppléer; et qui bien jeunes encore, à dix-huit, à vingt ans, portent dans leurs cœurs de vierges toutes les angoisses de la maternité. « Il y a quelques
« jours, m'écrit-elle, j'avais lu la préface de
« votre livre dans les *Annales d'Orléans,* et
« j'avais eu une petite pointe de tristesse en
« voyant cette double vie à laquelle il est
« donné à une mère d'enfanter ses enfants et
« de laquelle je semblais exclue. J'étais allée
« m'en plaindre à Notre-Seigneur, qui m'a-

« vait fait entrevoir votre pensée ; et déjà
« j'en étais toute consolée, quand j'ai lu, dans
« l'ouvrage, la note que vous avez ajoutée à
« la préface¹, et qui m'a rendue toute joyeuse
« de nouveau. Oh! c'est que j'ai des Au-
« gustins aussi, de tout petits Augustins. Le
« bon Dieu les a faits proportionnés à leur
« Monique. Et j'ai mieux senti que jamais,
« en vous lisant, qu'il faut que je me donne
« tout entière pour eux. Mes lâchetés, mes
« découragements, mes manques de foi à leur
« endroit me remplissent de regret. Si j'avais
« mieux cru en Dieu, s'il y avait eu plus de
« ferme espérance dans toutes les larmes que
« j'ai déjà versées pour eux, peut-être qu'ils
« seraient des saints aujourd'hui? Et puis,
« c'est qu'il n'y a pas seulement l'âme des
« miens qui m'occupe, j'en vois tant d'au-
« tres!... Et je voudrais tant que l'Église ait
« tous les amours! »

On touche ici de la main, ou plutôt du cœur, ce commerce avec les âmes qui est si doux, et dont parlait avec tant d'élévation le P. Lacor-

---

1 Voir page 58, la note relative à Eugénie de Guérin.

daire, lorsqu'au début de son illustre apostolat il commençait à en sentir le charme : « Le commerce avec les âmes, écrivait-il, se révélait à moi, commerce qui est la véritable félicité du prêtre quand il est digne de sa mission, et qui lui ôte tout regret d'avoir quitté pour Jésus-Christ les liens, les amitiés et les espérances du monde. Je voyais naître ces affections et ces reconnaissances, dont aucune qualité naturelle ne peut être la source, et qui attachent l'homme à l'apôtre par des liens dont la douceur est aussi divine que la force. Quand une fois on a été initié à ces jouissances, qui sont comme un arome anticipé de l'autre vie, tout le reste s'évanouit, et l'orgueil ne monte plus à l'esprit que comme un souffle impur dont le goût amer ne peut le tromper. » Je l'avais déjà éprouvé, ce doux commerce des âmes, lors de la publication de l'*Histoire de sainte Chantal;* sainte Monique me le révèle aujourd'hui avec quelque chose de plus touchant et de plus ému.

Il ne faudrait pas croire, cependant, qu'un livre de ce genre tombât toujours dans des mains aussi pieuses; il s'égare quelquefois

dans des régions tout à fait mondaines, et il vous revient de là des accents qui ont leur charme aussi et leur lumière. « Il faut bien
« que je vous le confesse, Monsieur, m'écrit
« une mère, une *Vie* de Saint ne m'avait
« jamais tentée comme lecture intéressante,
« et si votre volume ne m'eût été envoyé par
« mon fils, qui l'a gagné à une loterie, jamais,
« sans doute, je ne me le fusse procuré. Je
« rends grâces au Ciel de sa bonne chance et
« de ce qu'il a pensé à m'en faire cadeau. Il
« ne prévoyait pas que cet ouvrage allait être
« pour moi une nouvelle et puissante mani-
« festation de Dieu à l'âme qui le cherche.
« Car, Monsieur, c'est saint Augustin surtout
« qui m'a fait du bien, trouvant, hélas! bien
« plus d'analogie entre son âme tourmentée
« et privée de lumière et la mienne, qu'entre
« ma misère et l'incomparable vertu de sainte
« Monique. Voulez-vous m'autoriser, Mon-
« sieur, à vous dire toute ma pensée sur votre
« ouvrage? Je crains que le modèle que vous
« offrez aux mères ne soit si parfait, qu'au-
« cune ne se sente le courage de s'essayer à
« le suivre. Nous sommes si lâches! Nous

« aimons si peu Dieu! Et si nous aimons
« beaucoup nos enfants, nous les aimons si
« peu pour Dieu! Je croyais aimer mon fils
« en vraie mère chrétienne, du moins depuis
« quelque temps que j'ai reçu du Ciel la
« grâce d'un peu plus de sérieux, et, ayant
« triomphé de tous les obstacles pour le placer
« dans une maison d'éducation chrétienne, je
« croyais avoir fait tout ce que j'avais à faire;
« mais, Monsieur, comme j'ai été détrompée
« par le modèle que vous avez mis sous mes
« yeux. Eh! qui jamais, dans notre temps,
« pourra s'élever si haut! J'en suis presque
« découragée. Je me demande si Dieu exige
« un tel amour de toutes les mères; et, s'il le
« demande, comment le conquérir? Aimer
« ses enfants jusqu'à désirer de les perdre
« plutôt que de les voir pécher! quelquefois
« je dis à Dieu dans mes prières que tel est
« mon désir. Mais que de réticences! Il me
« semble, en le disant, que je blasphème mon
« amour. »

Oh! non, vous ne blasphémez pas votre amour, ô mère qui commencez à entrevoir les sommets divins de l'affection et qui hésitez à y monter. Courage! l'heure n'est pas loin où vous serez une vraie mère!

Qu'ajouterai-je à toutes les lettres que je viens de citer? C'est le bonheur d'un livre comme celui-ci, qui s'adresse aux meilleurs sentiments de l'âme, de pénétrer plus loin encore, en des régions tout à fait séparées de nous, et d'y exciter là aussi des émotions pleines d'espérance. Parmi toutes ces lettres, en voici une qui arrive d'Angleterre, et qui est signée par un ministre protestant, une de ces âmes en travail de la vérité, comme il y en a tant dans ce noble et religieux pays :
« Je viens de parcourir avec bonheur votre
« beau livre sur sainte Monique, et laissez-
« moi vous en remercier. Il me paraît avoir
« d'autant plus d'actualité que l'on pourrait
« comparer notre siècle lui-même au bouil-
« lant Augustin. Ah! puisse la voix divine
« retentir victorieuse : *Prends et lis,* et l'É-
« criture le ramener à l'Église, cette mère
« attristée, dont la mission est de persévérer
« dans la prière et les larmes. Car, Monsieur,
« ne pensez-vous pas, comme moi, que le
« jour approche où, suivant la promesse de

« Malachie, le cœur des pères et le cœur
« des enfants se rapprocheront. Sept cents
« millions de créatures humaines attendent
« notre conciliation pour embrasser l'Évan-
« gile. Essayons, comme autrefois sainte
« Monique, de hâter leur délivrance, à force
« de prières, de soupirs et de saints labeurs.
« Le soir même du jour où j'achevais cette
« lecture, je montrais votre livre, dans un
« salon protestant, à une dame haut placée,
« grande admiratrice de Mme de Chantal, et
« qui a transcrit pour son édification plusieurs
« des pages que vous avez écrites. L'attendris-
« sement nous a tous gagnés en pensant aux
« maux de ce siècle. Il faut que nous ayons
« pour lui les angoisses d'une mère pour son
« Augustin. »

Je ne me lasserais pas de feuilleter ces lettres, où retentit, dans un accent si vrai, si profond et si vif, ce grand amour paternel et maternel, notre suprême espérance aujourd'hui, et où l'on voit à la fois combien les douleurs sont profondes, mais aussi, grâce à Dieu, combien les ressources sont grandes. Citons-en encore une; je ne sais rien de plus

consolant que de telles paroles : « Veuillez
« permettre à une simple femme, à une mère
« vendéenne, tout émue encore de la lecture
« de votre *Vie de sainte Monique*, de vous
« adresser les plus vifs remercîments au nom
« de toutes les mères chrétiennes. Aucune
« ne la lira, j'en suis persuadée, sans être
« soulevée de terre, touchée au plus profond
« de son cœur, et enthousiasmée par la gran-
« deur de sa vocation et la sublimité de ses
« pouvoirs. Oui, Monsieur, vous avez rai-
« son : s'il faut être prêt à mourir pour sau-
« ver la vie temporelle à son enfant, com-
« bien plus pour sauver son âme! Et quand
« on a cette décision dans le cœur, oui, je le
« crois, j'en suis sûre, il est impossible qu'on
« n'y réussisse pas. J'ai tressailli en lisant
« la page où vous nous montrez la mère des
« Macchabées, la mère de saint Symphorien,
« et plusieurs autres, excitant elles-mêmes
« leurs jeunes fils à mourir plutôt que d'of-
« fenser Dieu. Mais, Monsieur, pourquoi n'a-
« vez-vous cité que des mères de l'antiquité?
« Croyez-vous celles d'aujourd'hui incapables
« d'un tel héroïsme? N'en savez-vous point

« d'exemples dans les temps modernes? » Et cette mère, piquée d'une noble jalousie, me citait l'exemple de deux ou trois femmes qui, pendant les horreurs de la Révolution, avaient égalé tout ce qu'il y a de plus sublime dans l'histoire de la mère des Macchabées : Mme de la Roche Saint-André, par exemple, qui, condamnée à mort avec ses trois filles, demanda et obtint qu'elles montassent sur l'échafaud avant elle, « afin que je voie, disait-elle, tout ce que j'aime en sûreté ; » ou Mme Saillous de Saumur, qui, conduite à l'échafaud avec sa jeune fille âgée de dix-huit ans et de la plus rare beauté, remarquant avec inquiétude les assiduités d'un officier de l'escorte connu pour un misérable, et les hésitations de sa fille, qui, en le suivant, pouvait se sauver, offrit une récompense au bourreau pour que celle-ci mourût avant elle. Elle vit tomber la tête de sa fille; et au moment de la suivre elle-même, déroulant ses cheveux, elle en tire quelques pièces d'or qu'elle y avait cachées, les donne au bourreau, et meurt joyeuse en pensant que du moins la vertu de son enfant est à l'abri.

Voilà ce que m'écrivait cette mère vendéenne ; et à ces deux faits héroïques elle aurait pu joindre l'histoire de cette mère irlandaise, que citait un jour O'Connell. Son fils hésitait en présence d'un vote contraire à la liberté de l'Irlande, dans la crainte de voir sa vieille mère, sa jeune femme, ses petits enfants chassés de leur maison et condamnés à la misère et à la faim. Tout à coup, au moment où, succombant à ces navrantes images, il allait déposer dans l'urne un vote coupable, sa vieille mère apparaît, lui saisit le bras et lui crie : « Souviens-toi de ton âme et de la liberté. »

Je pleurais en lisant cette lettre, et je me disais : Oh ! oui, ce siècle est bien troublé ; mais le cœur des mères y bat d'une manière trop sublime, pour qu'il n'y ait pas tout à espérer. Oui, oui, le siècle des Augustins sera racheté par le siècle des Moniques.

C'est pour aider à ce mouvement que j'ai écrit ce livre ; et je bénis Dieu qu'il ait éveillé dans les âmes un tel écho, et je bénis aussi les mères qui ont achevé ma pensée avec leur cœur, et qui ont su y trouver, par l'intuition de leur amour, ce que mon faible génie n'avait pas su y mettre.

Il s'en faut bien, en effet, je ne le sens que trop, que ce livre réponde à la grandeur et à la beauté du sujet; hélas! il ne répond pas même à mon rêve. Mais parmi les reproches qui ont pu lui être adressés, il en est un, je dois le dire, que je n'accepte pas. C'est d'avoir parlé trop longuement de saint Augustin. « Laissez dire à qui le voudra, m'écrivait un « de nos plus grands orateurs, que l'histoire « de sainte Monique ne sera jamais que celle « de saint Augustin. Et c'est là précisément « sa grandeur et sa beauté. C'est la nou-« veauté et l'originalité de votre livre. » Et une mère m'écrivait de son côté : « Ceux qui « seraient tentés de se plaindre que dans « l'histoire de sainte Monique saint Augustin « soit au premier plan, et y tienne trop de « place, ne savent pas ce que c'est qu'une « mère. C'est le bonheur des mères de mettre « leurs enfants au premier plan et de se ca-« cher derrière eux. Mais en se cachant, elles « continuent à les porter. Elles vivent en eux, « et, pour ma part, je ne concevrais pas l'his-

« toire d'une mère où l'on ne trouverait pas
« celle de ses enfants. »

Aussi, bien loin d'avoir diminué, dans cette nouvelle édition, la part de saint Augustin, j'ai cru devoir l'augmenter, heureux de suivre le conseil que me donnait, dans une lettre trop aimable, un des plus grands défenseurs que l'Église de Dieu ait dans ce siècle. Après m'avoir exprimé les appréhensions bienveillantes qu'il avait éprouvées à l'annonce de l'*Histoire de sainte Monique*, il ajoutait :
« Grâces à Dieu, qui a béni votre désintéres-
« sement et la piété de votre zèle, ces craintes
« ont fait place à la plus large satisfaction.
« L'*Histoire de sainte Monique* est réelle-
« ment écrite, non moins bien, quoique plus
« vivement que *sainte Chantal*. Il y a plus
« de jet, sans qu'on s'aperçoive qu'il y ait
« moins de correction. Vous n'avez pas moins
« heureusement franchi l'écueil du sujet;
« vous avez regagné en profondeur et en élé-
« vation ce qu'il vous refusait en variété et
« en étendue; moins riche de cadre et de plan
« que *sainte Chantal*, ce n'est pas une époque
« ni un mouvement de l'histoire de la sainteté

« que peint votre nouvel ouvrage; c'est moins
« et plus. C'est une figure relevée par une
« autre, comme dans le tableau d'Ary Schef-
« fer. Mais c'est la Mère et le Fils; et par là
« vous avez été et vous irez plus avant dans
« l'humanité chrétienne. La simplicité et
« l'exiguïté même du sujet fera de votre sainte
« Monique comme une flèche empennée de
« saint Augustin. » Et après ces trop aimables
paroles, il ajoutait : « Oserai-je vous dire
« qu'un chapitre, montrant en raccourci et
« en arrière-plan l'essor du génie et de la
« sainteté de celui-ci après la mort de sainte
« Monique, eût peut-être été un beau fond
« d'or, sur lequel elle se fût encore plus en-
« levée. »

Docile au conseil d'un tel maître, j'ai essayé d'écrire ce chapitre; mais pour en faire « un beau fond d'or », il m'aurait fallu le pinceau de l'éloquent apologiste qui a bien voulu m'en donner l'idée.

C'est, du reste, la seule addition que j'aie faite à cette seconde édition; et si on y joint quelques retouches aux endroits les plus difficiles, quelques délicatesses de sentiment ou de goût, indiquées avec bienveillance, acceptées avec gratitude, on aura à peu près toute la différence qui existe entre cette seconde édition et la première.

Qu'il reprenne donc sa course, ce livre que Dieu a daigné bénir! Qu'il aille de nouveau consoler et fortifier les mères. Qu'il leur apprenne à demeurer grandes en étant dévouées, à sauver ce siècle et à se sauver elles-mêmes en aimant l'âme de leurs enfants. Un historien protestant disait de la vieille France que c'était un royaume fait par des évêques. Hélas! ni les évêques ni les prêtres ne referont la France moderne, si les mères chrétiennes ne viennent à leur aide. Dieu a confié aux mères le berceau de l'homme : le berceau, c'est-à-dire presque tout!

Meurseault, le 29 juillet 1866.

INTRODUCTION

Une histoire comme celle dont j'entreprends le récit ne devrait pas s'écrire; il la faudrait chanter : car c'est un poëme. C'est le poëme du plus bel amour qui fut peut-être jamais; de l'amour le plus profond et le plus tendre, le plus élevé et le plus pur, et aussi le plus fort, le plus patient et le plus invincible; qui traverse vingt-cinq années d'épreuves et de larmes sans faiblir un instant, ou plutôt qui grandit avec les épreuves, devient plus ardent et plus obstiné en proportion même des obstacles; et qui, triomphant enfin (car qui pourrait résister à un pareil amour?), s'achève heureux dans une sorte de ravissement et d'extase.

Avez-vous vu quelquefois la belle peinture d'Ary Scheffer qui représente sainte Monique et saint Augustin sur le bord de la mer? Saint Augustin est assis au premier plan. C'est un jeune homme d'une trentaine d'années. Sa figure est pâle, fine, un peu triste encore, comme un malade qui a beaucoup souffert et qui entre en convalescence ; ses yeux sont noirs, profonds, pas assez trempés peut-être de sensibilité et de tendresse, mais pleins du plus beau feu; sa bouche pensive est fermée, comme celle d'un homme habitué au travail de l'esprit. Des cheveux courts, taillés en rond autour de la tête, laissent voir un front large, sur lequel tombe un rayon de lumière, symbole de l'état où est maintenant cette puissante intelligence. Le coude du bras droit est appuyé sur le genou, et l'avant-bras semble se relever pour soutenir une tête fatiguée; mais la tête n'a plus besoin d'appui : elle est droite, un peu renversée en arrière, afin de laisser au regard la liberté de se diriger vers le ciel. De sa main gauche Augustin presse les mains de sa mère, comme pour dire que si, après tant d'erreurs, de déceptions et de luttes, il peut maintenant lever vers Dieu un regard purifié et heureux, c'est à sa mère qu'il le doit.

Et cette mère, qu'elle est radieuse à côté de lui! Elle est tout entière dans la lumière; tandis qu'Augustin est encore un peu dans l'ombre, ainsi qu'il convient à un pénitent; et elle le domine de toute la tête, pour montrer qu'elle l'a précédé et que jusqu'ici elle est montée plus haut que lui dans la vérité et dans l'amour. Sous l'épanouissement de sa figure qui rayonne de joie, j'aurais aimé qu'on pût apercevoir la trace effacée de ses larmes; mais que ses yeux sont beaux, comme tous les yeux du reste qui regardent le ciel! que cette bouche entr'ouverte laisse bien voir ce qu'il y a de tendresse dans cette âme aimante! et que voilà bien la joie pure, sereine, reconnaissante, d'une mère qui a retrouvé son fils! Vêtue de blanc, enveloppée de longs voiles qui retombent ainsi que des ailes au repos, on dirait qu'elle n'attend que le signal de s'envoler; et, dans l'état où elle est, ayant ramené à Dieu son Augustin, le laissant chrétien, repentant, en voie de devenir un saint, elle s'envolerait, en effet, si de ses deux mains elle ne pressait la main de son fils. Voilà ce qui la retient encore. Mais, en regardant de près ces deux mains qui sont serrées plus qu'elles ne serrent et qui vont s'entr'ouvrir, on pressent que cette dernière étreinte ne la retiendra pas longtemps.

C'est de cette mère que j'écris. Je voudrais raconter son histoire, pour consoler tant de mères chrétiennes qui pleurent aujourd'hui comme elle pleura autrefois; pour avertir celles qui, plus jeunes, n'ont encore que de vagues inquiétudes; pour leur révéler à toutes ce que Dieu a mis en elles de forces divines, quand il s'agit du salut éternel de leurs enfants; ce qu'il a caché de ressources imprévues et infaillibles dans cette chose auguste qu'on appelle la Paternité et la Maternité.

Leibnitz disait : « On réformerait le monde, si on réformait l'éducation. » Je dis à mon tour : On réformerait l'éducation, et les enfants, et les jeunes gens, et les hommes, et on tirerait ce siècle de la redoutable crise religieuse qu'il traverse, si on parvenait à transformer les mères. Et que faudrait-il pour cela? une chose bien simple, et cependant bien rare, qui manque à presque toutes les mères, même aux meilleures : je veux dire la conscience des forces divines que la maternité a mises en elles, et le courage d'aller jusqu'au bout, quand il s'agit de l'âme de leurs enfants.

En général, il y a bien peu d'hommes qui aillent au bout de leurs forces. Quel est le penseur, par exemple, qui va au bout de sa raison? Quel est l'orateur qui sait tirer de son cœur tous les accents qui y sont contenus? Quel est l'homme public ou privé, quel est le chrétien qui, appliqué à une œuvre du temps, ou à une œuvre de l'éternité, sache y mettre toute son âme? Pour aller au bout des forces de son esprit ou de son cœur, il faut un sanglant effort, devant lequel presque tous reculent; et c'est là, pour le dire en passant, ce qui fait la rareté des héros ou des saints. De même aussi, à un autre point de vue, ce qui fait le malheur de ce temps et son redoutable péril, c'est qu'il n'y a presque plus de mères qui aillent, pour sauver leurs enfants, jusqu'au bout des forces divines de la maternité.

Je le disais un jour à une mère chrétienne que tourmentait l'avenir de son jeune fils, et qui me confiait ses inquiétudes; je lui disais : « De quoi avez-vous peur? votre fils sera ce que vous le ferez : bon, pur, noble, généreux, brave, craignant Dieu, n'ayant point d'autre crainte, si vous-même vous avez ces vertus dans l'âme, et si vous savez les lui mettre si profondément au cœur que rien ne puisse les en arracher jamais. — Vous croyez? me dit-elle; mais les passions, mais l'air corrompu du siècle; mais tant de périls qu'une mère ne peut ni prévoir ni conjurer! — Des périls qu'une mère ne peut prévoir, il y en a sans doute, reprenais-je; des périls qu'une mère ne peut conjurer, il n'y en a point, si elle sait employer les forces que Dieu lui a données. Et dût l'enfant succomber un instant au mal, le jour où sa mère le voudra, il sortira de l'abîme et renaîtra à la vertu. — Le jour où sa mère le voudra?... — Oui, veuillez seulement. — Et si je le veux de toutes les puissances de mon âme, je sauverai mon enfant? — Oui, certes. — Eh bien, je le voudrai, » reprit-elle avec un accent que je n'oublierai jamais. Elle l'a voulu, en effet, cette noble et chrétienne mère, elle le veut encore; et, bien que l'œuvre ne soit pas finie, et que l'enfant, comme une faible barque, flotte encore à l'orage de ses dix-neuf ans, tout annonce que la volonté de sa mère sera plus forte que tous les vents et que tous les flots.

Voilà la doctrine du livre que j'offre aujourd'hui au public chrétien.

Mais, avant d'apporter à l'appui de cette doctrine un exemple mémorable, je voudrais qu'on me permît d'y insister en quelques mots; car cette doctrine, si simple, si élémentaire, en dehors de laquelle la maternité n'est qu'un supplice douloureux, puisque ce n'est plus qu'un ministère impuissant; cette idée qui était si populaire autrefois, qui faisait battre d'un si bel enthousiasme tant de nobles cœurs, est une de celles qui ont le plus pâli de nos jours; et j'avoue que je ne puis ni le comprendre ni m'en consoler.

Que reste-t-il, en effet, à une pauvre mère accablée par la vue des désordres de ses enfants, si elle ne croit plus à cette toute-puissance de vie et de résurrection que Dieu a mise en elle? et que nous resterait-il à nous-mêmes, que resterait-il au monde attristé par tant de ruines, si les mères se laissaient abattre et n'élevaient pas leur foi et leurs espérances à la hauteur de nos malheurs.

Je me demande d'ailleurs comment une telle idée, si évidente à la raison et encore plus sensible au cœur, a pu à ce point baisser dans certaines âmes. Car enfin, regardez la vie du temps, et voyez ce que Dieu a fait pour que, même sous ce rapport, quand il s'agit de créer, de défendre, de sauver cette misérable vie dans un enfant, la paternité et la maternité aient déjà une sorte de toute-puissance.

L'enfant naît d'une affection qui lui préexiste, et qui est la plus tendre, la plus douce, la plus profonde de toutes les affections. Longtemps avant d'apparaître en ce monde, il vit dans la pensée de son père; il habite les rêves heureux du cœur de sa mère. Et quand il vient enfin s'asseoir à leur foyer, ce n'est ni un inconnu ni un étranger. Il est la substance même de ses parents; il porte leur sang dans ses veines; il a leur double image sur sa figure; en sorte que, quand le père le regarde, il retrouve sur ses lèvres, dans son sourire, quelque chose du charme de celle qui le lui a donné; et que la mère à son tour, quand elle contemple son enfant, aperçoit aussi dans ses yeux, sur son front, quelque chose de l'intelligence et de la noblesse de celui auquel elle le doit[1]. Et comme si ce n'était pas encore assez de ces liens tout-puissants pour assurer à l'enfant une protection efficace, au moment où il sort, pour ainsi dire, du cœur de son père, du cœur de sa mère, il les enflamme; il y met une élévation, une tendresse, un désintéressement, un dévouement vraiment admirables;

---

[1] Qui ne se rappelle les admirables paroles que la mère de saint Jean Chrysostome adressait à son fils et que celui-ci nous rapporte au premier livre du *Sacerdoce?* « Je ne pouvais, disait-elle, ô mon fils, me lasser de vous regarder, parce qu'il me semblait voir sur votre visage une image vivante de mon cher mari qui n'est plus. » (*De Sacerd.*, lib. I, n. 5.)

et, parce qu'il n'y aurait rien de plus triste qu'un tel amour s'il était désarmé, il y ajoute je ne sais quelle force qui n'est pas de la terre. Ce jeune homme si léger, si dissipé, si ardent au plaisir, d'où vient qu'il a tant changé? Il est père! Cette jeune fille, « hier il lui fallait une nourriture délicate, une robe fine, une couche molle; le moindre souffle de l'air l'incommodait : aujourd'hui un pain grossier, un vêtement de bure, une poignée de paille ne lui importent guère, tandis qu'elle a dans sa mamelle une goutte de lait pour nourrir son enfant, et dans ses haillons un coin de manteau pour l'envelopper[1]. » Hier, le moindre regard d'un homme l'intimidait : où sont les armées, les foudres, les périls, qui pourraient aujourd'hui la faire pâlir? On en cite une qui apprenant que son fils avait été enlevé par des barbares, se jeta au milieu d'eux et les fit reculer par la majesté de sa douleur et le cri auguste de son amour. Et qui n'a entendu parler de cette autre mère qui, voyant son fils emporté par un lion, le suivit éperdue, e

[1] Chateaubriand, *Génie du Christianisme.*

trouva dans ses entrailles un sanglot capable d'attendrir cette bête fauve?

Cette force et cet amour ont quelque chose de si profond, ils découlent si sensiblement du cœur de Dieu même et des entrailles de son infinie bonté, qu'on peut dire sans exagération que le cœur d'un père, le cœur d'une mère est le plus bel ouvrage de ses mains; du moins tous les autres pourraient périr, les fleurs se faner, les astres s'éteindre : tant qu'il restera en ce monde un cœur de mère, il y aura de la bonté divine une preuve irrécusable; car si d'humbles femmes font de telles choses pour leurs enfants, que fera donc Dieu pour les siens? et quels miracles de générosité et de force ne sortiront pas de cet océan de l'amour infini, si une seule goutte de cet amour, déposée par Dieu dans un cœur fragile, en produit quelquefois de si grands?

Aussi l'Église, qui se défie de tous les amours de la terre, parce qu'elle en connaît la fragilité; l'Église, qui dit à l'enfant, même de la meilleure des mères : « Mon enfant, aime toujours ta mère et n'oublie jamais le sein qui t'a conçu; » l'Église qui dit au jeune homme, à la jeune fille, au moment où ils s'approchent, ravis, de l'autel pour s'y promettre un éternel amour : « Mes enfants, aimez-vous toujours; » l'Église enfin qui, comme les vieillards, ne croit guère à l'éternité des serments et à la durée des amitiés de ce monde, n'éprouve vis-à-vis de la plus humble des mères ni crainte ni inquiétude; elle compte sur son cœur : c'est le seul amour de la terre dont elle ne se défie pas.

Et Dieu lui-même, quand il veut nous exciter à la confiance et nous faire entendre la grandeur de son amour pour nous, et par conséquent la certitude de son secours tout-puissant, ne cherche point d'autre image que celle d'une mère : « Une mère peut-elle oublier son enfant, et ne pas venir au secours du fils qu'elle a porté dans ses entrailles? Non. Eh bien, quand même, elle, votre mère, vous oublierait, moi je ne vous oublierai jamais[1]! » Voilà le père et la mère,

---

[1] Numquid oblivisci potest mulier infantem suum, ut non misereatur filio uteri sui ? Et si illa oblita fuerit, ego tamen non obliviscar tui. (Isaïe, II, 15.)

tels qu'ils sont sortis du cœur de Dieu ! voilà cet incomparable amour, cette force invincible, à l'ombre desquels croissent en paix les enfants !

Mais quoi ! c'est pour la vie misérable du temps que Dieu a opéré de tels miracles ! Pour des choses passagères, périssables, pour une vie qui va s'éteindre au tombeau, Dieu a fait la paternité si grande ! Et pour l'âme il n'aura rien fait ! Et quand il s'agit de cette vie divine que Dieu a mise en nous et que tant d'ennemis cherchent à nous arracher, il aura laissé la maternité désarmée spectatrice impuissante de dangers qu'elle ne peut pas conjurer, de ruines qu'elle ne relèvera jamais ! Ah ! ne blasphémons pas ainsi l'œuvre de Dieu. Vis-à-vis de la première vie, la mère peut beaucoup ; vis-à-vis de la seconde, elle peut tout. Et le monde serait sauvé, si on parvenait à en convaincre les mères. Laissons donc cette région inférieure où la paternité et la maternité sont déjà pourtant si belles ; montons plus haut, et venons voir enfin les vraies forces que Dieu a mises au cœur des mères pour créer, défendre, et même, si elle venait à périr, pour ressusciter à la vie divine l'âme de leurs enfants.

Le comte de Maistre écrivait un jour à sa fille, cette vive et spirituelle Constance qui ne trouvait pas assez beau le rôle des femmes dans la société et voulait qu'elles prissent la plume et écrivissent des ouvrages : « Comme tu te trompes, ma chère enfant, sur le vrai pouvoir et la vraie mission des femmes! Les femmes n'ont fait ni *l'Iliade*, ni *l'Énéide*, ni *la Jérusalem délivrée*, ni *Phèdre*, ni *Athalie*, ni *le Discours sur l'histoire universelle*, ni *Télémaque*, etc.; mais elles font quelque chose de plus grand que tout cela; c'est sur leurs genoux que se forme ce qu'il y a de plus excellent dans le monde[1]. Voilà la première des forces divines que Dieu a accordées à la maternité. Il ne lui a pas seulement donné le pouvoir de former le corps de l'enfant; il lui a donné le grand honneur de faire son âme, le pouvoir de la pétrir dans ses mains, et de la mouler à l'effigie qu'elle veut.

---

[1] De Maistre, *Lettres inédites*, tome I, p. 194.

Sans doute, si le père est vulgaire, si la mère est occupée de futilités et de bagatelles, ils ne mettront sur l'âme de leur enfant qu'une empreinte vulgaire comme eux. Mais prenez une vraie mère, une de ces âmes pleines de foi et d'élévation, qui aimeraient mieux mourir que de trahir Dieu et leur conscience, selon l'énergique devise de nos pères : *Potius mori quam fœdari;* et imaginez ce qui arrivera de l'âme d'un enfant pendant les neuf mois où il dort dans un sein sanctifié par un tel amour; et pendant les deux ou trois années où, penchée sur son berceau, elle l'éveille à la vertu et à l'honneur en même temps qu'à la vie; et pendant ce doux printemps de l'adolescence où l'enfant croit à sa mère, et ne croit, pour ainsi dire, qu'à elle; et plus tard même, à cet âge périlleux de la jeunesse, où, ne recevant plus la vérité de personne, nous l'entendons encore de la bouche d'une mère chrétienne; et toute la vie enfin; car tant qu'on a sa mère, il sort de son cœur, comme d'un doux soleil, une influence qui éclaire, qui échauffe et qui vivifie : ce qui arrivera? c'est que l'empreinte mise par une telle mère sur l'âme de son enfant sera ineffaçable et résistera à toute profanation. Ou l'enfant montera à la lumière et à la vertu, et il y demeurera toujours; ou, s'il vient à succomber un instant, il conservera du moins des restes du feu sacré, des étincelles de probité et d'honneur prêtes à se ranimer, des tristesses et des malaises au milieu du mal, preuve évidente qu'il n'était pas fait pour lui; mille stigmates divins qui révèleront aux plus inattentifs qu'une mère chrétienne a passé par là : semblable à ces beaux marbres antiques que la main des Vandales a mutilés, et qui gardent, à travers toutes les dégradations et toutes les ruines, la trace du grand maître qui les avait sculptés.

Et ici, je voudrais que le temps me permît de dérouler les annales de la paternité et de la maternité chrétiennes; je ferais apparaître, pour enflammer les cœurs d'un généreux enthousiasme, les deux générations des grandes âmes : celles qui vont tout droit à la lumière et à la vertu; et celles, hélas! qui n'y arrivent, comme dit M. de Maistre, qu'en décrivant une *courbe rentrante* qui les ramène au point d'où elles étaient parties¹; et dans les unes et les autres, vous verriez quelle est la profondeur de ce caractère divin, quand il a été mis sur une âme par une vraie mère. Qui a fait saint Bernard, par exemple? qui l'a fait si pur, si fort, si embrasé d'amour de Dieu? Son père Tescelin; sa sainte mère, Aleth. Et sainte Chantal? Ah! elle n'avait plus de mère; mais elle avait, dirai-je un père, ou une mère, ou tous les deux à la fois, dans cet incomparable magistrat qu'on appelle le président Frémyot. Et saint Symphorien, à qui dut-il l'héroïsme de sa vie et de sa mort, si ce n'est à son intrépide mère, Augusta? Peut-on prononcer le nom d'Origène, de ce génie si grand et si tendre, sans voir apparaître son vénérable père Léonide penché sur son berceau, et baisant avec respect la poitrine de son fils comme le temple du Saint-Esprit? Et saint Jean Chrysostome,

---

1 « Si la mère s'est fait un devoir d'imprimer profondément sur le front de son fils le caractère divin, on peut être à peu près sûr que la main du vice ne l'effacera jamais. Le jeune homme pourra s'écarter sans doute; mais il décrira, si vous voulez me permettre cette expression, *une courbe rentrante* qui le ramènera au point dont il était parti. » (DE MAISTRE, *Soirées de Saint-Pétersbourg*, tome I, p. 87.)

élevé, même lorsqu'il était déjà évêque, à de si nobles pensées, à de si magnanimes résolutions par le courage de sa sublime mère? Et saint Athanase, et saint Ambroise, et saint Grégoire le Grand? et plus tard saint Louis, saint Édouard, saint François d'Assise? et, dans les temps modernes, saint François de Sales, sainte Thérèse? Il faudrait citer tous les héros et tous les saints; car on n'en a presque jamais vu apparaître un seul, sans que Dieu lui ait donné, dans un père ou une mère dignes de lui, un précurseur capable de le préparer à ses grandes destinées. Et si les ombres de l'histoire ne permettent pas toujours d'apercevoir les mains vénérables qui ont formé son âme, n'hésitez pas à en affirmer l'existence; à peu près comme quand je vois un marbre de Michel-Ange ou un tableau de Raphaël; que m'importe qu'ils soient signés? je les regarde, et, à travers les ombres qui couvrent leurs origines, et qui ne me cachent tout au plus qu'un vain nom, je salue le génie qui les a conçus et qui seul a pu en doter le monde.

Il y a longtemps qu'un brillant et profond

écrivain, profond malgré sa légèreté apparente, a dit : « *Fortes creantur fortibus et bonis.* Les forts naissent des forts ; les bons sont créés par les bons[1]. » Et la sainte Écriture dit mieux encore, parce que sur cette belle pensée elle met un rayon d'en haut : « *Generatio rectorum benedicetur.* Les justes engendreront des enfants dignes d'être bénis par Dieu. » Cela sera toujours vrai, pour l'honneur des mères chrétiennes.

Quant à ces âmes, si belles aussi, qui, avant de retrouver le chemin de la lumière, restent un instant dans les ténèbres, mais y demeurent tristes, inquiètes, tourmentées de la vérité absente, souffrant de la blessure que leur a faite leur mère, j'en apporte, dans ce livre, un tel exemple, qu'il est inutile, je crois, d'en citer d'autres. On y verra comment se met ce caractère divin sur l'âme d'un enfant, et, quand il a été mis par une vraie mère, on verra s'il est possible aux passions, même les plus violentes, de l'effacer jamais.

---

[1] Horace.

Seulement, ô mères, pour agir à de telles profondeurs dans l'âme d'un enfant, oh ! qu'il faut souffrir ! Les douleurs des enfantements terrestres ne sont rien à côté de celles-là ; et c'est justice du reste, puisqu'il s'agit de former ce qu'il y a de plus grand en ce monde. Un auteur, posant sa plume, disait : « Je viens d'achever cet ouvrage austère dans le silence d'un travail de dix-sept nuits ; et, frémissant encore des souffrances qu'il m'a causées, je le considère avec inquiétude, et je me demande si ma voix sera écoutée des hommes. » O mères, en pouvez-vous dire autant ? Frémissez-vous encore des souffrances que vous a causées la formation de l'âme de votre enfant ? et pourra-t-on écrire un jour de vous ce qu'Augustin a dit de la mère admirable dont je vous présente la Vie, « Elle a plus souffert pour m'engendrer à la vérité et à la vertu que pour me mettre au monde ? » Voilà la première leçon que contient ce livre; et je me persuade que, dans les tristes temps où nous sommes, elle ne manque ni d'intérêt ni d'opportunité.

Il en renferme une seconde, très-importante aussi, qui est la conséquence nécessaire de celle-là. A quoi eût-il servi, en effet, que Dieu donnât aux mères la force divine de mettre sur l'âme de leurs enfants une empreinte sacrée, si, quand les passions se lèvent et menacent d'effacer cette empreinte, Dieu n'avait investi les mères d'une seconde force, toute-puissante et infaillible aussi : la force de protéger efficacement leurs enfants, et de les arracher, si elles le veulent, à tous les périls.

Et n'est-ce pas pour cela que Dieu a fait cette loi admirable que, quand le jeune homme monte les sommets ardents de la vie, le père les redescend; que quand la jeune fille approche de ses lèvres cette coupe enchantée où l'on croit à seize ans qu'on va boire le bonheur, la mère achève de la vider et en est à la lie, et qu'elle se désenchante des vanités et des illusions du monde, juste à l'heure où ses enfants courent le danger de s'en laisser éblouir? Pourquoi cela? sinon pour qu'ils puissent trouver, sur des lèvres dont ils ne suspecteront jamais la sincérité, la seule parole qui soit capable de les sauver en les désabusant.

N'est-ce pas encore pour cela que Dieu a

mis, dans la paternité, une sorte d'intuition, qui révèle à un père, à une mère, les vrais périls de leur enfant et la route qu'il faut lui faire suivre pour éviter les écueils? Et ne serait-ce pas aussi, pour la même raison, afin que l'enfant soit dirigé sur cette route périlleuse, que Dieu a fait la paternité toute sainte, et quelquefois même malgré elle, et qu'il a condamné tant de pères à ces sublimes contresens que l'on rencontre à chaque instant dans la vie, qu'on ne sait comment définir, qui font sourire et qui font pleurer?

Je connais un magistrat, homme d'honneur, très-aimable et de beaucoup d'esprit, mais qui ne s'était guère servi jusque-là de son esprit que pour railler plus ou moins agréablement les choses saintes. Dernièrement j'allai le voir; il avait son enfant sur ses genoux, une charmante petite fille de onze à douze ans, qui se prépare à sa première communion. Il lui faisait réciter son catéchisme; et, au moment où j'entrais, il achevait de lui expliquer ce que c'est qu'un mystère; qu'il y en a partout, dans la nature, dans la société, surtout dans l'homme; qu'il n'est pas étonnant qu'il y en ait en Dieu; et, tout ravi de la vivacité avec laquelle sa petite fille avait saisi sa leçon, il me répétait ses réponses, quelques-uns de ces mots heureux qui sont si doux à recueillir sur les lèvres des enfants. Et je pensais, en voyant cette scène charmante, à Diderot conduisant sa fille au catéchisme de Saint-Sulpice, et lui en expliquant lui-même chaque chapitre; et à un autre écrivain que je ne veux pas nommer, car il vit encore, qui a fait défense à ses enfants de jamais entrer dans son cabinet, de peur que leurs yeux ne se souillent en lisant les papiers qui sont sur sa table. Il veut bien corrompre le monde; mais que voulez-vous, il est père! il ne veut pas corrompre sa fille. Contre-sens touchants et augustes, qui se retrouvent à chaque pas dans des temps comme les nôtres. Trop souvent l'homme est léger, sceptique, impie, railleur des choses saintes; le père est toujours saint. Dieu l'a voulu ainsi pour la protection des enfants.

Mais surtout, c'est pour cela que Dieu a mis au cœur des pères, au cœur des mères, à l'heure du péril de leurs enfants, cette force invincible dont j'ai cité tout à l'heure de si grands exemples. Je disais qu'on avait vu, qu'on voyait tous les jours des pères, des mères, souffrir et s'épuiser pour leurs enfants; ce qui, pour le dire en passant, devrait rendre si vénérables les cheveux blancs d'un père, si saintes, si dignes d'une sorte de culte les rides du front d'une mère, puisque c'est l'amour qui a creusé les unes et qui a fait blanchir les autres. Mais, grâces immortelles soient rendues à la bonté divine! quelques douleurs qu'aient endurées les mères pour sauver la vie temporelle de leurs enfants, pour sauver leur âme, elles ont fait davantage encore. Elles ont souffert, je le sais, afin de leur épargner des souffrances; elles se sont jetées à la gueule des lions, elles ont bravé des armées ennemies, elles ont passé des jours, des nuits, des semaines entières, sans manger, ni dormir, au chevet de leurs enfants malades; je l'ai vu souvent, étonné de leur force encore plus que de leur amour; elles sont mortes pour eux; et que peut-on de plus pour ceux qu'on aime? Et cependant, je le répète, pour sauver leur âme, elles ont fait mille fois plus. Car mourir pour ceux qu'on aime, oh! non, ce n'est pas le dernier effort de l'amour, parce que ce n'est pas le comble du sacrifice. Le comble du sacrifice, le sommet suprême de la douleur, c'est de donner la vie de ceux qu'on aime. Le grand martyre, quand on est mère, ce n'est pas de se sacrifier pour son enfant, c'est de sacrifier jusqu'à la vie même de son enfant; c'est d'estimer si haut la vérité, la vertu, l'honneur, la vraie beauté de l'âme, la vie éternelle de son enfant, que plutôt que de voir ces saintes choses fanées et flétries dans son âme, on soit décidée à le voir mourir.

Je ne sais plus quel philosophe se posant cette question : Qu'est-ce que l'homme? y fait cette réponse sublime : « L'homme est un être qui est capable de donner sa vie pour la justice. » La mère chrétienne est une bien autre merveille. C'est un être qui est capable de donner la vie même de son enfant pour la justice; qui aime tant la justice, la vérité, c'est-à-dire Dieu, habitant l'âme de son enfant, que pour qu'il ne sorte pas de ce sanctuaire où elle l'a déposé elle-même, elle verrait avec bonheur se briser et disparaître l'enveloppe matérielle ; que dis-je? c'est un être qui, lorsque la persécution éclate, lorsque le mal se montre, dans l'affreuse alternative qui lui est faite de voir périr son enfant dans le temps ou de le perdre pour l'éternité, n'hésite pas un instant à le présenter elle-même au bourreau, l'aimant mieux mort que souillé. Voilà ce que l'antiquité païenne n'avait pas soupçonné, ce dont Jésus-Christ a donné au monde l'étonnant spectacle, en créant la mère chrétienne.

Il eut à peine paru, en effet, qu'on vit d'humbles femmes prendre leurs petits enfants sur leurs genoux, et, parmi les baisers et les caresses mêlant les austères leçons de la foi, leur dire : « Mon enfant, j'aimerais mieux te voir mort à mes pieds que te voir jamais commettre un seul péché mortel. »

Et ce qu'elle disait, cette sublime créature, elle le faisait. Tantôt, comme la mère des trois saints jumeaux de Langres, elle descendait dans la prison où ses trois petits enfants étaient enfermés pour la foi, elle baisait leurs chaînes, et allant de l'un à l'autre avec un visage resplendissant de joie : « Oh ! de tous mes glorieux ancêtres, leur disait-elle, il n'en est aucun qui ait jeté sur mon nom un éclat pareil à celui que nous va procurer l'immortel honneur de votre mort. »

Tantôt, comme la mère de saint Symphorien d'Autun, apprenant que son fils était condamné à avoir la tête tranchée pour Jésus-Christ, et que déjà on le conduisait au martyre, tremblant qu'à seize ans, dans la fleur de la jeunesse, il n'eût un instant de regret pour cette vie qu'il allait quitter, elle court au-devant de lui, et du plus loin qu'elle l'aperçoit : « Mon fils, lui crie t-elle, regarde le ciel; on ne t'enlève pas la vie, on la change en une meilleure. »

D'autres fois, comme sainte Denise, elle se tenait debout au pied du chevalet; elle soutenait de son regard son cher enfant qui agonisait sous les coups; et, quand il était mort, elle emportait son petit corps meurtri de verges, et l'ensevelissait avec les chants de joie de la chrétienne et les gémissements douloureux de la mère.

Et si, pour soutenir un fils sur l'échafaud, les regards et les exhortations ne suffisaient pas, s'il fallait y joindre des supplications et des larmes, on la voyait tomber aux genoux de son enfant et le conjurer, par pitié pour sa mère, de mourir avec courage : comme cette mère héroïque des Macchabées, qui, née avant Jésus-Christ, mais consumée déjà du feu qu'il allait apporter sur la terre, a laissé aux mères chrétiennes un si grand exemple de force. Après qu'elle eut encouragé ses six premiers enfants à mourir, et que six fois, la douleur dans l'âme, mais la sérénité sur le front, elle eut reçu au cœur cette incurable blessure qu'y fait la mort d'un enfant, arrivée au septième, au plus jeune, un enfant de treize ans, son Benjamin, tremblant qu'il n'eût pas le courage d'imiter ses frères, elle se jette à ses genoux, et, lui montrant sa poitrine : « Mon enfant, lui dit-elle, souviens-toi que je t'ai porté neuf mois dans mes entrailles, et que pendant trois ans je t'ai nourri de mon lait. Par pitié pour moi, n'aie pas peur du bourreau, et meurs courageusement comme tes six frères[1]. »

---

[1] Fili mi, miserere mei, quæ te in utero novem mensibus portavi et lac trienno dedi et alui... Peto, nate, ut aspicias in cœlum...

Ce qu'une femme, une mère doit souffrir dans un pareil moment; ce que dut être le déchirement d'entrailles d'une Symphorose, d'une Félicité et de tant d'autres qui les imitèrent, nulle plume ne le peindra jamais. On sent seulement que, pour récompenser de telles mères, ce ne sera pas trop d'une éternité de bonheur, avec leurs fils dans leurs bras.

Sans doute Dieu ne demande que rarement de pareils sacrifices. Il n'en est pas moins vrai que toute mère qui n'est pas capable de donner la vie temporelle de son enfant pour sauver sa vie éternelle n'est pas une mère chrétienne; que toute mère qui ne se sent pas le courage de se jeter entre son enfant et un crime, entre son fils et une lâcheté, est une mère abaissée, indigne de porter ce glorieux nom. Mais aussi quand une mère est décidée à tout sacrifier : son temps, sa peine, la vie même de son enfant, plutôt que de le voir souillé par le mal, comment celui-ci périrait-il? Les orages d'un siècle mauvais peuvent l'emporter sans doute; il peut flotter au gré

Suscipe mortem, ut in illa miseratione cum fratribus tuis te recipiam. (*I Machab.*, vii, 23, 27, 28, 29.)

d'une tempête, aller pendant quelques instants à la dérive ; mais périr, jamais ! Il lui reste toujours une ancre ; et savez-vous où elle est ? dans les mains de sa mère. Voilà pourquoi rien ne peut ni l'arracher ni la briser. On en verra un touchant exemple dans cette histoire ; et j'ose me promettre que nulle mère n'en achèvera le récit sans savoir comment, au plus fort de la tempête, elle doit tenir les ancres qui empêcheront de sombrer la fragile barque de ses enfants.

Et cependant, si nécessaire qu'il pût être de rappeler aux mères chrétiennes le double pouvoir qu'elles ont reçu de Dieu pour former et pour protéger l'âme de leurs enfants, si ce livre ne contenait que ces deux leçons, je ne l'aurais peut-être pas écrit. J'ai voulu mettre en lumière une plus grande doctrine : apprendre aux mères un secret plus important, trop ignoré de nos jours, et qui constitue à la fois la grandeur la plus auguste de la paternité chrétienne, et sa ressource suprême dans les jours de crise.

Jamais je n'oublierai l'émotion dont je fus saisi la première fois que j'assistai de mon ministère, et encore plus de mon cœur, un pauvre jeune homme qui se mourait. Je vois encore d'ici son père, se promenant, muet et morne, accablé de cette douleur sans larmes qui fait tant de mal; et, assise devant ce lit de mort, la pauvre mère qui laissait enfin éclater ses sanglots, contenus pendant l'agonie. J'étais assis moi-même à côté d'elle, déchiré, mais muet, ne sachant comment consoler, n'osant pas même l'entreprendre. Je me rappelle très-bien que, pendant ce long silence que l'on garde auprès des grandes douleurs (car aussi que pourrait-on dire?), je me demandais par quel mystère Dieu, qui est la bonté même, pouvait permettre de telles choses, et faire à un cœur de mère de si cruelles blessures. Ce que je demandais alors, je l'ai compris deux ans plus tard, en assistant, dans la même chambre, et hélas! au pied du même lit, à l'agonie de cette pauvre mère elle-même, et en entendant sortir de sa bouche ce mot qui fut presque le dernier, et qui me fit tressaillir : « Je vais retrouver mon enfant. » Je vis alors, dans une lumière qui me saisit, que la vie de ce monde n'est pas le dernier mot des choses; et que si Dieu, pour élever les âmes, pour les purifier, pour en faire jaillir les grandes vertus, sépare quelquefois ceux qui s'aiment, c'est qu'il peut les réunir dans une région où on s'aimera davantage encore, sans se quitter jamais. Je fermai, d'un doigt tremblant d'émotion, les yeux de cette mère; et, bien des fois depuis, pensant à elle et à son fils, tous deux disparus de la terre, tous deux maintenant réunis dans le ciel, je me suis demandé ce qui pouvait rester en eux de la blessure si cruelle qu'ils avaient reçue deux ans auparavant : un souvenir à peine; et qui sait même si ce souvenir n'est pas une félicité de plus?

Mais qu'on me permette de le dire, il y a un autre lit de mort, une plus cruelle séparation, un deuil plus poignant et plus amer, en face desquels je ne concevrais pas que Dieu eût laissé une mère impuissante. Supposez qu'au lieu de voir son enfant mourir pour un jour, pour deux ans, une mère chrétienne le vît se perdre pour l'éternité tout entière ; prenez une mère toute sainte, aimant Dieu par-dessus toutes choses, et qui verrait son enfant, l'enfant de ses entrailles, se détacher à jamais de

Dieu et devenir l'objet de sa haine éternelle; et imaginez qu'au moment où va se consommer la terrible séparation, elle ne puisse rien pour le sauver! Je n'interroge pas encore les saintes Écritures; j'écoute ma raison, mon bon sens, mon cœur, mon cœur surtout qui, après tout, ne peut pas être meilleur que celui de Dieu, et je dis avec certitude : Non, cela n'est pas possible. En face d'un tel malheur, Dieu n'a pas pu faire une mère désarmée et impuissante. Il a dû cacher dans le meilleur et le plus divin de son âme, dans les profondeurs les plus augustes de la maternité, je ne sais quoi : un élan, un cri, une larme, un sanglot, que toutes les mères peut-être ne sauront pas trouver, comme toutes les mères n'auraient pas trouvé le cri qui émut le lion de Florence; mais qui est là, pourtant; et qui, s'il sort de l'âme comme il en sortira toujours sous le double coup de l'amour de Dieu et de l'amour d'un fils, sauvera infailliblement l'âme de son fils. Voilà ce que je crois.

Oui, quand une mère a épuisé, pour ramener un fils coupable, les conseils, les avertissements, les reproches, et qu'en apparence elle ne peut plus rien, il lui reste encore une puissance, la plus grande de toutes : il lui reste ses larmes. Qu'elle prie, qu'elle pleure, qu'elle aille chercher dans ces replis secrets où l'âme de la mère et l'âme de la chrétienne se touchent, une certaine larme que Dieu a faite exprès : voilà l'enfant sauvé! Et tous les jours on voit des jeunes gens qui avaient abusé de tout, dont la vie avait traîné dans les ignominies et dans tous les scandales, et qui renaissent à la vertu, parce que leurs mères ont pleuré[1]!

[1] Ce que je dis des mères, je le dis aussi, toute proportion gardée, des épouses, des filles et des sœurs. J'en veux citer un doux exemple, pour achever d'enrôler, dans cette noble croisade de la prière, toutes les âmes qui sont dignes d'y entrer. Qui n'a entendu parler de ce charmant groupe fraternel, trop tôt disparu de ce monde : Maurice et Eugénie de Guérin? Maurice, entraîné par les dissipations de Paris, avait un instant oublié le Dieu et la foi de son enfance. Que faisait, pendant ce temps, sa jeune sœur? Elle tremblait pour lui; elle gémissait et elle priait. « Maurice, écrit-elle après sa mort, je te crois au ciel. Oh! j'ai cette confiance que tes sentiments religieux me donnent, que la miséricorde de Dieu m'inspire. Dieu, si bon, si compatissant, si aimant, si père, n'aurait-il pas eu pitié et tendresse pour un fils revenu à lui? Oh! il y a trois ans qui m'affligent : je voudrais les effacer de mes larmes!... J'avais tout mis en toi, dit-elle encore, comme une mère en son fils; j'étais moins sœur que mère. Te souviens-tu que je me comparais à Monique pleurant son Augustin, quand nous parlions de mes afflictions pour ton âme, cette chère âme dans l'erreur? Que

Que les saintes Écritures, du reste, concordent bien avec ces consolantes pensées! Lisez, aux jours de vos grandes tristesses, l'histoire d'Agar chassée des tentes d'Abraham et s'enfonçant dans le désert, son enfant à la main. Le soleil est ardent sur sa tête; le sable lui brûle les pieds; son enfant, dévoré de soif, gémit et va mourir sous ses yeux. Elle s'arrête un instant et cherche avec anxiété quelque secours. L'horizon est de feu; nulle part cette goutte d'eau qu'elle paierait de sa vie! Alors, désespérée, sentant venir la mort, elle dépose l'enfant sous un palmier, et s'enfuit en disant : « Du moins je ne verrai pas mourir mon enfant! » Mais bientôt (car elle n'était pas loin; elle ne voulait pas le voir mourir, mais elle voulait toujours le voir), bientôt donc, quand cette malheureuse mère entend que les soupirs de son fils deviennent plus faibles, folle de douleur, elle tombe à genoux et elle envoie, jusque dans le cœur de Dieu, je ne sais quel cri... Et à

j'ai demandé à Dieu ton salut, prié, supplié! Un saint prêtre me dit: *Votre frère reviendra.* Oh! il est revenu, et puis il m'a quittée pour le ciel, — pour le ciel, j'espère! »

l'instant même une source jaillit à ses pieds, comme si Dieu eût voulu nous montrer qu'il ne sait pas résister à la douleur d'une mère qui lui demande la vie de son enfant. Combien plus l'écoutera-t-il donc lorsqu'elle pleurera sur un fils égaré et coupable, exposé à la seule mort qui n'ait point de remède, puisqu'elle n'aura point de fin !

Mais c'est surtout dans le Nouveau Testament qu'apparaît, avec plus de tendresse encore et une douceur infinie, cette consolante leçon. Avez-vous remarqué que jamais le cri d'un père, d'une mère, n'a trouvé insensible le cœur si aimant de Notre-Seigneur? Quand le centurion, par exemple, vient lui dire : « Seigneur, mon fils est bien malade, » que répond ce bon maître? « Allez, votre fils est guéri. » Jaïre et sa femme, éplorés, viennent-ils se jeter à ses pieds (ils avaient perdu une enfant de douze ans, à cet âge aimable où l'enfance qui se retire et la jeunesse qui vient donnent à une jeune fille un charme si doux), Notre-Seigneur, ému, quitte tout, les suit, entre dans la maison, et, prenant l'enfant par la main, il la rend à sa mère. Il est vrai qu'il fait un peu plus attendre la Chananéenne; il simule l'indifférence; mais c'est pour faire sortir de son cœur un cri plus profond de foi; et quand ce cri est poussé : « O mère, que votre foi est grande! lui dit le Sauveur; allez, votre fille est guérie. » Qui n'a lu encore l'attendrissante histoire de la veuve de Naïm? Celle-là, elle ne va pas trouver Notre-Seigneur; elle ne le voit même pas; elle suit, absorbée dans sa douleur, aveuglée par ses larmes, le cercueil de son fils unique. Mais Jésus-Christ la voit, s'émeut, s'approche d'elle, et, arrêtant le cercueil : « O mère, ne pleurez pas, » dit-il; et il lui rend son enfant.

Que voulait Notre-Seigneur en multipliant de tels miracles? préparer les mères à comprendre l'auguste puissance qu'il a mise en elles; leur apprendre à trouver dans leur cœur ce cri auquel il ne résiste pas, avec lequel elles sont sûres de ressusciter, quand elles le voudront, l'âme de leurs enfants; les décider, par conséquent, à ne se décourager jamais, quels que fussent les orages de la jeunesse de leurs fils, à les poursuivre de leurs larmes, et à les ramener à Dieu, à force de prier, de souffrir et de s'immoler pour eux.

Mais telle était l'importance de cet enseignement, il fallait le graver si profondément dans les âmes, que ces exemples, si émouvants qu'ils fussent, ne pouvaient pas suffire. Pour allumer au cœur des mères la flamme d'une espérance indomptable, il fallait une lumière plus abondante encore; et Dieu résolut de la leur donner dans un tel exemple que le monde ne pût jamais l'oublier.

On verra donc ici un jeune homme élevé par la plus sainte des mères; couvert pendant toute son enfance d'une vigilance inquiète, d'une protection aussi tendre que forte; doué lui-même du plus rare génie et d'un cœur encore meilleur que son esprit; aimant sa mère avec passion; et qui, pour toutes ces raisons, aurait dû avoir, après l'enfance la plus pure, la plus heureuse et la plus pure jeunesse; qui l'aurait eue en effet, si sa mère eût été seule chargée de son éducation, mais par malheur elle était mariée à un insensé : car quel autre nom donner à un homme qui, aussi peu soucieux de la vertu de son fils que de la sienne propre, violent et despotique dans ses volontés, sembla se jouer pendant quinze années de l'innocence de son fils et le livrer de gaieté de cœur à tous les périls? Victime donc des témérités de son père, on verra ce pauvre jeune homme s'en aller bientôt de fautes en fautes; connaître d'abord tous les orages du cœur, et, trop entraîné par la périlleuse tendresse de son âme, d'une première chaîne, ennoblie, si le vice peut s'ennoblir jamais, par un reste d'honneur et par une inviolable fidélité, tomber dans une seconde chaîne tout à fait honteuse, et du commencement de ses désordres à la fin compter seize années du plus lamentable esclavage; puis, comme les ténèbres de l'esprit sont d'ordinaire la juste punition des désordres du cœur, après avoir éteint et ensuite abdiqué publiquement la foi de son enfance, on le verra flotter à tout vent de doctrine; s'éprendre de la philosophie antique, mais s'en dégoûter bientôt, et avec raison, parce qu'elle ne lui offrait qu'un sable mouvant sur lequel son grand esprit ne pouvait rien bâtir de fixe; se jeter alors dans une hérésie séduisante et grossière, s'y débattre inquiet pendant neuf années; et enfin, las de tant d'efforts impuissants, désespérant de la vérité sans cesser de l'aimer, tomber, découragé, triste, malade, dans le dernier de tous les abîmes, le doute absolu; à la veille par conséquent de périr tout entier, cœur, conscience, génie; et, au lieu d'être saint Augustin, de devenir un sophiste, un Libanius peut-être, ou tout au plus un Symmaque.

Mais, chose singulière! arrivé là, quand tout semblait perdu, vous le verrez tout à coup reprendre son vol, lentement d'abord comme un aigle blessé, puis plus vite, puis tout à fait ardemment; battant des ailes au lever de la lumière, saluant des cris de la plus divine éloquence la Vérité retrouvée, ou plutôt recevant humblement avec des soupirs et des larmes cette Beauté toujours ancienne et toujours nouvelle qu'il avait connue trop tard et trop tard aimée, et des abîmes de la passion et du doute remontant enfin vainqueur aux plus hauts sommets de la lumière et de l'amour divin.

Et quand vous chercherez la raison d'une si étonnante conversion, quand vous la lui demanderez à lui-même, vous n'en trouverez qu'une : les prières, les gémissements, les larmes toutes-puissantes de sa mère! Car, après qu'elle eut formé le cœur de son fils comme jamais mère ne forma le cœur d'aucun enfant; après qu'avertie de l'éveil des passions dans l'âme d'Augustin, elle eut, pour le mieux protéger, adouci sa belle-mère, converti son mari, et purifié, trop tard, hélas! le milieu détestable dans lequel il lui avait fallu l'élever; après qu'enfin elle l'eut suivi à Carthage, à Rome, à Milan, faisant partout retentir à ses oreilles les paroles les plus douces et les plus pénétrantes, et y mêlant les actes de la plus virile énergie; voyant que tout était inutile, que son fils n'écoutait plus rien, qu'il s'en allait d'abîmes en abîmes, elle se tourna résolûment vers Dieu; et un jour que le péril était plus pressant, comme autrefois la malheureuse Agar, elle tira de son cœur un tel cri, un sanglot si profond et si ému, que Dieu n'y sut pas résister, comme il n'y résistera jamais, et qu'il lui rendit son enfant. Elle en mourut de bonheur, laissant à toutes les mères qui pleurent comme elle le secret de se consoler comme elle. Voilà l'histoire de sainte Monique telle que je la conçois et que je voudrais l'écrire, si Dieu, qui m'a fait la grâce de m'en envoyer la pensée, daignait bénir et diriger ma plume.

On me demandera peut-être où j'ai trouvé des matériaux pour écrire une pareille histoire. Mais volontiers je le demanderais à mon tour : croit-on que Dieu crée de pareilles merveilles pour les laisser dans l'ombre, et qu'il allume de tels astres pour les mettre sous le boisseau? Il a pourvu lui-même à l'histoire de sainte Monique; il lui a préparé un historien digne d'elle : et quel autre pouvait-ce être « que le fils de tant de larmes » ? Augustin aimait passionnément sa mère. Il en parlait sans cesse. Il a embaumé de son souvenir presque tous les écrits qui sont sortis de sa plume. Plus de vingt ans après la mort de sa mère, vieilli par les travaux encore plus que par les années, blanchi dans la pénitence, arrivé à ce moment où il semble que l'amour de Dieu ayant rompu toutes les digues et inondé le cœur, devrait y avoir détruit tous les autres amours, le nom et le souvenir de sa mère ne pouvaient lui apparaître, même quand il était en chaire, sans qu'une larme montât de son cœur à ses yeux. Il s'abandonnait alors au charme de ce souvenir, se laissait aller à entretenir son peuple d'Hippone, et semait là, dans des sermons où on ne s'attend guère à les rencontrer, des mots d'une touchante beauté, dans lesquels respirent à la fois et la piété reconnaissante du fils et la double élévation du génie et du saint. Nulle part, cependant, je n'ai pas besoin de le dire, il n'a parlé de sa mère avec plus de détails, plus d'allégresse de cœur, une émotion plus profondément sentie, que dans le livre de ses *Confessions*. Et néanmoins, on sent à la lecture de cet ouvrage qu'Augustin ne dit pas tout. Une sorte de pudeur retient sa plume, et il est manifeste en plusieurs endroits qu'il éteint lui-même à dessein l'auréole de sa mère, de peur qu'il n'en rejaillisse un rayon sur son front. Mais ce qu'il ne dit pas, le cœur le soupçonne; la tradition quelquefois l'indique, et souvent l'Église le chante. Elle qui est mère aussi, et qui ne sait pas parler froidement de ses enfants, elle a célébré sainte Monique avec cette éloquence qui n'appartient qu'à l'Épouse de Jésus-Christ. Les saints qui traversent ce monde, les docteurs, les pontifes, les vierges, los grands écrivains et les grands orateurs l'ont acclamée à leur tour, le long des siècles, avec des paroles dignes d'être connues. J'ai recueilli toutes ces perles, et j'en ai composé l'écrin que j'offre aujourd'hui aux mères chrétiennes.

Du reste, j'ai hâte de le proclamer, l'idée de cet ouvrage ne m'appartient pas. Je la dois à un homme à qui je dois beaucoup, à un grand et saint évêque, qui, depuis quelques années surtout, verse singulièrement de lumière et de paix sur ma vie, et qui, entre autres dons que je garde dans le secret de mon cœur, m'a appris à vouer mon âme au culte de la vraie grandeur, qui n'est autre que la vraie sainteté. Ce saint évêque, aussi aimable du reste qu'il était grand, ceux qui ont lu l'*Histoire de sainte Chantal* n'ont pas besoin que je le leur nomme : c'est saint François de Sales. J'ai été frappé, en étudiant ses œuvres, de la dévotion qu'il avait pour sainte Monique, et de l'espèce de tendre enthousiasme qu'elle lui avait inspiré. On en trouvera la preuve dans le cours de cette histoire. Disons seulement qu'il en parle à toutes les pages de ses livres; qu'il la donne sans cesse pour modèle aux dames du monde, aux femmes mariées, aux mères, particulièrement à celles qui ont des Augustins. Disons surtout que, quand il voulut former madame de Chantal à toute la perfection que Dieu demandait d'elle, il ne lui chercha point d'autre patronne. C'est sur sainte Monique qu'il voulait qu'elle eût les yeux constamment fixés, pendant ses premières années de veuvage où il lui apprenait à devenir une sainte en restant une femme du monde; c'est sur elle encore qu'il arrêta son regard, quand il voulut la détourner de penser à la vie religieuse à une époque où ses enfants, trop jeunes, ne pouvaient pas se passer de leur mère. Ai-je besoin de dire que, plus tard, pendant la brillante et périlleuse jeunesse de Celse-Bénigne, quand elle le voyait engagé dans ces amitiés et ces duels qui la faisaient frissonner d'épouvante en pensant au péril que courait l'âme de son fils, saint François de

Sales lui rappela plus souvent, plus tendrement encore le souvenir de sainte Monique? A côté de l'image de la Mère de douleurs, qu'il lui avait envoyée, et qui était pendue dans sa cellule aux pieds de son crucifix, il voulut qu'elle suspendît aussi, pour la contempler souvent, l'image de cette mère affligée, sur le cœur de laquelle reposait le fils qu'elle avait sauvé par ses larmes. Et enfin, ce qui est plus ignoré encore, quand il eut quitté la terre, et qu'il y eut laissé la vénérable mère de Chantal avec ses douleurs et ses inquiétudes, inquiétudes de fondatrice, douleurs de mère; un jour qu'elle était plus accablée que jamais par celles-ci (car le bruit courait que Celse-Bénigne pourrait bien avoir la tête tranchée, comme le duc de Boutteville, à cause de sa malheureuse et incorrigible habitude de se battre en duel); un jour, dis-je, qu'elle succombait à sa peine, saint François de Sales sortit, pour ainsi dire, du tombeau pour l'engager à relire l'histoire de sainte Monique. Du moins, agenouillée toute en larmes au pied de l'autel, elle entendit une voix qu'elle reconnut être celle de son bienheureux Père, et qui lui disait : « Lisez le VIIIe livre des *Confessions* de saint Augustin. » Et en relisant ces pages admirables où l'on voit saint Augustin sauvé par les larmes de sa mère, elle eut le pressentiment qu'elle sauverait aussi Celse-Bénigne à force de prier, de pleurer et de s'immoler pour lui. Ce qui arriva en effet. Mais, je le répète, on verra toutes ces choses, avec leur développement naturel, dans la suite de cette histoire.

En voilà du moins assez pour expliquer comment m'est venue l'idée de ce livre, et pour payer un hommage de reconnaissance au doux et saint évêque qui me l'a inspiré. Si, au XVIIe siècle, en leur citant l'exemple de sainte Monique, saint François de Sales a soutenu, consolé, fortifié une foule de mères éplorées, pourquoi aujourd'hui ce même exemple ne produirait-il pas les mêmes fruits? Le monde se faisait triste alors; la Réforme déchirait le sein de l'Église; les scandales se multipliaient; des apostasies publiques et privées épouvantaient les âmes. Toutes les mères tremblaient; et, pour les rassurer et les consoler, pour leur apprendre qu'il n'y a point de périls sur la tête d'un enfant qu'une mère ne puisse conjurer, et point de tempêtes dans son cœur qu'elle ne puisse apaiser, saint François de Sales criait à toutes les mères : « Lisez l'histoire de sainte Monique; vous y verrez le soin qu'elle eut de son Augustin, et plusieurs choses qui vous consoleront. »

Aujourd'hui, le monde n'est guère plus heureux qu'à la fin du xvie siècle; les périls ne sont pas moins pressants. Avec les principes, les mœurs ont disparu. L'air que respirent les jeunes gens est imprégné de sophismes. Le foyer domestique est troublé; le berceau des petits enfants n'est plus sûr. Jamais peut-être les épouses et les mères, quand elles sont dignes de cette grande mission, n'ont été appelées à de si profondes douleurs. Qu'elles me permettent donc de leur dire, non pas avec l'autorité de saint François de Sales, non pas surtout avec le charme de sa parole, du moins avec un cœur qui comprend leurs douleurs et qui sait y compatir : « Lisez l'histoire de sainte Monique; apprenez de cette épouse et de cette mère à prier, à pleurer comme elle, à espérer toujours, à ne vous décourager jamais; et n'oubliez pas que si les jeunes hommes courent aujourd'hui de si grands périls, c'est qu'il n'y a pas assez de larmes dans les yeux de leurs épouses et de leurs mères ! »

Ém. BOUGAUD,
Vicaire général d'Orléans.

Orléans, veille de la Toussaint 1865.

HISTOIRE

DE

SAINTE MONIQUE

CHAPITRE PREMIER

LA NAISSANCE ET LA FAMILLE DE SAINTE MONIQUE.
LES PREMIÈRES ANNÉES DE SA JEUNESSE. SON MARIAGE

332 - 353

La route qui va des ruines de Carthage à celles d'Hippone, en passant par l'ancienne Sicca Veneria, traverse une des plus belles contrées de la terre. Les anciens en vantaient la fertilité. Et de nos jours, bien que pendant douze siècles le désert ait roulé sur cette contrée ses flots stériles, il a suffi de quelques coups de pioche pour y voir renaître des forêts d'oliviers, de citronniers et d'orangers, des bosquets de roses et de vignes, avec de riches moissons. Il n'en a pas fallu davantage pour faire sortir des sables qui la couvraient à peine, une foule de monuments du plus bel art romain, des fragments de statues, des fûts de colonnes, des sarcophages couverts d'inscriptions, des débris de théâtres, de thermes, de temples, de voies romaines, tous les vestiges enfin d'une brillante civilisation. Lorsque après avoir voyagé quelques heures au milieu de cette renaissance de la nature et de ces beaux débris de l'art, on se reporte par la pensée à l'époque où la nature et l'art unissaient leurs merveilles, et qu'on place au sein de ces grands horizons cette fière race qui, par Hamilcar, Annibal et Jugurtha, balança un instant la fortune romaine, et qui plus tard, touchée de Jésus-Christ, et après avoir refusé tous les jougs acceptant le sien, donna à l'Église Tertullien, saint Cyprien, Lactance, Arnobe, saint Augustin, et parmi les Vierges et les Martyrs, sainte Perpétue, sainte Félicité et tant d'autres, on sent qu'on foule un de ces sols féconds où, comme chantait Virgile, les moissons poussent moins vite encore et moins belles que les hommes.

Vers le milieu de cette route, à peu de distance du fameux champ de bataille de Zama, au versant de deux collines que dore le soleil levant et qu'ombragent de touffus oliviers, il est un simple village que les Arabes nomment aujourd'hui Souk-Arras. Ses blanches maisons, encore peu nombreuses, s'élèvent sur l'emplacement d'une ancienne ville romaine appelée Thagaste, mais elles n'en occupent qu'une partie. Dans l'autre, qui était assez considérable, sur un large plateau formé de plusieurs mamelons, on aperçoit de grandes ruines qui dorment au soleil, à moitié enterrées par le sable. Des touffes d'acanthe, des caroubiers, de belles angéliques croissent à travers ces débris, et leur font un peu d'ombre. Au pied du plateau s'étendent de vastes prairies; elles sont traversées par plusieurs cours d'eau qui les rafraîchissent et qui vont se perdre dans la Medjerda, l'ancienne Bagradas des Romains; plus loin, on voit des terres incultes et ensablées que l'homme n'a point encore reconquises sur le désert; de belles et profondes forêts de chênes-liéges terminent l'horizon par un rideau de verdure. Au delà est la mer avec son calme et ses orages; mais on ne la voit pas.

C'est là, sur ces collines ignorées, car, malgré la beauté de son site, aucun auteur ancien n'a parlé de Thagaste, si ce n'est Pline, en un mot précieux où il fait allusion à la fierté de la race qui l'habitait; c'est là, dis-je, en face de ces horizons pleins d'air et de lumière, que Dieu mit le berceau de la Sainte dont j'entreprends de raconter la vie[1]; et il semble qu'en choisissant un tel lieu, Dieu pensait déjà à saint Augustin. C'est pour lui qu'il avait fait ce haut plateau qui s'élève comme une sorte de nid d'aigle au sein d'une plaine immense; mais il y plaça le berceau de sainte Monique, afin de nous apprendre que, dans une mère, tout est coordonné à ses enfants, même le berceau où elle prend la vie qu'elle leur donnera. C'était en 332. Il y avait dix-huit ans que le pape saint Silvestre tenait le gou-

[1] Que Souk-Arras occupe véritablement l'ancien emplacement de Thagaste, c'est ce qui ne saurait être mis en doute, et dont nous donnerons toutes les preuves aux pièces justificatives, nº I.

vernail de la barque de saint Pierre, et vingt ans que l'empereur Constantin, vainqueur de Maxence, avait fait asseoir sur le trône la religion chrétienne.

L'Église sortait des catacombes. Et de même qu'après un long hiver, sous les premiers rayons du soleil de mai, on entend dans la nature comme un frémissement universel de vie qui annonce que tout va éclore; ainsi, fécondée par trois siècles d'humiliations et de douleurs, l'Église se préparait à de sublimes enfantements. La même année que sainte Monique voyait le jour à Thagaste, saint Jérôme naissait à Stridon en Dalmatie. Saint Grégoire de Nazianze venait également de naître; il avait déjà quatre ans. Saint Bazile en avait trois, saint Grégoire de Nysse deux. Saint Hilaire de Poitiers et saint Martin de Tours étaient un peu plus âgés : celui-ci entrait dans sa seizième année, et se préparait au baptême; l'autre touchait presque au sacerdoce. Ni saint Ambroise, ni saint Jean Chrysostome ni saint Paulin de Nole n'étaient encore nés; mais déjà les pieuses jeunes filles que Dieu appelait à l'honneur d'être leurs mères, se recueillaient et se préparaient à leur grande mission qu'elles ne soupçonnaient pas. Seul dans ce groupe brillant, saint Athanase était parvenu à âge d'homme. Il venait de monter, à peine âgé de ving-sept ans, sur le siége épiscopal d'Alexandrie, et il allait y demeurer près d'un demi-siècle, debout, invincible, portant le poids de toutes les luttes, comme pour donner à tous ces grands hommes que Dieu envoyait à son Église [le temps d'arriver à la maturité.

C'est à ce moment, entre les Martyrs qui achevaient de mourir dans des persécutions locales que Constantin lui-même ne pouvait empêcher, et les Docteurs qui se pressaient de naître, qu'apparut au sein d'une famille chrétienne, dans un foyer de paix, d'honneur et d'antiques vertus, une enfant, privilégiée entre toutes, puisque Dieu l'avait choisie pour être la mère du plus grand docteur de cet âge, saint Augustin. Elle reçut en naissant le nom de Monique, qu'aucune sainte n'avait porté jusque-là, et dont elle allait faire un symbole si touchant de consolation et d'espérance. Son père, dont on ignore le nom, et sa mère, qui paraît s'être appelée Faconda[1], étaient chrétiens, et même très-pieux[2]. Il est plus difficile de rendre compte du rang qu'ils occupaient. Ils appartenaient, ce semble, à une de ces nobles familles, comme on en voit dans les siècles troublés par les révolutions, qui ont une certaine splendeur qu'elles tiennent du passé, mais plus de fortune; des domestiques encore nombreux, avec une véritable gêne secrète; de belles alliances, des parentés illustres, mais, par nécessité autant que par principes, une vie qui se retire et se cache de

---

[1] C'est une tradition générale dans tous les Ordres qui suivent la règle de Saint-Augustin. Elle est nommée *Faconda*, ou *Facundia*, dans toutes les Liturgies Augustiniennes.

[2] Erudivit eam (Monicam) in timore tuo virga Christi tui, regimen unici Filii tui, in domo fideli, bono membro Ecclesiæ tuæ. (*Confess.*, lib. IX, cap. VIII.)

plus en plus. Vingt ans auparavant, quand la ville de Thagaste s'était presque tout entière laissé entraîner aux nouveautés du schisme de Donat, cette famille était restée catholique, ce qui avait augmenté son isolement, et les malheurs de l'empire accéléraient sa ruine. Un instant, il est vrai, l'avénement de Constantin et du Christianisme avait pu lui faire espérer, comme à toutes les vieilles et riches familles de province écrasées par le fisc, un allégement de ces maux ; mais cet espoir commençait à s'évanouir ; et les efforts de Constantin n'aboutissant pas plus que ceux de Dioclétien, le père et la mère de sainte Monique pouvaient prévoir que, de toute leur antique splendeur, leur fille ne conserverait qu'un souvenir de leur nom[1].

Dans ces pensées qui remplissaient alors le monde de découragement et de tristesse, le père et la mère de sainte Monique s'efforcèrent de tremper vigoureusement l'âme de leur enfant, et c'est à eux, et pro-

---

[1] C'est ce qui résulte d'une étude approfondie des *Confessions*, et de la confrontation de plusieurs textes importants : ceux, par exemple, où l'on voit des domestiques nombreux dans la maison de sainte Monique (lib. IX, cap. VIII et IX), de continuelles relations avec les familles les plus considérables (lib. IX, cap. IX), et des parentés certaines avec des personnes nobles et de grand rang. (*Lettres* de saint Augustin, 39e dans l'édit. Bénéd.) Et à côté de ces textes, ceux où saint Augustin dit que son patrimoine était peu considérable (*Confess.*, lib. II, ch. III), et qu'il était pauvre et né de parents pauvres (*Serm.* 356) ; ce qu'il ne faut pas prendre à la lettre, car il le disait, dans un sermon, par un sentiment d'humilité. Noble, mais ruinée par les malheurs des temps, comme tous les nobles de cette époque, voilà, ce nous semble, la vraie position de la famille de sainte Monique.

bablement aussi à de telles circonstances, qu'elle dut ce précoce mépris d'un monde qui périssait, et ce vif élan vers les choses éternelles, qui restèrent jusqu'à la fin un des plus beaux traits de sa physionomie[1].

Cependant, quand sainte Monique parlait de sa première éducation, elle ne se louait pas seulement du zèle de sa mère, elle se rappelait aussi avec gratitude de la surveillance d'une vieille servante à laquelle on avait confié son enfance. Cette servante avait été la nourrice du père de sainte Monique; elle l'avait porté sur ses épaules, comme font les jeunes mères qui ont de petits enfants[2]; et après l'avoir vu grandir, et avoir assisté à son mariage, entourée par lui de vénération et d'honneur, à cause de ce souvenir, et aussi à cause de sa vieillesse et de la pureté de ses mœurs, elle était redevenue la servante, ou plutôt la seconde mère de ses enfants. Zélée, prudente, austère, un peu dure et

---

[1] Saint Augustin nous a laissé peu de détails sur la jeunesse et les premières années de sa mère. Heureusement la tradition y supplée, en nous faisant connaître un certain nombre de faits du plus vif intérêt, qui achèvent de dessiner nettement la physionomie de sainte Monique. Ces faits se rencontrent, partout les mêmes, dans de très-anciens monuments, et particulièrement dans les différentes liturgies des Ordres qui suivent la règle de Saint-Augustin. Les Chanoines réguliers, de quelque congrégation que ce soit, les Hermites de Saint-Augustin, les Servites de Marie, les religieux de Prémontré, les Frères Prêcheurs conservent et célèbrent le souvenir de ces faits avec un tel accord, qu'il est impossible de mettre en doute leur authenticité.

[2] Quæ patrem ejus infantem portaverat, sicut dorso grandiusculrum puellarum parvuli portari solent. (*Conf.*, lib. IX, cap. VIII.)

grondeuse; mais dévouée à sa jeune maîtresse, vrai type de ces anciens serviteurs et de ces vieilles servantes que le christianisme commençait à montrer au monde et qui n'étaient pas une de ses moins belles créations, elle environnait de sa vigilance la plus active ce berceau qui contenait de si saintes et si glorieuses destinées.

Préservée ainsi de tout péril, cultivée avec tant de soin, jamais plante ne se vit plus tôt couronnée de fleurs et de fruits que notre sainte enfant. Elle était encore toute petite que déjà, guettant le moment où on ne la voyait pas, elle s'en allait seule à l'église[1]; y cherchait un angle solitaire, et là, debout, les mains jointes, les yeux modestement baissés, elle trouvait tant de charme à s'entretenir avec Dieu, qu'elle oubliait le moment de rentrer à la maison. Quand elle y revenait timide et embarrassée parce qu'il était tard et qu'elle était sortie seule, elle était sévèrement corrigée et quelquefois battue : mais ni ces coups, ni ces reproches ne purent jamais lui arracher une plainte, et encore moins diminuer l'affectueuse reconnaissance dont elle entourait sa nourrice[2].

Quelquefois aussi, en jouant avec ses compagnes, elle disparaissait tout à coup, et on la retrouvait

[1] Dum adhuc puella esset, sæpe domo parentum se subtrahens, ad ecclesiam fugiebat. Ibi, aliquandiu in angulo permanens, virginales orationes ad Christum fundebat. (*Breviarium Canonicorum Regularium Ordinis sancti Augustini.* Parisiis, 1523; in-16, caract. gothiques. *Ad prim. Noct., lect.* I.)

[2] Dum autem domum tarde rediret, a bajula sua verberabatur. Et totum ipsa puella patienter portabat. (*Boll.*, 4 *maii*.)

immobile, recueillie, au pied d'un arbre, ayant oublié le jeu dans la prière. Souvent même elle se levait la nuit en secret, s'agenouillait par terre ; puis, pliant ses petites mains, elle récitait avec un recueillement et une ferveur précoces les prières que lui avait apprises sa bonne mère[1]. On eût dit que Dieu, en lui parlant si intimement au cœur, voulait la familiariser, dès son enfance, avec cet art divin de la prière, dont elle devait faire plus tard un si merveilleux usage ; il l'exerçait de bonne heure à manier cette arme puissante avec laquelle elle devait frapper de si grands coups.

Un autre attrait s'éveillait en même temps dans le cœur de sainte Monique, c'était l'amour des pauvres[2]. Souvent, quand elle était à table, elle cachait dans son sein une partie du pain qu'on lui servait, et quand on ne la voyait pas, elle se tenait sur le seuil de la porte, cherchant un pauvre à qui elle le pût donner[3]. Il y avait surtout deux catégories de pauvres qui avaient toutes les préférences de notre pieuse enfant : c'étaient les pauvres voyageurs et les pauvres malades. Elle guettait les premiers quand ils se dirigeaient vers le toit hospitalier

---

[1] Et frequenter in nocte de lecto surgens, flexis genibus, orationes, quas a matre sua nomine Facundia didicerat, Domino devote offerebat. (*Breviarium Canonicorum Regularium*, etc., *ad prim. Noct., lect.* II.)

[2] Mirum in modum ab infantia secus crevit miseratio. Ita ut quasi naturali affectu pauperes diligeret. (*Breviarium Canonicorum Regularium, ad prim. Noct., lect.* II.)

[3] Sæpe panem de mensa in sinu collocabat, et de paterna domo fugiens, pauperibus tribuebat. (*Boll.*, 4 *maii*.)

de son père, les faisait asseoir sur un banc, et, quoique si petite encore, elle réclamait, selon l'antique usage, l'honneur de leur laver les pieds. Elle allait visiter les seconds, et aux uns et aux autres elle rendait les services que peut rendre une enfant de cet âge et de ce cœur[1].

On remarquait en même temps dans sainte Monique une douceur et une paix charmantes. Quand elle jouait au milieu de ses compagnes, il lui suffisait d'un mot pour apaiser leurs petites querelles. Il y avait tant de calme sur son visage, dans sa voix et dans sa démarche, qu'il se communiquait, à son insu, même à des personnes plus âgées qu'elle. Elle donnait à tout le monde sa propre paix[2].

A ces dons qui venaient d'en haut, et par lesquels Dieu la préparait de loin à l'honneur d'enfanter un saint, se joignaient d'autres vertus que lui faisait acquérir l'active et austère surveillance de sa nourrice. « Tour à tour d'une sage rigueur pour la corriger, et d'une admirable prudence pour l'instruire, dit saint Augustin, elle la pliait de bonne heure aux fortes vertus. Hors les heures où Monique prenait son modeste repas à la table de ses parents, l'enfant eût-elle soif, elle ne lui permettait jamais de boire, même une goutte d'eau, » afin de la préserver ainsi de tout péril dans l'avenir, et pour

---

[1] Hospites et infirmos visitabat, pedes eorum sæpe lavabat, et eis, ut puella poterat, servabat. (*Boll.*, 4 *maii.*)

[2] Litigantes, ut erat mansuetissimi ingenii puella, reprehendebat. (*Brev. Heremit. Divi Augustini.* 1 vol. in-12, 1475, caract. goth.)

l'habituer à la sobriété, à la pénitence, à la force d'âme et à l'esprit de sacrifice, sans lesquels il n'y a ni chrétienne, ni épouse, ni mère, ni sainte. « Voilà comment vous la formiez, mon Dieu, s'écrie saint Augustin; et ni son père, ni sa mère, ne soupçonnaient ce qu'elle serait un jour. Mais déjà vous lui aviez préparé pour berceau une maison fidèle, l'une des mieux réglées de votre Église; et là, sous la conduite de votre Fils unique, elle grandissait peu à peu dans cette crainte de Dieu, qui est le commencement de la sagesse[1]. »

Au milieu de ce doux éclat de vertu naissante, on vit cependant apparaître en sainte Monique, je ne dis pas une tache, mais une ombre, une de ces ombres légères que Dieu permet quelquefois pour rendre ses saints plus vigilants et plus humbles. On avait chargé cette pieuse enfant, ainsi qu'on en use avec les jeunes filles qui commencent à grandir et que l'on veut peu à peu initier au gouvernement d'une maison, d'aller chaque jour au cellier faire la provision du vin. « Or, nous dit saint Augustin, il arrivait quelquefois qu'après avoir baissé le vase pour le remplir, et avant de le verser dans le flacon, elle l'approchait de ses lèvres, non par amour du vin, car il lui inspirait même une certaine répugnance, mais par cette espièglerie et cette gaieté de la jeunesse qui se plaît aux choses défendues, et que le poids de l'autorité apaise bientôt dans les jeunes cœurs. Mais comme en méprisant les petites

---

[1] *Confess.*, lib. IX, cap. VIII.

fautes on tombe peu à peu dans de plus grandes, il advint qu'ajoutant chaque jour une goutte à une goutte, elle finit par boire une petite coupe presque pleine. Où était alors sa vieille gouvernante si sage? Qu'étaient devenues ses austères défenses? Et quel remède possible contre une maladie si cachée, si vous, Seigneur, ne veilliez sur nous! En l'absence de son père, de sa mère, de tout ce qui prenait soin d'elle, vous, toujours présent, qui sauvez les âmes même par la main des méchants, que fîtes-vous, ô mon Dieu? par quel traitement l'avez-vous guérie? Une servante descendait tous les jours avec Monique à la cave, et était par conséquent le témoin complaisant de sa faute. Ce fut d'elle que Dieu tira un jour un sarcasme froid et aigu, invisible acier dont la main de Dieu se servit pour trancher vif cette gangrène. Car se disputant un jour, comme souvent il arrive, avec sa jeune maîtresse, seule à seule, elle lui reprocha ce défaut, et, sans nul dessein de la corriger, mais de la piquer, elle l'appela, avec un mépris insultant : « Buveuse de vin pur. » Percée de ce trait, Monique rougit, et reconnaissant la laideur de cette faute, elle se condamna sévèrement et s'en corrigea pour toujours[1]. » On dit même qu'elle prit à ce moment la résolution de ne boire jamais que de l'eau. Quoi qu'il en soit, cette faute, comme il arrive presque toujours dans la vie des saints, eut pour la pieuse jeune fille les plus heureux résultats. Elle mit une première larme de repentir dans ses

---

[1] *Confess.*, lib. IX, cap. VIII.

yeux, lui inspira le goût de la mortification, la rendit humble et défiante d'elle-même, et, à son insu, la prépara de loin à entourer de la plus tendre et de la plus active surveillance le glorieux berceau qui devait un jour lui être confié.

Sur ces entrefaites, vers l'an 348 ou 349, Monique fut témoin d'un événement qui, en la remplissant d'une profonde joie et d'un vif amour de Dieu, acheva de faire mûrir tous les fruits de sa belle jeunesse. Thagaste, comme nous l'avons dit, s'était laissé entraîner dans l'hérésie et le schisme de Donat; mais pas plus que les autres villes d'Afrique, elle n'y avait trouvé le bonheur. Depuis vingt années, cette hérésie, violente et agitée, la remplissait de troubles; et au point où nous sommes arrivés de cette histoire, ces troubles étaient devenus si graves et si continuels dans toutes les villes d'Afrique, ils amenaient tant de pillages et même tant de meurtres, que les empereurs durent intervenir. Constant porta donc une loi qui prohibait la profession publique de cette hérésie. Grand nombre de villes revinrent alors à la foi catholique, et en particulier Thagaste, mais d'un élan si vif, si unanime et si sincère, qu'il fut évident que la crainte des violences schismatiques l'avait seule empêchée de le faire plus tôt. Quelques années après, au dire de saint Alype, on eût cherché vainement en Afrique une ville plus heureuse et plus unie dans l'obéissance à l'Église romaine [1].

---

[1] August., *Ep.* 48. Labbe, *Conc.*, tom. II, cap. cxxxvi.

Sainte Monique pouvait avoir seize ans lorsque s'accomplit cette heureuse délivrance de sa ville natale, opprimée jusque-là, par un parti fanatique, dans la plus sainte de ses libertés, la liberté religieuse. Nul doute qu'elle n'ait tressailli d'un doux et profond enthousiasme en assistant à ce nouvel embrassement de l'Église et de sa patrie ; et si, comme quelques-uns l'ont cru, ce grand moment fut aussi celui de son baptême et de sa première communion, il dut y avoir là dans son âme, une de ces émotions élevées et puissantes qui creusent à la vie un lit d'où elle ne sort plus.

Cependant avec les dons naturels se développaient en sainte Monique les dons surnaturels. Son esprit, qui était juste, élevé, pénétrant, a reçu les éloges les plus délicats et les moins suspects de celui qui l'a le mieux connu, qui était le plus capable d'en juger, et qui assurément n'eût pas voulu exalter même sa mère aux dépens de la vérité. Saint Augustin affirme à plusieurs reprises que l'esprit de sainte Monique touchait au génie ; qu'il était d'une élévation et d'une profondeur singulières, avec une si rare pénétration qu'il n'y avait, pour ainsi dire, pas de question où elle ne portât la lumière. Nous la verrons plus tard prendre la parole sur les plus hautes questions de philosophie et de religion, et saint Augustin et ses amis feront cercle autour d'elle, « croyant, dit celui-ci, entendre quelque grand homme au milieu de nous. » On commençait déjà à apercevoir en sainte Monique quelque chose de ce profond et rare esprit ; elle avait une soif insatiable d'apprendre; toute petite, elle quittait les jeux de ses compagnes pour suivre, attentive, les conversations des grandes personnes, surtout quand c'étaient des personnes instruites et sérieuses. On la voyait en particulier passer des heures entières aux pieds de son aïeule, femme vénérable par son âge et sa foi, contemporaine des martyrs, dont les récits émouvants enthousiasmaient la pieuse jeune fille [1].

A ces dons de l'intelligence, que Dieu lui avait donnés pour qu'elle eût sur Augustin tous les genres d'influence, Monique joignait des dons meilleurs encore : une douceur inépuisable avec une rare fermeté; une paix que rien n'altérait jamais, avec infiniment de feu dans l'âme et de décision dans la volonté. Son caractère était à la fois constant et hardi; son cœur, d'une sensibilité extrême, était porté à la tendresse, et cependant plein d'énergie dans l'amour et dans l'action. Bref, c'était une de ces belles et riches natures comme on en voit quelquefois, où se rencontrent les plus rares harmonies avec d'étonnants contrastes.

Quant aux dons extérieurs, dont on s'enquiert involontairement, même quand il s'agit d'une

---

[1] Inerat quoque in ea quædam insatiabilis adiscendi cupiditas... Et propterea jugiter satagebat aliquid præclarum aut audire aut adiscere. Et idcirco quam maxime aviam suam christianissimam, pro modulo suæ capacitatis, sequebatur, eidemque adhærebat. (*De Plurimis claris Mulieribus*, a Fr. Jacobo Philippo Bergomensi, Ordinis Heremitarum Divi Augustini. 1 vol. in-folio, 1493, caract. gothiques.)

sainte, il est plus difficile de satisfaire complétement sur ce point la légitime curiosité de nos lecteurs. Il semble cependant que sa taille ait été assez élevée, et son visage d'une grande beauté. Du moins, vers l'âge de dix-huit à vingt ans, la foi, la piété, la modestie, l'amour de Dieu et des hommes y jetaient un tel éclat, que l'auteur d'un des plus vieux monuments relatifs à l'histoire de sainte Monique se déclare impuissant à le peindre; et je le conçois. Je n'ai vu dans ma vie qu'un seul visage de saint. C'était un visage naturellement laid, vieilli d'ailleurs et usé par les austérités et le jeûne; et cependant il y avait dans cette physionomie, dans ce regard, quelque chose de si divinement beau, que si l'on me demandait de le peindre, je ne l'essaierais même pas. Il faut dire de la beauté des saints ce que la sainte Écriture dit de leur paix : *Exuperat omnem sensum.* C'est une beauté d'un ordre à part, et qui est au-dessus de toute idée. La beauté des justes, dit le Psalmiste, ressemble à celle des temples : elle élève l'âme à Dieu[1].

Monique en augmentait encore le charme par la plus aimable modestie. Ses parents, fiers comme le sont en général tous les parents, même les plus chrétiens, ne savaient qu'imaginer pour rehausser la beauté de leur fille. Mais elle refusait avec une douce fermeté les tissus précieux et parfumés dont on aurait voulu la voir revêtue[2]. Elle avait appris

---

[1] Ps. CXLIII, 13.
[2] Cum autem parentes ejus, more secularium, vestibus deli-

des grands docteurs de l'Afrique, de Tertullien et de saint Cyprien, le prix de la simplicité et de la modestie, et la difficulté de conserver sous des vêtements de luxe un cœur mortifié et prêt au sacrifice. Aussi à toutes ces parures elle préférait la robe blanche, simple, large, sans franges ni bordures, que portaient alors les jeunes chrétiennes, et dont les peintures des Catacombes offrent de nombreuses images[1].

Ainsi se passa la première enfance de sainte Monique, comme une belle aube qui annonce un plus beau jour. Déjà elle sortait de l'adolescence, et elle entrait dans la jeunesse, lorsqu'elle fut demandée en mariage. Ses parents l'accordèrent, et, par un incompréhensible dessein de Dieu, cette jeune vierge qu'on aurait cru devoir suivre les traces des Agnès et des Agathe, cette sainte et aimable enfant, qui, du moins, demeurant dans le monde, semblait prédestinée à des noces heureuses, fut donnée à un homme qui paraissait bien peu digne d'aspirer à l'honneur d'une telle alliance.

Patrice, avec lequel il nous faut essayer une première connaissance, était né à Thagaste, et, bien que des ombres profondes, qu'aucune critique n'a pu dissiper, couvrent ses origines et son berceau, il est probable qu'il appartenait à une vieille et noble famille, plus noble même que celle de sainte Monique. C'est du moins ce que les anciens ont conjec-

catis eam ornare voluissent, ipsa contristata respuebat. (*Boll.*, 4 *maii.*)
[1] Voir Bottari, cxi, 80; Perrin, i, 34.

turé, ne parvenant pas à expliquer autrement ce mariage. Patrice, en effet, avait peu de biens[1], et le rang qu'il occupait à Thagaste était moins considérable que quelques historiens ne l'ont cru. Il était curiale, il est vrai, c'est-à-dire du nombre des magistrats qui administraient la cité; mais on l'était forcément alors, dès qu'on avait vingt-six arpents de terre; et cette dignité de magistrat municipal, très-petite en tout temps dans les petites villes, était devenue tellement onéreuse, par suite d'une loi qui obligeait les curiales à recueillir l'impôt à leurs risques et périls et à le compléter de leurs propres deniers, que c'était à qui échapperait aux honneurs redoutables de la curie, au milieu d'une population qui ne pouvait plus payer, et en présence d'un fisc affamé qui ne voulait rien entendre[2]. Ruiné donc, ou à la veille de l'être, comme presque tous les curiales de ce temps, mais noble et de vieille race, telle semble avoir été la position de Patrice.

Quant à ses qualités personnelles, saint Augustin nous assure que Patrice avait le cœur plus grand

---

[1] *Confess.*, lib. II, cap. III.

[2] Possidius, dans la *Vie de saint Augustin*, dit positivement que Patrice était curiale ou décurion, c'est-à-dire qu'il était du nombre des magistrats qui, dans les colonies et les municipes, administraient la cité. Ils formaient pour cela une espèce de conseil municipal, *curia decurionum*, et leurs décrets sont rappelés dans les inscriptions par les signes D D, *Decreto Decurionum*. Pour être candidat à la curie, il fallait avoir vingt-cinq ans, et posséder une propriété foncière de plus de vingt-cinq arpents.

que la fortune[1]; et il y parut dans la suite. Mais ces qualités, que nous verrons peu à peu se développer sous la main délicate de l'ange que Dieu allait lui donner pour compagne, étaient alors non-seulement enfouies dans son âme à des profondeurs où il était difficile de les apercevoir, mais encore couvertes et comme étouffées sous les plus tristes et les plus honteuses habitudes. Patrice d'abord était païen, ce qui, en plein IVe siècle, au lendemain du concile de Nicée, au moment où brillaient les Athanase, les Paul, les Antoine, annonçait ou une déplorable insouciance à l'endroit des questions les plus importantes de la vie, ou un aveuglement étrange, causé peut-être par de secrètes passions. Et, en effet, il y avait de tout cela dans l'âme de Patrice : une telle indifférence pour les choses religieuses, que dix-huit années d'union avec une sainte purent à peine la soulever; un tel dédain à l'endroit du vice et de la vertu, que, pour satisfaire son orgueil, il exposa mille fois son fils à se corrompre; avec cela, une violence de caractère dont nous ne pouvons nous faire aucune idée aujourd'hui. On voyait tous les jours sur le visage des nobles dames, parentes ou amies de sainte Monique, les meurtrissures que leur avait faites la brutalité de leurs jeunes maris; et à peine si on le remarquait, tant c'était l'usage, au sein de cette dure société africaine que le christianisme n'avait pas eu le temps de transformer[2]. Et néanmoins tout le monde trembla, quand on ap-

---

[1] *Confess.*, lib. IX, cap. IX. — [2] *Id., ibid.*

prit que Monique allait épouser Patrice ; car il avait la réputation d'être plus violent et plus brutal que personne.

Encore n'était-ce là que la moitié de la coupe amère. Pour être digne de sainte Monique, pour la rendre heureuse et être heureux avec elle, il aurait fallu connaître ce saint amour chrétien qui remplissait son cœur, cette réserve, cette modestie, cette délicatesse, ce respect mutuel, toutes ces choses exquises qui font l'honneur, le charme et la sainteté du mariage. Or la vie de Patrice avait été déshonorée jusque-là par de honteuses faiblesses, dans lesquelles nous l'allons voir retomber, hélas! presque au lendemain de ses noces!

Ajoutons, pour achever d'éclairer toute cette triste situation, que Monique avait vingt-deux ans à peine, et Patrice plus du double, et il faudra bien en convenir, cette différence d'âge, s'ajoutant à toutes les différences d'esprit, de cœur, de caractère, de goût, de principes surtout, ne laissait guère place à des rêves de bonheur. Tout présageait, au contraire, pour cette jeune fille, dont la vie jusquelà s'était annoncée si belle, d'inévitables tristesses, une grande solitude d'esprit et de cœur, et à cause de cette solitude, bien des périls et peut-être des fautes; à moins que, pour porter noblement ces tristesses, pour éviter ces fautes, et, qui sait même? pour transfigurer ces ombres, cette jeune fille ne sût s'élever à ce que la vertu a de plus héroïque et s'y maintenir toujours.

En étudiant ces faits, on se demande involontairement comment les parents de sainte Monique purent se décider à un pareil mariage. Car enfin la vie a d'assez lourdes charges, sans qu'on les augmente à plaisir, et la nature humaine est bien fragile pour qu'on la voue ainsi de gaieté de cœur à l'héroïsme. D'ailleurs, puisqu'ils étaient chrétiens et même pieux, est-ce qu'ils ne savaient pas ce que c'est que le mariage ; combien sa chaîne est pénible quand elle lie des êtres qui n'étaient pas faits l'un pour l'autre ; et qu'associer une pieuse jeune fille à un indifférent et à un libertin, c'est la couronner de roses amères et la condamner toute jeune à un martyre qui ne finira plus? Les anciens avaient un supplice qui ressemblait à celui-là : ils attachaient un vivant à un cadavre, et il les enfermaient tous deux dans la même chambre.

Si les parents de notre Sainte avaient pensé à toutes ces choses, que la foi, et à son défaut la raison, l'expérience, le cœur, le cœur au moins, auraient dû leur apprendre, ils auraient frémi et probablement reculé. Mais je ne sais point de circonstance où les parents, même chrétiens, se laissent plus facilement aveugler et éblouir que, quand il s'agit de marier leurs enfants. Patrice était païen, indifférent, sans principes ; mais Monique le convertirait. Il était violent, colère ; mais il avait bon cœur. Ses mœurs étaient légères, mais il n'était plus jeune, la fougue était passée ; et d'ailleurs il était de bonne race, de vieille famille, loyal, honnête, plein d'honneur ; que fallait-il de plus? Voilà comment on décide un mariage, ou plutôt comment on voue une jeune fille à des larmes d'autant plus douloureuses qu'il lui faudra les verser en secret.

Quant à Monique, il est probable qu'elle ignora beaucoup de ces tristes choses. Elle crut à sa mère ; elle se confia au jugement de son père. Et, comme la plupart des jeunes filles pieuses, quand elle déposa sa main dans celle de Patrice, ce fut surtout un acte d'obéissance qu'elle accomplit au pied des saints autels.

Il y a cependant des auteurs qui disent que sainte Monique éprouva pour ce mariage une vive répugnance ; qu'elle présenta à ses parents d'humbles et respectueuses observations[1], et qu'obligée de céder, car Dieu avait réglé qu'elle achèterait par d'amères épreuves l'honneur d'être la mère de saint Augustin, elle eut, pour se consoler et se soutenir, la vue du bien qu'elle pourrait faire à une pauvre âme, et qu'elle se sacrifia héroïquement en se mariant. Au moins est-il certain qu'après avoir beaucoup prié et reçu en échange, car nulle prière n'est perdue, des trésors de foi et de générosité, ignorante ou résignée, elle parut à l'autel avec un éclat de vertu qui attendrit tout le monde.

« Oh ! qui dira, s'écrie ici un vieil auteur, ce que fut cette sainte jeune fille au pied de l'autel où elle prononça les serments sacrés qui allaient lier sa

---

[1] Monicam nobili viro, de numero curialium sed gentili, licet plurimum renitentem parentibus, tamen non obsistentem in conjugem tradiderunt. (*Breviarium Canonicorum Regularium Ordinis S. August. Ad primum Nocturnum, tertia lectio.*)

vie! Quelle sainte pudeur! Quelle beauté d'âme apparaissant sur son visage! Quelle modestie incomparable[1]! » Mais ces choses ne se peuvent dire ; il faudrait les avoir vues.

[1] *Boll.*, 4 maii.

CHAPITRE SECOND

L'INTÉRIEUR D'UNE FAMILLE NON CHRÉTIENNE.
DOUCEUR ET PATIENCE DE SAINTE MONIQUE. DIEU LA CONSOLE
EN LUI ENVOYANT LE BONHEUR D'ÊTRE TROIS FOIS MÈRE.
COMMENCEMENT DE L'ÉDUCATION D'AUGUSTIN

355-369

Rien n'est triste comme les premiers temps qui suivent une union mal assortie. Chaque jour un rêve s'évanouit. Les illusions s'en vont une à une, comme les feuilles mortes dans un jour d'automne. On découvre les aspérités et les oppositions de caractère, les différences d'humeur, les dures et cruelles réalités. Si la foi et l'amour de Dieu ne soutenaient, on succomberait au découragement.

Sainte Monique n'avait habité jusqu'ici que la paix d'un foyer chrétien. Elle ne soupçonnait pas ce que sont ces intérieurs de famille où Dieu ne préside pas, et où les passions, non enchaînées, font de la vie un orage. Sa belle-mère vivait encore, et, comme si tout eût dû se réunir pour rendre sa position plus pénible, les circonstances allaient obliger Monique à habiter avec elle. Païenne comme Patrice, elle lui ressemblait aussi pour l'humeur et le caractère : c'était une femme impérieuse, violente et acariâtre, avec la jalousie de plus, une jalousie de belle-mère. Les servantes étaient dignes de l'un et de l'autre. Ne pouvant s'abandonner à la violence vis-à-vis de leur jeune maîtresse, elles se livraient à la calomnie. Pour plaire à la belle-mère, nous les verrons bientôt calomnier lâchement la belle-fille.

Même en s'appuyant avec tendresse et sécurité sus le cœur d'un époux, ce serait là, pour une jeune femme de vingt-deux ans, une position cruelle. Combien plus, lorsque chaque jour révélait à Monique les abîmes qui la séparaient de Patrice! Celui-ci ne comprenait rien à la vie de sa sainte compagne. Ses prières le fatiguaient; ses aumônes lui paraissaient excessives. Il trouvait bizarre qu'elle voulût visiter les pauvres, les malades, qu'elle aimât les esclaves. A chaque pas, notre Sainte rencontrait sur sa route ces mille entraves qu'à décrites Tertullien, et qu'une femme chrétienne rencontrera toujours dans la compagnie d'un homme qui ne partage pas sa foi. « Comment, disait autrefois ce grand observateur, une femme chrétienne pourra-t-elle servir Dieu, ayant à ses côtés un homme qui ne l'adore pas? S'il faut aller à l'église, il lui donnera rendez-vous aux bains plus tôt que de coutume; s'il faut jeûner, il commandera un festin pour le même jour; s'il faut sortir, jamais les serviteurs n'auront été plus occupés¹. Ce mari permettra-t-il que sa femme visite de rue en rue les frères dans les réduits pauvres? Souffrira-t-il qu'elle se lève pour assister la nuit à la solennité de Pâques? La laissera-t-il se rendre à la table sainte, si décriée parmi les païens? Trouvera-t-il bon qu'elle se glisse dans les prisons pour baiser les chaînes des martyrs, pour laver les pieds saints? S'il faut donner quelque chose aux étrangers et aux voyageurs, le grenier, la cave, tout sera fermé². »

C'était là pour sainte Monique sa vie ou plutôt sa souffrance de chaque jour. Elle s'y serait résignée, si du moins la pureté de son cœur n'eût rencontré

---

¹ Ut statio facienda est, maritus de die condicat ad balneas. Si jejunia observanda sunt, maritus eadem die convivium exerceat. Si procedendum erit, nunquam magis familiæ occupatio adveniat. (Tertull., *Ad uxorem*, lib. II, cap. iv.)

² Quis denique in solemnibus Paschæ abnoctantem securus sustinebit? Quis in carcerem ad oscultanda vincula martyris reptare patietur? aquam sanctorum pedibus offerre? etc. (Tertull., *Ad uxorem*, lib. II, cap. iv.) Seize siècles après Tertullien, un écrivain, un observateur notait les mêmes tristesses et la même division au sein de la famille où ne règne pas la même foi : « La « famille, disait récemment M. Michelet, c'est l'asile où nous « voudrions tous, après tant d'efforts inutiles et d'illusions per- « dues, pouvoir reposer notre cœur. Nous revenons las au foyer: « y trouvons-nous le repos? De quoi allons-nous parler à nos « mères, à nos femmes, à nos filles? Des sujets dont nous par- « lerions aux indifférents, d'affaires, de nouvelles du jour, nul- « lement des choses qui touchent le cœur et la vie morale, de « religion, de l'âme ou de Dieu. Hasardez-vous à dire un mot « de ces choses à table, à votre foyer, dans le repas du soir. Votre « mère secoue la tête, votre femme contredit, votre fille, tout en « se taisant, désapprouve. Elles sont d'un côté de la table, vous « de l'autre. »

aucun péril. « Mais, hélas, continue Tertullien, est-ce que la femme chrétienne ne sera pas sollicitée par son mari païen à des complaisances de païenne? Est-ce qu'elle ne devra pas avoir pour lui une beauté, des parures, un entretien du corps, et cette sorte d'affection que Dieu ne bénit pas[1]? »

Monique l'éprouva presque dès les premiers jours, et, si jeune encore, si innocente surtout, elle entrevit avec étonnement tout ce qu'il y a de faiblesses dans un cœur d'homme que la grâce de Jésus-Christ n'a pas touché. Mais cette vue ne fit pas défaillir son courage. Au lieu de s'abattre comme font tant de chrétiennes, et surtout au lieu de s'éloigner du toit conjugal, comme venait de faire une noble romaine, Fabiola, mariée à un affreux païen qui ressemblait assez à Patrice, élevant son cœur plus haut, Monique comprit que Dieu ne lui avait pas envoyé cette pauvre âme pour qu'elle l'abandonnât; mais qu'au contraire il la lui avait confiée pour qu'elle essayât de la guérir, de la convertir et de l'illuminer. Et à quoi bon, en effet, le mariage et sa dignité, et ses grâces et ses liens intimes, si ce n'est pour l'illumination réciproque des deux âmes? Et à quoi bon l'amour, l'amour naturel, quand Dieu le donne, l'amour surnaturel, qu'il ne refuse jamais et qui doit achever et transformer l'autre, sinon pour qu'il soit l'illuminateur? Que celui qui est dans la lumière éclaire celui qui est dans les ténèbres! Et que celui qui est fort aide, comme dit l'Apôtre,

---

[1] Tertull., *Ad uxorem*, lib. II, cap. IV.

celui qui est infirme dans la foi ! Et que le mort soit ressuscité par celui qui a la vie ! Et fallût-il souffrir pour cela, et gémir, et verser des larmes, et donner du sang, c'est un assez beau martyre pour qu'une chrétienne sache s'y dévouer tout entière !

Saint Augustin, qui nous révèle cette grande pensée de sa mère, fait mieux encore : il nous dit, en quelques mots d'une lumière profonde, la méthode dont elle se servit pour réussir dans une si difficile entreprise. « Formée, dit-il, à la modestie et à la sagesse, soumise à Dieu et à ses parents, dès qu'elle eut atteint l'âge d'être mariée, elle obéit avec un grand respect à l'époux qui lui fut choisi ; et comme elle désirait ardemment vous le conquérir, ô mon Dieu, elle s'efforça de lui donner de vous, dans la beauté de ses mœurs, une révélation qui le touchât[1]. » C'est-à-dire que pour gagner son mari à Dieu, elle n'employa ni la parole, ni la discussion, ni les reproches. Au lieu de prêcher la vertu, elle la pratiqua. Elle s'efforça d'être douce, humble, patiente, modeste, dévouée ; sûre que si, au lieu de mettre la vérité sur ses lèvres, ce qui est facile, elle parvenait à la mettre dans sa vie, il viendrait un jour où Patrice n'y résisterait pas, et se rendrait à une lumière si douce, si discrète et si vraie. Seulement, pour que cette manifestation

---

[1] Sategit eum lucrari tibi, loquens te illi moribus suis, quibus eam pulchram faciebas et reverenter amabilem atque mirabilem viro. (*Confess.*, lib. IX, cap. IX.)

de la vérité par la vertu fût éclatante, il fallait du temps à une vertu héroïque. Monique se décida à l'un et à l'autre. Elle voyait bien les faiblesses et les infidélités de son mari; mais jamais elle ne lui en dit un seul mot. Elle souffrait en silence[1]. Elle pleurait quand il était absent; mais comme elle savait que c'est une folie de demander à un homme qui n'aime pas Dieu d'aimer fidèlement une créature, elle se contentait de solliciter ardemment pour son faible mari la foi et l'amour divin, seuls capables, en effet, de rendre les hommes chastes[2].

Elle observait le même silence de douceur, d'humilité, de discrétion, de vrai amour, quand il entrait dans ses emportements. Que dire à un homme qui ne se possède plus? Elle attendait que cette fureur fût passée; et alors, profitant du retour de la raison, et de ces moments de tendresse où les hommes, violents mais affectueux comme l'était Patrice, cherchent à faire oublier leurs emportements à ceux qui en ont souffert, elle lui disait confidemment, avec une grande délicatesse, et quand elle était seule avec lui, quelques mots d'explication et même de tendre reproche, qui presque toujours étaient bien reçus[3].

---

[1] Ita autem toleravit cubilis injurias, ut nullam de hac re cum marito haberet unquam simultatem. (*Confess.*, lib. IX, cap. IX.)

[2] Expectabat enim misericordiam tuam super eum, ut in te credens castificaretur. (*Confess.*, lib. IX, cap. IX.)

[3] Noverat hæc non resistere irato viro, non tantum facto, sed ne verbo quidem. Jam vero refracto et quieto, cum opportunum videret, rationem facti sui reddebat. (*Confess.*, lib. IX, cap. IX.)

Cette méthode de douceur, ce secret de silence et d'abnégation, elle le conseillait à toutes ses amies; et quand celles-ci, meurtries au visage et déshonorées par la violence de leurs jeunes maris, venaient se plaindre à elle : « Prenez-vous-en à votre langue, » leur disait-elle agréablement. Et l'on sentait bien qu'elle avait raison; car bien que son mari fût plus violent que personne, jamais il ne la frappa. Elle put le voir quelquefois bondir de colère et menacer; il n'alla jamais plus loin; de son doux regard, elle le contint toujours[1].

Et non-seulement elle le contint, ce qui faisait l'admiration de tous ceux qui à Thagaste avaient connu Patrice avant son mariage, mais, en employant fidèlement et patiemment cette méthode, elle revêtit peu à peu aux yeux de son mari une beauté qu'il ne soupçonnait pas. Cette douceur, cette délicatesse, ces mille petites gouttes de dévouement, tombant une à une, jour par jour, sur l'âme de Patrice, y creusèrent à son insu un sillon dont il ne sut que plus tard la profondeur. Son amour, car même au milieu de ses emportements et de ses faiblesses il aimait Monique, se transformait insensiblement. Il acquérait de l'élévation et de la noblesse. Il s'y mêlait un sentiment de respect dont Patrice n'avait jamais eu l'idée. « Elle devenait chaque jour plus belle à ses yeux, dit saint

---

[1] Cumque mirarentur illæ, scientes quam ferocem conjugem sustineret, numquam fuisse auditum, aut aliquo indicio claruisse, quod Patricius ceciderit uxorem... (*Confess.*, lib. IX, cap. IX.)

Augustin, et cette beauté, naissant de la vertu, commençait à lui gagner déjà le respectueux amour et même l'admiration de son mari[1]. »

Sans doute, il y avait loin de là à un changement de mœurs, à une conversion complète. Que d'années devaient s'écouler avant que ce germe, à peine visible, que venait de créer Monique, prît quelques développements! De combien de larmes il le fallait encore arroser! Et quels amers sacrifices pour obtenir de Dieu cette grâce toute-puissante qui seule pouvait le faire mûrir! Heureusement que Monique apprenait tous les jours, dans la prière, comment se rachètent les âmes, et qu'à toutes les vertus que nous avons indiquées elle en joignait une autre, qui est la reine et la maîtresse de toutes: une confiance absolue en Dieu, une espérance indomptable en son secours, avec une telle certitude de l'obtenir, que rien n'était capable de la décourager jamais.

C'est au milieu de ces tristes, de ces premières et encore bien vagues et bien lointaines espérances, que, pour consoler Monique, pour l'attacher à Patrice malgré ses infidélités, et lui rendre supportable et même cher ce foyer où elle avait tant à souffrir, Dieu lui fit goûter pour la première fois le plus grand bonheur qui soit peut-être ici-bas, après celui de se consacrer entièrement à lui : elle fut mère, et, encore à la fleur de son âge, elle vit suc-

---

[1] Pulchram et reverenter amabilem atque mirabilem viro. (*Confess.*, lib. IX, cap. IX.)

cessivement trois petits enfants se suspendre à son cou et commencer à sourire à ses larmes.

Le premier qu'elle reçut des mains de Dieu fut ce fils à jamais célèbre sous le nom de saint Augustin. Elle le mit au monde le 13 novembre 354, âgée elle-même de vingt-deux ans. On dit que pendant qu'elle le portait, elle eut la révélation des merveilles dont il serait un jour l'instrument, si elle savait le rendre fidèle à Dieu. Et il faut avouer que la lecture approfondie des *Confessions* semble confirmer l'idée de quelque pressentiment mystérieux ; à moins cependant que l'ardeur extraordinaire des angoisses et des prières de sainte Monique pendant qu'Augustin s'égarait, la ténacité qu'elle mit dans ses espérances, et la certitude qu'elle parut avoir toute sa vie de la conversion de son fils, ne provinssent que de sa foi en Dieu et de la grandeur de son amour pour Augustin ; ce que je croirais volontiers, et ce qui serait plus touchant et plus admirable encore.

Le second des enfants de sainte Monique se nommait Navigius : doux et pieux enfant, qui ne connut pas les orages de son frère, qui n'en eut pas non plus les repentirs et les élans sublimes, et qui, sans s'élever aussi haut que lui dans la vertu, a laissé dans l'Église une mémoire voilée qui n'est point sans charme. Navigius était instruit, mais timide, silencieux, presque toujours souffrant; un de ces êtres touchants qui ne font que glisser dans la vie, plus occupés des autres que d'eux-mêmes. Nous le verrons apparaître deux ou trois fois dans cette histoire, toujours aux côtés de sainte Monique, qu'il ne quitta, pour ainsi dire, jamais, et dont il fut jusqu'à la fin, et surtout pendant les tristes écarts d'Augustin, le tendre consolateur et le gardien fidèle. C'est lui, paraît-il, qui fut le père de ce jeune neveu de saint Augustin, nommé Patrice, sous-diacre de l'église d'Hippone[1], et de ces deux nièces de notre saint docteur, qui prirent toutes jeunes le voile des épouses de Jésus-Christ[2]. De ce côté du moins, on le voit, sainte Monique eut peu de peines et de grandes consolations.

Augustin et Navigius ne furent pas les seuls enfants que Monique « conçut dans son sein pour la vie temporelle, et dans son cœur pour les faire naître à la vie éternelle,[3] » selon la magnifique expression de saint Augustin. Elle eut aussi une fille, à laquelle on croit qu'elle donna le nom d'une des Saintes les plus populaires de l'Afrique, sainte Perpétue, la célèbre martyre de Carthage. Malheureusement ce troisième enfant passe encore plus inaperçu que Navigius, et c'est à peine si l'on peut saisir quelques traits de sa physionomie. Pieuse comme sa mère, elle entre d'abord dans l'état du mariage; puis bientôt veuve et, ce semble, sans enfants, elle se retire auprès de son frère Augustin jusqu'au jour de son ordination; car, « à partir de ce moment, dit Possidius, il ne voulut plus souffrir

---

[1] *Serm.* 336.
[2] *Possidius*, xxvi.
[3] Quæ me parturivit: et carne ut in hanc temporalem, et corde ut in æternam lucem nascerer. (*Confess.*, lib. IX, cap. viii.)

aucune femme sous son toit, pas même sa sœur ; » elle se consacre alors à Dieu dans la vie religieuse, devient supérieure d'un des monastères fondés par saint Augustin, et, du berceau à la tombe, exhale de si doux parfums de vertu, que le grand docteur lui donne toujours le nom de sainte[1]. Elle a eu, et elle a encore, ainsi que Navigius, des autels et un culte à Rome et en plusieurs lieux.

Voilà l'aspect de la famille de sainte Monique. Vainement le père est païen ; vainement la belle-mère, les serviteurs, les servantes, semblent conspirer pour rendre impossible toute éducation chrétienne ; les trois enfants de sainte Monique monteront sur les autels, comme si Dieu voulait nous montrer par là ce que peut une vraie mère, même quand elle est seule, et quel bonheur c'est à des enfants d'avoir été conçus dans un cœur où habite l'amour de Dieu avec toutes les vertus.

Monique eût été, sinon heureuse, du moins consolée en recevant de Dieu cette petite famille, si une douleur, plus amère que tout ce qu'elle connaissait encore, ne fût venue, sur ces entrefaites, se mêler à ses joies et n'eût achevé d'empoisonner sa vie. Patrice était de plus en plus dominé par ses tristes faiblesses. Ni la beauté de l'esprit et du cœur de sa sainte épouse, ni la tendresse et la force de l'affection qu'elle lui avait vouée, ni la naissance successive de trois petits enfants, n'avaient pu enchaîner cette âme légère, et, malgré les supplications et

---

[1] *Lettres* de saint Augustin, lettre 24e.

les larmes de Monique, il commençait à afficher ses désordres. Comment peindre ce que souffre alors une femme chrétienne, une épouse, une mère? C'est là ce martyre de l'âme dont a parlé saint Ambroise, qui, pour s'accomplir dans le secret du foyer domestique, n'est ni moins affreux ni moins déchirant que le martyre du corps[1].

Mais rien ne put arracher notre sainte à la ligne de conduite qu'elle s'était tracée. Abandonnée à la fleur de l'âge, trahie par le père de ses enfants, Monique, qui pouvait avoir alors vingt-sept ans à peine, et qui voyait, après quatre à cinq ans de mariage, s'évanouir les espérances dont elle s'était bercée dès les premiers jours, redoubla de ferveur et de confiance en Dieu, et, sans rien changer à ses habitudes de silence, de discrétion, de douce et patiente attente vis-à-vis de son mari, les perfectionnant même, elle se tourna tout entière du côté de ses enfants.

Toutes les mères aiment leurs enfants; mais celles qui ne trouvent dans l'état du mariage que des abandons et des douleurs les aiment d'un amour dont les femmes heureuses n'auront jamais l'idée. Et si le siècle où Dieu les fait ainsi mères et malheureuses est un siècle mauvais; si en les mettant au monde elles sentent qu'elles les vont déposer dans un milieu malsain et corrupteur, d'autant plus dangereux à leur innocence que leurs pères ne

---

[1] Sunt quædam, inter domesticos parietes, secreta martyria. (*Sancti Ambrosii Opera*, tome II, p. 497.)

les protégeront pas, rien ne peut donner une idée de leur tendresse inquiète, de leur vigilance, de leurs prières, et des précautions auxquelles elles ont recours pour protéger elles-mêmes l'âme de leurs enfants. C'est le spectacle que nous allons voir se dérouler dans la suite de ces récits. Malheureusement un voile épais nous dérobe la jeunesse de Navigius et de Perpétue. Laissons donc à regret ces deux enfants de notre sainte, et concentrons toute notre attention sur le berceau et la première enfance d'Augustin.

Est-il besoin de dire que, pour se mettre à la grande œuvre de l'éducation de son fils, Monique n'attendit pas qu'il pût parler? Elle n'attendit pas même qu'il fût au monde. Au premier soupçon qu'elle eut du bonheur que Dieu lui accordait, elle se recueillit, et, ayant appris des livres saints qui dès cette époque ne sortaient pas de ses mains, que, pendant ces longs mois où son enfant allait vivre avec elle d'une seule et même vie, elle pouvait déjà le sanctifier et, pour ainsi dire, le baptiser dans l'amour de Dieu, elle redoubla de vigilance, de piété et de pureté de cœur, afin que cette petite âme, qui allait se mouler sur la sienne, ne reçût d'elle que des impressions saintes. Inquiète aussi, et avec raison, de la responsabilité qu'elle venait de contracter, elle leva les yeux au ciel, et, tremblant de n'avoir ni assez de lumière ni assez d'amour pour une pareille œuvre, elle commença à offrir son enfant à Dieu avec toute l'ardeur et toute la tendresse dont elle se sentait capable. « Sainte

Monique, dit saint François de Sales, étant enceinte du grand saint Augustin, le dédia par plusieurs offres à la religion chrétienne et au service de la gloire de Dieu, ainsi que lui-même le témoigne, disant qu'il avait déjà goûté le sel de Dieu dès le sein de sa mère[1]. »

Cette touchante expression : *ab utero matris meœ,* « dès le sein de ma mère, » revient à toutes les pages des *Confessions*. Si Augustin a appris à aimer Jésus-Christ ; s'il y a en lui des fibres qui vibrent toujours pour Dieu et la vérité ; s'il retrouve, au milieu même de ses égarements, des étincelles d'honneur qui ne peuvent pas s'éteindre ; si l'horreur du bas, du vil, du passager, lui est naturelle : tout cela, il ne cesse de le répéter, il l'a acquis dès le sein de sa mère ; *ab utero matris meœ,* comme s'il tenait à nous faire comprendre ce qu'avait été, pendant ces neuf mois, la beauté, l'élévation, la grandeur toute sainte des pensées et des sentiments de sa mère.

Dès qu'il fut né, Monique le fit porter à l'église ; et comme ce n'était pas alors l'usage de baptiser les enfants au moment de leur naissance, ainsi qu'on le voit par l'histoire de Constantin, de Théodose, de saint Ambroise, de saint Martin, de saint Eusèbe, et d'une foule d'autres, elle voulut du moins qu'il fût inscrit au nombre des catéchumènes, c'est-à-dire de ceux qui aspiraient au saint baptême ; et, en attendant que Jésus-Christ prît une pleine pos-

---

[1] *Introduction à la vie dévote*, IIIe partie, ch. XXXVIII.

session de ce temple qui, après avoir été un moment souillé, devait être si beau, on grava la croix au frontispice, et le sel symbolique de la foi fut déposé sur ces lèvres qui devaient en être de si sublimes interprètes[1].

Il n'était pas à craindre qu'une telle mère fît nourrir son enfant d'un lait étranger. Elle aurait eu peur qu'une influence inconnue, ou mondaine, ou peut-être même coupable, ne vînt contrarier le travail qu'elle entreprenait, et dont elle sentait toutes les difficultés. Elle garda donc Augustin sur son chaste cœur; et ce fut là qu'il goûta ce qu'il appelle divinement bien « les délices du lait maternel[2] ». Avec ce lait, elle fit boire le nom et l'amour de Jésus-Christ; et lui, qui avait déjà reçu dans le sein de sa mère une si profonde impression de foi, il eut encore cette bénédiction d'en recevoir, parmi les caresses de son berceau, une seconde empreinte, non moins mystérieuse et encore plus profonde que la première.

Heureux les enfants qui naissent ainsi à la vie du ciel en même temps qu'à la vie de la terre, et qui, s'éveillant en ce monde, lisent la foi, la pureté, l'honneur, la vertu, dans les yeux de leur mère!

Ce premier bonheur de son enfance, saint Augustin l'a peint en quelques mots pleins de charme : « D'où suis-je venu, ô mon Dieu, en cette mourante vie, ou, si on l'aime mieux, en cette mort vivante?

---

[1] *Confess.*, lib. I, cap. xi. *De Utilitate credendi*, cap. i.
[2] Consolationes lactis humani. (*Confess.*, lib. I, cap. vi.)

je l'ignore. Ce que je sais, c'est qu'en y entrant j'ai été reçu entre les bras de votre tendresse, ainsi que je l'ai appris de mon père et de ma mère, dans le cœur de laquelle j'ai reposé un instant. » Et, après ce mot délicat, il ajoute : « Je reçus ensuite une seconde grâce, ce fut de goûter la douceur du lait de ma mère. Soyez-en béni, ô mon Dieu ; car ce n'était pas elle qui remplissait elle-même son sein. C'était vous qui par elle me donniez cette nourriture. Vous m'incliniez à la désirer dans la mesure où j'en avais besoin ; vous incliniez ma mère à me la donner. L'amour la portait à me communiquer sans mesure ce qu'elle recevait de vous sans mesure ; et par une loi admirable, en me rendant heureux, elle était heureuse... Et dans ce lait que je buvais avec tant de délices, mon cœur, plus heureux encore, buvait amoureusement le nom de Jésus-Christ. Voilà ce que j'ai su depuis. Car alors, ingrat, que savais-je ? Sucer le lait, savourer le plaisir, pleurer quand je souffrais. Rien de plus[1]. »

Mais, si tendres que fussent ces premiers soins donnés par sainte Monique à son enfant, ce n'était là que le prélude de la grande œuvre dont elle se sentait chargée par Dieu. Ce qu'il fallait avant tout et au plus vite, c'était de former la conscience d'Augustin. L'heure allait bientôt venir où, des leçons de sa mère, saint Augustin passerait aux exemples de son père ; où, du cœur et du sein de Monique, il allait tomber dans une société profondément cor-

---

[1] *Confess.*, lib. I, cap. VI ; lib. III, cap. IV.

rompue et habilement corruptrice, qu'assurément il ne traverserait pas sain et sauf, à moins d'avoir une conscience vigoureusement trempée.

Aussi, pour former cette conscience, Monique mettait sans cesse devant les yeux de son enfant les grands principes de la foi, les vives et pures lumières de l'Évangile[1]. Et dans ces vives et pures lumières, il y en a une qu'elle aimait à lui transmettre comme un trésor qu'elle avait reçu de ses ancêtres : c'était le mépris de la terre, le dégoût pour ce qui est fini, limité, périssable. Elle lui montrait sans cesse le ciel, et s'appliquait à creuser dans sa petite âme des abîmes que rien ne pût combler jamais. On sait si elle a réussi. Cette délicatesse de cœur qui se désenchante de tout, ces retours inquiets, profonds, mélancoliques, qui sont la touchante beauté, même humaine, de l'âme d'Augustin ; ces cris sublimes : « Vous nous avez fait pour vous, ô mon Dieu, et notre cœur est agité tant qu'il ne se repose pas en vous ; » tout cela, saint Augustin l'a puisé sur les lèvres et dans les premiers enseignements de sa mère.

A cette révélation qui, renouvelée chaque jour, devait mettre la profondeur dans le cœur de son fils, Monique en joignit une seconde qui allait y mettre la tendresse. Elle lui parlait sans cesse de l'amour de Dieu, de la crèche où il était descendu et où il s'était fait pauvre et esclave pour nous ; de la croix où il était monté tout sanglant, afin de nous

---

[1] *Confess.*, lib. I, cap. xi.

donner la mesure de son amour¹. Qu'on imagine un pareil enseignement tombant des lèvres émues d'un sainte dans un cœur aussi tendre et aussi aimant que celui d'Augustin! Aussi l'impression fut si profonde, que jamais, au milieu même des erreurs et des passions de la jeunesse, Augustin ne put oublier cette radieuse et touchante figure de Notre-Seigneur, « descendu par humilité jusqu'à notre orgueil. » Pour qu'il rejetât avec dégoût le livre même le plus beau, il suffisait, nous l'allons voir, qu'il n'y trouvât pas le nom de Jésus-Christ².

En même temps, afin de mettre le dernier trait à la conscience de son fils, Monique s'efforçait de lui inspirer l'horreur du mal, la haine de tout ce qui souille le cœur et le dégrade. Et, avec cette abnégation des mères qui ne craignent pas de s'humilier pour préserver leurs enfants, elle lui avouait jusqu'à ses propres fautes. Elle lui contait en particulier, dans tous ses détails, et c'est ainsi que nous l'avons su, le péril qu'elle avait couru dans son enfance, la cave où elle descendait, la petite coupe qu'elle approchait de ses lèvres, les reproches de la servante, cette dure épithète qu'elle lui avait jetée à la face, toute cette histoire humiliante enfin; heureuse si, à ce prix, elle achevait de former la conscience de son fils; en lui inspirant la crainte des

---

¹ Audieram enim ego adhuc puer de vita æterna nobis promissa per humilitatem Domini Dei nostri descendentis ad superbiam nostram (*Confess.*, lib. I, cap. xi.) On tient là les grandes lignes des premiers enseignements de Monique.
² *Confess.*, lib. III, cap. iv.

moindres périls et l'horreur pour les plus légères fautes.

C'est en causant ainsi avec lui, en le tenant sur ses genoux, en lui parlant tour à tour, et selon l'occasion, de la vanité des choses de la terre, de l'amour infini de Dieu, de la laideur du vice, de l'horreur du mal, en entremêlant ses préceptes d'exemples, qu'elle forma peu à peu l'âme d'Augustin, qu'elle y mit la profondeur, la tendresse, la délicatesse, la droiture; qu'elle lui fit enfin cette conscience dont Augustin ne se débarrassa jamais; qu'il essaya d'éteindre, mais en vain, pour avoir au moins la paix s'il n'avait pas le bonheur; qui le suivit partout; qu'il porta attachée à ses flancs, comme un cerf traîne la flèche sanglante dont il a été atteint; qui le tortura sans relâche, jusqu'au jour où il revint, repentant et vaincu, redemander la paix, l'honneur, la dignité de l'âme, la pureté et la joie, au Dieu de son berceau et de sa mère.

Un trait qui nous est resté de la première enfance d'Augustin, montre combien, malgré l'incrédulité du père, était déjà profonde cette impression de foi et de piété que sainte Monique s'efforçait de mettre dans l'âme de son enfant; mais combien aussi, malgré sa prudence et son tact, était difficile et délicate la position de sainte Monique!

Il faut citer quelques lignes des *Confessions* : c'est un petit tableau achevé. « J'étais encore enfant, dit saint Augustin, lorsqu'un jour je fus tout à coup surpris d'une telle douleur d'estomac, qu'on crut que j'allais mourir. J'étouffais, et l'on désespérait de ma vie. Dans cet état, vous savez, mon Dieu, vous qui étiez déjà mon gardien, avec quel vif élan de cœur, avec quelle foi ardente, je demandai à recevoir le baptême de Jésus-Christ, votre Fils, mon Seigneur et mon Dieu. Je le demandais à ma mère; je le demandais à l'Église, qui est ma mère aussi : je conjurais qu'on se hâtât[1]. » Voilà l'enfant ; à peine âgé de sept à huit années, mourant, pressé d'horribles souffrances, il ne pense qu'à Dieu, à son âme, à son éternité.

La mère est plus admirable peut-être. « Ma mère fut bouleversée, dit saint Augustin, jusqu'au fond des entrailles. » Et pourquoi? Qui la troublait à ce point? Était-ce la crainte de voir mourir son enfant? Oui sans doute, car elle était mère; « mais vous savez, ô mon Dieu, continue saint Augustin, qu'elle avait plus d'ardeur encore et d'amour pour me mettre dans le ciel, qu'elle n'en avait eu pour me mettre au monde. Son chaste cœur avait hâte de m'enfanter comme une seconde fois, en me procurant par le baptême la vie éternelle. Aussi elle courait inquiète; elle se précipitait; elle demandait à grands cris pour moi le baptême, afin que je fusse purifié de mes fautes et que je fisse profession de croire en vous, ô Jésus, qui êtes mon Sauveur[2]. »

---

[1] Cum adhuc puer essem, et quodam die pressu stomachi repente æstuarem pene moriturus; vidisti, Deus meus, quoniam custos meus jam eras, quo motu animi et qua fide baptismum Christi tui Dei et Domini mei flagitavi a pietate matris meæ, et matris omnium nostrum, Ecclesiæ tuæ. (*Confess.*, lib. I, cap. XI.)

[2] Et conturbata mater carnis meæ, quoniam et sempiternam

En présence d'un si vif élan de foi dans le cœur de l'enfant et dans celui de la mère, une chose étonne cependant : c'est ce qu'ajoute saint Augustin : « Sur ces entrefaites, les étouffements disparurent, et le danger ayant cessé tout à coup, on ne songea plus à me donner le baptême; » qu'il ne reçut, en effet, que plus de vingt ans après. Ou plutôt on s'étonnerait, et à bon droit, d'une pareille conduite, si, à travers les réticences délicates et discrètes de saint Augustin qui évite de nommer son père pour n'avoir pas à le blâmer, on ne voyait ici la main de Patrice. Tant qu'Augustin avait été en péril, il avait laissé faire sainte Monique. Il y avait, au fond de son âme, trop d'indifférence pour les choses religieuses; et, disons-le aussi, il était trop homme d'honneur et en même temps trop généreux, pour gêner, sur le bord de la tombe, la liberté de conscience de son enfant, et pour ajouter dans le cœur de Monique, à l'amère douleur de perdre son Augustin, la douleur, plus amère mille fois, de voir son éternité exposée et son salut compromis. Mais aussitôt que le danger eut cessé, l'indifférent et le païen reparurent en Patrice, et il signifia sa volonté que le baptême fût renvoyé à plus tard[1].

salutem meam charius parturiebat corde casto in fide tua, jam curaret festinabunda, ut sacramentis salutaribus initiarer et abluerer, te, Domine Jesu, confitens. (*Confess.*, lib. I, cap. xi.)

[1] Nimio dolore stomachi vexatus est, hortante beata matre ut baptizaretur, sed renuente patre baptismus dilatus est. (*Breviarium secundum ritum almæ Ecclesiæ Arosiensis. In festo sancti*

Monique n'insista pas; car, avec Patrice, elle ne le savait que trop, il n'y avait pas à insister; et, puisque l'Église tolérait cet usage, et que d'ailleurs elle n'était pas libre d'en suivre un autre, elle s'y résigna en silence. Ajoutons que le triste état de la société où Augustin allait entrer, des écoles où il faudrait nécessairement l'introduire, des livres, des théâtres, des jeux, dont il serait absolument impossible d'éloigner tout à fait son esprit et son cœur, l'aida d'une certaine manière à prendre courageusement son parti. Car enfin, puisque la société était si profondément corrompue, qu'à moins de s'enfuir au désert et de refuser même d'apprendre à lire, comme avait fait récemment saint Antoine, il était presque impossible qu'un jeune homme ne succombât pas, et s'il était vrai, comme l'avait dit saint Paul en un mot qui faisait trembler toutes les mères chrétiennes, qu'après le baptême les fautes sont plus graves, les chutes plus profondes, les taches plus difficiles à effacer, alors pourquoi se hâter d'administrer le baptême? Pourquoi n'en pas réserver la grâce toute-puissante pour le jour où Augustin, s'il devait s'égarer un instant, renaîtrait à la foi et à la vertu? « Voilà ce que voyait ma mère, dit saint Augustin; et sachant à quelles tentations, à quels flots et à quels orages j'étais nécessairement réservé, elle se consola en pensant qu'au lieu de leur livrer l'image de Jésus-Christ, elle ne leur abandonnait du

---

Augustini. Ad Matut., secunda Lectio. 1 vol. in-12, sans date, caract. gothique; l'approbation est de 1504.) On retrouve partout des traces de cette tradition.

moins que la terre informe sur laquelle cette image serait un jour imprimée[1].

Seulement, en se résignant à ce plan périlleux, que lui imposait la volonté de son mari, Monique sentit qu'elle contractait une obligation encore plus stricte que par le passé, de veiller sur l'âme de son fils. Avertie donc par le danger qu'il venait de courir, réjouie aussi et encouragée par la flamme qu'elle avait vue briller dans Augustin, elle résolut de ne pas le perdre un instant de vue, et, sacrifiant de plus en plus les tristes plaisirs du monde, elle se constitua son ange gardien et sa providence visible.

Mais là ne se borna pas son action. Afin que rien ne vînt la contrarier dans ce travail important, sainte Monique s'appliqua avec plus de zèle que jamais à employer vis-à-vis de son mari, de sa belle-mère, de ses parents, de ses domestiques même, cette méthode de douceur et de patience dont nous avons déjà touché un mot, avec laquelle elle espérait bien les désarmer tous et, qui sait même? les faire servir un jour d'auxiliaires dans sa grande œuvre.

Sa belle-mère, chose admirable! s'adoucit la première. C'était une femme hautaine et impérieuse, que de faux rapports d'esclaves avaient achevé d'aigrir contre sa belle-fille. A force de douceur, de prévenances, de respectueux dévouement, Monique la désarma. Ses préjugés tombèrent peu à peu. « Elle

---

[1] Quot et quanti fluctus impendere tentationum post pueritiam videbantur, noverat eos jam illa mater; et terram per eos unde postea formarer, quam ipsam jam effigiem, committere volebat. (*Confess.*, lib. I, cap. xi.)

reconnut, dit saint Augustin, la fausseté des calomnies, et vint elle-même, sans en prévenir Monique, dénoncer à Patrice la malice de ces mauvaises langues qui troublaient la paix domestique. Patrice, qui n'entendait pas raillerie, fit fustiger les servantes, et, après la correction, la belle-mère leur déclara tout haut que quiconque, pensant lui plaire, lui viendrait faire quelque mauvais rapport contre sa belle-fille, se pouvait promettre pareille récompense. Depuis lors, on le pense bien, pas une esclave ne bougea, et sainte Monique commença à vivre avec sa belle-mère dans les douceurs d'une bienveillance qui ne devait plus se démentir [1]. »

Les esclaves s'étaient tues par terreur; Monique s'appliqua à les faire taire par amour. Elle gagna leurs cœurs, et se vit entourée, même par elles, d'une fidélité pleine de tendresse.

Il n'est pas jusqu'aux parents, aux voisins de sainte Monique, sur lesquels ne s'étendît bientôt son aimable ascendant. « Votre fidèle servante, dont le sein, grâce à vous, ô mon Dieu, m'a donné la vie, dit saint Augustin, avait encore reçu de vous un don bien précieux. Entre les dissentiments et les animosités, elle n'intervenait que pour pacifier [2]. » Aussi elle devint peu à peu la confidente de tout le voisinage. Chacun lui venait exposer ses peines. Quelques-uns, tout émus encore, accouraient exhaler auprès d'elle ces violences qui échappent dans

[1] *Confess.*, lib. IX, cap. ix.
[2] *Id., ibid.*

la première chaleur du ressentiment. Elle écoutait avec douceur, pansait la plaie d'une main pleine de délicatesse, et nul ne savait mieux apaiser et ménager un rapprochement. Son grand art était dans son silence. Tout ce qu'on lui confiait tombait dans son âme, comme dans ces puits profonds d'où rien ne sort. Si parfois elle rapportait quelque chose d'une conversation entendue, c'était seulement ce qui était de nature à calmer un ressentiment ou à cicatriser une plaie. « Je loue ici ma mère, continue saint Augustin, d'une vertu qui me paraîtrait à moi-même bien insignifiante, si une triste expérience ne m'avait appris combien est infini le nombre de ceux qui ne se contentent pas de rapporter à l'homme irrité ce qu'a dit son ennemi irrité, mais qui y ajoutent encore, comme pour attiser le feu; tandis qu'au contraire ce n'est rien de s'abstenir de tels rapports qui enveniment la haine, si l'on ne se met encore en devoir de l'éteindre par de bonnes paroles. C'est ainsi qu'en usait ma mère, ajoute saint Augustin, parce que c'est vous, ô mon Dieu, qui l'instruisiez dans la secrète école de son cœur[1]. » Bref, la paix rayonnait autour d'elle, et sa maison ressemblait à ces sanctuaires dont le silence garde les entrées, et qui remplissent de leur calme tous ceux qui y apportent leurs agitations et leurs douleurs.

Mais c'est surtout vis-à-vis de son mari qu'elle déployait les industries de sa belle âme et les ri-

---

[1] *Confess.*, lib. IX, cap. IX.

chesses de son admirable méthode. Il était païen, elle voulait le ramener à Dieu; il était père, elle voulait, à son insu, l'associer à son œuvre; elle voulait au moins obtenir qu'il ne la contrariât pas.

Saint Augustin a peint, en quelques mots pleins de charme, ce don et cet art avec lesquels sainte Monique triomphait des extrêmes difficultés de sa position. « En ce temps-là, dit-il, je croyais, ma mère croyait aussi, toute la maison croyait avec nous; il n'y avait que mon père qui ne croyait pas[1]. » Voilà l'intérieur d'une famille au IVe siècle. Hélas! c'est l'intérieur de bien des familles aujourd'hui.

Mais écoutez les paroles qui suivent. Qu'elles sont belles et vraies! de quelle consolation elles peuvent remplir certaines âmes! « Néanmoins, continue saint Augustin, mon père ne put jamais vaincre dans mon esprit l'ascendant que ma mère avait pris sur moi; et, si entraînant que fût l'exemple qu'il me donnait, il ne parvint pas à me détourner de croire en Jésus-Christ, auquel il ne croyait pas[2]. » C'est là ce qui arrivera toujours. Entre son père qui ne croit pas et sa mère qui croit, l'enfant n'hésitera jamais; il croira avec sa mère.

Monique, qui savait que plus tard peut-être il

---

[1] Ita jam credebam, et illa (mater), et omnis domus, nisi pater solus. (*Confess.*, lib. I, cap. XI.)

[2] Qui tamen non evicit in me jus maternæ pietatis, quominus in Christum crederem, sicut ille nondum crediderat. (*Confess.*, lib. I, cap. XI.)

n'en serait pas de même; que les passions viendraient et qu'elles emporteraient d'autant plus rapidement le jeune homme qu'il aurait pour excuse l'exemple de son père; Monique, dis-je, qui savait combien ces premiers temps sont propices pour former le cœur d'un enfant, ne perdait pas un seul jour. Comme on jette au printemps de belles semences dans un jardin, elle jetait chaque matin quelque vérité dans l'âme de son fils. « Elle m'apprenait, dit saint Augustin, à mettre Dieu au-dessus de tout, même au-dessus de mon père, à n'écouter que lui, à l'aimer d'un amour qui fût supérieur à tous les autres amours[1]. » Et elle réussissait si bien, que toutes les objections et toutes les résistances de Patrice tombaient impuissantes devant ce doux empire qu'elle avait pris sur son fils et qui croissait chaque jour.

Il est vrai, remarque saint Augustin, qu'elle avait pour son mari des prévenances et des délicatesses infinies. Obligée de le contredire quelquefois et de lui résister dans les choses de la foi, elle le servait avec une humilité et une douceur d'autant plus grandes pour tout le reste. Meilleure que lui, c'està-dire plus éclairée et plus vertueuse, elle s'effaçait toujours devant lui. Elle se disait avec joie et bonheur sa servante[2]; et si elle souffrait quelquefois de

---

[1] Illa (mater) satagebat ut tu mihi pater esses, Deus meus, potius quam ille. (*Confess.*, lib. I, cap. xi.)

[2] Et in hoc adjuvabas eam ut superaret virum, cui melior serviebat; quia et in hoc tibi utique id jubenti serviebat. (*Confess.*, lib. I, cap. xi.)

ces abaissements et de ces sacrifices, elle trouvait sa récompense dans la liberté qu'elle obtenait d'engendrer Jésus-Christ dans l'âme de son enfant.

Libre ainsi, ne trouvant plus d'obstacles, ou en trouvant chaque jour de moins grands, elle se hâtait d'achever la conscience d'Augustin; et, prévoyant des périls inévitables, elle s'appliquait à pourvoir d'ancres et de lest cette petite barque qui allait être assaillie par de si grandes tempêtes; elle y employait tout son temps; elle y mettait tout son cœur; sa vie se résumait de plus en plus en deux mots : Dieu et son enfant.

Son enfant sur la terre, et Dieu dans le ciel! Cultiver l'un, contempler l'autre, les aimer tous deux! cela lui suffisait. Et que faut-il de plus, même pour se consoler de tout?

Mais, hélas! que l'inquiétude se mêle vite à ces premières joies d'une mère, et que le temps où elle tient son enfant sur son cœur et où elle le forme seule, a peu de durée! Augustin sortait à peine de l'enfance, et déjà il fallait songer à lui faire commencer ses études. Sainte Monique, qui craignait qu'en voulant former son esprit on ne déformât sa conscience ou son cœur, ne se hâta pas de l'éloigner. Elle le confia à des maîtres qui habitaient Thagaste, et qui furent chargés de lui enseigner, sous sa surveillance, les premiers éléments des lettres.

On eût pu croire qu'un génie si brillant et si complet éclaterait, pour ainsi dire, la première fois qu'il entendrait la parole d'un maître, et qu'au moins sous le rapport de l'esprit un tel enfant ne donnerait que des joies à sa mère ; il n'en fut rien. Ce qu'on vit apparaître d'abord ce fut une paresse insurmontable, un dégoût pour l'étude que rien ne pouvait vaincre[1]. Apprendre à lire, à écrire ; entendre répéter sans cesse : un et un font deux, deux et deux font quatre, lui paraissait insipide et odieux[2]. Les études de grammaire ne le captivèrent pas davantage ; et, si l'on en excepte la langue latine, qu'il apprit sans travail et comme en se jouant, parmi les caresses, les badinages et les sourires de son berceau, et la langue punique, qu'il aimait parce que c'était la langue de sa mère et celle de son pays, il ne put jamais triompher de son dégoût pour ces premières études des langues. Ses maîtres, qui sentaient ce qu'on pouvait tirer d'une pareille nature, employèrent tour à tour les menaces et les châtiments pour le forcer au travail. Mais ces sévérités ne faisaient que redoubler l'horreur qu'il avait pour l'étude, et le jeter, pour échapper à ces châtiments, dans des mensonges et de petites ruses par lesquels il trompait son père, sa mère et ses maîtres[3].

Alarmée de cette première apparition du mal dans

---

[1] *Confess.*, lib. I, cap. XII.

[2] Illas litteras, ubi legere et scribere et numerare discitur, onerosas pœnalesque habebam. (*Confess.*, lib., I, cap. XIII.) Unum et unum duo, duo et duo quatuor ; odiosa cautio mihi erat. (*Id., ibid.*)

[3] Fallendo innumerabilibus mendaciis et pædagogum et magistros et parentes. (*Confess.*, lib. I, cap. XX.)

l'âme d'Augustin, et sentant qu'à cette noble nature il fallait un autre aiguillon que la crainte, Monique conduisit son fils à « des serviteurs de Dieu », « à des hommes de prière[1] »; afin qu'ils l'aidassent à surmonter son aversion pour l'étude par des motifs plus élevés. « J'appris d'eux, dit saint Augustin, à vous concevoir, ô mon Dieu, comme un être sublime, qui, sans apparaître à nos yeux, peut cependant nous venir en aide. Je commençai donc à vous implorer, dans mes peines, comme un refuge et un appui; et je me mis à vous prier, tout petit enfant, mais avec une ferveur qui n'était pas petite, d'empêcher que j'eusse le fouet à l'école. Hélas! vous ne m'exauciez pas toujours, ce que vous faisiez pour mon bien; et tous, jusqu'à mes parents eux-mêmes, se moquaient de mes férules, bagatelles pour eux, mais pour moi grande peine alors et grande terreur[2]. »

Malheureusement cette aversion pour l'étude n'était pas le seul défaut d'Augustin. Il y joignait un orgueil qui se faisait jour à travers la timidité et la réserve qui lui étaient naturelles, une passion désordonnée pour le succès et les louanges, avec un amour singulier pour le jeu et le plaisir. J'abusais, dit-il, par mille mensonges, mes parents et mes maîtres; je les désolais par mon amour du jeu, ma

---

[1] *Homines rogantes te*. Non pas: des hommes qui priaient, comme on traduit souvent; mais des hommes voués à la prière, c'est-à-dire évidemment des prêtres; car il ne semble pas qu'il y eût encore de moines dans l'Afrique.

[2] *Confess.*, lib. I, cap. IX.

passion violente pour les spectacles, et mon désir inquiet d'imiter ce que j'y voyais. Je dérobais aussi au cellier et à la table de mes parents, soit pour satisfaire ma gourmandise, soit pour avoir à donner aux enfants qui me vendaient le plaisir que nous avions de jouer ensemble. Au jeu, j'usurpais de déloyales victoires, par la passion que j'avais de l'emporter sur tous. Mais, usant de tromperies pour y réussir, je n'entendais pas être trompé moi-même. Si je surprenais mes amis en flagrant délit de supercherie, je les accablais de railleries et de reproches. Étais-je surpris moi-même? j'éclatais en colère plutôt que d'avouer mes torts[1]. » Bref, tout le vieux sang païen qu'il avait reçu de Patrice commençait à bouillonner dans ses veines.

Hâtons-nous d'ajouter qu'à tous ces défauts Augustin mêlait des qualités. Il aimait la vérité. Il craignait le déshonneur. Il était bon, sensible, affectueux, reconnaissant. Il avait d'admirables élans de cœur. Il rendait au centuple l'affection qu'on lui témoignait. Il aimait sa mère[2]. Tout cela, qualités et défauts, bons élans et mauvais instincts, commençait à fermenter dans son âme au premier feu de la jeunesse. Qu'allait-il arriver? Qui l'emporterait, du sang païen qu'il avait reçu de son père, ou de la séve chrétienne qu'y avait mêlée sa mère? Ou plutôt que serait-il arrivé, s'il n'y avait pas eu déjà,

---

[1] *Confess.*, lib. I, cap. xix.
[2] Veritate delectabar; falli nolebam; memoria vigebam, locutione instruebar, amicitia mulcebar; fugiebam dolorem, abjectionem, ignorantiam, etc. (*Confess.*, lib. I, cap. xx.)

aux sources de cette vie, une influence sacrée et pénétrante, et si, avec les périls d'Augustin, n'eussent pas crû chaque jour la vigilance inquiète et les ardentes prières de Monique?

C'est au milieu de ces inquiétudes que notre Sainte se vit tout à coup obligée de se séparer pour la première fois de son fils. Augustin commençait à grandir, et Thagaste était une assez petite ville, où l'on trouvait très-peu de ressources pour l'éducation d'un jeune homme. D'autre part, Patrice, fier de son fils, car, malgré sa paresse et son dégoût de l'étude, Augustin avait une rare promptitude d'esprit, une grande mémoire, une imagination brillante, et il passait déjà pour un enfant de grande espérance, venait de se décider, quelque médiocre que fût sa fortune et quelques regrets que pût avoir Monique de se séparer de son fils, à ne reculer devant aucun sacrifice, ni d'argent ni de cœur, pour lui faire donner une éducation qui répondît à ses talents.

Il y avait, à six lieues de Thagaste, une ville où se conservait, avec des traditions de goût, une certaine culture intellectuelle, Madaure, la patrie d'Apulée[1]. Son beau forum, enrichi de statues de tous les dieux, était bordé tout autour par de savantes écoles[2]. C'est là que sainte Monique conduisit son fils et qu'elle le laissa, après avoir versé dans le cœur d'Augustin tous les conseils avec toutes les

---

[1] Aujourd'hui Madaourouche, à vingt-huit kilomètres de Souk-Arras. Ptolémée écrit *Maduros*. La notice de Numidie cite un évêque de Madaure, *Mataurensis episcopus*.
[2] *Lettres* de saint Augustin, lettre 16e, p. 28.

larmes que verse une mère en pareille circonstance ; heureuse pourtant de penser que là du moins il serait à sa porte ; qu'au premier péril elle pourrait accourir ; et ne se doutant guère que le mal, dont elle avait préservé son berceau avec tant de soin, mais dont elle venait d'apercevoir les premiers symptômes, allait éclater si vite, et faire à l'âme de son cher enfant, un instant éloigné d'elle, de si rapides et de si profondes blessures.

CHAPITRE TROISIÈME

JEUNESSE D'AUGUSTIN, COMMENCEMENT DE LA CRISE DES PASSIONS.
SES CAUSES, SES PROGRÈS, SES CARACTÈRES.
POUR CONSOLER SAINTE MONIQUE ET POUR VENIR AU SECOURS
D'AUGUSTIN, DIEU PERMET QUE PATRICE
PASSE VERS LA RELIGION UN PREMIER PAS.
IL ABJURE LE PAGANISME

368 - 370

« Je veux raconter mes fautes passées et les voluptés misérables qui ont terni la beauté de mon cœur. Et ce qui me porte à ce récit, ce n'est pas que je les aime, ô mon Dieu, mais au contraire, pour que je ne cesse plus de vous aimer. Car je vous aime maintenant, ô mon Dieu, et c'est par le mouvement de cet amour que je veux repasser dans ma mémoire avec amertume et douleur, les désordres de ma jeunesse, afin que ce triste souvenir me fasse mieux savourer votre douceur, ô délices véritables dont je jouis aujourd'hui avec tant de sécurité[1] ! »

---

[1] Recordari volo transactas cupiditates meas et carnales corruptiones animæ meæ, non quod amem eas, sed ut amem te,

C'est par ces humbles et magnifiques paroles que saint Augustin commence à peindre l'éveil des passions dans son âme, cette crise redoutable qui commence sourdement et secrètement à Madaure vers 368, qui éclate deux ans après à Thagaste en 370 et 371, et s'achève enfin si tristement à Carthage en 372, par la plus honteuse des défaites, par une servitude humiliante qui va durer quinze ans. Mais il faut l'entendre peindre lui-même, avec l'éloquence qu'on lui connaît, les origines de cette crise, ses progrès, ses suites affreuses, et commencer à voir ce que sont quelquefois les douleurs d'une mère.

Quand Augustin arriva à Madaure, il pouvait avoir treize à quatorze ans. C'était vers 367. On ne sait pas bien si ce fut là qu'il donna la première révélation de son génie, ou si déjà l'on en avait entrevu quelque chose à Thagaste; toujours est-il que, quand les premiers éléments des lettres eurent été appris et qu'Augustin put commencer à apercevoir les grandes sources de l'éloquence et de la poésie, tout changea. Ses répugnances pour l'étude tombèrent. Il ouvrit Virgile, Homère, Cicéron, Ovide, et l'on vit s'éveiller son génie. Virgile surtout lui fit une impression extraordinaire. Il ne pouvait lire le récit des douleurs de Didon sans l'arroser de ses larmes. Si, pour ménager sa sensibilité, on lui défendait de

---

Deus meus. Amore amoris tui facio istud, recolens vias meas nequissimas in amaritudine recogitationis meæ, ut tu dulcescas mihi, dulcedo non fallax, dulcedo felix et secura. (*Confess.*, lib. II, cap. 1.)

lire ce livre, il pleurait; vaincu par ses instances, le lui permettait-on? il pleurait davantage encore[1]; son âme, d'une tendresse exquise et d'une si profonde sensibilité, ne savait pas se détacher de Virgile.

Il semble qu'il ait moins goûté Homère. « Ce doux menteur, dit-il, était amer à mon enfance. » Non pas qu'avec son grand esprit Augustin ne sentît la différence de Virgile et d'Homère, et combien ce dernier est plus grand, plus naturellement sublime, et possède, dans la succession des tableaux qui composent son œuvre, un feu plus profond et plus de souffle; mais, comme il le dit lui-même, la difficulté qu'il éprouvait pour la langue grecque assaisonnait de fiel la douce saveur de ces fables, et ne lui permettait pas de goûter, comme il l'aurait voulu, ce qu'il y a d'ingénieux et de charmant dans les belles fictions du plus grand des poëtes[2]. Peut-être aussi la sensibilité exquise de Virgile, non pas plus profonde que celle d'Homère, mais plus moderne d'expression, allait mieux à son âme. Quoi qu'il en soit, dans cette première période de sa vie et toujours depuis, Virgile eut ses prédilections. Il lut aussi, avec des émotions diverses, Térence, Plaute, Ovide; il respira tous ces parfums, il s'enivra de toutes ces poésies, il ouvrit son âme à toutes ces

---

[1] *Confess.*, lib. I, cap. xiii.

[2] Homerus dulcissimè vanus est, et mihi tamen amarus erat puero... Difficultas omninò ediscendæ peregrinæ linguæ quasi felle aspergebat omnes suavitates græcas fabulosarum narrationum. (*Confess.*, lib. I, cap. xiv.)

belles images, et aussi à tous ces périls ; car, hélas ! il y a du poison dans ces coupes d'or.

Pour développer le talent des jeunes gens, souvent on leur donnait à mettre en prose les paroles ardentes et enflammées de la Junon de Virgile ou les cris émus de sa Didon. Le prix était à celui qui avait animé plus puissamment les colères, les plaintes ou les passions de ces personnages imaginaires, qui les avait fait paraître plus vives, plus naturelles, et qui avait soutenu la force du raisonnement et des pensées par de plus belles expressions. C'était là le triomphe d'Augustin, et les applaudissements de ses condisciples, les éloges de ses maîtres le lui disaient assez. Mais c'était là aussi la ruine de son innocence. Car, enflammé par ces applaudissements, il cherchait, afin de mieux exprimer ces passions criminelles, à les ressentir ; et comme elles dormaient encore dans son cœur, non content de lire assidûment ceux des poëtes qui les avaient peintes avec plus de vivacité, il commençait à fréquenter les théâtres, afin d'y voir, interprétées par les paroles et par le geste, les scènes qu'il avait entendu expliquer par ses maîtres.

Certes, aujourd'hui même que toutes ces images sont refroidies par dix-huit siècles de Christianisme, que de précautions sont encore nécessaires pour que le chaste cœur de l'enfant n'en soit pas trop ému ! Qu'était-ce donc alors qu'il n'y avait ni éditions expurgées ni professeurs chrétiens, et que les théâtres se chargeaient de rendre vivant ce que les maîtres eux-mêmes n'avaient pas su animer ? Le

Christianisme sortait des catacombes; il n'avait pu encore purifier ni les livres ni les écoles, en sorte que l'on continuait à élever les jeunes chrétiens comme on avait jusque-là élevé les païens. Tout le monde gémissait; mais la coutume, reine du monde, prévalait sur les inquiétudes des pères; elle était plus forte que les larmes mêmes des mères. « O torrent funeste de la coutume, s'écrie saint Augustin, ne te sècheras-tu pas? Jusques à quand entraîneras-tu les enfants d'Ève dans cette vaste et périlleuse mer, que traversent, à grand'peine, même les enfants marqués du signe de la croix! N'ai-je pas lu dans ces livres je ne sais quelle histoire d'un Jupiter tout à la fois tonnant et adultère? Non certes que la puissance divine puisse jamais être jointe à une si infâme corruption; mais ils ont armé de foudres menteurs un homme coupable, afin de nous entraîner par là à imiter ses trop véritables crimes... Et n'ai-je pas entendu un Térence introduire sur la scène un jeune débauché s'excitant au mal par l'exemple du maître des dieux, se disant : — Un dieu, et quel dieu! s'est donné ce plaisir, et moi, chétif mortel, j'aurais honte de l'imiter! non certes... — Et les hommes rétribuent de telles leçons! il les honorent de la publicité du forum! elles sont professées à la face des lois, récompensées d'un salaire privé et d'un salaire public! Et qui ne voit pourtant combien de telles paroles sont propres à faire commettre aux hommes ces infamies?

« Ce n'est pas, continue saint Augustin avec ce bon sens et cette mesure qui sont, plus qu'on ne pense, une partie nécessaire du génie, ce n'est pas que je condamne ces paroles des poëtes et des orateurs. Ce sont comme des vases riches et précieux. Mais je condamne la corruption du vin que nous versaient, dans ces coupes d'or, des maîtres qui étaient ivres. Et encore on nous frappait si nous ne buvions, et il ne nous était pas permis d'en appeler à un juge sobre. Et cependant, mon Dieu, moi qui maintenant examine mon passé sous vos yeux, j'apprenais cela volontiers; je m'y plaisais, malheureux[1] ! »

Il n'est pas difficile d'imaginer ce que devaient produire de tels livres et de tels spectacles sur un jeune homme d'une si grande sensibilité, d'une tendresse de cœur si périlleuse, non encore baptisé, éloigné de sa mère, et n'ayant pour le protéger contre de si terribles dangers que des maîtres dont il dit « qu'ils étaient encore plus ivres que lui ». « Quelle merveille, s'écrie-t-il, que je me perdisse dans des vanités, et que loin de vous, mon Dieu, je me répandisse dans les créatures, lorsqu'on me donnait pour guide des hommes qui eussent rougi de raconter quelque bonne action en laissant échapper un solécisme, et qui, déployant dans le récit de leurs débauches les richesses d'un art profond et d'une élocution brillante, se glorifiaient et se réjouissaient des applaudissements ! Voilà comment, malheureux enfant, je me trouvai bientôt exposé sur le seuil de la vie, et quel appren-

---

[1] *Confess.*, lib. I, cap. XVI.

tissage je fis des tristes combats par lesquels je devais passer[1]. »

Bientôt, en effet, le poison commença à circuler dans les veines d'Augustin. Encore à la fleur de la jeunesse, sortant à peine de sa quatorzième année, dans cet âge périlleux et charmant où le cœur s'entr'ouvre, mais se fane aussi comme une fleur, il se sentit rempli d'un trouble inconnu. « Je n'avais plus qu'un rêve : aimer, et être aimé. Mais, dit-il humblement, je ne demeurais pas dans les bornes de l'amitié chaste et lumineuse, où l'âme aime l'âme. Les vapeurs grossières qui s'élevaient des plus basses régions de mon être et du bouillonnement de ma jeunesse obscurcissaient tellement mon cœur, que je ne savais plus distinguer la clarté pure d'une affection légitime d'avec les images ténébreuses d'un amour coupable. Ainsi s'allumait en moi le feu dévorant, et ma jeunesse, emportée dans les déréglements violents des passions comme au travers de rochers et de précipices, se plongeait dans le gouffre des péchés honteux[2]. »

---

[1] *Confess.*, lib. I, cap. XVIII et XIX.
[2] Quid erat quod me delectabat, nisi amare et amari? Sed non tenebatur modus ab animo usque ad animum quatenus est luminosus limes amicitiæ; sed exhalabantur nebulæ de limosa concupiscentia carnis et scatebra pubertatis, et obnubilabant atque offuscabant cor meum, ut non discerneretur serenitas dilectionis a caligine libidinis. Utrumque in confuso æstuabat et rapiebat imbecillam ætatem per abrupta cupiditatum, atque mersabat gurgite flagitiorum. (*Confess.*, lib. II, cap. II et III.)

Peu à peu les plus tristes pensées envahirent son esprit. La pointe des désirs mauvais piqua son cœur; et comme il n'y avait personne pour arracher ces épines : ni ses maîtres, ainsi que je viens de le dire; ni son père, qui ne se souciait nullement que son fils avançât dans la vertu; il voulait qu'Augustin fût éloquent, que lui importait qu'il fût chaste[1]? ni sa mère enfin, qui était éloignée, et à laquelle il cachait avec soin les désordres encore secrets de son âme; ces épines crûrent rapidement, et mirent Augustin dans le plus grand des périls. « Encore adolescent, dit-il, je commençais à brûler d'ardeur pour les plaisirs criminels, et je n'avais pas honte d'épuiser ma vie dans de honteuses joies. La beauté de mon âme se flétrissait, et je n'étais plus qu'une plaie à vos yeux, ô mon Dieu; ce qui ne m'empêchait pas de me plaire à moi-même, et de chercher à plaire aux yeux des hommes[2]. » Seulement, timide et naturellement retenu, il couvrait du voile le plus profond les désordres de son âme, et nul, même parmi ses condisciples et ses amis, ne soupçonnait les orages qui agitaient déjà son cœur.

Cependant les succès d'Augustin croissaient tous les jours. Son âme, touchée en secret, mais non encore consumée par le mal, apparaissait chaque jour plus belle. Son éloquence commençait à jaillir;

---

[1] Non satagebat pater qualis crescerem tibi, aut quam castus essem, dummodo essem disertus. (*Confess.*, lib. II, cap. III.)

[2] *Confess.*, lib. II, cap. I.

et tout le monde prédisait qu'à l'âge de son développement complet, il éclipserait les plus illustres rhéteurs. Patrice fut ravi en apprenant ces nouvelles, et lui, qui déjà avait éloigné son fils de Thagaste pour l'envoyer aux écoles plus savantes de Madaure, résolut de faire un effort suprême afin de l'envoyer, non pas à Rome, une telle entreprise était absolument au-dessus de ses ressources, mais du moins à Carthage, où il trouverait des écoles, des maîtres, des bibliothèques, un concours nombreux et choisi de jeunes gens, tout ce qui était nécessaire au développement de son esprit.

Malheureusement, pour exécuter un pareil dessein, il ne suffisait pas d'avoir un cœur aussi généreux et, disons-le même, un orgueil aussi grand que celui de Patrice ; comme il n'était pas riche, il fallait encore des économies, des privations, et par conséquent du temps. C'est pourquoi, à la fin de l'année 369, quand s'ouvrirent les vacances, Patrice imagina de rappeler son fils de Madaure et de le garder auprès de lui une année ; pendant ce délai on réunirait l'argent nécessaire à un si long et si dispendieux voyage. Augustin revint donc à Thagaste, et l'on devine avec quelle joie il fut reçu par sa mère. Elle ne savait rien encore ; et, revoyant son enfant couvert de tant de couronnes, brillant déjà de tant de génie, fière et heureuse comme le sera toujours une mère, fût-elle la plus humble des femmes ; le croyant toujours innocent, elle put déposer sur son front de quinze ans un baiser confiant encore et heureux.

Si Augustin eût été, en effet, innocent et pur, ou s'il avait eu le courage d'avouer à sa mère le premier éveil de ses passions, ce moment d'arrêt dans ses études lui aurait fait du bien, en le replaçant un instant dans la société et sous l'influence de Monique, et en le préparant ainsi à mieux affronter les périls de Carthage; mais, dans le triste état d'âme où il était, dans la résolution plus triste encore qu'il avait prise de cacher à sa mère les passions qui couvaient sourdement dans son cœur, rien ne devait être plus déplorable. Le repos forcé auquel il se trouva condamné, l'absence d'un travail assidu, les longues rêveries qui allaient en être la conséquence, le vide de son cœur, l'oisiveté de sa vie, tout devait se réunir pour hâter et accroître l'explosion. « En la seizième année de mon âge, dit-il, la nécessité de quelques affaires domestiques m'ayant contraint d'interrompre mes études et ramené à la maison de mon père et de ma mère, les ronces des désirs impurs, qui n'avaient fait jusque-là que piquer mon âme, crûrent tout à coup, et s'élevèrent en gerbes touffues au-dessus de ma tête. »

Et comme il n'y a rien qui affaiblisse plus dans une âme la pensée et surtout l'amour de Dieu, à mesure que croissait en lui le bruit des passions, il entendait moins la voix de Dieu. « En punition de mon infidélité, dit-il, le bruit que faisaient les chaînes de ma captivité me rendait presque sourd à votre voix, ô mon Dieu; et, privé des grandes ressources et des grandes forces qui viennent de vous, je me sentais de plus en plus livré au feu mauvais. Mon cœur était tout brûlant, continue-t-il avec un éclat de style absolument intraduisible, il était tout bouillant et tout écumant dans le mal. Il se répandait, il débordait, il se fondait en désordres. O ma tardive joie, je ne vous écoutais plus, et je m'éloignais de plus en plus de vous[1]. »

Hâtons-nous d'ajouter, à l'honneur de sainte Monique qui avait fait ce cœur et qui l'avait fait si profond, qu'au milieu de toutes ces joies coupables Augustin n'était pas heureux. Avec ses premières fautes avaient commencé ses glorieuses tristesses. Il souffrait cruellement. Il cherchait la paix, le bonheur; il ne trouvait pas même le plaisir. Quand il s'éveillait d'une joie coupable, comme d'un songe, il se faisait horreur à lui-même. Il se voyait nu, dépouillé, dévoré au fond par un mal hideux. Ce mal, si attrayant tant qu'il ne l'avait pas commis, lui apparaissait alors sous sa vraie figure, stérile en vrais biens, fécond en douleurs. « Vous versiez, ô mon Dieu, sur tous mes plaisirs déréglés des dégoûts pleins d'amertume, afin de m'engager par ce moyen à chercher les vrais plaisirs, ceux qui sont sans dégoûts et sans remords[2]. » Mais il ne voulait pas tourner les yeux de ce côté,

---

[1] Et jactabar, et effundebar, et ebulliebam per fornicationes meas. (*Confess.*, lib. II, cap. ii.)

[2] Tu semper aderas misericorditer sæviens, et amarissimis aspergens offensionibus omnes illas jucunditates meas... (*Confess.*, lib. II, cap. ii.)

et il vivait au milieu de ses orages, dans un abaissement plein d'orgueil et dans une lassitude inquiète [1].

S'il ne trouvait pas le bonheur dans l'oubli de Dieu, Augustin n'y trouvait pas davantage la liberté. Ce fantôme brillant, un de ceux qui séduisent le plus vite les jeunes gens, est aussi un de ceux qui les trompent davantage. « Je croyais être libre, dit-il, et je ne voyais pas, malheureux, que je forgeais mes chaînes. Par l'usage de ma liberté prétendue, je mettais sur ma tête un poids de fer que je ne pouvais plus secouer, et je me garrottais tous les jours de plus en plus par les liens redoublés de ma volonté endurcie. » « Et voilà quel était, remarque Bossuet, la servitude du grand Augustin lorsqu'il jouissait, dans le siècle, de la liberté des rebelles [2]. »

Souvent alors il reprenait la prière. Il levait vers le ciel ses bras captifs. Il demandait la vertu; mais il tremblait d'être exaucé trop tôt. Il disait à Dieu : Donnez-moi la chasteté et la continence, et aussitôt il ajoutait tout bas : Pas maintenant, pas encore! Et ainsi, coupable et malheureux, ayant à la fois peur d'être consumé par cette ardente maladie, et encore plus peur d'en être guéri, il sentait croître à chaque instant, avec sa

[1] Ibam longe a te in plura et plura sterilia semina dolorum, superba dejectione et inquieta lassitudine. (*Confess.*, lib. II, cap. II.)

[2] Sermon pour une vêture. *Œuvres complètes*, édition Gauthier, tome VI, p. 188.

faiblesse, le fardeau de corruption sous lequel il gémissait[1].

Tel était le triste état d'Augustin à seize ans. En trois ou quatre années à peine, l'œuvre de sainte Monique avait été renversée; et l'on s'étonnerait d'une telle ruine, s'il n'était si facile d'en indiquer les causes. L'indifférence religeuse d'un père qui, n'ayant jusque-là point de religion, se souciait peu de l'innocence et des mœurs de son fils, pourvu qu'il réussît dans ses études et qu'il devînt éloquent; les imprudences des maîtres d'Augustin, qui ne songeaient qu'à exalter sa sensibilité et son imagination, sans avoir soin de donner à ces forces périlleuses le contre-poids nécessaire de la raison, de la conscience et de la religion; la lecture de livres dangereux et la fréquentation de théâtres plus dangereux encore; des amitiés coupables que nous allons voir apparaître, et qui sans aucun doute commençaient à l'entourer; et enfin, disons-le, non pas pour blâmer, mais pour plaindre une pieuse mère qui, mariée à un infidèle, ne put pas diriger l'éducation de son fils comme elle l'eût voulu, et subit trop souvent une volonté tyrannique, l'absence de tout secours religieux à l'âge où un jeune homme ne peut absolument pas s'en passer; ni baptême, ni confirmation, ni confession, ni sainte

---

[1] At ego adolescens miser, valde miser, in exordio ipsius adolescentiæ etiam petieram a te castitatem, et dixeram: Da mihi castitatem et continentiam, sed noli modo. Timebam enim in me cito exaudires et cito sanares a morbo concupiscentiæ quam malebam expleri, quam exstingui. (*Confess.*, lib. VIII, cap. vii.)

Eucharistie à ce moment terrible où les passions, s'éveillant dans l'âme du jeune homme, lui donnent, s'il peut les contenir, l'occasion d'une grandeur si parfaite et d'un si beau triomphe, mais l'abaissent aussi et l'agitent et le jettent dans un si profond abîme, alors qu'il est vaincu par elles : en voilà certes assez pour expliquer l'inutilité des efforts de sainte Monique, et combien peu avait duré une œuvre à laquelle cependant elle avait travaillé avec tant de soin. L'œuvre, du reste, n'avait pas péri, gardons-nous de le croire; car ce que Dieu et une mère chrétienne font ensemble dans l'âme d'un enfant ne périt pas si vite; et si le flot des passions peut un instant affaiblir la flamme sacrée de la conscience, quand cette flamme a été allumée par une mère chrétienne, on peut presque affirmer qu'elle ne s'éteindra jamais.

Sur ces entrefaites, comme si Dieu, qui veillait avec tant de tendresse sur le fils et sur la mère, eût voulu consoler Monique et la préparer au triste jour d'un aveu qui ne pouvait plus se faire attendre, et en même temps venir au secours d'Augustin, en lui ménageant, au sanctuaire de la piété domestique, et dans la personne même de son père, un exemple qui lui rendît un peu de courage, Patrice fit vers la religion et l'Église un premier pas.

Il y avait dix-sept ans que Patrice avait contracté avec sainte Monique cette union qui avait été pour celle-ci la source de tant de douleurs et de tant de mérites, et, pendant ces dix-sept années, Monique n'avait pas laissé passer un seul jour sans travailler, avec une discrétion infinie, à la conversion de son mari. Elle y avait mis cette douceur, cette patience, ce tact exquis que possèdent les vraies chrétiennes. Elle avait peu parlé, jamais prêché, beaucoup aimé, toujours prié. Elle commençait à entrevoir et à espérer le retour. Le temps, qui est toujours du parti de ceux qui savent attendre, était venu à son aide. Les passions, en se calmant, avaient permis à Patrice de mieux sentir la vanité des idoles et ce parfum de Jésus-Christ qui s'échappait du cœur de sa sainte épouse. Longtemps il avait résisté et juré intérieurement qu'il ne se rendrait pas. Plus longtemps encore il avait été incertain, hésitant, prêt à faire ce que demandait sa conscience; puis remettant au lendemain, à plus tard, attentif surtout à ne rien laisser voir de ses hésitations à sainte Monique. Celle-ci devinait tout, et ne disait rien; seulement elle redoublait ses prières. Enfin la vérité l'avait emporté, et Patrice venait de déclarer à sa pieuse épouse qu'il était résolu à abjurer le paganisme. Avec quelle joie Monique avait accueilli cette nouvelle! quel bonheur pour elle de penser que son mari devenait chrétien, juste au moment où Augustin entrant dans sa seizième année, allait avoir besoin d'une protection plus vigilante et plus efficace! Elle remercia Dieu dans toute l'effusion de son âme, et elle le conjura avec larmes de fortifier cette résolution de Patrice, et de hâter le jour où elle le verrait inscrit au nombre des catéchumènes.

Le catéchuménat était alors le noviciat du christianisme. Avant de les y introduire par le saint baptême, dans un temps où le paganisme encore debout faisait craindre des apostasies, on arrêtait un instant les adultes à la porte de l'Église, pour savoir si c'était de leur plein gré et librement qu'ils y entraient, et afin de les instruire des grands devoirs dont ils allaient accepter la charge.

Décidé à faire ce premier pas, Patrice se rend à l'église pour y abjurer publiquement le paganisme, et y faire profession de la foi chrétienne. Monique l'accompagne, tressaillant de bonheur. Augustin les suit. C'est probablement en 370, au commencement du carême.

Arrivé au pied de l'autel, Patrice s'agenouille et courbe la tête, pendant que l'évêque lui impose les mains et prie Dieu de l'admettre au nombre de ses enfants. Il reçoit en même temps sur son front le signe de la croix de Jésus-Christ, afin de commencer à entrer dans l'Église en honorant les humiliations du Sauveur, et on lui met sur les lèvres du sel bénit, symbole de cette incorruption du cœur chrétien qu'il devra garder désormais. A partir de ce jour, son nom est inscrit sur les listes de l'Église, et il prend rang parmi les catéchumènes[1].

Si Patrice, en faisant ce premier acte de foi, avait été décidé à faire immédiatement le second, c'est-à-dire à traverser rapidement les différents degrés

---

[1] Tertull., *De Pœnitentia.*. — Cyprian., *Epist.* XIII.

du catéchuménat, et à arriver au baptême aux prochaines solennités pascales[1], rien n'aurait manqué au bonheur de sainte Monique; mais Patrice n'en était pas encore là.

Il y avait alors, aux portes du christianisme, une foule d'hommes qui n'étaient plus païens, puisqu'ils avaient abjuré le paganisme, mais qui n'étaient pas chrétiens non plus, puisque, s'étant fait inscrire parmi les catéchumènes, ils refusaient obstinément de recevoir le baptême. Vainement les Pères de l'Église s'épuisaient à leur montrer leur inconséquence et leur péril; vainement, aux approches de l'Épiphanie et de Pâques, les évêques leur criaient sur tous les tons : « Voici les grands jours : donnez vos noms, préparez-vous au baptême; » rien ne pouvait ébranler leur indifférence. Portant le titre de chrétiens, mais refusant d'en accepter les charges; n'étant astreints ni à la confession, ni à la communion pascale, ni à aucune des lois de l'Église, puisqu'ils n'étaient pas baptisés; rejetant même quelquefois tout frein de conscience, selon ce triste mot qui était en usage : « Laissez-les pécher. Qu'importe? ils ne sont pas baptisés; » croyant d'ailleurs qu'il leur suffisait de recevoir le baptême à l'heure de la mort pour être purifiés de toutes leurs fautes et sauvés, ils jouaient leur vie et leur éternité sur

---

[1] La durée du catéchuménat était primitivement de deux ans, selon le 42e canon du concile d'Elvire, qui ajoute cependant : *Si bonæ fuerint conversationis*. Car dans le cas contraire on prolongeait l'épreuve; mais au IVe siècle l'Église travaillait à en abréger le temps.

148   HISTOIRE

cet espoir. Chaque siècle a ses tentations, ses maladies et ses périls. C'était là la maladie de ce siècle.. Une foule d'hommes y succombaient[1]. Patrice en fut atteint avec tant d'autres; et il fallut bien du temps encore, bien des prières et des larmes de la part de sainte Monique, pour le décider plus tard, presque dans les bras de la mort, à recevoir enfin le saint baptême et à se réconcilier pleinement avec Dieu.

Cependant si incomplet que fût ce premier pas, il ne fut pas sans joie pour notre Sainte. Du moins Patrice n'était plus païen. Il priait le vrai Dieu. Il croyait à Jésus-Christ. Et, s'il n'était pas encore donné à Monique de le voir assis à côté d'elle à la table sainte, déjà ils venaient ensemble à l'église; ils assistaient aux premières prières et aux instructions, et ils entrevoyaient, après dix-sept années

---

[1] Cet abus a excité la réprobation la plus énergique des Pères, et en particulier de saint Cyprien (*Epist.* XXVI, *ad Magn.*), de saint Grégoire de Nazianze (*Orat.* XL), de saint Jean Chrysostome (*Homil.* XXIII, *super Act. Apost.*), etc.; et les conciles en vinrent jusqu'à menacer des plus grandes peines de l'Église ceux qui tombaient dans cet abus. Pour voir combien il était répandu, il suffit de feuilleter les grandes collections d'inscriptions chrétiennes. On trouve des épitaphes de catéchumènes dans Boldetti (p. 807), Bosio (p. 433), Mattei (*Mus. Veron..* p. 180, n° 3), Perret (pl. VI, XVI, LIII), etc. Et ces épitaphes font mention de catéchumènes de tous les âges : Fortunatus, mort catéchumène à trente-six ans (Lupi, *Dissert.*, tom. I, p. 132); Perpetuus, à trente ans (Rossi, I, p. 109); Innocentius, à vingt-trois ans (Vignoli, *Vet. Inscript. rel.*, p. 333); Junius Bassus, à quarante-trois ans (Bosio, p. 45); Stratonica, à cinquante-cinq ans (Corsini, *Dissert. II, post not. Græc.*), etc. Et il est à remarquer que la plupart de ces inscriptions sont du IVe siècle.

de mariage, cette unité d'esprit et de cœur par laquelle, pour leur commun bonheur, ils auraient dû commencer.

En lisant le récit de ces scènes antiques, on se reporte involontairement par la pensée à celles qui se passent tous les jours sous nos yeux, dans ce siècle agité et mêlé qui ressemble tant au quatrième. Qui de nous, témoins des mêmes ruines, n'a assisté aux dernières résurrections? Qui de nous n'a vu de pieuses jeunes filles donner leurs mains à des indifférents, et ne s'est dit plein de crainte : O Dieu! que va-t-il arriver? Dix ans se passent; le jeune indifférent fait un premier pas. Il ne pratique pas encore; déjà il recommence à prier. Dix nouvelles années s'écoulent, le voilà qui reprend le chemin presque oublié de l'église, où le conduisait sa mère quand il était enfant. Et rarement il meurt avant d'avoir reconnu, adoré et aimé Jésus-Christ.

O malheur de ce siècle! qu'il faille tant de temps à une chrétienne pour ouvrir des yeux si chers à une si belle lumière! Mais aussi, ô grande et touchante bénédiction de ce temps! qu'à côté de chaque jeune homme on puisse un jour ou l'autre placer une jeune chrétienne pour lui servir d'ange gardien! Ah! qu'elle n'oublie pas son beau rôle! qu'elle sache qu'elle aura la puissance des anges, à condition d'en avoir la patience, la fidélité, la délicatesse, le tendre et vigilant amour, le doux silence, la continuelle prière. « Le rôle des femmes chrétiennes, a dit un charmant écrivain, ressemble à celui des anges gardiens. Elles peuvent conduire le monde, mais en restant invisibles comme eux [1]! »

[1] Ozanam, tome II, p. 93.

CHAPITRE QUATRIÈME

SUITE DE LA CRISE DES PASSIONS.
SAINTE MONIQUE EST AVERTIE DES PÉRILS DE SON FILS.
SA CONDUITE. A MESURE QU'AUGUSTIN S'ÉLOIGNE,
DIEU PERMET, POUR LA CONSOLER, QUE SON MARI SE RAPPROCHE.
MORT CHRÉTIENNE DE PATRICE

370-372

Quelles impressions firent sur Augustin les scènes que nous venons de raconter? Nous ne le savons pas; mais il est probable qu'elles ne lui en firent aucune; car il y a des temps où, comme dit le Prophète, on a des yeux, et on ne voit pas. Au moins est-il certain que l'impression ne fut pas assez forte pour arrêter la marche des passions.

Au moment, en effet, où sainte Monique commençait à gagner son mari, son fils achevait de lui échapper. Les passions refroidies ramenaient le vieillard; les passions naissantes emportaient le jeune homme. Augustin en était de plus en plus consumé. On s'effraie en lisant, dans les *Confessions*, ces pages d'une vérité si éloquente où, à la manière d'un grand médecin qui suit pas à pas la marche d'une maladie, Augustin décrit et analyse les progrès incessants du feu mauvais allumé dans son âme; et l'on se demande avec effroi ce qui va advenir, je ne dis pas seulement de sa vertu, hélas! il y a longtemps qu'elle avait péri, mais de son esprit, de son cœur, de son caractère, de son génie lui-même. Car il faut dire de ces irréparables combustions du feu mauvais ce qui est écrit au livre de Job : « Ce feu-là consume tout ; il brûle la vie dans tous ses germes et jusque dans ses racines[1]. » Il détruit la santé, il dessèche le cœur, il éteint le génie. Les chastes élans de l'amour pur, les poésies de l'adolescence prêtes à éclore, les enthousiasmes de la jeunesse, le sens de l'infini, les forces futures de la raison virile, les feux du génie trempés de sensibilité et de tendresse, tout est perdu d'avance. Et qui ne sait que, de toutes ces forces détruites, l'amour, l'amitié, la charité et la pitié sont anéanties les premières, et que le cœur, une plante si délicate, périt encore plus vite que le génie[2]? Il fallait donc un nouveau et plus puissant secours ; et puisque la voix de Dieu, l'exemple de son père, la paix du foyer domestique, le saint parfum des vertus de sa mère, avaient été incapables de protéger Augustin, il fallait faire retentir aux oreilles de ce jeune emporté la seule voix

---

[1] Ignis est usque ad internecionem devorans, et omnia eradicans genimina. (*Job*, xxxi.)

[2] Voir, dans la *Connaissance de l'âme* du P. Gratry, le beau chapitre sur les *deux foyers*; ou bien relire l'admirable conférence du P. Lacordaire sur la chasteté.

qui puisse encore quelque chose quand toutes les autres ne peuvent plus rien ; et pour cela il fallait éclairer sainte Monique ; car Augustin était parvenu à lui faire illusion, et, comme tant de mères qui ne peuvent jamais se persuader que leurs fils soient coupables, elle reposait tranquille, le croyant toujours un enfant.

La lumière vint de Patrice. Il y a des choses que l'œil d'un père voit plus vite et voit mieux que l'œil même d'une mère. Seulement converti de la veille, léger encore, plus sensible à la joie de voir grandir et se développer son jeune fils qu'à la crainte de lui voir perdre son innocence, il vint un jour se féliciter auprès de sa sainte épouse de la croissance rapide d'Augustin, et lui confier les rêves qu'il faisait sur son avenir. Il souriait, se voyant déjà grand-père. Mais, au premier mot qu'il laissa échapper, celle-ci fut saisie d'une émotion indéfinissable. Son repos, sa joie, à elle, avait été jusque-là de penser que son Augustin était encore un enfant. L'idée qu'il devenait homme, que les passions allaient s'éveiller, qu'elles grondaient peut-être déjà dans son cœur, que son innocence serait bientôt en péril, la jeta dans un trouble et une inquiétude mortels.

« Mon père, dit saint Augustin, n'était encore que catéchumène, et cela depuis peu ; » aussi il ne faut pas s'étonner si ses pensées ne s'élevaient pas bien haut. « Mais ma mère était avancée dans la piété. Vous aviez commencé, ô mon Dieu, à bâtir votre temple dans son cœur, et vous y demeuriez par la présence de votre esprit. Aussi elle se sentit, à l'heure même, profondément troublée, et elle fut saisie d'une émotion toute chrétienne en pensant aux périls qui m'allaient menacer[1]. » Pieuse émotion de sainte Monique; inquiétude élevée et toute divine qui fait oublier à une mère la beauté et la force croissante de son jeune fils pour ne penser qu'à son innocence et à sa vertu ; non, vous n'avez pas encore disparu de nos tristes jours, et vous remuez encore bien des cœurs de chrétiennes !

Elle vint donc trouver Augustin, et, soit qu'elle ait obtenu un aveu, soit qu'elle ait deviné son âme avec cette intuition d'en haut qui est dans le cœur de toutes les mères, elle commença à lui montrer, par son émotion et par ses larmes, ce qu'elle pensait du triste état de son âme. Souvent elle le prenait à part, et, en se promenant avec lui, elle lui disait quelque chose de Dieu, de la foi de son enfance, de la paix et de l'honneur des cœurs purs, de la laideur du mal, et de l'horreur qu'il doit nous inspirer ; mais, bien qu'elle dît ces choses avec cet accent pénétrant et ému que les mères trouvent naturellement dans leur cœur, surtout quand elles sont pleines de foi et que leur fils est en péril, c'était un langage qu'Augustin ne comprenait déjà plus. Ces paroles glissaient sur son âme, elles n'y entraient pas. Et, comme il ne voulait pas répliquer à sa mère, il commençait à l'éviter. Le regard inquiet et profond de sainte Monique le gênait.

[1] Sed matris in pectore jam inchoaveras templum tuum, et exordium sanctæ habitationis tuæ... Itaque illa exilivit pia trepidatione et tremore. (*Confess.*, lib. II, cap. III.)

Il restait des jours entiers à la chasse, errant seul, livré aux mille mouvements qui agitent une âme de seize ans, passant tour à tour des pensées les plus élevées, des sentiments les plus beaux, des rêves les plus enthousiastes, aux pensées les plus terrestres et les plus honteuses, semblable à un navire en perdition qui monte et s'abaisse selon les vents et les flots, et qui ne peut plus se diriger[1].

Quand il n'allait pas à la chasse, sa journée s'écoulait avec ses amis dans des conversations et des jeux indignes de lui. « Qu'y a-t-il de plus laid que le vol ? A qui le pardonne-t-on ? Pas même à l'indigent poussé par la détresse. Eh bien, moi, dit saint Augustin, j'ai voulu voler, et j'ai volé sans nécessité, sans besoin, par dégoût de la justice, par plénitude d'iniquité. Il y avait dans le voisinage des vignes de mon père un poirier chargé de fruits. Nous nous en allâmes, une troupe de petits vauriens, secouer et dépouiller cet arbre vers le milieu de la nuit, ayant prolongé nos jeux jusqu'à cette heure, selon notre détestable habitude, et nous en rapportâmes de grandes charges de poires, non pour en faire un régal, car à peine y goûtâmes-nous, mais pour les jeter aux pourceaux : simple plaisir de faire le mal[2]. »

A ces espiègleries d'enfants mal élevés, dont nous ne parlerions même pas, si celle-ci n'avait donné lieu à saint Augustin de s'élever aux plus hautes

---

[1] *De Quantitate animæ*, cap. XXI.
[2] *Confess.*, lib. II, cap. IV.

vues philosophiques sur la dépravation de l'homme qui aime le mal pour le mal, et aux plus profondes réflexions morales sur le danger des amitiés mauvaises, dans la compagnie desquelles on commet des fautes qu'on n'eût jamais faites seul, se joignaient malheureusement alors des jeux et des conversations bien autrement coupables. « Au milieu de mes amis, dit-il, lorsqu'ils se vantaient publiquement de leurs désordres et qu'ils s'en glorifiaient d'autant plus qu'ils étaient plus infâmes, j'avais honte de n'être pas aussi corrompu qu'eux, et je me précipitais dans le mal, non-seulement pour trouver quelque plaisir en le commettant, mais encore pour être loué de l'avoir commis. Y a-t-il rien de plus honteux que le vice? Et cependant, par un renversement étrange, c'était par peur de la honte que je le commettais. Et lorsque je n'avais rien fait qui pût égaler les débauches des plus perdus, je faisais semblant de l'avoir fait, pour ne pas paraître d'autant plus méprisable que je serais plus innocent, et d'autant plus vil que je serais plus chaste. Voilà avec quels compagnons je courais les places de Babylone et je commençais à me rouler dans la fange[1]. »

On suit aisément les douleurs croissantes de

---

[1] Præceps ibam tanta cæcitate, ut inter coætaneos meos puderet me minoris dedecoris... Quid dignum est vituperatione, nisi vitium? Ego, ne vituperarer, vitiosior fiebam; et ubi non suberat quo admisso æquarer perditis, fingebam me fecisse quod non feceram, ne viderer abjectior quo eram innocentior, et non vilior haberer quo eram castior. (*Confess.*, lib. II, cap. III.)

sainte Monique, témoin de la domination de plus en plus tyrannique du mal dans le cœur de saint Augustin. Aussi, non contente de confier ses inquiétudes à Dieu dans de ferventes prières, elle ne cessait de faire retentir aux oreilles de son fils les conseils les plus pressants et, selon l'expression de saint Augustin, les paroles les plus pénétrantes et les plus fortes. Une fois en particulier, elle prit Augustin à part, et « avec quelle sollicitude, je m'en souviens encore, dit celui-ci, elle me conjura d'être chaste, et si je n'avais pas le courage de garder cette belle vertu dans mon cœur, de la respecter du moins dans le cœur des autres ; et surtout, ajoutait-elle, de ne jamais troubler par mes désordres la paix, l'honneur et l'union des familles[1]. »

Mais avec quelle rapidité les passions se développent dans une âme ! et qu'en peu d'instants elles deviennent puissantes ! Ce jeune homme aimable, d'une si grande élévation d'esprit, d'un cœur si excellent et qui avait une telle mère et qui l'aimait d'un si tendre et si véritable amour, à peine touché des passions, déjà il n'écoutait plus sa mère, et, le dirai-je? il commençait presque à la mépriser. « Les paroles de ma pieuse mère n'étaient à mes yeux, dit-il, que des paroles de femme; et j'aurais rougi, moi jeune homme, de me laisser conduire par une femme. Voilà comment je la méprisais, ma mère! ou plutôt, ô mon Dieu, c'est vous que je

---

[1] Volebat enim illa (mater), et secreto memini ut monuerit, cum sollicitudine ingenti, ne fornicarer, maximeque ne adulterarem cujusquam uxorem. (*Confess.*, lib. II, cap. III.)

méprisais en elle[1]. » Ce jour-là, le voile, s'il en restait encore un sur les yeux de Monique, acheva de tomber, et elle connut la première grande douleur d'une mère. Quelles larmes elle versa! quels conseils plus énergiques encore elle dut adresser à son enfant coupable! et quelles prières plus ardentes pour obtenir que Dieu sauvât lui-même et protégeât son Augustin, qu'elle ne savait plus comment protéger !

Et cependant, vingt-cinq années après, Augustin, examinant la conduite de sa mère dans cette circonstance critique, après avoir noté ses conseils, ses prières, ses larmes, sa vigilance, tout ce que nous venons de dire enfin, trouve qu'elle n'a pas encore assez fait pour sauver la conscience de son fils. Il fallait couper, trancher, tout sacrifier, même ses études, même son avenir, plutôt que de le laisser s'engager dans une voie où allait périr son âme. « Ma mère, dit-il, eut bien soin de m'avertir d'être chaste ; mais elle n'en eut pas assez, après ce que mon père lui avait dit de moi, de couper au vif ces instincts mauvais dont elle prévoyait la violence. Il eût fallu remédier à tout prix à ces passions naissantes, dût-on pour cela me renfermer tout de suite dans les bornes étroites d'une vie de famille à Thagaste. Elle recula devant le remède dans la crainte que mon avenir ne fût détruit par cette chaîne ; non pas mon avenir éternel, dont ma

---

[1] Qui mihi monitus muliebres videbantur quibus obtemperare erubescerem. In illa (matre) contemnebaris a me filio ejus, filio ancillæ tuæ, servo tuo. (*Confess.*, lib. II, cap. III.)

pieuse mère plaçait l'espérance en Dieu ; mais cet avenir littéraire dont Patrice et Monique étaient trop jaloux pour moi : lui, parce que, oublieux de vous, ô mon Dieu, il rêvait des vanités pour son fils ; elle, parce que, loin de croire que ces études me fussent nuisibles, elle les regardait comme des échelons qui devaient m'élever jusqu'à vous. En attendant, au lieu de me conduire avec une sage sévérité, les rênes flottaient librement, et je me laissais emporter sans frein au déréglement de mes passions[1]. »

Voilà ce qu'Augustin dit de sa mère ; et, parce qu'elle se contenta de pleurer et de gémir dans cette première apparition des passions de son fils, il dit « qu'elle marchait lentement encore au chemin de la vertu[2] » Et que dirons-nous donc, grand Dieu ! de tant de chrétiennes qui sont si faibles pour leurs enfants, qui ferment les yeux sur leurs désordres, qui excusent si facilement leurs vices, et qui ne comprennent pas que le premier devoir des mères, après avoir créé la conscience de leurs enfants, c'est de la protéger, de la défendre, et, à tout prix, de la sauver !

Cependant l'argent nécessaire à la continuation des études d'Augustin était réuni. Patrice pressait le départ ; Monique était remplie d'inquiétude. D'une part, elle sentait le besoin d'arracher Augustin à la vie monotone, oisive et dangereuse de

---

[1] *Confess.*, lib. II, cap. III.
[2] Ibat tardior mater carnis meæ. (*Confess.*, lib. II, cap. III.)

Thagaste; de l'autre, elle s'effrayait de l'envoyer seul, si loin, dans une ville aussi profondément corrompue que Carthage. Il fallut cependant se résigner à ce dernier parti, Patrice l'exigeant; et dévorée d'inquiétudes, essayant quelquefois de se dire pour se rassurer que les grandes études distrairaient peut-être Augustin des grandes passions, elle le conduisit à Carthage vers la fin de l'année 370, c'est-à-dire à la rentrée des écoles. L'histoire ne dit pas quelles larmes coulèrent alors de ses yeux, quels conseils plus pressants et plus tendres elle donna à Augustin de rester pur, de conserver sa foi; quelle émotion enfin en se séparant d'un tel fils et dans de telles circonstances; mais il est facile de le soupçonner.

Carthage, reconstruite au moment le plus brillant de la civilisation romaine, était, par son luxe et ses richesses, une des premières villes de l'empire. Elle ne le cédait ni à Antioche ni à Alexandrie. Plus jeune que ces deux villes, elle avait cet aspect d'une ville neuve qui plaît moins aux esprits d'élite, mais davantage à la foule. Un beau port, récemment creusé par Auguste, de larges quais, des rues longues, droites, aérées, arrosées de fontaines, pleines de peuple. L'une de ces rues, la rue Céleste, était remplie de temples. Une autre, celle des Banquiers, étincelait de marbre et d'or. Plus loin, c'étaient des grandes fabriques d'étoffes précieuses, des marchés de blé, de fruits, de bestiaux; des changes de monnaies; tout le bruit d'une ville industrielle et commerçante, où vivait le vieil esprit carthaginois.

Avec cela, elle ne négligeait pas les lettres. Peu grecque d'instinct et de goût, toute latine, tournée vers l'Occident plutôt que vers l'Orient, elle était pour le mouvement intellectuel sorti de Rome ce qu'Antioche et surtout Alexandrie avaient été pour celui qui était venu de l'Orient et de la Grèce, un entrepôt et un foyer. Ses écoles, qu'on reconnaissait à de longs voiles blancs qui flottaient à la porte, étaient nombreuses et célèbres; on y enseignait la grammaire, l'éloquence et la philosophie; toute la jeunesse de l'Afrique y affluait; une jeunesse intelligente, mais légère, dissolue, sans frein, acclamant aujourd'hui un professeur, et le lendemain entrant en tumulte dans sa classe, et brisant tout avec fureur ou moquerie. Les jeunes gens qui donnaient le ton à tous les autres, les plus licencieux et les plus élégants, avaient pris ou reçu un sobriquet dont ils se faisaient gloire; ils se nommaient *Eversores,* les *renverseurs,* ou les *tapageurs.*

A ce goût des lettres, Carthage unissait celui des arts. On représentait sur ses théâtres les chefs-d'œuvre de l'art grec et les plus belles œuvres de l'art dramatique romain. Mais elle ne s'en tenait pas à ces représentations de Sophocle et d'Euripide, de Térence et de Plaute. Elle y joignait les jeux du cirque, les combats d'animaux et de gladiateurs; et telle était l'avidité du peuple pour ce genre de spectacle, les paris que faisaient les jeunes gens pendant les luttes étaient si ardents, que presque toujours ces jeux se terminaient par des injures, des coups et souvent des émeutes. On entrevoit, par ce peu de mots, ce que pouvaient et devaient être les mœurs d'une ville pareille. Sous ce rapport, Carthage rivalisait avec Rome elle-même, et c'est tout dire.

Voilà ce qu'était cette ville, où arrivait un jeune homme de dix-sept ans, doué d'une vive imagination, consumé de passions à peine écloses, n'ayant encore entrevu qu'en rêve cette coupe enchantée dans laquelle on s'imagine à cet âge qu'on trouvera le bonheur, et décidé à la vider promptement et jusqu'au fond. Qu'étaient-ce que les périls de Madaure à côté des séductions de Carthage? Et si Augustin innocent avait si vite succombé à Madaure, qu'allait-il arriver d'Augustin entrant coupable à Carthage?

Son apparition dans les écoles fit sensation. Il possédait déjà plusieurs langues; il avait une aptitude singulière pour la philosophie et la métaphysique, une grande ardeur pour l'étude, le goût de la poésie, de l'art, du beau dans tous les genres, et surtout une éloquence naturelle, qui jaillissait sans effort d'une âme élevée et aimante. Il étonna ses condisciples et même ses maîtres, et tout le monde pressentit que, dans quelques années, il serait la gloire du barreau de Carthage.

Ce qui ajoutait un charme singulier à toute sa personne, c'est qu'au milieu de ses succès il était réservé et timide. Il n'aimait pas à se produire. Il portait sur sa physionomie, qui devenait chaque jour plus belle, cette candeur qui va si bien aux natures supérieures, et qui est à la fois le signe et la compagne du vrai talent. C'est ainsi que les hommes le voyaient; mais il nous avoue, dans son humilité, qu'intérieurement il était tout autre; qu'il rêvait la gloire, qu'il portait sur le barreau des regards pleins d'ambition, et que, sous cette apparence modeste qu'il ne dépouilla jamais et qui lui était naturelle, il cachait une âme enivrée de plus en plus d'elle-même. « Je tenais, dit-il, le premier rang dans les écoles de rhétorique, ce qui me remplissait d'une joie superbe, et me gonflait de vent. Vous savez pourtant, ô mon Dieu, ajoute-t-il, que j'étais plus retenu que les autres, et bien éloigné des folies de mes camarades qui s'appelaient *ravageurs*. J'éprouvais même une sorte de pudeur impudente à ne pas leur ressembler; et, quoique je vécusse avec eux et que je me plusse dans leur familiarité, j'avais en horreur leurs actions, ces moqueries sanglantes et injurieuses avec lesquelles ils insultaient à l'embarras des nouveaux venus et des étrangers, et faisaient de leur trouble l'aliment de leurs malignes joies. Voilà avec quels hommes et dans quelle compagnie j'étudiais alors l'éloquence, par cette malheureuse et damnable fin de l'ambition, qui trouve son aiguillon dans la vanité[1]. »

Mais, si grandes que fussent alors cette vanité et cette ambition, ce n'était là, dans Augustin, que

---

[1] Et major jam eram in scola rhetoris; et gaudebam superbe, et tumebam typho... Inter hos ego, imbecilla tunc ætate, discebam libros eloquentiæ fine damnabili et ventoso per gaudia vanitatis humanæ. (*Confess.*, lib. III, cap. III et IV.)

la moindre plaie. Son cœur était bien plus malade que son esprit. A ce premier transport des passions, qui s'était déclaré si violent et si terrible à Thagaste, avait succédé je ne sais quel vague malaise, plus terrible peut-être. Son âme, vide de Dieu, manquant d'aliments, aspirait à quelque chose qui pût la satisfaire ; mais ce quelque chose d'inconnu qui lui manquait, Augustin ne savait où le trouver. Une inquiétude indéfinissable le tourmentait. Consumé de vagues désirs, sans objets et sans limites, il était arrivé à ce moment périlleux qui précède d'ordinaire les grandes chutes et qui trop souvent les annonce. « Je n'aimais pas encore, dit-il, mais je désirais d'aimer, et, dévoré de ce désir, je cherchais un objet à ma passion. J'errais par la ville pour le trouver, et les chemins où je n'espérais pas de piéges m'étaient odieux. » Il ajoute ces mots d'une profondeur admirable : « Mon cœur défaillait vide de vous, ô mon Dieu ; et pourtant ce n'était pas de cette faim-là que j'étais affamé. L'aliment intérieur et incorruptible qui manquait à mon âme ne m'inspirait aucun appétit. J'en étais dégoûté, non par rassasiement, mais par indigence. Et mon âme, malade, couverte d'ulcères, tombant d'inanition, se jetait misérablement hors d'elle-même, et mendiait à la créature quelque chose qui pût adoucir ses plaies. Je voulais aimer, être aimé, et d'une affection qui fût sans réserve[1]. » Augustin était

---

[1] Nondum amabam et amare amabam, et secretiore indigentia oderam me minus indigentem. Quærebam quod amarem, amans

pauvre, inconnu, perdu dans une grande ville; mais il était jeune, agréable, élégant, distingué[1]. Comment donc, pour son malheur, ne serait-il pas tombé un jour ou l'autre dans les filets où il désirait tant être pris?

Les spectacles, où, dès son arrivée à Carthage, Augustin se jeta avec la passion qu'il avait toujours eue pour ce plaisir, achevèrent de le pousser à l'abîme. Avec sa vive imagination, avec cette sensibilité exquise qui le faisait pleurer à la lecture d'un beau vers, au récit d'un sacrifice inspiré par l'amour, le théâtre avait pour lui un charme irrésistible. « Les spectacles me ravissaient, dit-il, tout remplis qu'ils étaient des images de ma misère et des aliments de ma flamme[2]. » Au sortir de là, il était si plein de toutes ces beautés, si ému de tous ces sacrifices, qu'il ne cherchait plus qu'une occasion de les faire naître dans le cœur de quelqu'un pour recevoir les mêmes plaisirs et offrir les mêmes dévouements qu'il avait vus si bien dépeints.

Hélas! cette occasion, il la cherchait jusque dans

---

amare, et oderam securitatem et viam sine muscipulis. Quoniam fames mihi erat intus ab interiore cibo teipso, Deus meus, et ea fame non esuriebam; sed eram sine desiderio alimentorum incorruptibilium, non quia plenus eis eram, sed quo inanior, eo fastidiosior. Et ideo non bene valebat anima mea; et ulcerosa projiciebat se foras miserabiliter scalpi avida contactu sensibilium. Sed si non haberent animam, non utique amarentur. Amare et amari dulce mihi erat, etc. (*Confess.*, lib. III, cap. I.)

[1] Elegans et urbanus. (*Confess.*, lib. III, cap. I.)

[2] Rapiebant me spectacula theatrica, plena imaginibus miseriarum mearum, et fomitibus ignis mei. (*Confess.*, lib. III, cap. II.)

l'église. Car dans ces premiers jours il allait encore à l'église. Il assistait toujours aux cérémonies saintes; mais il n'y venait plus que de corps, ou plutôt il y portait un cœur plein de passions et des yeux occupés à chercher un objet qui pût répondre à ses désirs. Je ne sais ce qui lui arriva un jour, quelle entreprise sacrilége le conduisit dans une église, et quelle punition Dieu lui infligea. Il n'en a dit qu'un mot très-court et très-vague. « Mon impudence passa jusqu'à ce point qu'en l'une de vos fêtes les plus solennelles, et dans votre propre église, j'osai concevoir une pensée coupable et ménager un accord funeste qui ne pouvait produire que des fruits de mort. Vous m'en châtiâtes très-sévèrement, ô mon Dieu, mais non pas à proportion de mon crime; tant vous êtes grand en miséricorde, vous, mon Dieu, mon refuge contre ces épouvantables pécheurs avec lesquels je m'égarais, présomptueux, la tête haute, de plus en plus loin de vous, préférant mes voies aux vôtres, et aimant, avant tout, ma liberté d'esclave fugitif[1]. »

Quelques auteurs ont cru que c'était là, dans cette église, au pied de l'autel, en un grand jour de fête, qu'Augustin avait rencontré ce qu'il dési-

---

[1] Ausus sum etiam in celebritate solemnitatum tuarum, intra parietes ecclesiæ, concupiscere et agere negotium procurandi fructus mortis; unde me verberasti gravibus pœnis, sed nihil ad culpam meam, o tu prægrandis misericordia mea, Deus meus, refugium meum a terribilibus nocentibus, in quibus vagatus sum, præfidente collo, ad longe recedendum a te, amans vis meas et non tuas, amans fugitivam libertatem. (*Confess.*, lib. III cap. III.)

rait depuis longtemps. Quoi qu'il en soit, la triste chute ne se fit pas attendre. « Je tombai, dit-il, dans ces filets où je désirais tant d'être pris. O mon Dieu, de quelle amertume votre bonté assaisonna ce miel! J'aimai; je fus aimé; et, m'enlaçant dans un réseau de douloureuses joies, je connus les ardentes jalousies, les soupçons, les craintes, les colères et les tempêtes de l'amour[1]. » Qui était cette malheureuse jeune fille qui, oubliant Dieu pour Augustin comme Augustin oubliait Dieu pour elle, captiva un tel cœur pendant quinze ans; qui le suivit par terre et par mer, à Thagaste, à Carthage, à Rome, à Milan; qui ne le quitta tout en larmes qu'au moment où il se convertissait, et, elle aussi, pour se convertir, se jeter dans un monastère, et se donner enfin toute à Dieu? nous ne le savons pas. Augustin, par une réserve pleine de délicatesse, a caché son nom. Elle passe comme une figure voilée dans cette histoire. Il est probable que, tant que cela fut possible, Augustin cacha ce nom, avec plus de soin encore, à sa pieuse mère, ainsi que le lien dont il venait d'enchaîner sa vie, et que nulle prière de sainte Monique et nulles larmes n'auraient pu le décider à briser. Bientôt cependant, il fallut lui avouer le douloureux secret; car, en 372, Au-

---

[1] Rui etiam in amorem quo cupiebam capi. Deus meus, quanto felle mihi suavitatem illam, et quam bonus aspersisti! Quia et amatus sum, et perveni occulte ad vinculum fruendi, et colligabar lætus ærumnosis nexibus, ut cæderer virgis ferreis ardentibus zeli, et suspicionum, et timorum, et irarum atque rixarum. (*Confess.*, lib. III, cap. I.)

gustin eut un fils, ce brillant Adéodat, que plus tard, aux jours de son repentir, il n'osait plus nommer que le fils de son péché : mais alors, aux jours de sa passion, dans le premier tressaillement de son triste bonheur, il l'appela *Dieudonné*, Adeodatus. « Telle était alors ma vie, ô mon Dieu, s'écrie saint Augustin, si cela peut s'appeler une vie[1] ! »

Quand Monique apprit les désordres de son fils, sa douleur fut si profonde, qu'on put craindre qu'elle n'y succombât. Ses larmes coulaient jour et nuit. Elle ne savait même plus les contenir en public. Il y avait des jours où, quand elle sortait de la prière et qu'elle revenait du saint sacrifice, la place qu'elle avait occupée en était toute baignée. L'Église a institué le 4 mai, en l'honneur de sainte Monique, une fête qu'on pourrait appeler la fête des larmes d'une mère chrétienne. On n'y célèbre qu'elles; écoutez sur quel ton et de quelle manière :

Antienne 1re. — Elle pleurait et elle priait assidûment, cette mère, afin d'obtenir la conversion de son Augustin.

Ant. 2e. — O bienheureuse mère, qui deviez un jour être exaucée selon l'immensité de vos désirs! En attendant, elle pleurait jour et nuit, cette mère affligée, et elle priait ardemment pour son fils.

Ant. 3e. — La voilà, la voilà, cette veuve qui sait

---

[1] Talis vita mea; numquid vita erat, Deus meus ? (*Confess.*, lib. III, cap. II.)

pleurer; elle qui versa de si constantes et de si amères larmes pour son fils.

Ant. 4ᵉ. — Ils ont élevé leurs voix, Seigneur; ils ont élevé leurs voix, ces fleuves de larmes qui tombaient des yeux de cette sainte mère.

Ant. 5ᵉ. — Elle pleurait sans mesure; cette mère inconsolable...[1].

Voilà ce que j'appelle la fête des larmes de sainte Monique; car tout l'office continue sur ce ton, et nous révèle dans cette mère admirable ce que nous verrons du reste avec plus de détails par la suite, une douleur comme il n'y en a pas un second exemple dans l'histoire de l'Église.

Une chose cependant soutenait un peu notre Sainte dans sa douleur, c'est qu'elle ne pleurait plus seule. Patrice, en s'associant à sa foi, commençait à s'associer à ses larmes. Il renaissait, lentement il est vrai, car il revenait de si loin; mais enfin il renaissait visiblement à la vertu, en même temps qu'à la vérité.

L'Église chante dans les belles prières de sa li-

---

[1] 1. Flebat et orabat assidue pia parens super filium, per quem Dominus impiorum capita conquassavit.

2. Beata mater, quæ implevit desiderium suum, dum pro salute filii plorans jugiter rogaret Dominum. Exaudisti eam nec despexisti lacrymas ejus, cum profluentes rigarent terram.

3. Hæc est illa vere flens vidua, quæ filium diu et amare deflevit.

4. Elevaverunt flumina lacrymarum, Domine, per sanctam matrem, elevaverunt flumina vocem suam.

5. Flebat uberrimis lacrymis, etc. (*Brev. Rom. Aug.*, 4 maii.)

turgie[1] et saint Augustin affirme[2] que cette conversion fut due, comme la sienne, aux prières et aux larmes de sainte Monique. Elle fut due aussi, nous l'avons déjà entrevu, au charme et aux célestes attraits de sa vertu qui croissait chaque jour; à sa patience, à sa douceur, à son dévouement; à l'humble, constante et chaste tendresse par laquelle elle avait toujours répondu à ses froideurs; à ce parfum de piété, qui montait jusqu'au ciel, de cette âme immolée et sans cesse offerte en sacrifice pour le salut de son mari. Tout cela réuni avait fait autour de Patrice comme une atmosphère dans laquelle il avait respiré à son insu la foi. Quand le bien, le beau, le vrai, s'incarnent ainsi dans une créature humaine, ils exercent une sorte de fascination si douce et si invincible, qu'on ne sait comment résister. Il faut fuir ou succomber.

Patrice succombait pour son bonheur. Sa vie se modifiait d'année en année, sans même qu'il s'en doutât. Depuis quelque temps surtout, elle avait totalement changé. Le sacrement de baptême, qu'il se proposait de recevoir, agissant d'avance, il avait connu le prix de la pureté et de la beauté de la douceur; et, repentant du passé, il s'était appliqué à

---

[1] Benedictione tua copiosa, quæsumus, Domine, hæc munera sanctifica, quæ, in solemnitate beatæ Monicæ tibi suis precibus et lacrymis Patricium virum suum lucratæ, offerimus, etc. (*Missa sanctæ Monicæ*, 4 maii. *Missal. Rom. Aug. Secr.*)

[2] *Confess.*, lib. IX, cap. IX.

faire oublier à sa sainte épouse les peines cruelles qu'il lui avait causées[1].

C'est le privilége du cœur que, si triste qu'ait été une vie entière, si une goutte d'amour apparaît, tout est oublié. Sainte Monique recueillait alors cette goutte précieuse, et, après dix-sept années de mariage, leurs deux âmes se rencontraient enfin dans ce genre d'affection, délicate et élevée, qu'a si bien peinte un grand écrivain de ce siècle : « Quand on a été près d'une pauvre créature l'instrument de la lumière qui lui révèle sa chute et qui lui rend son élévation, cette cure sublime d'une mort qui devait être éternelle inspire quelquefois aux deux âmes un indéfinissable attrait, né du bonheur donné et du bonheur reçu[2]. » Patrice et Monique connurent, avant de se quitter, ce noble attrait; et la tendresse de l'une pour cette chère âme sauvée, la reconnaissance de l'autre pour ce cher cœur, doux et fort, qui l'avait tiré du mal, s'unissant ensemble, leur firent, sur le bord de la tombe, un de ces attachements qui n'ont plus de nom sur la terre.

On ignore les circonstances de la mort de Patrice. Tombé malade vers 371, et comprenant que c'était l'annonce de sa fin, il demanda et reçut le baptême avec une grande ferveur; après quoi il s'endormit chrétiennement et en paix, assisté par l'ange que

---

[1] Virum suum in extrema vita temporali ejus lucrata est tibi, nec in eo jam fideli planxit quod in nondum fideli toleraverat. (*Confess.*, lib. IX, cap. IX.)

[2] Le P. Lacordaire, *Sainte Madeleine*.

Dieu lui avait donné pour épouse, et qui, à force de douceur, de patience, de tendre dévouement, de courageux sacrifices, l'avait ramené de si loin et rendu à Dieu. Reportons-nous par la pensée à dix-sept ans en arrière. Quand Patrice avait épousé Monique, la noblesse, la générosité, la droiture, la délicatesse même, car il y avait de tout cela dans l'âme de Patrice, étaient alors emprisonnées et comme enfouies en lui à des profondeurs où nul œil humain, pas même le sien, n'aurait pu les discerner; l'orgueil, la colère, l'indifférence religieuse, la passion mauvaise, parlaient seuls et régnaient en maîtres. Et peu à peu, sous cette douce influence, tout avait changé. Les viles passions étaient redescendues au fond de l'âme; les belles qualités s'étaient dégagées des ombres et étaient remontées à la surface. La lumière avait fini par triompher de tout, et, au moment où il expirait, elle emplissait de ses plus beaux rayons son dernier regard, reconnaissant et heureux. Monique assistait à cette scène en pleurant de joie et de douleur. Elle ne se souvenait plus ni de ses rigueurs ni de ses faiblesses; elle gémissait de le perdre juste à l'heure où elle allait commencer à jouir de son affection; et, consolée du moins par la pensée de le retrouver un jour, lui faisant préparer un tombeau, elle s'y réserva une place, afin de dormir à jamais auprès de celui dont elle avait ressuscité l'âme[1].

Ainsi Dieu consolait sa servante, et ne la laissait

---

[1] *Confess.*, lib. IX, cap. XI.

pas succomber à la douleur que lui causaient les égarements de son fils. A chaque pas que celui-ci avait fait dans le mal avait correspondu dans la vie de Patrice un nouveau pas dans le bien. Quand Augustin avait commencé à s'éloigner de Dieu, à fréquenter les théâtres, à laisser s'allumer dans son cœur le feu mauvais, Patrice s'était rapproché et fait recevoir catéchumène. Quand Augustin, méprisant les conseils, les prières, les larmes de sa mère, avait enchaîné sa vie dans un amour coupable, et allait déshonorer son front de dix-huit ans par une honteuse paternité, Patrice avait demandé le baptême, et renouvelant sa vie dans les eaux de la pénitence, il était mort en chrétien. Et ce que nous voyons là, au début de cette histoire, nous le verrons jusqu'à la fin. Toujours, à côté des douleurs de sainte Monique, il y aura une consolation. Dieu le lui devait bien, puisque ces douleurs n'étaient intolérables que parce que sa foi était si grande, et qu'elle ne pleurait son Augustin au delà de toute mesure que parce qu'elle avait pour son Dieu un amour qui ne connaissait point de bornes.

CHAPITRE CINQUIÈME

SAINTE MONIQUE VEUVE.
ELLE S'IMPOSE LES PLUS GRANDS SACRIFICES
POUR ACHEVER L'ÉDUCATION D'AUGUSTIN. ROMANIEN VIENT
A SON AIDE. AU MILIEU DE SES GRANDES DOULEURS,
ELLE SUIT, AVEC UNE LUEUR D'ESPOIR, LE PREMIER EFFORT
D'AUGUSTIN POUR RETROUVER LA VÉRITÉ

372-375

La première œuvre confiée par Dieu à sainte Monique était achevée. Elle avait mis dix-sept ans à l'accomplir; car, bien qu'une certaine obscurité enveloppe toute la partie chronologique de cette histoire, on s'accorde à placer la mort de Patrice en 371; Monique avait à peu près trente-neuf ans.

C'est une remarque qui s'est souvent présentée à nous dans le cours de nos études hagiographiques, et dont la place est naturellement ici, que presque toutes les grandes saintes ont survécu à leurs maris : sainte Monique, sainte Paule, sainte Élisabeth de Hongrie, sainte Hedwige, sainte Chantal, la bienheureuse Marie de l'Incarnation, et une foule d'autres. Elles entrent dans l'état de mariage, mais elles ne font que le traverser. Elles en goûtent un instant les joies, pour apprendre au monde à les goûter saintement; puis bientôt Dieu brise et déracine tout autour d'elles, comme s'il était jaloux d'avoir pour lui seul de tels cœurs; et peut-être aussi pour donner à ces grandes âmes, avec les douleurs qu'elles sont dignes de porter, la facilité de monter à ces sublimes vertus dont on a si rarement la liberté dans l'état du mariage. Il semblerait même que plus elles sont heureuses, plus elles sont prédestinées à être veuves de bonne heure. Sainte Élisabeth, par exemple, n'avait que vingt ans, sainte Hedwige vingt-trois, sainte Chantal vingt-neuf, lorsque Dieu les arracha à la félicité si pure de leur vie conjugale. Sainte Monique, il est vrai, ne fut veuve qu'à près de quarante ans. Mais c'est que Dieu n'avait pas attendu ce moment pour la couronner d'épines. Du mariage, elle n'avait eu que les douleurs; ce n'était pas la peine de le briser sitôt.

Et néanmoins, à peine Patrice fut mort, que sainte Monique prit elle-même un plus grand essor. Les belles aspirations de son âme, gênées et comprimées pendant son mariage, ne trouvant plus d'obstacles, on la vit rapidement s'élever à ce que la vertu a de plus héroïque.

On ignore cependant si elle reçut, des mains de l'évêque de Thagaste, le voile bénit et l'habit vidual dont l'Église revêtait les veuves qui s'engageaient à persévérer jusqu'à la mort dans la viduité, et qui alors, consacrées à Dieu, étaient chargées dans l'Église de plusieurs ministères importants[1]. Peut-être le désir de garder toute sa liberté pour aller au secours de son fils, qui en avait tant besoin, l'empêcha-t-il de faire cette consécration. Au moins est-il certain que, par un sentiment de touchante fidélité à la mémoire de son mari, elle jura dans son cœur qu'elle n'aurait pas d'autre époux mortel, et que le reste de sa vie appartiendrait qu'à Dieu seul. C'est

---

[1] Dès les premiers jours, l'Église primitive songea, pour honorer et préserver les veuves, à transformer la viduité en une sorte de consécration à Dieu. Saint Jérôme appelle cet état le *second degré de chasteté* (*Epist.* XXVI), et longtemps avant lui on avait réglé les formes de cette consécration. Elle avait lieu, non pas dans l'église, mais dans le *secretarium* ou sacristie. Dès lors la veuve appartenait à l'Église, qui devait prendre soin de sa subsistance; ce qui fait que dans les *titres* de certaines veuves chrétiennes on marque expressément qu'elles n'ont pas été à charge à l'Église : ECCLESIAM NUNQUAM, ou NIHIL GRAVAVIT. (Marchi, *Monum. delle art. crist.*, p. 98.) Dès lors aussi on les employait à certains ministères apostoliques, à visiter les malades, et même à instruire les catéchumènes, etc. Aussi trouvons-nous sur leurs épitaphes cette formule surprenante pour les personnes peu familiarisées avec la discipline de l'Église primitive : VIDUA SEDIT, *elle a siégé* en qualité de veuve vingt ans, trente ans, etc. VENERIGINÆ MATRI VIDUÆ QUÆ SEDIT VIDUA ANNOS LX. (Marini, *Iscriz. Alban.*, p. 195.) Nous lisons aussi sur un fragment de pierre, dans Boldetti (page 452) : VIDUA SEDIT. Cette expression fait allusion au siége, *cathedra*, sur lequel les veuves s'asseyaient pour enseigner, et nul doute que plusieurs de ceux qui se voient dans les catacombes ne leur fussent destinés. (Voir Martini, *Dictionnaire des antiquités chrétiennes*.) Mais au temps de sainte Monique cette action des veuves dans l'Église avait presque disparu; elle était remplacée par la pratique des bonnes œuvres au dehors, que l'évêque recommandait à la veuve en bénissant l'habit vidual.

saint Augustin qui nous l'apprend, et, esquissant en quelques traits le portrait de sa mère à cette époque, il ajoute : « Vous savez, ô mon Dieu, ce qu'était alors ma mère. C'était une veuve chaste, sobre, pleine de charité pour les pauvres, rendant toute sorte d'hommages et de services à vos saints ; ne laissant jamais passer un jour sans participer à l'oblation divine de l'autel ; et si assidue à l'église que soir et matin elle y demeurait de longues heures, recueillie, silencieuse, occupée, non des nouvelles du jour, ni à causer avec ses voisines, mais à s'entretenir avec vous, ô mon Dieu, et à vous écouter[1]; » c'est-à-dire une de ces veuves dont parle saint Paul, qui, vraiment veuves et désolées, s'ensevelissent, pour ainsi dire, elles-mêmes, dit Bossuet, dans le tombeau de leur époux, y enterrent tout amour humain avec ses cendres chéries, et, délaissées sur la terre, passent les jours et les nuits dans la prière, et font écouler tout leur amour vers Jésus-Christ comme vers leur nouvel époux[2].

A ce deuil, d'ailleurs, qu'elle porta toute sa vie, ce qui est singulièrement touchant quand on se rappelle combien Patrice l'avait fait souffrir, se

[1] Viduæ castæ ac sobriæ, frequentantis eleemosynas, obsequentis atque servientis tuis, nullum diem prætermittentis oblationem ad altare tuum; bis in die, mane et vespere, ad ecclesiam tuam sine ulla intermissione venientis, non ad vanas fabulas et aniles loquacitates, sed ut te audiret in tuis sermonibus, et tu illam in suis orationibus. (*Confess.*, lib. V, cap. ix.)

[2] Bossuet, *Oraison funèbre de la princesse palatine;* et *Lettres de piété et de direction*, lettre LXXXIIIe.

joignait alors un autre deuil qui heureusement ne devait pas durer toujours, mais qui était plus accablant que jamais : le deuil de la mère qui voit périr l'âme de son fils, et qui, pour le sauver, ne peut que prier et s'immoler pour lui. Aussi, pour que ses larmes devinssent plus puissantes et ses prières égales au besoin qu'Augustin en avait, elle s'enferma dans la solitude et se voua plus entièrement que jamais au silence, à la vie cachée, au dévouement à toutes les misères, et avant tout au pur et généreux amour de Dieu.

Jamais elle n'avait aimé les biens du monde, et, au temps même de sa jeunesse, elle en avait méprisé les vanités et les parures. A partir de ce jour, elle y renonça complétement, et commença à se vêtir avec cette simplicité sévère qui distingue celles dont saint Paul a dit admirablement qu'elles sont vraiment veuves. Elle y joignit la plus austère mortification. Elle mangeait à peine. Ses jeûnes étaient si fréquents et si rigoureux, que sous ce rapport elle n'eut pas d'égale à une époque où la mortification corporelle était si courageusement pratiquée. Quand par hasard elle ne jeûnait pas, ce qui arrivait les jours de fête, elle ne s'asseyait à table qu'en soupirant; elle ne touchait aux aliments que comme on touche à un breuvage amer[1]. La vue habituelle qu'elle avait des égarements de son

---

[1] Tanta autem gratia ancilla Christi jejunando alios præcellebat, quod diebus quibus ad cœnam vocabatur, tanquam ad amaram medicinam accedebat. (*Boll.*, 4 *maii.*)

fils et des douleurs de Jésus-Christ ne lui permettait à table aucune joie.

Sa conversation était douce, innocente, humble, franche, toute pleine de Jésus-Christ. Longtemps après sa mort, on ne se souvenait pas de lui avoir entendu dire une parole où ne retentît l'accent de la foi[1].

Elle avait toujours beaucoup aimé les pauvres. On peut dire que c'avait été la première passion de sa vie. Dès sa plus tendre jeunesse, son grand bonheur était de guetter les voyageurs pour leur laver les pieds, ou de se glisser dans leurs maisons pour servir les malades. Le triste mariage qu'elle avait contracté avait gêné cet amour, mais sans le détruire; ou plutôt il l'avait augmenté, à la manière d'un torrent dont on ne détruit pas la source, dont on se contente de barrer le cours. Aussi, dès qu'elle fut veuve et libre, le torrent déborda. Grossi par dix-sept années de gêne, il eut tout à coup un épanchement sublime. Ce ne fut plus assez pour elle de nourrir les pauvres, elle les pansait de ses mains; elle oignait d'huile leurs plaies les plus affreuses; elle les baisait avec respect et les couvrait de ses caresses et de ses larmes. Et les pauvres, ravis, ne se contentaient plus, comme autrefois, de l'appeler leur mère, ils l'appelaient leur servante. Le premier nom ne disait que sa tendresse et sa charité, le second révélait son héroïsme et les humbles

---

[1] Nunquam verbum sæculare... sed in omnibus verbis suis et factis semper Christum nominabat. (*Boll.*, 4 *maii*.)

et bas offices auxquels l'abaissait le profond amour qu'elle avait pour eux[1].

Dans cette foule de pauvres, d'affligés, de malheureux et de malades auxquels elle partageait son cœur, elle avait eu, tout enfant, ses catégories et ses privilégiés ; elle les reprit étant veuve[2].

Son premier bonheur était de servir les malades à domicile et déjà même dans les hôpitaux. Car les hôpitaux commençaient à naître au milieu de l'empire romain étonné[3], et, en attendant que l'Église les peuplât de ces innombrables phalanges de sœurs

---

[1] Ut non solum mater pauperum vocaretur, sed ancilla. Et quia, dum vir ejus vivebat, potestatem proprii corporis non habebat, ideo eleemosynas non ita largiter tribuebat. Sed postea ita vixit, ut non solum eleemosynas largiter tribueret, sed etiam cicatrices pauperum liniret. (*Boll.*, 4 *maii*.)

> Hæc egenis ministravit
> Et in eis Christum pavit,
>   Mater dicta pauperum ;
> Curam gerens infirmorum
> Lavit, stravit eorum
>   Tersit sordes vulnerum.
>
> (ADAM DE SAINT-VICTOR, *Hymne de sainte Monique*.)

[2] *Confess.*, lib. V, cap. IX ; lib. IX, cap. IX ; lib. IX, cap. XIII.

[3] Ces hôpitaux, *nosocomia*, qui commencent à s'élever sous Constantin, car jusque-là l'Église, gênée dans ses mouvements, soignait par le moyen des diacres régionnaires et des veuves consacrées à Dieu ses pauvres à domicile, n'étaient pas, comme les hôpitaux de nos jours, de vastes maisons présentant un caractère d'unité, mais un assemblage de petites cases indépendantes, *domunculæ*, de telle sorte que chaque malade avait sa cellule séparée. (Procope, *De Ædif.*; Justinian., t. I, c. II ; *Hist. Byzant.*, t. III ; Grégoire de Nazianze, *Orat.*, III.) Voir le nouveau et excellent *Dictionnaire des antiquités chrétiennes*, de M. l'abbé Martini.

de Charité, qui sont une création bien plus merveilleuse encore que les hôpitaux eux-mêmes, Dieu mettait au cœur de toutes les femmes chrétiennes la pensée, et l'Église confiait particulièrement aux veuves le soin de veiller, de panser et de servir les malades. Elles se relayaient; elles avaient leurs heures de jour et de nuit, en sorte que les malades ne restaient jamais seuls. Sainte Monique était des plus ferventes et des plus assidues à cet emploi, et elle passait de longues heures au chevet du lit des infirmes, heureuse de servir Notre-Seigneur Jésus-Christ souffrant dans la personne des pauvres[1].

A cette première œuvre, si belle et si méritoire, elle en joignait une seconde, qui en ce temps était plus nécessaire encore, et qu'aussi les évêques recommandaient vivement aux chrétiens et particulièrement aux veuves : c'était l'ensevelissement des morts. Ce respect délicat et tendre pour la dépouille de l'homme, l'Église était occupée à le créer, et rien n'y contribuait plus que de voir des dames du monde, de nobles et élégantes patriciennes, lavant elles-mêmes les corps des pauvres et des esclaves, les enveloppant d'aromates avec des bandelettes de lin, et donnant quelquefois leurs plus beaux vêtements pour les ensevelir[2]. Sainte Monique suivait

---

[1] Die noctuque infirmos visitabat... Satagebat mirabiliter opera pietatis pro posse cordialiter implere, super omnia infirmis servire. (*Id., ibid.*)

[2] August, *De Civit. Dei*, lib. XII, cap. XIII; Lactant., *Inst. divin.*, lib. VI ; Tertull., *Apolog.*, XLII; Euseb., *Hist. eccles.*, VII, XVI

ces grands exemples. Quand elle avait soigné, servi, aimé un pauvre, elle ne laissait à personne l'honneur de prendre soin de sa sépulture. Elle le lavait de ses mains, l'enveloppait d'un linceul, et, n'ayant pu rendre ce devoir à Notre-Seigneur Jésus-Christ, elle se trouvait à la fois joyeuse et fière de le rendre à un de ses membres souffrants. Après quoi, elle l'accompagnait au cimetière, et faisait prier Dieu pour son âme[1].

Elle mettait plus de cœur encore, plus de zèle, plus de dévouement, à une œuvre qu'elle aimait par-dessus les deux premières. Elle avait une dévotion pleine de tendresse pour les petits orphelins, qui risquent de perdre la foi, ne pouvant pas l'apprendre sur les genoux de leur mère. Elle s'efforçait de leur en tenir lieu. Elle les élevait comme ses propres enfants, et quelquefois même elle les recueillait dans sa propre maison et les nourrissait à sa table. Qui ne voit ici une des plus belles inspirations de son cœur de mère, et de mère affligée? Elle donnait des enfants à Dieu, pour que Dieu lui rendît son Augustin. Elle remettait la foi, l'amour, la conscience dans ces petites âmes, afin d'obtenir de Dieu la conservation de la foi, de la conscience, de la vertu, la renaissance de l'amour divin dans le cœur de son fils[2].

Mais la plus belle de toutes ses œuvres, la plus nécessaire, la plus délicate, celle à laquelle elle don-

---

[1] *Boll.*, 4 maii.
[2] *Id., ibid.*

naît tout son cœur, et pour laquelle Dieu l'avait divinement préparée, c'était de consoler les veuves et les femmes mariées[1]. Hélas! on console encore les premières : qui songe à consoler les secondes? Qui le pourrait aussi? Nulle plaie n'est plus douloureuse quelquefois, nulle n'est plus secrète. On a la douleur dans l'âme; il faut avoir le sourire sur les lèvres. Que de foyers domestiques où l'amour n'a jamais paru! que d'unions plus tristes encore, où sa flamme a brillé un instant, et qui ne cachent plus aujourd'hui que l'indifférence, l'oubli, l'abandon, des cendres éteintes! que d'âmes dont la foule envie le sort, et qui portent au fond du cœur des plaies inconsolées! Sainte Monique le savait par expérience. Aussi elle employait à ces cures difficiles toute sa douceur, sa délicatesse exquise, son profond et lumineux esprit. Elle y réussissait à merveille.

Voilà quelques-unes des œuvres de charité qui remplissaient sa vie. Et comme on se fatigue dans l'exercice de la charité (on se fatigue bien dans le plaisir; comment ne se fatiguerait-on pas dans le dévouement?), elle venait sans cesse se rafraîchir et se retremper à la source toujours vive et intarissable de l'amour et du sacrifice, je veux dire à Notre-Seigneur Jésus-Christ présent au saint autel.

Qui fût entré le soir ou le matin dans l'église de Thagaste y eût aperçu sainte Monique, absorbée

---

[1] Viduas et maritatas consolari. (*Boll.*, 4 *maii.*)

dans la prière, immobile, agenouillée probablement dans ce même petit coin qu'elle aimait tant dans son enfance, et portant sur sa belle et pâle figure, sillonnée de larmes, une vive expression de foi et d'amour de Dieu. Outre le temps des offices publics, auxquels elle ne manquait jamais, elle venait régulièrement deux fois par jour à l'église, et chaque fois elle y passait de longues heures dans la prière. En ce moment, les livres saints ne sortaient pas de ses mains, surtout les *Psaumes,* qu'elle arrosait de ses larmes[1].

Elle avait une tendre dévotion pour les saints, et en particulier pour les martyrs. Elle allait souvent en pèlerinage à leurs tombeaux ou aux lieux qu'ils avaient illustrés par quelque action héroïque. Le jour de leur fête, elle portait à leur autel, selon l'usage du temps, son petit panier, où il y avait du pain, du vin et des viandes. Elle le déposait sur leur tombeau ; puis, après en avoir goûté un peu, car c'était une certaine manière, selon l'esprit de cette époque, de communier aux mérites et aux vertus du saint, elle distribuait le reste aux pauvres; prenant bien garde de ne participer en rien aux abus qui commençaient à déshonorer ce vieil et profond usage, et qui allaient en amener la fin. « Lorsqu'elle apportait au tombeau des martyrs, dit saint Augustin, sa corbeille remplie des offrandes funèbres, elle en goûtait, et distribuait le reste, ne se réservant que quelques gouttes de vin, autant

---

[1] *Confess.*, lib. V, cap. IX, et *Boll.*, 4 *maii.*

que l'honneur des saintes mémoires en pouvait demander à son extrême sobriété. Si le même jour célébrait plus d'un pieux anniversaire, elle portait, sur tous les monuments, un seul petit flacon de vin trempé et tiède, qu'elle partageait avec les siens en petites libations; car elle satisfaisait à sa piété, non à son plaisir[1]. »

Elle assistait chaque matin à la sainte messe, à laquelle elle communiait avec un profond respect et une tendre ferveur; et, soit à la sainte table, soit dans ses oraisons, Dieu la comblait des grâces les plus privilégiées. Elle avait le don des larmes. Souvent elle était ravie en extase, surtout aux jours où l'Église célèbre le souvenir des grands anniversaires de notre salut. Mais, entre tous les mystères, celui qui avait le pouvoir d'élever son âme le plus haut et de l'attendrir davantage, c'était le mystère de la Passion de Notre-Seigneur. Elle ne pouvait soutenir la pensée de Jésus-Christ en croix[2].

Un jour en particulier qu'elle contemplait à l'église le mystère de la Rédemption, et qu'elle essayait de comprendre l'immensité des bienfaits qui découlent de la Passion du Sauveur, Dieu remplit son âme d'une si grande abondance de lumière et d'amour, et elle sentit monter à ses yeux de tels flots de larmes, que, près de défaillir, voulant cacher cette grâce, elle sortit à la hâte de l'église. Mais il

---

[1] *Confess.*, lib. VI, cap. II.
[2] Crucem ejus in corde ejus infixit et passionem. (*Boll.*, 4 *maii.*)

n'était plus temps. Ses larmes coulaient à flots. On s'empressa auprès d'elle, cherchant à la consoler, car on croyait que c'étaient des larmes de douleur; mais que peuvent les créatures dans des moments pareils? Son cœur venait de recevoir une de ces profondes blessures que l'amour de Dieu fait quelquefois aux âmes dignes de les recevoir, et ses larmes croissaient toujours et ne tarissaient plus[1].

C'est le seul fait de ce genre qui, dans cette partie de la vie de sainte Monique, ait échappé à l'oubli. Mais quel horizon il ouvre! quelles vertus il indique! quelle union avec Dieu il fait soupçonner! et que c'est un amer regret de ne pouvoir contempler dans le détail une vie qui a dû être si belle! Ce regret, du reste, nous l'éprouverons bien des fois encore dans la suite de ces récits. Qu'est devenue, par exemple, toute la vie d'oraison de notre Sainte? où retrouver le détail de ses mortifications et de ses pénitences, qui durent être prodigieuses

---

[1] Dum autem quadam die, præventa et visitata a te, Domine, beneficia tua, quæ tu in carne humano generi clemens exhibuisti, ancilla tua consideraret, tantam gratiam, tantamque lacrymarum copiam, torculari tuæ crucis expressam, in passione tua adinvenit, quod vestigia ejus per ecclesiam lacrymæ desuper pavimentum defluentes ostendebant; et quanto plus ab effluentia lacrymarum hortabatur desistere, tanto plus fluvius lacrymarum oriebatur. (*Boll.*, 4 *maii.*)

O matrona gratiosa
Quam transfigunt amorosa
Crucifixi stigmata.
His accensa sic ploravit,
Lacrymis quod irrigavit
Pavimenti schemata.
(*Hymn. sanctæ Monic.*)

aux jours des grands égarements de son fils? et ses exemples de détachement de la terre, d'abnégation et de mépris de tout ce qui n'est pas Dieu? et ses vertus plus humbles de vie de famille? et les traits héroïques de sa charité? On dirait que Dieu a tout voulu nous cacher d'elle : la fille, l'épouse, la servante des pauvres, la contemplative ; il n'a voulu nous montrer que la mère.

Celle-ci grandissait à chaque épreuve. Et, sous ce rapport, la mort de Patrice en fut une bien cruelle aussi. Patrice avait peu de biens, et c'était, on s'en souvient, à force de privations, qu'il avait pu fournir aux frais de l'éducation de son fils. Encore avait-il excédé ses ressources, et il laissait à sa veuve une position embarrassée. Certes, Monique se souciait peu pour elle-même de ces sacrifices. Elle se voulait vouer à la pauvreté; et la pauvreté qu'on n'a pas choisie est, aux yeux des saints, meilleure que l'autre ; mais Monique était mère, et, quand on est mère, les privations qu'on accepte pour soi, on n'en veut pas pour ses enfants. Et puis, quel malheur qu'Augustin interrompît ses brillantes études, brisât son avenir, et retombât, pour la perte de son esprit et de son cœur, dans la vie oisive, monotone et vide de Thagaste? Plutôt que de le permettre elle résolut de s'imposer les plus durs sacrifices.

Augustin réalisait alors, ou plutôt dépassait toutes les espérances qu'avait fait concevoir sa brillante adolescence. L'éclat qui avait accompagné ses études littéraires n'était rien à côté du succès qui couronnait ses études philosophiques. On commençait à entrevoir que son don principal, ce ne serait ni son éloquence, qui pourtant fut admirable, ni sa sensibilité, qui était exquise, ni même son esprit, si agréable, si brillant et si fin. Au-dessus de toutes ces qualités, qui avaient apparu les premières, il devait avoir un don souverain qui éclipserait tout; et précisément, en 372, au moment où Monique était livrée aux tortures d'une mère qui ne peut pas achever l'éducation de son fils, ce don venait de se révéler avec un éclat merveilleux. Voici comment :

Lorsqu'il s'occupait encore d'études littéraires, Augustin avait plusieurs fois entendu parler à son maître de rhétorique des *Catégories d'Aristote* comme d'un livre d'une telle profondeur, qu'on ne pouvait le comprendre qu'assisté des maîtres les plus habiles et au moyen de figures qu'on traçait sur le sable, pour rendre sensibles aux yeux les obscurités métaphysiques des choses. Impatient de connaître ce qu'il estimait être si extraordinaire, et n'ayant pas le courage d'attendre l'époque où on le lui expliquerait, il ouvrit ce livre et commença à l'étudier seul. A son grand étonnement, il n'y trouva nulle difficulté. Il errait à son aise au milieu de ces problèmes ardus, et lorsque plus tard il en suivit les explications publiques, on ne lui put rien apprendre que ce qu'il avait parfaitement entendu seul. Il lut de même, sans être aidé par personne, tous les livres de dialectique, de géométrie, de musique, d'arithmétique; il ne trouvait de difficultés nulle part, ou plutôt il ne commençait à s'apercevoir des difficultés que lorsqu'il cherchait à les expliquer aux autres ; car alors il s'étonnait de la peine qu'avaient les personnes les plus intelligentes à le comprendre ; il n'y avait qu'un très-petit nombre d'esprits, même parmi les plus excellents, qui pussent le suivre, et encore de loin[1]. Quoiqu'il n'eût que dix-neuf ans, il était évident qu'un jour il aurait de l'aigle et cette limpidité de regard pour laquelle nulle lumière n'est trop éblouissante, et ce large et puissant coup d'aile pour lequel nul sommet n'est trop élevé.

En même temps qu'apparaissait le génie d'Augustin, son âme, son caractère, son cœur, achevaient de se révéler. Les rébellions et les caprices de son enfance étaient tombés. Ils avaient fait place à la plus charmante douceur. Augustin était de plus en plus réservé et modeste ; il craignait le bruit et l'éclat ; il évitait les folles réunions de ses condisciples ; il aimait la dignité ; il sentait vivement l'honneur ; il s'attachait pour toujours à ceux qui lui faisaient du bien. Et de même qu'il avait dans l'esprit une qualité maîtresse, il avait dans le cœur un don souverain : c'était une source inépuisable de la plus profonde tendresse.

On commençait aussi à voir ce que seraient ses traits, sa physionomie, son extérieur enfin, et quelle forme aurait le vase précieux où habiterait ce grand esprit. Sa taille était peu élevée, et ne de-

---

[1] *Confess.*, lib. IV, cap. XVI.

vait pas dépasser les tailles moyennes; son tempérament était frêle, délicat, nerveux, comme il arrive d'ordinaire dans les âmes d'élite, selon la remarque de saint Grégoire de Nazianze; il avait la peau fine et transparente; le regard pénétrant, mais doux, reposé, baigné de sensibilité et de tendresse. Sa voix faible, sa gorge délicate, sa poitrine peu dilatée et très-inflammable, indiquaient qu'il était plutôt fait pour contempler que pour parler, ou du moins pour persuader que pour dominer; pour la parole intime, affectueuse, persuasive, qui se dit dans un cercle d'amis choisis, que pour les éclats de la grande éloquence dans les assemblées tumultueuses. Tout l'ensemble enfin de sa personne était de la plus parfaite élégance et de la plus rare distinction [1].

Si Monique eût été une femme mondaine, de tels dons, un génie si précoce et si brillant, l'auraient exaltée et remplie d'orgueil; mais elle était chrétienne. Sous cette belle enveloppe, elle voyait les horribles ravages du mal; une plaie qui s'agran-

---

[1] C'est ainsi que saint Augustin est représenté dans un portrait très-ancien qui se conserve à Milan, et où on le voit dans sa première jeunesse, avant sa conversion, à l'époque où il enseignait l'éloquence dans cette ville. « *Il ritratto*, nous apprend un excellent juge, *cello presenta vestito in una forma, che in volgo dice* MANICHÆA, *ma veramente propria, o di quei tempi, oper lo meno de' paesi dell' Africa; nè è molto dissimile da quella che anco ne' nostri giorni si costuma generalmente in Levante. Il colore è vermiglio tendente al fosco; la fronte stessa; lo sguardo penetrante si, ma dolce e sospeso: la struttura del corpo ristretta e gentile.* » Du reste, tous les écrits du saint docteur concordent à lui donner les mêmes caractères.

dissait tous les jours, une conscience, une âme éternelle, l'âme de son cher enfant, qui allait périr. Cette vue couvrait tout le reste d'un voile de deuil. Et ce qui achevait de la désoler, c'est qu'avec la vertu, la foi elle-même avait baissé dans l'âme de son Augustin. Du cœur, où elles étaient nées, où elles naissent toujours, les ténèbres commençaient à monter dans son esprit; et l'on pouvait prédire qu'après avoir abandonné la vertu, Augustin renierait la foi; ou plutôt il n'y avait plus rien à prédire. Du premier abîme, il avait déjà roulé dans le second, et la perte de la foi avait suivi de près la disparition des mœurs. « Hélas! dit-il, à quoi me servait alors cette promptitude et cette vivacité d'esprit avec laquelle je pénétrais toutes les sciences et j'éclaircissais seul, sans le secours de personne, tant de livres obscurs et difficiles, puisque j'étais tombé dans des excès si horribles et dans une indifférence si honteuse pour les choses de la piété? Et les petits et les simples, qui avaient l'esprit plus lent, n'étaient-ils pas plus heureux, puisqu'ils ne s'égaraient pas comme moi, et que, restant dans le nid de la sainte Église, ils y attendaient en paix la venue de leurs ailes [1]? »

---

[1] Quid ergo mihi tunc proderat ingenium per illas doctrinas agile, et nullo adminiculo humani magisterii tot nodosissimi libri enodati, cum deformiter et sacrilega turpitudine in doctrina pietatis errarem? Aut quid tantum oberat parvulis tuis longe tardius ingenium, cum a te longe non recederent, ut in nido Ecclesiæ tuæ tuti plumescerent et alas charitatis alimento fidei nutrirent? (*Confess.*, lib. IV, cap. XVI.)

Monique suivait avec épouvante tous les progrès de ce terrible mal, mais sans se décourager. Elle avait foi en Dieu; elle avait foi au cœur si grand, si profond d'Augustin; elle avait foi aussi à la solidité, à la forte trempe de son esprit; et voilà pourquoi, espérant que la science le ramènerait à Dieu, plutôt que de lui voir interrompre ses études, elle se décida à faire les plus grands sacrifices, et, afin de le soutenir à Carthage, elle résolut de s'imposer toute espèce de gênes et de privations. Mais, hélas! que peuvent procurer de ressources les privations d'une femme? Monique portait silencieusement et discrètement cette tristesse, mêlée à tant d'autres, lorsqu'un ami de Patrice, un des principaux citoyens de Thagaste, dont le nom doit passer à la postérité la plus reculée entouré de la reconnaissance de l'Église et de l'humanité tout entière, Romanien, devina ces anxiétés de Monique, et vint, avec une délicatesse et des ménagements infinis, lui offrir sa bourse pour l'aider à achever les études d'Augustin.

Romanien était puissamment riche; mais ce qui valait mieux que sa grande fortune, c'était son âme, la noblesse, la générosité et la délicatesse de son cœur, que servait une vive et belle intelligence[1]. Il devina le génie d'Augustin; il lui ouvrit sa bourse, et, afin qu'il pût à moins de frais continuer ses études, il vint offrir à Monique de l'établir à Carthage dans une maison qui lui appartenait.

---

[1] August., *Contra Acad.*, lib. I, cap. I; lib. II, cap. I et III.

Il fait bon, du reste, obliger des cœurs comme celui d'Augustin. A toutes les pages de ses écrits éclate le cri de sa reconnaissance. « O Romanien, pourrai-je ne pas te remercier? N'est-ce pas toi qui, au moment où je m'en allais, jeune et pauvre, continuer mes études dans une ville éloignée, m'as offert ta maison, ta bourse, et, qui plus est, ton cœur? Et quand j'eus la douleur de perdre mon père, n'est-ce pas toi qui m'as consolé par ton amitié, soutenu par tes conseils, aidé par ta fortune? Oui, à Thagaste, dans notre petite ville, tu as jeté sur moi un commencement de gloire, en m'honorant publiquement de ton amitié et en m'offrant la moitié de ta maison[1]. »

Sainte Monique fut encore plus touchée qu'Augustin de tant de générosité unie à tant de délicatesse. Elle en conserva une reconnaissance éternelle; et quand Romanien eut un fils, Licentius, pendant la brillante, légère et périlleuse jeunesse de cet enfant, elle l'entoura de la plus tendre affection, de la vigilance la plus inquiète et la plus jalouse. On voyait qu'elle voulait servir de mère à Licentius, pour remercier Romanien d'avoir été le second père d'Augustin.

Soutenu par une générosité qui venait si à pro-

---

[1] Tu me adolescentulum pauperem ad peregrina studia pergentem et domo et sumptu et, quod plus est, animo suscepisti; tu patre orbatum amicitia consolatus es, hortatione animasti, ope adjuvisti. Tu in nostro ipso municipio favore, familiaritate, communicatione domus tuæ pene tecum clarum primatemque fecisti. (*Contra Acad.*, lib. II, cap. II.)

pos; plus libre du côté des passions, qui avaient trouvé dans le lien coupable qui enchaînait sa vie une sorte d'apaisement; relevé peut-être à des pensées plus hautes par la commotion que lui fit la mort de Patrice, car, quoique livré au mal, il était difficile qu'avec un tel esprit et un tel cœur il ne comprît cette leçon de vertu et d'immortalité qui sort toujours de la tombe d'un père, Augustin reprit ses études, vers lesquelles du reste sa mère ne cessait de le pousser. Cette femme éminente, qui semble avoir eu je ne sais quel pressentiment que le retour de son fils à Dieu commencerait par la science[1], et qui en tout cas puisait dans son beau génie cette lumière que tout ce qui élève l'homme le rapproche de Dieu, trop discrète pour mettre entre les mains de son fils les livres saints, que son cœur passionné n'eût pas goûtés, ou les écrits des apologistes chrétiens, que sa foi affaiblie n'eût pas compris, le poussait aux grands rivages de la philosophie antique, et, sous prétexte de polir son style, le harcelait sans cesse afin qu'il ne donnât aucun repos à son esprit[2].

Ces excitations de sa mère, son génie qui voulait prendre son essor, le cours de ses études qui l'amenait aux monuments de la pensée dans les temps anciens, firent à cette époque, vers 373, tomber dans les mains d'Augustin l'*Hortensius* de Cicéron.

[1] Non solum nullo detrimento, ac etiam nonnullo adjumento ad te adipiscendum futura existimabat (mater) usitata illa studia doctrinæ. (*Confess.*, lib. II, cap. III.)
[2] *Confess.*, lib. III, cap. IV.

C'était un livre dans lequel ce grand orateur expliquait et discutait tous les systèmes de la philosophie. Il les clarifiait avec sa haute raison. Il écartait, ou plutôt il écrasait du pied tous ces petits sophistes qui avaient compromis la vraie philosophie par leurs subtilités, ou qui l'avaient déshonorée en en faisant un métier. Il revenait aux traditions de Platon et de Socrate, et, pour chanter cette belle et noble philosophie, qui élève l'âme à Dieu, qui la dégage de la terre, dont Socrate divinement dit : « Philosopher, c'est apprendre à mourir, » il laissait couler de ses lèvres des flots d'éloquence, de sagesse et d'harmonie. Cicéron est un des trois ou quatre hommes qui ont le mieux parlé en ce monde, c'est-à-dire qui ont mis une plus grande âme sous une plus belle parole; car l'éloquence n'est pas autre chose : c'est le son que rend une âme ravie hors d'elle-même par la vue du bien et du beau. Il est vrai qu'en Cicéron ce son est si ample et ce vêtement si splendide, que le vulgaire s'arrête à l'admirer; mais l'âme qui bat sous ce vêtement est plus ample, plus profonde, plus harmonieuse et plus splendide encore [1].

Saint Augustin en fut ravi. Ses pensées, qui traînaient par terre, se relevèrent subitement. Il méprisa le monde, la fortune, l'ambition, le succès, la gloire, et il commença à tourner vers Dieu toutes les pensées de son cœur. « Ce livre, dit-il, renou-

---

[1] Ciceronis, cujus linguam fere omnes mirantur, pectus non ita. (*Confess.*, lib. III, cap. IV.)

vela mon âme. Mes prières, mes vœux, mes aspirations les plus profondes prirent une autre route. Le monde me sembla vil. Je brûlais d'un amour incroyable et d'une passion ardente pour cette Sagesse immortelle, et je commençais à me lever pour retourner vers vous, ô mon Dieu[1]. »

Si cette commotion fût arrivée un an plus tôt, qui sait ce que serait devenu Augustin? Il eût peut-être secoué ses ailes, qui n'étaient encore qu'engourdies, et aurait retrouvé le chemin de la lumière. Mais en 373, au lendemain de la chute que nous venons de raconter, son âme n'était plus libre; elle n'avait plus tout son élan. Car ce n'est pas seulement l'Évangile, c'est Platon, dont Cicéron n'était que l'interprète, qui dit que le Bien est le père de la Lumière; que le mouvement de l'esprit qui monte à Dieu doit s'appuyer sur les forces de l'amour; que ce procédé, qu'il nomme si admirablement *le mouvement des ailes de l'âme,* implique une condition morale, la purification du cœur; et que l'âme enfin ne développe ses ailes que par la vertu[2].

Qui, mieux qu'Augustin, pouvait comprendre cette doctrine admirable, ce *sursum corda* des an-

---

[1] Ille liber mutavit affectum meum... Vota ac desideria mea fecit aliter. Viluit mihi repente omnis vana spes, et immortalitatem sapientiæ concupiscebam æstu cordis incredibili, et surgere cœperam ut ad te redirem. (*Confess.*, lib. III, cap. IV.)

[2] Gratry, *De la Connaissance de Dieu,* tome I, ch. II; *Théodicée de Platon,* p. 51. On y trouvera les textes mêmes de Platon.

ciens? Mais, d'autre part, comment briser des liens si récents et si forts? comment s'arracher à une passion qui ne faisait que de naître, et qui s'était emparée si profondément de son âme, qu'il ne la rompit que plus de quinze ans après et avec des cris de douleur?

Et néanmoins, bien qu'il n'eût pas le courage de briser l'obstacle, et que par conséquent il n'eût pas tout son élan, avec quelle ardeur il se jetait à la poursuite de la Sagesse! « Oh! s'écrie-t-il, comme je brûlais de m'arracher aux choses terrestres et de revoler de la terre à vous, ô mon Dieu! Je me sentais excité à aimer, à chercher à atteindre, à embrasser ardemment la Sagesse, quelle qu'elle fût. Car ce qui me ravissait, c'est que l'*Hortensius* ne proposait pas à mon choix telle ou telle secte, mais la sagesse elle-même; il n'offrait à mon amour, à mes désirs, à ma poursuite, que cette chaste possession. J'en étais tout embrasé, et je débordais d'enthousiasme[1]. » Pendant plusieurs mois ce fut une sorte de délire, et la première des grandes crises que va traverser Augustin à la recherche de la vérité.

Deux causes, outre celle plus profonde que je viens d'indiquer, refroidirent peu à peu Augustin dans cette étude passionnée de la sagesse antique.

---

[1] Quomodo ardebam, Deus meus, quomodo ardebam revolare a terrenis ad te!... Sapientiam ut diligerem, et quærerem, et assequerer, et tenerem, atque amplexarer fortiter, excitabar sermone isto, et accendebar, et ardebam. (*Confess.*, lib. III, cap. IV.)

En quelques mois, il eut dévoré tout ce que la philosophie a conçu de systèmes sur Dieu, sur l'âme et sur le monde, et ce qui le frappa bientôt, ce qui le découragea ensuite, ce fut l'incertitude de tous ces systèmes. Il cherchait la lumière; il la voulait, comme la voudra toujours l'homme, pleine, certaine, immuable; et il ne trouvait que des éclairs, des entrevues, des fragments. Rien de précis, rien de complet, rien de sûr. Tout dépendait d'un homme, ou plutôt tout dépendait de lui-même; car il était obligé de chercher à travers tout ce chaos de la philosophie ce que chacun avait dit de vrai; de faire le triage, de composer son ensemble, et d'être ainsi à lui-même son docteur et son juge. Il l'essayait; mais ce qui lui paraissait vrai un jour pâlissait le lendemain; chaque jour d'étude apportait une nouvelle lumière, et plus souvent encore un nouveau doute, et ballotté ainsi, croyant chaque jour tenir, serrer dans ses bras, embrasser la vérité; s'apercevant bientôt que ce n'était pas encore elle, que c'était seulement une ombre, une apparence; semblable à un homme dévoré de soif et auquel on n'offrirait qu'un vase presque vide, il commença à se persuader que la vérité n'était pas là, au moins au degré de certitude où il avait besoin de la rencontrer.

Une seconde chose acheva de détourner Augustin de cette étude. Il y trouvait d'admirables lumières : Dieu, l'âme, l'infini, le bien, le beau, le vrai, l'ordre; mais la plus belle de toutes, il ne l'y trouvait pas, je veux dire Jésus-Christ. « Ce nom de Jésus-Christ, dit-il, je l'avais amoureusement bu dans le lait de ma mère, et il était demeuré au fond de mon cœur. Et sans ce nom, nul livre, si rempli qu'il fût de doctrine, d'éloquence et de vérité, ne pouvait m'arracher l'âme tout entière. Il restait au plus intime de mon être des fibres qui n'étaient pas atteintes[1]. » Et quelles étaient ces fibres si heureusement rebelles? Le lecteur le sent bien : c'étaient celles que sa mère avait touchées quand il était encore au berceau, et qui, consacrées et comme transfigurées par cet attouchement chrétien, n'étaient plus capables de frémir qu'au seul nom de Jésus-Christ.

Sous cette vive impression, dévoré du désir d'atteindre à la vraie sagesse, persuadé qu'elle ne se pouvait trouver là où n'est pas Jésus-Christ, Augustin ouvrit les saintes Écritures. Mais, hélas! s'il n'était plus en état de retourner à Dieu par la route de Platon, combien moins par celle de Jésus-Christ! Pour goûter l'Évangile, il faut un esprit humble, un cœur pur et en paix; les esprits orgueilleux ne sont pas dignes d'entendre de tels mystères, et les cœurs troublés n'en sont pas capables. Aussi, dès les premières lignes, Augustin

---

[1] Hoc solum me in tanta flagrantia refrangebat, quod nomen Christi non erat ibi; quoniam hoc nomen, secundum misericordiam tuam, Domine, hoc nomen Salvatoris mei Filii tui, in ipso adhuc lacte matris tenerum cor præbiberat et alte retinebat; et quidquid sine hoc nomine fuisset, quamvis litteratum, et expolitum, et veridicum, non me totum rapiebat. (*Confess.*, lib. III, cap. IV.)

rejeta le livre. « J'ouvris l'Écriture sainte, dit-il, et voici ce que j'aperçus : Un édifice où ne pénètreront jamais les superbes : entrée basse, voûtes immenses, profondeurs mystérieuses; or il s'en fallait bien que je fusse en état d'y entrer. Je n'aurais pas voulu plier ma tête si bas. Habitué au verbe sonore de Cicéron, je méprisais cette simplicité, et mon regard orgueilleux n'était pas capable de pénétrer ces profondeurs. J'ai su depuis que cette doctrine ne s'est faite petite que pour grandir avec les petits; mais alors je dédaignais d'être petit, et, dans mon orgueil, je me figurais que j'étais grand[1]. » Il ajoute ailleurs, avec plus d'humilité encore : « Croyez-en mon expérience. J'ai essayé dans ma jeunesse de lire les saintes Écritures ; mais ma vie coupable m'en fermait l'intelligence ; et, comme mon cœur n'était pas pur, je n'y pus jamais pénétrer[2]. »

Chose admirable, en effet, et qui devrait suffire à prouver la divinité des livres saints ! ni l'esprit, ni la science, ni le génie, ni la passion de l'étude n'ont jamais suffi à pénétrer les tendres et profonds mystères du Christianisme. Toujours il a fallu y joindre

---

[1] Et non eram ego talis ut intrare in eam possem, aut inclinare cervicem ad ejus gressus... Visa est mihi indigna quam Tullianæ dignitati compararem... Verum illa erat quæ cresceret cum parvulis, sed ego declinabar esse parvulus; et, turgidus fastu, mihi grandis videbar. (*Confess.*, lib. III, cap. **v.**)

[2] Loquor vobis aliquando deceptus, cum primo puer ad divinas Scripturas ante vellem afferre acumen discutiendi quam pietatem quærendi, ego ipse contra me perversis moribus claudebam januam Domini mei... (*Sermo* 65, *De diversis*, cap. **v.**)

l'humilité, la pureté du cœur, l'amour, l'amour surtout. Par une raison bien simple, c'est que ce sont des mystères d'amour, et, par conséquent, d'humilité, de pureté et de sacrifice! Aussi, attendez qu'un rayon de ces belles vertus ait touché le cœur d'Augustin : ce livre qu'il ferme aujourd'hui sans le comprendre, demain il le rouvrira, et la première ligne qui tombera sous ses yeux en tirera ces flots de larmes qui ont, plus encore que son génie, immortalisé à jamais son nom. Mais ce demain est loin, et il nous faudra l'attendre longtemps.

En étudiant l'âme d'Augustin dans cette dix-neuvième année de son âge, il était facile de voir qu'il ne reviendrait pas de sitôt à la vraie foi ; car il faudrait pour cela purifier son cœur, briser les liens coupables qui enchaînaient sa vie, ce dont il n'avait pas le courage. Mais on pouvait prévoir aussi qu'il ne retournerait pas au paganisme, ni même à la philosophie purement païenne, car il y a des abîmes où ne descendent plus les âmes formées par des mères chrétiennes ; et que si quelque erreur, dans cette course vagabonde, pouvait le captiver un instant, ce serait celle où il retrouverait le nom de Jésus-Christ sans y trouver sa croix, et qui lui offrirait les lumières de l'Évangile sans lui en demander les sacrifices. Ce fut ce qui arriva.

CHAPITRE SIXIÈME

COMMENCEMENT DE LA CRISE MANICHÉENNE.
APRÈS S'ÊTRE APPROCHÉ UN INSTANT DU CHRISTIANISME
ET L'AVOIR MANQUÉ, FAUTE D'HUMILITÉ ET DE PURETÉ, AUGUSTIN
TOMBE DANS LE MANICHÉISME. CONDUITE INCOMPARABLE
DE SAINTE MONIQUE. DIEU LA CONSOLE.
IL EST IMPOSSIBLE QUE LE FILS DE TANT DE LARMES PÉRISSE

Il y avait alors une doctrine qui exerçait sur les esprits un charme singulier. Son origine, déjà ancienne, ne se rapportait à aucune date précise. Elle était née du mélange des doctrines persanes, chaldéennes, égyptiennes, qui s'étaient fusionnées ensemble, et avec la philosophie grecque, à la suite des conquêtes d'Alexandre et des expéditions de Rome jusqu'en Asie. Qui avait fait la mixtion? il était difficile de le dire; et, de vrai, on ne s'en mettait guère en peine. Si un Arabe nommé Scythien en avait occupé ses loisirs plus d'un siècle avant, et, ne pressentant pas l'avenir, l'avait laissée en héritage à son ami nommé Térébinthe; si celui-ci avait essayé de la produire dans le monde, et, ayant échoué, l'avait donnée en mourant à une riche veuve, qui seule avait cru en lui, et que pour cette raison il avait faite son héritière; si celle-ci, qui n'avait pas d'enfants, avait acheté un esclave nommé Manès, l'avait adopté, fait instruire, et, après sa mort, lui avait légué ce fameux système, vieux d'un siècle et encore inédit : c'est ce qu'on racontait dans le peuple; mais au fond cela importait peu. Qu'il l'ait imaginée, ou qu'il l'ait reçue, le fait est que cette doctrine vient de Manès. C'est lui qui lui a donné le souffle qui anime les idées, la forme qui les fait vivre. C'est lui qui l'a lancée dans le monde et à deux reprises diverses. La première fois sous une forme toute païenne, et aussi avec un insuccès complet. Manès comprit que le Christianisme avait fait trop de chemin pour qu'un système où on n'en tiendrait pas compte fût écouté; il ouvrit donc l'Évangile, et, le mêlant avec un art profond aux doctrines de l'Orient et de l'Occident, il organisa définitivement ce système célèbre, le plus souvent condamné de tous et le plus vivace; que les empereurs poursuivirent sans pouvoir l'éteindre; qui reparut au moyen âge et mit en péril l'Europe chrétienne à l'heure même où l'Église atteignait sa plus haute puissance; qui rentra alors sous terre, et qui peut-être n'est pas mort aujourd'hui. Car qui voudrait répondre qu'il n'y a pas, à l'heure qu'il est, des sociétés secrètes qui remontent par une succession non interrompue jusqu'à Manès?

On a bientôt fait de dire qu'Augustin tomba dans une hérésie ridicule, la moins appuyée et la plus déraisonnable de toutes[1]. En droit, rien n'est plus vrai ; car quoi de plus ridicule que de supposer deux principes éternels, l'un du bien, l'autre du mal ; deux dieux, ennemis irréconciliables, ne pouvant ni se tolérer, ni se vaincre? Quoi de plus absurde que d'admettre deux âmes dans l'homme, l'une qui le pousse à la justice, l'autre qui le détermine au péché? Et non-seulement quoi de plus absurde, mais quoi de plus immoral? Il ne faut pas dire si haut à l'homme qu'il est entraîné au mal par une nécessité fatale, de peur qu'il ne tressaille de joie en se sentant dégagé de toute liberté et de toute responsabilité, et qu'il n'effraie le monde par la grandeur de sa corruption. C'était là sans doute la doctrine de Manès ; mais il se fût bien gardé de la présenter ainsi. Il n'y a que la Vérité dont la beauté parfaite n'ait pas besoin de voiles. L'erreur en emprunte toujours au temps où elle apparaît, aux idées et aux passions des hommes, afin qu'on ne la voie pas telle qu'elle est. Et quand on connaît l'état de l'esprit humain et de la société au IV° siècle, il n'est pas difficile de dire d'où venait à la doctrine de Manès l'incontestable charme qu'elle exerçait alors.

Le Christianisme venait de réveiller l'intelligence humaine, qui, lasse de scruter les grands problèmes sans les pouvoir résoudre, s'était endormie dans

[1] Tillemont, *Hist. ecclés.*, tom. XIII, p. 18.

l'indifférence, ou s'amusait dans le sophisme. Rajeuni et fortifié par cette vive lumière, l'esprit humain se reprenait avec ardeur à toutes ces questions qui passionneront éternellement l'humanité : Dieu, l'âme, la chute, la lutte du bien et du mal, l'avenir du monde, le triomphe définitif de la vérité. Or sur tous ces points apparaissaient coup sur coup, depuis trois siècles, une foule de systèmes curieux, profonds, périlleux, où l'on trouvait à la fois les vieilles idées de l'Orient sur la lutte des deux principes; les doctrines de Pythagore sur la déchéance des âmes; celles de Platon sur la purification du cœur; c'est-à-dire toutes les traditions de l'Orient et de l'Occident unies et harmonisées, disait-on, en Jésus-Christ; car dans tous ces systèmes, et en particulier dans celui de Manès, né le dernier et plus que tous les autres greffé sur l'Évangile, il était sans cesse question de Jésus-Christ. La venue du Messie, l'incarnation du Verbe, la rédemption par la croix, l'illumination par le Saint-Esprit, tout cela interprété, il est vrai, à sa façon, formait la base et comme le pivot principal du système de Manès.

A côté de la question éternelle, celle de Dieu et de l'âme, se trouvait aussi traitée dans ce système la question temporelle, celle de la société. Le monde souffrait alors comme il a rarement souffert; et toute doctrine qui eût passé indifférente à côté de ses douleurs et n'eût pas promis un remède n'aurait pas ému une seule âme. Aussi le Manichéisme annonçait la réforme du monde, une amélioration complète de ses lois, de ses mœurs, de ses institutions; une régénération immédiate et totale par la prochaine effusion du Saint-Esprit. Doctrine un peu mystique, avouons-le, et qui séduirait peu d'âmes aujourd'hui; mais qui convenait à merveille à une époque où l'on n'espérait plus rien de l'homme, et où le monde, découragé et voyant que les efforts des empereurs chrétiens n'aboutissaient pas plus que ceux des Césars païens, sentait que Dieu seul le pouvait tirer de l'abîme.

Voilà quel était le Manichéisme. C'était à la fois une philosophie, une théologie, une religion, un culte, avec la perspective d'une prochaine et complète réforme sociale. Sans doute le lien logique manquait à toutes ces idées peu d'accord entre elles; mais est-ce la logique qui gouverne le monde, et surtout qui le passionne? Sans doute aussi il y avait dans ce chaos des choses ineptes, mais elles étaient mêlées à des idées sublimes; des aspirations élevées et des conséquences honteuses; un but divin avec des moyens impossibles, c'est-à-dire précisément ce qu'il faut pour enchanter de jeunes esprits inconséquents et hardis. Montrez-leur une grande idée, un but généreux; pour y atteindre, ils dévoreront sans s'en apercevoir un monde d'absurdités.

Ajoutons à toutes ces séductions le charme plus grand encore des initiations successives et mystérieuses; car le Manichéisme était une société secrète. La doctrine n'en était livrée qu'à demi-mot et successivement; ce qui permettait à l'esprit qui sentait naître une objection de croire qu'elle se dissiperait dans la suite, et qu'un jour il verrait la lumière totale dans une révélation complète; ce qui permettait aussi de cacher la corruption profonde qui déshonorait la secte, sous un voile qui ne se levait que peu à peu.

Encore n'était-ce pas le dernier piège. En avançant pas à pas dans l'initiation, on ne dépouillait pas l'indépendance de sa raison. Il n'y avait point là d'autorité qui gouvernât l'intelligence. Cette dure et terrible autorité de l'Église, comme disait alors Augustin, était bafouée et mise à la porte. On ne croyait que ce qu'on voulait. Mille ans avant Luther, la liberté de l'examen privé était érigée en dogme.

Que fallait-il de plus pour séduire un jeune homme las du joug de l'autorité et enivré de la puissance de sa raison[1]; avide de vérité, mais ne voulant la trouver que par ses propres forces[2]; passionné pour la solution des grands problèmes, mais ne concevant pas qu'on pût les résoudre sans Jésus-Christ[3]; consumé de passions, et n'étant pas fâché de trouver une doctrine qui le dispensât du repentir, en lui ôtant le remords[4]? Toutes les séductions étaient là : il y fut pris, et, vainement protégé par l'Église, qu'il n'écoutait plus ; sans consulter sa mère et en s'en cachant, il renonça

---

[1] *De Utilitate credendi*, cap. I, p. 35.
[2] *Confess.*, lib. III, cap. VI.
[3] *Id.*, lib. III, cap. IV.
[4] *Id.*, lib. III, cap. VII et VIII.

publiquement à la foi de son enfance, et donna son nom pour être inscrit au nombre des Auditeurs. C'était le premier degré d'initiation dans la secte.

Arrêtons-nous ici un instant pour contempler l'espace immense qu'avait déjà parcouru Augustin avant d'atteindre sa vingtième année. La pensée ne le mesure qu'en tremblant. Que la marche des passions est rapide, et qu'elle est effrayante! Augustin, à seize ans, sent gronder dans son âme les passions coupables. Il ne les étouffe pas, elles grandissent. A dix-neuf ans, le voilà lié par le cœur, enchaîné par une paternité coupable, jeté, pour quinze ans, dans une de ces situations misérables et honteuses qui empoisonnent la vie. Et en même temps que son cœur se gâte, son esprit s'obscurcit; les ténèbres s'épaississent; sa foi s'éteint. Il cherche la vérité, et, ne la voyant plus dans l'Église, parce qu'elle n'est visible qu'aux cœurs purs, il se jette tête baissée dans une hérésie grossière, où il se va débattre misérable pendant neuf ans. Il n'a pas atteint sa vingtième année, et déjà il traîne deux boulets à la fois : une femme illégitime et une doctrine immorale. O éternel Roi des siècles! s'écrierait ici Bossuet, voilà ce que vous préfère Augustin! voilà ce qui éblouit cette âme si grande! tant les passions offusquent l'esprit, et tant elles aveuglent le cœur[1]!

On fixe à l'année 374 l'entrée d'Augustin dans le catéchuménat des Manichéens. Nous verrons plus tard pourquoi il ne sortit jamais de ces premiers

---

[1] *Oraison funèbre de la princesse Palatine.*

rangs, et ne fut ni élu, ni prêtre parmi eux ; disons seulement qu'à peine admis dans la secte, il y porta l'ardeur, la sincérité, la passion qu'il mit toujours dans toutes ses recherches de vérité, et qui furent à la fois son honneur et son salut au milieu des erreurs diverses qu'il embrassa. Il se fit l'apôtre du Manichéisme; il le propagea autour de lui. Il provoqua les catholiques à des conférences qu'ils acceptèrent, et où, malheureusement pour eux et plus malheureusement encore pour lui, il avait toujours le dessus; car de tels triomphes enflaient de plus en plus son cœur, et le conduisaient peu à peu à ce qui est le plus grand péril de ceux qui errent : l'opiniâtreté et l'entêtement[1].

Nulle part toutefois, il n'est pas besoin de le dire, Augustin ne faisait plus de victimes qu'au milieu de ses amis et de ses condisciples[2]. On commençait à voir se grouper autour de lui toutes ces belles amitiés que la tendresse de son âme, le charme infini de son esprit et de sa parole, l'ardeur de ses affections, devaient lui maintenir si fidèles. Nous connaissons déjà Romanien; nous apprendrons plus tard à connaître chacun de ses autres amis : le doux et chaste Alype; Nébridius, encore adolescent, mais d'une admirable nature[3]; Honorat, que le seul mot : Vérité, faisait tressaillir. Avec quelle ardeur Augus-

---

[1] August., *De duabus Animabus*, cap. IX.

[2] August., *Ad Prosperum et Hilarium*, lib. II, cap. XX; *Confess.*, lib. IV, cap. I, et lib. III, cap. XII.

[3] Nebridio, adolescenti, mirabilis animæ. (*Confess.*, lib. VII cap. VI.)

tin les aimait tous, et en quels termes il a chanté le bonheur de vivre en leur société! « Échange de doux propos entre amis, dit-il, agréables lectures faites ensemble, badinages honnêtes, affectueuses prévenances, rares dissentiments sans aigreur, comme on en a avec soi-même et qui relèvent par un peu de contradiction l'unanimité trop constante; instruction réciproque, impatient regret des absents, joyeux accueils à ceux qui reviennent; doux témoignages qui coulent des cœurs aimants et que les lèvres, les yeux, la langue, traduisent en mille mouvements pleins de caresses; foyers divers où dans le feu de l'amitié les esprits se fondent, et de plusieurs arrivent à n'être qu'un, qui dira par quels attraits puissants vous vous empariez de mon âme, et vous enchantiez ma jeunesse[1]! » Voilà le cœur d'Augustin. Il aimait beaucoup, c'est pourquoi il était beaucoup aimé; et tel était l'ascendant qu'il avait sur ses amis, que la plupart quittèrent l'Afrique pour le suivre à Rome, à Milan, à Ostie, partout. Une fois qu'on l'avait connu, on ne pouvait plus vivre sans lui. Comment donc ne les aurait-il pas séduits à ses erreurs? Hélas! presque tous succombèrent: Alype, Honorat, Nébridius, même Romanien, et cet autre jeune ami dont nous ignorons le nom, et qui, par sa mort, arrachera tout à l'heure à Augustin de si tendres larmes.

Sainte Monique était trop vigilante, elle suivait son fils d'un regard trop inquiet pour qu'il pût lui

---

[1] *Confess.*, lib. IV, cap. VIII.

dissimuler un seul de ses mouvements. Déjà elle avait vu qu'au triomphe des passions dans le cœur d'Augustin avait succédé l'affaiblissement de la foi ; et si elle avait espéré un instant en voyant l'amour de la vérité et le dégoût du monde se réveiller en lui par la lecture de l'*Hortensius*, le mépris avec lequel il avait fermé les livres saints, l'orgueilleuse confiance qu'il avait en lui-même et le dédain qu'il affichait pour l'autorité de l'Église, en faisant pressentir à sainte Monique de nouvelles catastrophes, l'avaient replongée dans de plus grandes angoisses. Elle suivait de l'œil cette crue de mauvaises passions dans le cœur d'Augustin, comme une mère qui est sur le rivage, qui voit son fils au milieu des flots irrités, et qui, entendant se déchirer les voiles et se briser les ancres, prévoit le moment inévitable du naufrage, et s'abîme impuissante dans sa douleur.

Mais quand après tous ses égarements elle apprit tout à coup qu'Augustin avait publiquement apostasié, ce qu'elle n'eût jamais prévu; quand les familles éplorées d'Alype, de Romanien et de ce jeune ami, qui tous trois étaient de Thagaste, lui eurent raconté quels étaient le zèle et l'opiniâtreté d'Augustin dans son hérésie, qui pourrait peindre l'étonnement et la douleur de sainte Monique? Saint Augustin cherche une comparaison pour nous le faire entendre, et, après nous avoir dit sous mille formes que les larmes de sa mère n'avaient plus de trêves; qu'elles ressemblaient par leur abondance à des fleuves; qu'elles inondaient la terre; mécontent de ces images incomplètes, en cherchant une meilleure, il n'en trouve point d'autre que la douleur d'une mère qui a perdu son fils unique. « Hélas! hélas! s'écrie le vieux Jacob, une bête féroce a dévoré mon fils! » — « On a entendu en Rama une voix, un gémissement et des cris. C'était une mère qui pleurait ses enfants, et qui ne voulait pas qu'on la consolât, parce qu'ils n'étaient plus. » Images incomplètes, s'écrie saint Augustin, vaines ombres de ce qu'était la douleur de ma mère; car elle me voyait mort devant vous, ô mon Dieu; elle le voyait par l'œil de la foi et par cette vive lumière que vous aviez mise en elle. Et c'est pourquoi elle versait sur moi plus de larmes que les mères n'en ont jamais versé sur le cercueil de leur enfant[1].

Toutefois, en apprenant cette affreuse nouvelle, sainte Monique ne se contenta pas de pleurer. C'était bon, si j'ose ainsi dire, quand il n'y avait que le cœur d'Augustin de malade, et que la conscience survivant à cette ruine, et que la foi brillant encore comme une lumière dans son esprit laissait à sainte Monique une espérance; mais maintenant que, non content d'offenser Dieu par ses crimes, il l'avait renié en apostasiant Jésus-Christ et sa sainte Église, pleurer ne pouvait plus suffire; et l'heure était venue de déployer, pour sauver son enfant, toutes les forces dont Dieu a armé les mères.

[1] Flebat amplius quam flent matres corporea funera. (*Confess.*, lib. III, cap. xi.)

Les vacances approchaient, et Augustin allait revenir à Thagaste. Sainte Monique résolut de l'attendre pour se bien assurer de son apostasie; car elle ne pouvait pas croire que son fils eût été capable d'un si grand crime, et, comme toutes les mères, elle espérait contre l'espérance même. Mais quand nulle illusion ne fut plus possible; quand Augustin rentrant à la maison paternelle y apparut avec l'orgueil du sectaire, au premier mot qu'il laissa échapper de son hérésie, ô devoirs des mères chrétiennes, que vous êtes terribles! sainte Monique se redressa indignée, j'allais dire outragée. Elle se sentait atteinte dans ce qu'il y avait en elle de plus délicat et de plus profond. Et l'amour qu'elle avait pour Dieu, l'attachement à la sainte Église, sa tendresse pour un fils égaré, la crainte de le voir perdu à jamais, l'horreur du mal, s'unissant à la fois dans son âme, lui inspirèrent un des plus beaux actes d'énergie chrétienne dont l'histoire des saints ait gardé le souvenir. Elle chassa Augustin de chez elle, lui déclara qu'elle ne le souffrirait plus ni à sa table ni sous son toit; et, détestant les blasphèmes dont il faisait profession, pleine de cette colère auguste qui investit une mère d'une si irrésistible autorité, elle lui ordonna de sortir de sa maison et de n'y plus remettre les pieds. On ne résiste pas à de tels ordres. Augustin baissa la tête et se retira chez Romanien [1].

Ah! sans doute ce sont là les sommets de la

---

[1] August., *Contra Acad.*, lib. II, cap. II.

vertu, et Dieu n'appelle qu'un bien petit nombre d'âmes à de si douloureuses épreuves. Et cependant j'ai encore vu de ces choses : des mères déshonorées par des fils coupables et ne pouvant plus les voir, les rejetant loin d'elles jusqu'à ce qu'ils aient lavé leurs souillures! Mais jamais elles ne m'ont paru plus mères qu'à ce moment redoutable, plus vénérables dans leur douleur indignée, plus dignes d'une admiration compatissante qu'au jour où elles laissaient ainsi parler la foi, la conscience, l'honneur, plus haut même que leurs entrailles; et jamais non plus je n'ai mieux compris que Dieu seul peut faire une mère, et seul l'élever à la hauteur de si formidables devoirs et l'y maintenir toujours.

Si profond, en effet, et si fort que soit un cœur de mère, le courage dont je parle est tellement héroïque, que si Dieu ne venait immédiatement et directement à leur aide, il y a des mères qui ne survivraient pas à une pareille douleur. C'était l'état de sainte Monique. On eût dit qu'il venait de se briser en elle, dans le cœur et dans les entrailles, je ne sais quoi de plus profond encore que ce que brisent les douleurs humaines. Aussi, quand saint Augustin fut sorti de cette maison d'où elle l'avait chassé, elle qui aimait tant son fils qu'elle ne pouvait passer un jour sans le voir, se retrouvant mère, elle tomba à genoux, laissa couler ses larmes, et appela Dieu à son aide[1].

Dieu l'écouta; car peu après, et probablement

---

[1] *Confess.*, lib. III, cap. XI.

dans la nuit qui suivit cette terrible journée, la Sainte reposant un instant épuisée, elle eut un songe qui lui rendit un peu de calme en lui rendant l'espérance. « Il lui semblait, dit saint Augustin, être debout sur une règle de bois, triste et accablée, lorsqu'elle vit venir à elle un jeune homme rayonnant de lumière, gai de visage et qui souriait à sa douleur. En l'abordant, il l'interrogea sur la cause de ses larmes ; mais on voyait à son air qu'il la savait, et qu'il n'interrogeait que pour consoler. Monique avait répondu qu'elle pleurait la perte de son fils : « Oh! reprit le jeune homme, ne vous inquiétez pas ainsi. » Et, montrant du doigt la règle de bois sur laquelle elle était, il ajouta : « Voyez votre enfant. Il est là où vous êtes. » Elle regarda alors plus attentivement, et elle m'aperçut en effet, dit Augustin, auprès d'elle, debout sur la même règle. » — « Et d'où lui pouvait venir cette consolante lumière, s'écrie-t-il, sinon de vous, mon Dieu, qui daigniez prêter l'oreille à la voix et au gémissement de son cœur ? »

Tout émue, Monique courut chez Romanien trouver son fils (une mère ne supporte pas longtemps une telle séparation ; elle est trop heureuse de trouver des prétextes pour la rompre!) et elle lui raconta le songe qu'elle venait d'avoir. La joie brillait à travers ses larmes. Augustin écouta sérieusement le récit de sa vision, et, sans le mettre en doute, car il connaissait trop la sincérité de sa mère, il essaya de l'interpréter à son avantage. Cela voulait dire, selon lui, qu'un jour sainte Monique viendrait là où était Augustin. « Non, non, reprit la Sainte, il n'a pas dit : Où il est, tu seras[1] ; mais : Il sera où tu es. » Et pleine d'espérance, certaine maintenant que Dieu lui rendrait son Augustin quand elle aurait assez pleuré sur lui, s'accusant humblement de ne savoir ni assez prier ni assez s'immoler, elle leva une défense qui lui coûtait autant qu'à Augustin, et lui rendit sa place à la maison et à la table paternelle.

Ces événements durent se passer en 374, pendant les vacances de septembre. Peu après Augustin, qui avait vingt ans, et dont les études étaient terminées, quitta définitivement Carthage; et en attendant qu'il pût entrer au barreau, vers lequel l'entraînaient son attrait et son talent, il revint se fixer à Thagaste, et y ouvrit un cours public de grammaire[2]. Il ne revint pas seul, hélas! et quoique Monique eût levé l'interdit qui l'éloignait de la maison paternelle, ne pouvant, accompagné comme il l'était, descendre et habiter chez sa mère, il accepta de la générosité de Romanien une des maisons que celui-ci possédait dans la ville, et y demeura tout le temps qu'il enseigna à Thagaste. Seulement il était sans cesse auprès de sainte Monique; car « ma mère, dit-il, m'aimait tant qu'elle ne pouvait ni me voir triste, ni rester un seul jour sans me voir. » Et d'autre part, malgré ses passions

---

[1] « Non, inquit, non enim mihi dictum est: Ubi ille et tu: sed : Ubi tu et ille. » (*Confess.*, lib. III, cap. XI.)

[2] Possidius, *Augustini Vita*, cap. I.

et les entêtements de son hérésie, Augustin était toujours le plus tendre, le plus dévoué et le plus respectueux des fils.

Entre eux il n'y avait jamais de discussions, l'un et l'autre les évitant avec soin : Augustin, par respect pour sa mère; Monique, parce que telle avait toujours été sa méthode, et que vis-à-vis de son fils en particulier, elle espérait plus de ses prières que de toutes les controverses. « Pendant que je roulais dans les abîmes et que je me débattais dans la fange, écrit saint Augustin, cette veuve chaste, pieuse et sobre, comme vous les aimez, ô mon Dieu! pleine maintenant d'espérance, mais non moins assidue à pleurer et à gémir, ne cessait, aux heures des prières, d'élever pour moi, en votre présence, la voix de ses soupirs. Vous les receviez favorablement, ô mon Dieu! bien que l'heure ne fût pas encore venue de me retirer de la nuit dans laquelle j'étais plongé[1]. »

Mais si Monique évitait avec son fils toute discussion, parce qu'elle craignait, dans son humilité, de ne pouvoir le convaincre, et qu'elle avait peur, dans sa tendresse, de le blesser inutilement, elle cherchait de toutes parts des hommes qui eussent assez d'autorité et de talent pour se faire écouter par lui. Elle allait les trouver, et les conjurait avec

---

[1] Cum illa vidua casta, pia et sobria, quales amas, jam quidem spe alacrior, sed fletu et gemitu non segnior, non desineret horis omnibus orationum suarum de me plangere ad te... Cum profluentes lacrymæ rigarent terram sub oculis ejus, in omni loco orationis ejus... (*Confess.*, lib. III, cap. XI.)

ardeur d'entrer en controverse avec son fils ; elle les harcelait, si j'ose ainsi dire, afin qu'ils essayassent de lui montrer clairement la vérité et la beauté de la foi catholique.

Un jour en particulier, elle apprend l'arrivée à Thagaste d'un vénérable et savant évêque dont le nom n'a pas été conservé. Il était profondément versé dans la connaissance des mystères chrétiens et des saintes Écritures; et de plus il avait cet avantage qu'il avait été manichéen avant d'être catholique. C'étaient tous les bonheurs à la fois. Monique y court, tressaillant d'espérance, fermement persuadée que sa vision allait se réaliser. Elle lui conte les égarements d'Augustin, et le supplie de venir à son aide. Mais ce vieil évêque, qui avait la science des âmes et le discernement des esprits encore plus que la connaissance des livres, lui répondit en secouant la tête que le moment n'était pas venu, que son fils était encore trop nouvellement entré dans cette hérésie, et par conséquent trop indocile, à cause de la présomption et de la vanité dont cette erreur l'avait rempli. « Laissez-le, ajouta-t-il; seulement priez beaucoup. » Et alors, pour la consoler, car sainte Monique pleurait en l'écoutant, il lui raconta sa propre histoire. Il avait été, dans sa petite enfance, livré aux manichéens par sa mère elle-même, qu'ils avaient séduite; devenu plus grand, il s'était mis à lire, et même à transcrire presque tous leurs ouvrages; et, en faisant ce travail, sans controverse, sans lutte d'arguments, il avait vu combien cette hérésie était détestable, et il en était sorti tout seul. « Ainsi, ajouta-t-il, en sera-t-il de votre fils. Il reconnaîtra par lui-même la vanité de cette hérésie. » Et comme sainte Monique ne voulait pas le croire, et que, fondant en larmes, elle le pressait de voir Augustin et de discuter avec lui : « Allez, allez, lui dit l'évêque attendri d'être ainsi importuné, il est impossible que le fils de tant de larmes périsse[1]. »

Ce mot perça au vif le cœur de sainte Monique. Il lui sembla qu'il descendait du ciel. Il en venait, en effet, pour sa consolation, pour la consolation aussi et l'instruction de toutes les mères qui lui ressembleraient un jour ; et si c'était le temps et le lieu, et que nos lecteurs n'eussent pas trop hâte d'arriver à la fin de cette histoire, nous essaierions d'indiquer en quelques mots tout ce qui se cache de lumière, de consolation et de profonde instruction dans cette simple et belle parole : « Il est impossible que le fils de tant de larmes périsse. »

A notre avis, cette parole du vieil évêque avait deux sens.

C'était d'abord une de ces grandes pensées que donne la foi, une vue pénétrante de la bonté, de la tendresse, de la miséricorde, de l'amour infini de Dieu pour l'homme ; de l'impossibilité où il sera toujours de ne pas s'incliner tendrement vers celui qui souffre, qui pleure, et qui s'agenouille en l'in-

---

[1] « Vade, fieri non potest ut filius istarum lacrymarum pereat. » (*Confess.*, lib. III, cap. XII.)

voquant. Cela voulait dire que si l'homme prie l'homme et parvient à l'attendrir, il est impossible que l'homme prie Dieu et ne l'attendrisse pas. Mais surtout cela voulait dire que s'il venait des jours si tristes que toute prière s'éteignît sur les lèvres de l'homme, il y en a une qui ne s'y éteindra jamais, qui montera toujours, obstinée, invincible, jusqu'à Dieu : c'est la prière d'une mère qui pleure sur son enfant; et que si des jours se levaient plus amers encore, où Dieu jurât dans sa colère qu'il n'écouterait plus la prière de l'homme, il est des larmes qu'il accueillera toujours : ce sont les larmes que verse une mère sur l'âme de son enfant exposée à périr. Cela voulait dire que si Dieu n'écoutait pas une telle prière, la plus élevée, la plus pure, la plus infatigable, la plus désintéressée, la plus attendrissante, et, je l'ose dire, la plus divine de toutes les prières; si ce cri qui, on l'a vu quelquefois, émeut les bêtes féroces elles-mêmes, trouvait Dieu insensible, c'est qu'il n'aurait ni cœur ni entrailles. Mais dès lors comment serait-il donc cet Être grand et bon dans lequel nous espérons encore, alors même qu'il n'y a plus d'espérance nulle part? Et par conséquent, ô mères dont les fils s'égarent, n'accusez pas le Ciel. Accusez-vous vous-mêmes. Frappez-vous la poitrine. Pleurez de ne pas savoir pleurer assez. Et soyez certaines que vos fils égarés vous seront rendus le jour où vous aurez empli la mesure de larmes que demande la rédemption d'un fils.

Voilà le premier sens de cette célèbre parole :

« Il est impossible que le fils de tant de larmes périsse ! »

Mais sous cette pensée, la plus élevée peut-être, il y en avait, à notre avis, une autre, profonde aussi et bien belle ; une vue non plus du théologien, mais du moraliste ; non de l'homme de foi qui connaît Dieu, mais de l'homme d'expérience qui a étudié les âmes. Cette parole : « Il est impossible que le fils de tant de larmes périsse ! » on aurait pu la traduire ainsi : « Il est impossible que l'enfant d'une telle mère périsse ! » Comme si le vieil évêque, voyant cette femme abîmée dans une si sublime douleur, s'était dit à lui-même : Il est impossible qu'une mère qui pleure ainsi sur un fils égaré ne lui ait pas fait une conscience impérissable ; qu'elle ne lui ait pas communiqué quelque chose du feu sacré qui la consume ; qu'ayant une telle foi, une si grande horreur du mal, un amour de Dieu si intense et si pur, elle n'en ait pas imprégné et embaumé l'âme de son fils à des profondeurs où les passions ne descendront jamais.

Sans doute le jeune homme pourra s'égarer un instant, le feu de la jeunesse et la crise du siècle pourront l'entraîner ; mais quand il oublierait la foi de son berceau, quand il en reviendrait à renier, à apostasier même le Dieu de sa mère, ah ! qu'elle ne se décourage pas : le feu couve sous la cendre, la flèche est dans la blessure : sous les laves brûlantes des passions, il restera toujours, dans une conscience formée par une mère chrétienne, quelque chose des leçons qu'elle lui a données, une empreinte de foi que rien n'effacera jamais; comme ces beaux vases d'albâtre qui ont renfermé un parfum précieux, et qui en conservent à travers mille profanations l'indestructible arome.

Voilà ce que voulait dire cette belle et profonde parole du vieil évêque. Monique rentra chez elle en la méditant : et comme on voit quelquefois que le dernier rayon du jour fait tomber les vents et met le calme dans le ciel, ainsi ce simple mot d'un vieillard, joint à la vision qu'elle avait eue, commença à l'apaiser un peu, en lui rendant l'espérance.

Dieu, du reste, y joignit encore d'autres signes qu'Augustin n'a pas cru devoir nous faire connaître; « gages précieux que Monique conservait dans son cœur; sorte de promesse signée de la main même de Dieu, qu'elle lui présentait sans cesse dans ses prières, afin qu'il n'oubliât pas de l'acquitter[1]. »

---

[1] Absit ut tu falleres eam in illis visionibus et responsis tuis quæ jam commemoravi, et quæ non commemoravi; quæ illa fideli pectore tenebat, et, semper orans, tanquam chirographa tua ingerebat tibi. (*Confess.*, lib. V, cap. IX.)

CHAPITRE SEPTIÈME

LES RESTES DU FEU SACRÉ. ARRIVÉE DE FAUSTE.
ON COMMENCE A VOIR CE QUE PEUVENT LES LARMES D'UNE MÈRE.
FIN DE LA CRISE MANICHÉENNE

377-383

Il suffisait d'observer Augustin au milieu des périls de sa jeunesse et dans la première ardeur de ses passions, pour reconnaître combien ce vieil évêque avait vu juste. Son esprit et son cœur étaient éloignés de Dieu, ils n'étaient pas ennemis. Un reste de feu divin couvait encore dans les replis les plus secrets de sa conscience. La foi n'y était plus; mais la probité, l'honneur, l'élévation et la délicatesse des sentiments, l'amour de la vérité, et, au milieu même des passions, je ne sais quelle pudeur demeuraient dans son âme, comme un baume qui empêchait la corruption de devenir irrémédiable. C'étaient là les anses par où Dieu, selon l'expression de saint François de Sales, devait un jour le ressaisir et le repêcher[1].

On parle beaucoup des désordres de saint Augustin; mais il faut les comprendre, et ne pas abuser des paroles échappées à son humilité. Sans doute son cœur était bien gâté, sa volonté singulièrement malade; mais du moins il n'était pas descendu, il ne descendit jamais à ces excès de désordres d'où l'on revient si rarement, où tout honneur, toute fidélité, tout dévouement périssent avec toute conscience. Attaché inviolablement à la mère d'Adéodat[2], dévoué à ce fils tant pleuré dans les *Confessions,* qu'il avait eu à dix-neuf ans, et que, comme tant de jeunes gens, il lui eût été si facile de renier; se vouant, au contraire, pour n'abandonner ni l'une ni l'autre et pour les faire vivre tous deux, à des travaux ingrats qui paralysaient son avenir et qui fatiguaient son génie, « il garda, dit excellemment M. Villemain, la dignité de l'âme au milieu même des passions qu'il s'est si amèrement reprochées[3]. »

Sans doute aussi l'esprit d'Augustin était malade comme son cœur; mais pas plus que lui il n'était dépravé. Cette erreur qu'il avait accueillie, et qu'il répandait partout, dont il se faisait l'apôtre au mi-

---

[1] *Traité de l'amour de Dieu,* Ire partie.
[2] In illis annis unam habebam... Sed unam tamen, ei quoque servans tori fidem. (*Confess.*, lib. IV, cap. II.)
[3] *Tableau de l'Éloquence chrétienne au* IVe *siècle*, p. 378.

lieu de ses parents et de ses amis, il ne l'avait accueillie et il ne la prêchait que parce qu'il la croyait la vérité. O Vérité, Vérité, combien alors même, et du plus profond de mon âme, soupirais-je après vous, quand ces hommes faisaient autour de moi bruire votre nom, qui n'était qu'un son sur leurs lèvres et dans leurs livres! Affamé que j'étais de me rassasier de vous, ils me présentaient, au lieu de vous, des fantômes lumineux; mais c'était vous seule que je cherchais, ô Vérité. J'avais faim et soif de vous connaître[1]. » Et plus loin : « O mon Dieu, je vous confesse mon erreur, à vous qui avez eu pitié de moi quand je ne vous la confessais pas encore : je vous cherchais dans une laborieuse et haletante pénurie de la Vérité; mais, comme je n'étais pas éclairé, je vous cherchais au dehors et bien loin, tandis que vous êtes plus intime à mon âme que ce qu'elle a de plus intime[2]. » Voilà ce que Dieu discernait dans les secrets replis de la conscience d'Augustin. Il adhérait à l'erreur; mais au fond il n'aimait et il ne cherchait que la Vérité.

Sans doute enfin l'orgueil dominait dans l'âme d'Augustin. Il se sentait des ailes et des yeux

---

[1] O Veritas, Veritas, quam intime etiam tum medullæ animi mei suspirabant tibi, cum te illi sonarent mihi frequenter et multipliciter voce sola et libris multis et ingentibus !... Te, Veritas, esuriebam et sitiebam! (*Confess.*, lib. III, cap. vi.)

[2] Laborans et æstuans inopia veri, cum te, Deus meus (tibi enim confiteor, qui me miseratus es et nondum confitentem), cum te non secundum intellectum mentis, sed secundum sensum carnis quærerem. Tu autem eras interior intimo meo, et superior summo meo. (*Confess.*, lib. II, cap. vi.)

d'aigle. Il voulait monter, rayonner, resplendir. Il était fou de gloire, et il n'y avait pas jusqu'aux applaudissements du théâtre, jusqu'aux couronnes du cirque décernées dans les luttes de la poésie et de l'éloquence qui ne tentassent son génie. Mais pour arriver à ces hauteurs, il n'eût ni vendu sa plume, ni trahi sa conscience, ni déshonoré sa vie. « Je me souviens, dit-il, qu'un jour ayant voulu entrer dans un concours public où l'on récitait sur le théâtre les vers que l'on avait composés, un devin me fit demander ce que je lui donnerais pour remporter la victoire. Mais je le repoussai plein d'horreur[1]. » Ce qui ne l'empêcha pas du reste de remporter le prix ; la couronne fut mise sur sa tête par le proconsul Vindicien en plein théâtre, probablement vers 378.

On sentait la même probité, la même élévation de sentiments, dans la manière dont il accomplissait ses fonctions de professeur de grammaire et de rhétorique. Elle était bien tombée alors, cette divine science de la parole. Cet art, le plus grand de tous, où il entre, si j'ose ainsi dire, pour qu'il ait toute sa beauté, autant de vertu que de génie, les sophistes l'avaient misérablement abaissé. Il était devenu un jeu pour les uns, un trafic pour les autres, pour tous un métier. Ce spectacle révoltait Augustin. Il rêvait de refaire de la parole ce qu'elle doit toujours être, l'organe incorruptible de la vérité, de la vertu, de la justice, du droit, trop sou-

[1] *Confess.*, lib. IV, cap. II.

vent sacrifiés et foulés aux pieds en ce monde, et il ne voulait former les jeunes gens qui lui étaient confiés, que pour ce grand ministère[1].

Voilà ce qu'était Augustin à vingt-deux ans; enseveli, répétons-le, dans l'erreur, séduit par un coupable amour; aliéné de la vraie foi, courant aux abîmes; mais possédant encore de beaux restes de ce que sa mère lui avait communiqué dès son berceau : l'élévation, la dignité, la délicatesse, le dévouement, la fidélité, toutes ces vertus enfin qui n'excusent pas sans doute les grands désordres, mais qui demandent pardon pour le coupable, et qui souvent l'obtiennent. « C'est là, ô mon Dieu! dit saint Augustin, ce que vous considériez en moi, et, pendant que je chancelais sur ce chemin si glissant, vous voyiez reluire en mon âme, comme au milieu d'une fumée très-épaisse, ces dernières étincelles de la probité et de l'honneur[2]. »

Sainte Monique, qui dans la désolation profonde où l'avaient jetée les passions et les erreurs de son fils, avait tant besoin d'espérer, et qui s'attachait ardemment aux moindres lueurs de bien qui apparaissait dans l'âme de son fils, eut sur ces entrefaites une nouvelle preuve plus éclatante que toutes celles-là, de ce qu'il y avait encore de feu sacré au cœur d'Augustin. La mort inattendue d'un de ses jeunes amis ouvrit en lui une telle source de larmes, qu'il devint évident à ceux qui connais-

---

[1] *Confess.*, lib. IV, cap. II.
[2] *Id., ibid.*

sent le cœur humain que celui d'Augustin n'était pas entièrement gâté. Car les passions tuent le cœur, et nul n'est moins propre aux simples, et douces, et pures, et délicates joies de l'amitié, que celui qui a livré son âme aux excès des amours coupables.

« En ces premières années de mon enseignement dans ma ville natale, dit saint Augustin, je m'étais fait un ami que la ressemblance de l'âge et des études m'avait rendu bien cher. Nos deux adolescences s'épanouissaient comme deux fleurs semblables. Enfants, nous avions grandi ensemble ; nous avions été ensemble à l'école ; nous avions joué ensemble. Mais il ne m'était pas alors aussi cher qu'il le fut depuis; quoique notre amitié, ajoute-t-il, n'ait jamais été vraie, car il n'y a de vraie amitié que celle que vous formez, ô mon Dieu, entre ceux qui s'attachent à vous par la charité dont le Saint-Esprit comble nos cœurs[1]. »

Après ce mot échappé à la plume du vieil évêque écrivant ses *Confessions,* le jeune Augustin reprend: « Et pourtant elle m'était bien douce, cette amitié entretenue au foyer des mêmes sentiments. Car lui aussi avait abandonné la vraie foi, dont son enfance n'avait pas été suffisamment imbue ; je l'avais amené à ces superstitieuses et détestables rêveries qui fai-

---

[1] In illis annis, quo primum tempore in municipio in quo natus sum docere cœperam, comparaveram amicum societate studiorum nimis carum, coævum mihi et conflorentem flore adolescentiæ. Mecum puer creverat, et pariter in scholam ieramus, pariterque luseramus. (*Conf.*, lib. IV, cap. IV.)

saient alors tant pleurer ma mère. Il s'égarait d'esprit avec moi, et mon cœur ne pouvait plus se passer de lui[1]. »

Il y avait un an à peu près qu'Augustin et son ami vivaient dans cette union si douce, lorsque éclata la maladie mortelle qui allait la briser. Dévoré de fièvre, gisant sans connaissance, dans cette froide sueur qui précède et annonce le dernier moment, on désespéra de ce jeune homme, et on le baptisa à son insu; car, comme la plupart des jeunes gens de cette époque, il n'était que catéchumène. Augustin était présent; mais il se mit peu en peine de ce baptême, persuadé, pensait-il, qu'un peu d'eau répandue sur le corps insensible de son ami ne saurait effacer de son âme les sentiments qu'il lui avait inspirés. « Aussi, continue-t-il, dès que je pus lui parler (ce qui me fut possible dès qu'il put parler lui-même, car je ne le quittais pas, tant nos vies étaient confondues), je voulus rire, pensant qu'il rirait avec moi de ce baptême qu'il avait reçu sans le savoir et dont on lui avait parlé depuis. Mais il me repoussa avec horreur comme si j'eusse été son ennemi, et soudain, avec une admirable liberté, il me commanda, au nom de notre amitié, de cesser un tel langage[2]. »

Augustin, étonné, se tut et contint tous les mouvements de son âme, attendant que la convalescence

---

[1] Sed tamen dulcis erat nimis, coacta fervore parilium studiorum... Non poterat anima mea sine illo. (*Confess.*, lib. IV, cap. IV.)

[2] *Confess.*, lib. VI, cap. IV.

du malade lui permît de le raisonner à son aise. Mais Dieu avait résolu de délivrer ce jeune homme du péril qui le menaçait, et quelques jours après, précisément en l'absence d'Augustin, un nouvel accès de fièvre le saisit et l'emporta.

Quelle fut la douleur d'Augustin lorsqu'il revint, et ne trouva plus son ami ! quelles larmes il versa ! quel profond et inconsolable deuil ! On ne le soupçonnerait jamais, si Augustin lui-même n'avait soulagé sa douleur en nous la racontant. « La douleur de sa perte, dit-il, remplit mon cœur de ténèbres. Tout ce que je voyais n'était plus que mort. Mon pays lui-même m'était un supplice, et la maison paternelle une souffrance. Tout ce qui m'avait plu mon ami présent, m'était devenu un martyre. Mes yeux le demandaient partout, et il n'était nulle part. Et tout m'était odieux parce que tout était vide de lui, et que rien ne pouvait plus me dire : Il vient, le voici ; comme tout me le disait pendant sa vie, quand il était absent. Ainsi je devins importun et à charge à moi-même, et le seul pleurer m'était doux[1]. »

Vainement sa mère cherchait à le consoler, et ses amis à le distraire : comme nulle pensée reli-

---

[1] Quo dolore contenebratum est cor meum; et quidquid aspiciebam, mors erat. Et erat mihi patria supplicium, et paterna domus mira infelicitas; et quidquid cum illo communicaveram, sine illo in cruciatum immanem verterat. Expetebant eum undique oculi mei, et non dabatur mihi; et oderam omnia, quia non haberent eum, nec mihi jam dicere poterant : Ecce veniet, sicut cum viveret, quando absens erat. (*Confess.*, lib. IV, cap. IV.)

gieuse n'était là pour éclairer sa douleur et lui en adoucir le fardeau, il y succombait. « J'étouffais, je soupirais, j'étais bouleversé. Je n'avais ni repos ni consolation; car je portais mon âme déchirée et toute sanglante, laquelle ne pouvait souffrir de demeurer en mon corps, et je ne savais où la mettre. Ni les frais ombrages, ni les jeux et les chants, ni les parfums et les banquets de mes amis, le sommeil, la table, la lecture, la poésie, rien ne pouvait me distraire. J'avais horreur de tout, même de la lumière. Et tout ce qui n'était pas mon ami m'était insupportable, hormis les gémissements et les larmes, dans lesquels seuls je trouvais un peu de repos[1]. »

Bientôt même Augustin ne put plus vivre aux lieux où son ami était mort. Les rues qu'ils avaient traversées ensemble, ces places publiques où ils s'étaient rencontrés, ces maisons témoins de leurs études, de leurs jeux, de leur pure et profonde amitié, lui devinrent odieuses. Quand il les voyait, comme autrefois, pleines de bruit, d'affaires, d'hommes qui allaient et venaient, il s'arrêtait indigné que quelqu'un pût vivre maintenant que son ami était mort. « Je m'étonnais, dit-il, de voir vivre

---

[1] Æstuabam, suspirabam, flebam, turbabar: nec requies erat, nec consilium. Portabam enim conscissam et cruentam animam meam, impatientem a me portari, et ubi eam ponerem non inveniebam... Horrebant omnia, et ipsa lux, et quidquid non erat quod ille erat, improbum et odiosum erat, præter gemitum et lacrymas. Nam in eis solis aliquantula requies. (*Confess.*, lib. IV, cap. VII.)

les autres mortels, après la mort de celui que j'avais aimé comme ne devant jamais mourir, et je m'étonnais bien davantage encore, lui mort, de vivre, moi qui étais un autre lui-même. Oh! qu'il parle bien de son ami, le poëte qui l'appelait : Moitié de son âme. Car je sentais que son âme et la mienne n'avaient été qu'une âme en deux corps. C'est pourquoi la vie m'était en horreur; je ne voulais plus vivre, réduit, pour ainsi dire, à la moitié de moi-même[1]. »

On commençait à craindre pour la santé d'Augustin. Une langueur secrète le consumait. Il passait ses jours à pleurer. Il ne travaillait plus. Il fallait à tout prix l'arracher à de telles émotions; et, dans ce but, on lui conseilla de quitter Thagaste et de retourner à Carthage. Il y consentit, espérant du changement des lieux, du bruit de la ville plus grande, et des ardents travaux dans lesquels il serait obligé de se plonger, quelque adoucissement à sa douleur[2].

Sainte Monique eut un nouveau déchirement de cœur en voyant partir Augustin. Sans doute elle se résignait à ce qu'il quittât Thagaste, puisqu'il y allait de sa santé et peut-être de sa vie; mais comment ne se serait-elle pas émue en le voyant retour-

---

[1] Mirabar cæteros mortales vivere, quia ille quem quasi non moriturum dilexeram, mortuus erat; et me magis, quia illi alter eram, vivere illo mortuo mirabar. Bene quidam dixit de amico suo : Dimidium animæ meæ. Nam ergo sensi animam meam et animam illius unam fuisse animam in duobus corporibus. (*Confess.*, lib. IV, cap. VI.)

[2] Possidius, *Vita sancti Augustini*, cap. I.

ner à Carthage? C'est là qu'il avait déjà perdu l'innocence et la foi; et ne pouvait-on pas craindre que ces beaux restes que le mal avait épargnés, ces dernières étincelles de feu sacré n'achevassent de disparaître en cet affreux pays?

Heureusement que la douleur est une grande école, surtout pour une grande âme. Augustin revint à Carthage, non pas converti, il en était loin encore; non pas même désillusionné et désenchanté; car il paraît, au contraire, que des idées d'ambition achevèrent de le déterminer à se rendre à Carthage[1]. Déjà pourtant il avait entrevu quelque chose de la vanité de ce monde. La plainte de Job était montée à ses lèvres, et il commençait ce grand chant de la mort, qui rend meilleur, même quand on n'en a encore pleuré que les premières notes.

Ce chant a deux parties. La première est triste. Tout passe, tout se fane; tout se sèche aux lèvres de ceux qui veulent boire et se désaltérer. C'est le premier chant. C'était celui d'Augustin partant pour Carthage. « O mon Dieu, disait-il, où poser son âme si ce n'est sur une douleur, quelle que soit la beauté des créatures où loin de vous on cherche son repos! Vaine beauté que celle des créatures! elles naissent et elles meurent; en naissant elles commencent d'être; elles croissent pour atteindre leur perfection; arrivées là, elles vieillissent et meurent, car tout vieillit et tout meurt. Ainsi, elles ne sont pas nées qu'elles tendent à être davantage, et plus elles

[1] August., *Contra Acad.*, lib. II, cap. II.

s'empressent d'être davantage, plus elles se hâtent de n'être plus du tout... Que mon âme ne s'y attache donc point, ô mon Dieu, car elles s'en vont, et l'âme qui les aime reste déchirée... Elle voudrait se reposer dans ce qu'elle aime; mais comment se reposer dans des choses qui sont si passagères, qui n'ont point de subsistance, qui sont dans un flux et un mouvement perpétuel, et qui à peine nées disparaissent si vite, qu'on ne peut plus les atteindre ni même les suivre dans leur course[1] ? »

Voilà le premier chant de la mort. Il fait du bien à l'âme, même quand on ne sait que cette note, et qu'on ne jette sur le monde que ce triste regard. Qu'est-ce donc quand on monte plus haut, jusqu'à cette seconde partie du chant de la mort, où la tristesse est absorbée dans la joie? Oui, tout passe, mais pour revenir; tout se fane, mais pour fleurir encore; tout meurt, mais pour renaître et se transfigurer! C'est ce que saint Augustin chantait avec une éloquence toute divine quelques années après, lorsque, converti, baptisé, élevé aux plus hauts degrés de l'amour de Dieu, il eut trouvé le grand sens de la vie. « O mon âme, que connais-tu? quelques parties d'un tout. Tu ignores cet ensemble admirable dont chaque créature est une parcelle; et tu te réjouis dans ces parcelles? Ah! si tu savais l'ensemble! si Dieu, pour la punition de ton orgueil, ne t'avait pas réduite à ne voir que des fragments, avec quel enthousiasme et quelle impa-

---

[1] *Confess.*, lib. IV, cap. x.

tience tu demanderais que ce qui existe aujourd'hui passe vite, afin que tu voies le tout! Quand tu écoutes un discours, est-ce que tu veux que les syllabes restent fixes? Tu veux qu'elles passent rapidement, et que les dernières viennent vite, afin que tu comprennes le tout. Ainsi du monde, où toutes choses forment un ensemble, et où, si chaque partie est belle, le tout est bien plus beau et plus admirable encore[1]. »

Voilà la grande vue qui calme les douleurs, aide à supporter les épreuves et soutient l'âme dans ce changement perpétuel des choses qui la blesse et qui la déchire. Heureux qui voit ainsi de haut, et qui assiste, ravi ou du moins consolé, à cette succession. Mais aux tristes jours dont nous racontons l'histoire, Augustin n'en était pas là. La plainte amère était seule sur ses lèvres. Il essayait bien de lever les yeux vers le ciel; mais le ciel était vide. Il n'y trouvait qu'un fantôme incapable de le consoler. Dès lors que faire? sinon se jeter à corps perdu dans l'étude, pour tâcher de se distraire et d'oublier. C'est ce qu'il essaya, et, prenant la plume, il composa son premier ouvrage.

Le choix du sujet révèle à la fois et la direction élevée de l'esprit d'Augustin à cette époque, et un certain apaisement dans ses passions. Il voulut traiter du Beau. Qu'est-ce que nous aimons, sinon le Beau? Que cherche le jeune homme dans ses rêves? où va le vieillard dans ses retours sur le

---

[1] *Confess.*, lib. IV, cap. xi.

passé? que demandons-nous à la nature, au ciel, à la mer, aux grandes montagnes, à l'homme, à l'art? quel est le soupir de toutes nos facultés? n'est-ce pas le Beau? Mais qu'est-ce que le Beau? Et alors, avec ses ressouvenirs de Platon et de Cicéron, avec toutes les belles idées qui commençaient à remplir son esprit, il définissait, décrivait et peignait le Beau.

Ce livre, que l'on aimerait à lire aujourd'hui, puisqu'il nous montrerait l'esprit de saint Augustin dans sa première fleur et qu'il jetterait peut-être une grande lumière sur l'état de son cœur au commencement de sa vingt-quatrième année, nul ne dut le lire avec plus d'empressement, à ce point de vue, que sainte Monique; et il est permis de croire, d'après ce qu'en dit saint Augustin, qu'elle y puisa un peu de joie et de consolation. Du moins il n'y avait rien là qui pût blesser sa foi; rien qui sentît le sectaire occupé, comme les années précédentes, à détruire dans les autres la foi qu'il avait perdue lui-même; et qui sait même si la beauté du style, l'élévation des pensées et la pureté des sentiments ne fortifièrent pas, dans ce cœur maternel qui avait de si profondes intuitions, le pressentiment qu'une telle âme ne resterait pas toujours loin d'un Dieu qui seul pouvait en satisfaire toutes les aspirations? Mais nous sommes réduits sur ce point à des conjectures; car ce livre ne nous a pas été conservé : premier jet d'une éloquence qui ne faisait que naître, il s'est évanoui comme ces gerbes de lumière qui précèdent le lever du soleil, et dont on ne tient plus compte quand l'astre s'est montré.

A ces belles études de poésie et d'art, sur lesquelles saint Augustin est revenu souvent et l'on pourrait dire sans cesse dans sa vie, il mêlait alors une autre étude plus austère, mais bien belle aussi : l'étude des sciences mathématiques, physiques et astronomiques. Il étudiait toutes ces sciences avec la passion qu'il mettait à tout, appliquant les forces de son lumineux esprit à en pénétrer les difficiles problèmes; se laissant charmer par les rapports qu'il commençait à entrevoir entre les nombres et l'art, et l'harmonie, et la musique, et la poésie même; rapports qu'il devait un jour développer avec tant d'originalité et de profondeur; vivifiant surtout ces études, et les agrandissant par les vues générales que lui prêtait la philosophie; et remontant ainsi par l'art, par la poésie, par l'astronomie, par la physique, par les nombres, par toutes les voies, jusqu'à Dieu, qu'il apercevait à la base, au milieu et au sommet de toutes choses, selon la large méthode des grands esprits, que nul du reste ne devait conduire plus loin ni manier plus aisément que lui.

Chose singulière, et pourtant facile à expliquer, qui allait confirmer tous les pressentiments de sa mère, car on se souvient qu'elle le poussait sans cesse aux grandes études, persuadée que la science le ramènerait un jour à Dieu, ce fut en creusant toutes les sciences, et en particulier les sciences physiques et mathématiques, que saint Augustin sentit un premier doute sur la vérité du Manichéisme monter à son esprit et lui mordre le cœur.

Voici comment la chose arriva.

Aux doctrines qu'il enseignait sur Dieu et sur l'âme, doctrines erronées sans doute, mais qui avaient du moins le charme d'expliquer d'une manière nouvelle les éternels problèmes de la destinée humaine, Manès avait joint, on ne sait pourquoi, une foule de notions sur le cours des astres, les équinoxes, les solstices, les éclipses; notions qu'il disait divinement révélées comme tout le reste, mais qui, puisées dans de très-anciens auteurs, mises en ordre par un homme qui n'avait pas étudié ces sciences, étaient manifestement fausses sur plusieurs points, et démenties par les récentes découvertes et les observations plus exactes des astronomes romains. Augustin ne revenait pas de son étonnement. « Qui a pu, se disait-il, inspirer à cet homme la témérité de parler de ce qu'il ne savait pas? Quelle confiance puis-je maintenant avoir en lui? S'il erre en des choses que je puis contrôler, comment croire qu'il dise toujours vrai en celles qui sont au-dessus de ma portée[1]? » Amené ainsi à examiner de plus près les doctrines de Manès, il vit tout à coup, dès qu'il en commença l'étude sérieuse, se dresser devant lui les plus redoutables objections.

De plus, un certain Helpidius, qui avait récemment traversé Carthage, et qui, dans des leçons

[1] *Confess.*, lib. V, cap. v.

publiques, avait attaqué le Manichéisme, et démontré que cette doctrine, en contradiction avec elle-même, l'était aussi avec des textes certains de l'Ancien et du Nouveau Testament, avait laissé dans l'âme d'Augustin des blessures auxquelles il n'avait pas fait attention d'abord, qui se rouvrirent tout à coup, et achevèrent de le jeter dans une anxiété profonde[1]. Déjà, cinq ans auparavant, il avait délaissé la philosophie antique, parce qu'elle ne lui avait offert qu'un sable mouvant, sur lequel il n'avait rien pu établir de stable ; et voilà qu'aujourd'hui, au moment où il souffrait, quand il avait tant besoin d'avoir un oreiller solide sur lequel, puisqu'il faut souffrir ici-bas, il pût reposer sa tête fatiguée et fermer ses yeux pleins de larmes, les doctrines de Manès pâlissaient à leur tour. Il les avait crues si vraies ! Il avait tant espéré y trouver cette lumière fixe, souveraine, dont il avait besoin ! et il les sentait osciller dans son âme. Il était rongé d'inquiétudes.

Ajoutons, pour rester dans le vrai, et pour bien comprendre cette chose si compliquée qu'on appelle une âme, que ce besoin de lumière, de certitude et de paix qu'éprouvait saint Augustin, ne provenait pas seulement des belles parties de sa nature; il prenait aussi sa source dans ce qu'il y avait en lui de plus bas et de plus honteux. Au fond, Augustin se trouvait à l'aise au sein de cette erreur commode qui ne gênait pas ses passions, et il désirait instinc-

---

[1] *Confess.*, lib. V, cap. xi.

tivement y demeurer. Inquiet donc de ces commencements d'incertitudes, ne voulant pas qu'elles allassent plus loin, tremblant de retomber dans ces anxiétés dont il avait tant souffert, il vint consulter les Manichéens. Mais il eut beau presser de ses questions les plus claires et les plus vives ceux qui, dans la secte, passaient pour les plus savants et en étaient les chefs, personne ne put lui donner les solutions dont il avait besoin. Habiles et éloquents lorsqu'ils réfutaient les doctrines opposées, il les trouva d'une faiblesse extrême quand il s'agissait d'établir la leur. Semblables, disait-il, à ces adroits chasseurs qui tendent leurs piéges autour d'une fontaine, et qui, pour y amener les oiseaux altérés, dessèchent ou couvrent de feuillage toutes les autres sources, ainsi les Manichéens croyaient avoir assez fait lorsqu'ils avaient détruit les systèmes opposés au leur.

Avec des esprits vulgaires, une pareille méthode pouvait réussir. Mais Augustin avait l'esprit trop élevé et trop perçant pour ne pas voir ce qu'elle cachait de faiblesse. Aussi son âme, qui avait soif de la vérité infinie, seule proportionnée à ses désirs, et qui ne rencontrait que de vaines conjectures, recommençait à s'agiter et à souffrir. Il revenait alors à la charge ; il pressait de nouveau les Manichéens ; il multipliait les questions, mais sans obtenir de réponses capables de lui donner la paix.

Pour le calmer un peu et lui faire prendre patience, les Manichéens lui annoncèrent l'arrivée prochaine d'un de leurs évêques, nommé Fauste, homme d'une grande doctrine, qui réfuterait, lui disait-on, toutes ses objections, dissiperait ses inquiétudes, et lui donnerait sur les choses les plus cachées une pleine lumière. Augustin accueillit cette nouvelle avec joie; car au fond il ne désirait que d'être confirmé dans des erreurs qui ne gênaient pas ses passions, et qui, trompant sa soif de vérité, lui avaient donné quelques années d'un calme apparent mais agréable, qu'il ne désirait pas quitter [1].

Aucune des agitations d'Augustin n'avait échappé, on le pense bien, à l'œil vigilant de Monique. Elle en suivait le cours avec bonheur. Facile à l'espérance comme le sont toutes les mères, pleine d'ailleurs de confiance dans le songe qu'elle avait eu et dans la parole qui lui avait été dite, dès qu'elle avait vu Augustin inquiet et troublé, elle l'avait cru converti, et elle avait porté au pied des saints autels un cœur où la confiance avait un instant triomphé de l'inquiétude. Mais quand elle apprit que Fauste arrivait, et que la renommée lui eut dit quelle puissance de fascination avait cet homme périlleux, elle recommença à trembler. Ses larmes redoublèrent, et, s'enfermant dans une solitude plus profonde, y multipliant les prières et les austérités, elle attendit avec l'angoisse d'une mère qui sent que la vie ou la mort de son fils se va décider.

Fauste arriva enfin. Une grande réputation le

---

[1] *Confess.*, lib. V, cap. vi; *De Utilitate credendi*, cap. iii.

précédait. Ce n'était pas seulement, disait-on, un orateur illustre, c'était une de ces belles et nobles âmes qui se sacrifient à la vérité qu'elles prêchent. Il avait quitté son père, sa mère, ses enfants, son épouse, son pays, pour se vouer aux fatigues de l'apostolat. Il méprisait l'or et l'argent, et, content du pain de chaque jour, sans souci du lendemain, pauvre, doux, pacifique, pur de cœur, attendri d'âme, d'un esprit élevé et généreux, il ne craignait ni la faim, ni la soif, ni la persécution; il eût été heureux de souffrir et de mourir pour la justice[1]. Voilà du moins ce qu'on disait, car il parut dans la suite qu'il n'en était pas tout à fait ainsi. Mais, comme on l'ignorait alors, cette double réputation d'éloquence et de vertu amena au pied de sa chaire une foule immense.

Augustin y courut des premiers. Il fut ravi. La finesse et la vivacité de l'esprit de Fauste, le tour heureux qu'il donnait aux choses, la modestie et la dignité de son visage et de son maintien, la beauté de sa parole, tout le charma. « Je me délectais avec tous mes amis, écrivait-il, et je le louais plus qu'eux, et je l'exaltais avec enthousiasme[2]. » Il entendit plus tard saint Ambroise, et cette belle parole, si limpide et si harmonieuse, ne lui fit pas oublier celle de Fauste. Sans doute je prenais grand

---

[1] August., *In Faustum*, lib. I, cap. I, et lib. V, cap. V; *Confess.*, lib. V, cap. III et VII.

[2] Delectabar cum multis, vel etiam præ multis laudabam ac efferebam. (*Confess.*, lib. V, cap. VI.)

plaisir, dit-il, à la douceur des discours d'Ambroise; mais, quoiqu'ils fussent plus solides et plus savants, ils n'avaient ni le charme ni la séduction de ceux de Fauste[1]. »

On le voit, le péril était extrême. Heureusement Monique était prévenue, et priait.

Après ce premier éblouissement qui accompagne toute parole éloquente, Augustin commença à réfléchir et à examiner. La première remarque qu'il fit, c'est que Fauste n'enseignait rien de nouveau. « Je vis, dit-il, un homme doux, de parole agréable, et gazouillant les mêmes contes avec beaucoup plus e charme qu'aucun d'eux. » « Mais, ajoute-t-il, que faisaient à ma soif toutes ces belles paroles qui ressemblent à des vases précieux, offerts de fort bonne grâce, mais vides[2]? » Plus brillante, en effet, que celle des autres Manichéens, la parole de Fauste n'était pas plus solide. Elle jouait autour des questions difficiles avec plus de dextérité, mais elle ne les résolvait pas davantage; et quand Augustin, l'esprit agité de grandes inquiétudes, l'attendait avec anxiété à l'un des problèmes redoutables qui tourmentaient son âme, et qu'il le voyait ou l'es-

---

[1] Delectabar suavitate sermonis (Ambrosii) quamquam eruditioris, minus tamen hilarescentis atque mulcentis quam Fausti erat, quod attinet ad dicendi modum. Cæterum rerum ipsarum nulla comparatio. (*Confess.*, lib. V, cap. XIII.)

[2] Ergo ubi venit, expertus sum hominem gratum et jucundum verbis, et ea ipsa quæ illi solent dicere multo melius garrientem... Sed quid ad meam sitim pretiosiorum poculorum decentissimus ministrator? (*Confess.*, lib. V, cap. VI.)

quiver avec adresse, ou n'y donner qu'une réponse sans valeur, il éprouvait un moment de dépit et d'impatience dont il n'était pas maître. Il eût voulu pouvoir l'interrompre, préciser le point difficile, et, sans tant d'harmonie et de grâce de langage, en obtenir une réponse précise qui mît fin à ses doutes. Mais, alors comme aujourd'hui, l'usage ne permettant pas de telles interruptions dans un enseignement public, il pria ses amis de lui ménager quelque occasion de le voir et de l'entretenir en particulier.

L'occasion fut facile à trouver; et dès la première visite, Augustin exposa à Fauste un des doutes qui agitaient son esprit. Il vit alors clairement ce dont il commençait à se douter : c'est que Fauste n'était pas un philosophe. Il n'avait étudié que les belles-lettres, et encore assez communément. Il avait lu quelques discours de Cicéron, quelques traités de Sénèque, quelques vers des poëtes, les plus beaux livres de la secte, et, comme il s'exerçait sans cesse à parler et qu'il avait un don naturel d'éloquence, il avait acquis un grand charme de parole; mais il n'avait que ce charme. Augustin sortit profondément découragé de cette première visite. Il avait tant attendu, tant espéré la paix! et il voyait s'évanouir, au moment même où il y touchait, ce qui avait fait depuis longtemps la consolation de sa vie.

Il essaya une nouvelle tentative, et revenant quelques jours après trouver Fauste, il le consulta sur un sujet tout différent, non plus de philosophie, mais de science. On se rappelle que ce qui avait commencé par troubler Augustin, c'était l'opposition qu'il remarquait entre les données scientifiques et mathématiques de Manès et les observations des astronomes romains les plus exacts. Jamais les Manichéens n'avaient pu lui éclaircir ce doute, et toujours on lui avait promis que Fauste lui apporterait sur ce point une pleine lumière. Il vint donc trouver Fauste, un peu plus rassuré. Mais dès le premier mot, celui-ci s'excusa et refusa modestement de répondre. « Il n'était pas, dit saint Augustin, du nombre de ces grands parleurs dont j'ai tant souffert, qui, voulant m'instruire, ne me disaient rien de solide. Il était retenu et modeste comme l'est un homme d'honneur, et bien qu'il fût dans l'aveuglement au regard de Dieu, il ne l'était pas à l'égard de lui-même. Il savait son ignorance, et il ne rougissait pas de l'avouer[1]. »

Cette conduite de Fauste augmenta l'estime qu'Augustin avait pour lui; mais elle acheva de le désillusionner. Et puisqu'un homme que les Manichéens mettaient au-dessus de tout, dont ils disaient que c'était un être divin envoyé pour enseigner la vérité, n'avait pu éclaircir ses doutes, il se convainquit que personne ne les dissiperait jamais[2]. « A partir de ce jour, dit-il, tout effort pour avancer dans cette secte cessa de ma part; et sans rompre encore avec eux, je me résignai tem-

[1] *Confess.*, lib. V, cap. VII.
[2] *De Utilitate credendi*, cap. VIII.

porairement, faute de mieux, à rester là, attendant qu'une lumière nouvelle déterminât un meilleur choix. Ainsi, ajoute-il, ce Fauste qui avait été pour tant d'autres un piége mortel, commença, sans le savoir et sans le vouloir, à me tirer de celui où j'étais tombé[1]. »

A qui fut dû ce résultat heureux d'une conférence qui apparaissait si périlleuse ? Ici comme toujours, le cœur reconnaissant d'Augustin se hâte de le proclamer. « O mon Dieu, s'écrie-t-il, si vous ne m'avez pas abandonné en ce moment critique, c'est que ma mère pleurait jour et nuit, et qu'elle versait pour moi en sacrifice tout le sang de son cœur[2]. »

Il faut remarquer la force croissante des expressions d'Augustin à mesure que nous avançons dans l'histoire de sainte Monique. Ce n'était plus des larmes que répandait cette mère incomparable, comme dans les premiers jours des égarements de son fils ; c'était maintenant du sang : tant son cœur avait été meurtri et brisé à la pensée du péril plus pressant d'Augustin ! Comment Dieu aurait-il résisté à une telle voix ? car enfin trouvez-en une plus sainte, et qui mérite mieux d'être exaucée ?

---

[1] Ita ille Faustus, qui multis laqueus mortis extitit, meum quo captus eram relaxare jam cœperat, nec volens nec sciens. (*Confess.*, lib. V, cap. VII.)

[2] Manus tuæ, Deus meus, non deserebant animam meam, et de sanguine cordis matris meæ, per lacrymas ejus, diebus ac noctibus, pro me sacrificabatur tibi. Et egisti mecum miris modis. (*Confess.*, lib. V, cap. VII.)

Non, après le sang du Sauveur, qui a demandé miséricorde sur le Calvaire, il n'en est point qui crie plus haut que celui d'une mère, quand il se verse en sacrifice au pied des saints autels pour le salut de son enfant.

Voilà comment se termina, après avoir duré neuf ans, la crise manichéenne, c'est-à-dire le second des grands périls que courut Augustin à la recherche de la vérité ; et il nous semble que, malgré la rareté des documents, on entrevoit bien la conduite admirable de sainte Monique pendant ces neuf terribles années. Au début, elle avertit son fils de la grandeur du danger, par ce coup de sainte énergie que nous avons raconté, le chassant de chez elle et lui défendant de paraître devant ses yeux. Ensuite, pendant toute la durée de la crise, elle le soutient par ses larmes ininterrompues; par ses conseils et ses avertissements de chaque jour, par les hommes éminents, les théologiens, les évêques qu'elle essaie de lui envoyer; par les sacrifices d'humilité, d'abnégation, de pénitence qu'elle offre sans cesse à Dieu pour lui; et enfin, après l'avoir averti au début de la crise, soutenu pendant toute la durée, au dernier moment, à l'heure du péril suprême, elle le protége plus efficacement que jamais et le sauve, en tirant de son cœur je ne sais quelle prière plus émue, quel cri plus douloureux, que saint Augustin ne sait comment exprimer, et qu'il compare au sang qui sort du cœur blessé et souffrant. Révélation incomparable de ce que peut une mère, et leçon éloquente de ce qu'elle doit !

Sainte Monique, du reste, n'eut pas le temps de se réjouir du succès qu'avaient obtenu ses larmes; car elle reçut sur ces entrefaites une lettre d'Augustin qui la plongea dans une inquiétude nouvelle, et, s'armant de force, elle prépara son âme à de plus poignantes épreuves. Augustin n'était pas encore prêt à revenir à Dieu; ou plutôt de cette crise il allait tomber dans une autre plus périlleuse, d'où sa mère allait le tirer aussi, mais en y employant plus de zèle encore, de dévouement, de prières, de sainte abnégation et un amour pour Dieu et pour son fils qui allait atteindre son plus haut degré.

CHAPITRE HUITIÈME

DÉPART D'AUGUSTIN POUR ROME. IL Y TOMBE MALADE.
ON VOIT DE PLUS EN PLUS CE QUE VALENT LES LARMES D'UNE MÈRE.
NOUVELLE CRISE, PLUS TERRIBLE QUE LES AUTRES.
LE DOUTE ABSOLU.
MONIQUE SE HATE D'ACCOURIR AU SECOURS DE SON FILS

383-385

Augustin écrivait à sa mère qu'il venait de se décider à quitter Carthage, et qu'il allait s'établir à Rome; que ses amis l'y poussaient depuis longtemps, et lui présageaient dans la ville éternelle la fortune et la gloire; qu'il n'était pas insensible sans doute à toutes ces espérances, mais que ce n'était pas là le seul ni même le vrai motif de son départ; qu'il était las de la grossièreté et de l'insolence des étudiants de Carthage, et qu'il espérait trouver à Rome, pour ses chères études de philosophie et de belles-lettres, des disciples plus attentifs, plus respectueux et plus émus [1].

---

[1] *Confess.*, lib. V, cap. VIII.

Quoiqu'il fût difficile d'apporter à une telle démarche de plus nobles motifs, sainte Monique éprouva un affreux serrement de cœur en lisant cette lettre. Se séparer de son fils lui était pénible, elle qui ne l'avait jamais quitté, ou du moins qui était toujours restée à peu de distance, prête à accourir à chaque nouveau péril; mais le voir partir pour Rome, cette idée ne s'était jamais présentée à elle, et elle ne pouvait y arrêter son esprit sans frémir.

Rome, en effet, n'était pas transfigurée alors comme elle l'a été depuis. Ce n'était pas encore ce doux pays, plein de saintes images et de dômes tranquilles où l'on va pour oublier le monde, et reposer son âme dans des souvenirs et des sentiments qu'on ne trouve que là. Aux yeux d'une chrétienne et d'une sainte, à la fin du IVe siècle, Rome était encore la persécutrice de Dieu; le lieu d'où étaient sortis les ordres qui avaient fait couler des flots de sang et immoler des millions de martyrs; la terre où le paganisme, chassé de partout depuis cinquante ans, s'était réfugié, et où il conservait encore son empire; le foyer persévérant des mauvaises mœurs, des théâtres impurs et des danses coupables. Jérôme avait failli y faire naufrage, et le souvenir des périlleuses assemblées de Rome, tourmentant le grand athlète au désert, venait de lui arracher des paroles de repentir et d'effroi qui étaient encore toutes fraîches dans l'esprit des chrétiens.

Jugez de l'inquiétude de sainte Monique. Si

Augustin eût été sain d'esprit et de cœur, pieux, fervent, elle eût été encore émue. Mais le voir partir pour Rome avec une foi éteinte, un esprit flottant à tout vent de doctrine, une âme consumée par les passions, c'était comme si elle l'eût vu se jeter dans les abîmes. Aussi son parti fut bientôt pris. Il y avait en elle une singulière promptitude de décision, avec une force pour exécuter ses projets que rien n'était capable de faire fléchir. Elle décida qu'Augustin ne partirait pas pour Rome, ou qu'elle partirait avec lui, et que, dans le péril où était son âme, elle ne l'abandonnerait pas.

Ce n'était pas le compte d'Augustin. Il voulait aller à Rome; mais il voulait y aller seul. Il n'avait plus cette première tendresse de cœur où l'on ne se sent heureux que sous l'œil de sa mère et la main dans sa main. Et il n'était pas encore arrivé à ce second âge de la vie, où, après avoir goûté de tous les amours, on revient à celui de sa mère, et où, voyant les années qui tombent sur cette tête vénérable, n'osant envisager l'avenir, voulant jouir encore des restes d'une vie si chère, on sent naître en soi je ne sais quel amour nouveau qui s'élève dans l'âme jusqu'à une sorte de culte. Augustin avait trente ans, et pour cette affection toute divine trente ans est un âge ingrat. Le cœur n'est plus assez simple, et il est encore trop ardent. Jeune, libre, hardi, n'ayant qu'entrevu la vie, prêt à s'en emparer, Augustin voyait dans sa mère une gêne, et, bien qu'il l'aimât tendrement, il résolut de partir sans elle.

Mais il ne se pressa pas assez; et comme il faisait les préparatifs de son voyage, tout à coup Monique apparut. Elle s'était rendue à Carthage à la première nouvelle de ce projet, et, décidée à l'empêcher, elle se jeta au cou de son fils, le serra violemment dans ses bras, et le conjura avec des flots de larmes de ne pas partir, ou du moins de l'emmener avec lui. Telle était la véhémence de ses transports, qu'Augustin, ne sachant comment s'en débarrasser, ému d'ailleurs profondément lui-même de la douleur d'une mère qu'il aimait tant, lui promit de ne pas quitter l'Afrique[1]. Seulement il continua ses préparatifs en secret; et, le moment venu, il lui demanda la permission d'accompagner jusqu'au vaisseau un ami avec lequel il avait arrangé son voyage, réitérant la promesse de rester et promettant qu'il reviendrait aussitôt après le départ de cet ami. « Je mentis ainsi à ma mère, et à une telle mère! s'écrie saint Augustin; mais vous m'avez pardonné, mon Dieu, ce crime avec tant d'autres[2]. »

En mentant ainsi à sa mère, Augustin avait espéré qu'elle resterait en ville, et qu'elle le laisserait seul reconduire son ami au port. Mais elle ne voulut pas le quitter, et, s'attachant à ses pas, elle descendit avec lui sur le rivage.

---

[1] Quæ me profectum atrociter planxit, et usque ad mare secuta est. Sed fefelli eam violenter me tenentem ut aut revocaret aut mecum pergeret. (*Confess.*, lib. V, cap. VIII.)

[2] Et mentitus sum matri, et illi matri! (*Confess.*, lib. V, cap. VIII.)

La nuit venait. La mer, remuée par un orage, s'apaisait, mais lentement, et brisait encore sur les rochers la rage de ses derniers flots. Un vent de pleine mer ramenait à la côte toutes les embarcations; et le vaisseau sur lequel Augustin et son ami devaient partir était à l'ancre, ayant besoin que le vent changeât pour mettre à la voile et sortir du port.

En attendant ce changement de vent, qu'on espérait pour le soir, Augustin et son ami se promenaient sur le rivage, Monique auprès d'eux, l'un et l'autre de plus en plus embarrassés de cette insistance de la Sainte. Cependant les heures s'écoulaient; les dernières lueurs du jour étaient tombées; la nuit se faisait noire; et, comme le vent ne changeait pas, Augustin et son ami commencèrent à dire très-haut qu'évidemment on ne partirait pas cette nuit; qu'il fallait donc s'aller reposer; Monique surtout, qui était accablée de fatigue et d'émotion. Et à force de prières, après lui avoir promis de nouveau qu'il ne quitterait pas l'Afrique, Augustin la décida, en effet, à prendre un peu de repos.

Il y avait sur le bord du rivage, tout près du vaisseau qu'arrêtaient les vents contraires, une petite chapelle dédiée à saint Cyprien, l'illustre évêque de Carthage. On en voit encore aujourd'hui les ruines. C'est là que sainte Monique consentit à se retirer; car dans l'émotion qui l'accablait elle avait bien plus besoin de prier que de dormir. Elle y passa la nuit dans les larmes[1]. « Et que vous demandait-

[1] Illa autem remansit orando et flendo. (*Confess.*, lib. V, cap. VIII.)

elle, ô mon Dieu! s'écrie saint Augustin. Elle vous conjurait de ne pas permettre ce voyage. Et vous, nous regardant de plus haut et voulant exaucer son vrai désir, vous lui refusiez ce qu'elle vous demandait à ce moment, pour lui accorder, en me laissant aller en Italie où je devais me convertir, ce qui, au fond, était le seul objet de ses prières de chaque jour [1]. »

Le vent changea, en effet, pendant la nuit; les voiles s'emplirent, les ancres se levèrent, et avant le premier rayon de l'aurore, Augustin, assis sur la poupe du navire, les yeux fixés sur la petite chapelle où priait sa mère, vit peu à peu disparaître les rivages de la patrie.

Le matin venu, quand sainte Monique, sortant de la chapelle, trouva la rive déserte et le vaisseau disparu, elle devint « folle de douleur [2] ». Elle errait sur le bord de la mer, et le remplissait de ses cris. Elle accusait son fils. Elle se plaignait à Dieu de ce qu'il avait méprisé sa prière [3]. Elle aurait voulu trouver un vaisseau pour rejoindre Augustin sur ces flots où il pouvait périr sans elle; et quand elle pensait à ce monde plus orageux encore où il allait entrer dans quelques jours, elle tombait dans un

---

[1] Et quid a te petebat, Deus meus, tantis lacrymis, nisi ut navigare non sineres? Sed tu, alte consulens et exaudiens cardinem desiderii ejus, non curasti quod tunc petebat, ut in me faceres quod semper petebat. (*Confess.*, lib. V. cap. VIII.)

[2] Illa insaniebat dolore. (*Confess.*, lib. V, cap. VIII.)

[3] Et querelis et gemitu implebat aures tuas contemnentes istas. (*Confess.*, lib. V, cap. VIII.)

silence et dans un abattement dont elle n'était plus maîtresse. « C'est qu'elle m'aimait, dit saint Augustin, comme jamais mère n'a aimé son enfant! et parce qu'elle ne savait pas l'avenir, ni ce que vous lui apprêtiez, ô mon Dieu, de joies par cette absence, elle pleurait et gémissait; et ce fils qu'autrefois elle avait déjà enfanté avec tant de douleur, elle le demandait, déchirée de plus de douleur encore[1]. »

Enfin, épuisée de larmes, abattue, à bout de forces, après avoir mille fois accusé son fils de cruauté et de mensonge[2], n'ayant aucun moyen de le suivre sur les flots, elle revint à Thagaste, pour y verser « jusqu'au jour de ma conversion, dit Augustin, ces fleuves de larmes, dont ma mère marquait chaque jour la place où elle priait pour moi[3]. »

Saint Augustin arriva à Rome en 383, probablement au mois de septembre, pendant les vacances. On aimerait à savoir quelle impression fit sur lui cette grande ville. Elle était encore dans tout son éclat. Les Barbares ne l'avaient pas ravagée, et le temps n'avait touché les pierres de ses monuments

---

[1] Amabat enim secum præsentiam meam more matrum, sed multis multo amplius, et nesciebat quid in illis gaudiorum facturus esses de absentia mea. Nesciebat; ideo flebat et ejulabat cum gemitu quærens quod cum gemitu pepererat. (*Confess.*, lib. V, cap. VIII.)

[2] Post accusationem fallaciarum et crudelitatis meæ, conversa rursus ad deprecandum te pro me, abiit ad solita. (*Confess.*, lib. V, cap. VIII.)

[3] Flumina maternorum oculorum, quibus pro me quotidie tibi rigabat terram sub vultu suo. (*Confess.*, lib. V, cap. VIII.)

que juste assez pour leur donner cette couleur d'or et de bronze qui ajoute tant à leur beauté. Vingt ans auparavant, un jeune Dalmate, presque un barbare, saint Jérôme, l'avait parcourue avec une vive émotion ; errant sans cesse du Capitole au Panthéon, du Colisée au môle d'Adrien ; déclamant au Forum de longues périodes de Cicéron, et jusque dans les catacombes, où il descendait avec ses amis, trouvant sur ses lèvres des vers de Virgile :

Luctus ubique, pavor et plurima mortis imago.

En fut-il ainsi d'Augustin? Son âme était moins enthousiaste que celle de saint Jérôme, mais plus fine, plus tendre, d'une délicatesse exquise. Ces monuments d'un si grand style, encadrés dans le plus bel horizon, ces aqueducs, ces temples, ces palais, ces arcs de triomphe, témoignage de la puissance et de la grandeur des hommes; cette campagne pleine de ruines et de tombeaux, témoignage plus magnifique encore de leur vanité, durent aller profondément à son âme. Et s'il est vrai que plus on est triste, mieux on se plaît au milieu de cette terre, pétrie de la cendre du genre humain, Augustin dut y ressentir un charme infini.

L'année qu'il y passa fut, en effet, pour lui, une année amère. Le peu de croyances qu'il avait encore acheva de disparaître. Il les vit tomber une à une de son âme, comme les feuilles mortes dans un jour d'automne. Elles jonchaient de leurs tristes dépouilles chacun des pas qu'il faisait dans la ville éternelle.

Il était descendu à Rome chez un Manichéen auquel on l'avait recommandé ; car, quoiqu'il ne crût plus guère à la vérité de leur doctrine, il n'avait pas encore brisé avec ceux de la secte. Là, soit qu'il vécût plus familièrement avec eux, soit que, n'ayant pas fait connaître ses doutes, on prît moins de précautions avec lui, il vit clairement ce qu'il n'avait fait que soupçonner à Carthage : des mœurs abominables, des orgies scandaleuses, une corruption dont le caractère étrange était qu'elle croissait avec les initiations et les dignités ; et, ce qui acheva de lui ouvrir les yeux, cette corruption résultait de la doctrine la plus secrète du maître, et était justifiée par ses enseignements les plus confidentiels. Son âme honnête se révolta, et il jura que jamais il n'aurait plus de rapports avec aucun disciple de Manès[1].

C'était un grand pas ; et il semble qu'il ne restait plus qu'une chose à faire : lever les yeux sur l'Église catholique et lui demander cette vérité qu'il avait vainement cherchée ailleurs. Si Augustin eût agi ainsi, peut-être qu'il eût abrégé de beaucoup la route douloureuse qu'il avait à parcourir, avant d'arriver à la vérité.

L'Église brillait alors de cette belle lumière un peu mêlée d'ombres, que Dieu, pour notre épreuve, permet seule à sa sainte Épouse pendant les jours de son exil. Il y avait çà et là dans les fidèles et dans les prêtres quelques-unes de ces taches qui

---

[1] August., *De Moribus Manichæor.*, cap. xix et xx.

font rire les impies et gémir les fidèles. Mais à côté de ces ombres, quelles admirables splendeurs? Celui qui tenait le gouvernail de la barque de saint Pierre était un saint et un grand homme, saint Damase. Il avait pour secrétaire ce même Jérôme dont nous racontions tout à l'heure les enthousiasmes et les fautes, et qui, dompté par la pénitence et transfiguré par l'amour de Dieu, commençait à remplir l'Église des éclats de son éloquence. L'année même qui avait précédé l'arrivée d'Augustin en Italie, le Pape, pour résoudre certaines questions qui agitaient les esprits, avait convoqué un concile général à Rome; et on avait vu y accourir les évêques les plus illustres de la chrétienté : saint Ambroise de Milan, saint Épiphane de Chypre, saint Valérien d'Aquilée, Paulin d'Antioche, et une foule de vieillards d'une vertu célèbre. En arrivant à Rome, Augustin avait donc eu sous les yeux une de ces splendides preuves d'unité, de catholicité et d'indéfectibilité que Dieu n'a données à son Église que dix-huit fois.

A un autre point de vue, l'Église romaine offrait un spectacle encore plus fait pour toucher le cœur d'Augustin. La virginité et la charité, ces deux sœurs qui étaient nées le même jour au pied du Calvaire, continuaient à traverser le monde en se tenant embrassées, et en semant sur leur route des lis et des roses. On voyait, à Rome même, les descendants des Scipion, des Gracchus, des Camille, des Marcellus, ouvrir des hôpitaux, et leurs nobles jeunes filles y servaient de leurs mains les malades, pansaient leurs plaies, baisaient leurs pieds, et obligeaient le monde étonné à reconnaître la vérité dans l'amour.

Et comme les saintes âmes, emportées loin de ce triste monde par les ardeurs de la foi et de la piété, aspirent toujours à trouver des guides qui les aident à monter plus haut, on voyait ces âmes admirables, les Paula, les Fabiola, les Eustochium, les Marcella, se grouper autour de saint Jérôme, qui leur expliquait les saints livres et versait sur leurs têtes des flots de lumière, lesquels, comme il arrive toujours, se transformaient dans leurs cœurs en sacrifices, en dévouements et en immolations de toute sorte[1].

Si Augustin avait daigné jeter les yeux sur ce spectacle, nul doute qu'il n'eût été ravi. Mais il y a des situations d'esprit où l'on ne regarde pas, et il y a des situations de cœur où l'on regarde sans voir. Augustin était tellement persuadé que l'Église catholique enseignait sur Dieu et sur l'homme des choses absurdes, incompatibles avec la raison humaine et qui étouffent le génie, qu'il ne songea même pas à tourner son regard de ce côté[2]. Un instant cependant, comme il avait l'âme droite, il eut l'idée de conférer avec quelque homme savant de l'Église romaine qui pût lui en expliquer la

---

[1] On trouvera d'intéressants détails sur l'état de l'Église à ce moment dans un beau livre que va bientôt publier mon excellent ami, M. l'abbé Lagrange, vicaire général d'Orléans. Ce livre sera intitulé : *Histoire de sainte Paule*.

[2] *Confess.*, lib. V, cap. x.

vraie doctrine ; mais, soit persuasion que ce serait inutile, soit crainte secrète et instinctive de la vraie lumière et des sacrifices qu'elle demande, il n'en fit rien[1].

Persuadé donc par ses préventions que l'Église catholique n'avait pas la vérité, ayant reconnu par sa propre expérience que cette vérité n'était pas non plus dans la doctrine de Manès, se souvenant qu'autrefois il l'avait cherchée vainement dans les écrits des philosophes et qu'il n'y avait jamais trouvé la paix dans la certitude, il en vint à douter de tout, et se disant amèrement que la vérité n'était qu'un rêve, il entra dans une école de philosophes qu'on appelait les Académiciens, et qui enseignait qu'il n'y a rien de certain en ce monde.

Étrange misère de l'homme ! voilà la plus belle intelligence, l'esprit le plus perçant, le plus étendu, le plus actif, qui, pendant une longue suite d'années, s'applique à la recherche de la vérité, et qui, après avoir flotté comme un navire sans gouvernail à tous les vents et à tous les flots, finit par ployer ses ailes et par désespérer de la vérité ! Tout douteux, tout incertain ! la lumière nulle part, la raillerie et la dérision partout ! C'est là l'oreiller sur lequel Augustin aspirait maintenant à reposer sa tête lasse et à fermer ses yeux désespérés. *Et nunc, reges, intelligite !* Et maintenant, rois de l'intelligence, comprenez, et vous qui cherchez la lumière, soyez donc instruits !

---

[1] *Confess.*, lib. V, cap. XI.

Y a-t-il des hommes qui, sur cet oreiller du doute, puissent dormir, je ne dis pas du paisible sommeil qui calme les fatigues, mais même de ce sommeil agité et amer que Dieu ne refuse pas aux plus grandes douleurs? je l'ignore. Toujours est-il qu'Augustin n'était pas de ces hommes. Il avait trop d'élévation dans l'esprit, et, quoique gâté, son cœur n'avait pas cette dépravation qui fait qu'on se plaît dans les ténèbres. Aussi ni les distractions de Rome, ni les plaisirs intellectuels qu'il y goûtait, ni les succès qui couronnaient ses travaux ne parvenaient à calmer les agitations de son âme. Une tristesse profonde le consumait, et comme un malade qui ne trouve point de place bonne, il se retournait amèrement sur ce lit qui n'était pas fait pour lui.

Bientôt la fièvre le saisit; une maladie, fruit de ses inquiétudes, se déclara avec violence, et en quelques jours sa vie fut en péril. « Je me mourais, dit-il, et je m'en allais au tombeau, chargé de tout ce que j'avais commis de crimes contre Dieu, contre moi, contre les autres; fardeau terrible auquel il fallait joindre ce péché originel dont je n'avais jamais été lavé. » Ce qui aggravait encore le péril, c'est qu'Augustin ne songeait même pas à lever vers le ciel un regard suppliant. Vingt-deux ans auparavant, petit enfant, sous l'œil d'une mère chrétienne, il avait oublié son mal qui l'étouffait pour penser à son âme et à son éternité. Et aujourd'hui, jeune homme, perdu dans une grande ville, loin du regard protecteur de sa mère, il se mourait sans repentir, sans prière, sans prêtre, sans Christ, sans Dieu; ou plutôt il allait mourir avec le sarcasme sur les lèvres et l'impiété dans le cœur. « Je ne demandais pas le baptême dans un péril si grand, dit-il, et non-seulement je n'y pensais pas, mais j'en riais et je m'en moquais. » « O mon Dieu! ajoute-t-il, où serais-je allé, si j'étais mort en ce moment? Dans les flammes de l'enfer, parmi des tourments proportionnés à mes crimes, selon l'ordre immuable de votre souveraine providence[1]. »

Heureusement le mal ne continua pas ses ravages; la fièvre diminua peu à peu; les forces revinrent, et au bout de quelque temps Augustin fut hors de danger.

Avec ce grand et profond esprit qui lui faisait chercher la cause de tout, Augustin s'est demandé pourquoi Dieu l'avait tiré de ce péril, et quelle main, alors qu'il insultait Dieu sur le bord du tombeau, avait détourné la colère divine prête à le frapper. Et ici, comme plus haut, il n'hésite pas à le proclamer, c'est à sa mère qu'il l'a dû. « Elle ne me savait pas malade, dit-il; mais elle priait sans cesse pour moi. Et je ne vous ai pas dit, s'écrie-t-il éloquemment, et je ne vous dirai jamais assez combien elle m'aimait! et avec combien plus de douleur

---

[1] Neque enim desiderabam in illo tanto periculo baptismum tuum; et melior eram puer quando illum de materna pietate flagitavi... Sed in dedecus meum crevéram, et consilia medicinæ tuæ demens irridebam... Quo irem, si tunc hinc abirem, nisi in ignem atque tormenta digna factis meis in veritate ordinis tui? (*Confess.*, lib. V, cap. ix.)

elle tâchait de m'enfanter à Dieu par l'esprit qu'elle n'en avait ressenti dans le corps pour me mettre au monde[1] ! » Et il ajoute ce mot qui est de la plus divine éloquence qui puisse sortir des lèvres ou plutôt du cœur de l'homme : « Vous n'avez pas permis, mon Dieu, que je mourusse dans un état si funeste; car si ma mort, une mort éternelle, eût traversé les entrailles de l'amour de ma mère, cela eût fait à son cœur une telle blessure, qu'elle ne s'en serait jamais guérie[2]. »

On dit qu'une mère ne se console jamais de la perte de ses enfants. Il y a dans son cœur et, si je l'ose dire, dans ses entrailles je ne sais quoi qui demeure brisé à jamais, une douleur que le temps n'adoucit pas, et qu'on n'ose pas même consoler. Que serait-ce donc, si une mère chrétienne, au lieu de voir seulement mourir son enfant, le voyait expirer dans l'impiété et dans le crime ! Imaginez une de ces âmes toutes saintes qui disent avec saint François de Sales : « La mesure d'aimer Dieu, c'est de l'aimer sans mesure; » ou avec sainte Thérèse : « Ou souffrir, ou mourir, » qui ne savent pas regarder un crucifix ou un tabernacle sans tomber en extase, et qui verraient leur enfant, l'enfant de leurs entrailles, la meilleure moitié de leur âme, se

---

[1] Et illa hoc nesciebat, et tamen pro me orabat absens... Non enim satis eloquor quid erga me habebat animi, et quanto majori sollicitudine me parturiebat spiritu quam carne pepererat. (*Confess.*, lib. V, cap. II et IX.)

[2] Quo vulnere si feriretur cor matris, nunquam sanaretur. (*Confess.*, lib. V, cap. IX.)

détacher à jamais du Dieu qu'elles aiment par dessus tout! « Non, non, dit saint Augustin, une blessure pareille ne se fût pas guérie dans ma mère! »

« Et d'ailleurs, continue-t-il avec une émotion croissante, à quoi donc eussent servi, ô mon Dieu, de telles prières, si vives, si ardentes, si continuelles, qui ne cherchaient que vous? Eh quoi! Dieu de miséricorde et d'amour, vous auriez méprisé les larmes d'une veuve chaste, sobre, ardente à l'aumône, dévouée à vos saints, s'asseyant tous les jours à votre table sainte! Et quelles larmes, ô mon Dieu! Non pas ces larmes avec lesquelles on vous demande de l'or, de l'argent, des choses périssables; mais ces saintes larmes par lesquelles elle ne demandait que l'âme de son fils! Vous auriez repoussé et méprisé une mère dans le mouvement le plus sacré et le plus divin de son cœur! Oh! non, mon Dieu, cela n'est pas et ne sera jamais! Aussi, vous l'entendiez, ma pieuse mère, et vous vous prépariez à l'exaucer, selon l'ordre immuable de votre suprême amour[1]. »

---

[1] Et ubi essent tantæ preces et tam crebræ sine intermissione? Nusquam nisi ad te. An vero tu, Deus misericordiarum, sperneres cor contritum et humiliatum viduæ castæ et sobriæ, frequentantis eleemosynas, obsequentis atque servientis sanctis tuis, nullum diem prætermittentis oblationem ad altare tuum; bis in die, mane et vespere, ad ecclesiam tuam venientis, non ad fabulas et aniles loquacitates, sed ut te audiret in tuis sermonibus, et tu illam in suis orationibus? Hujusne tu lacrymas, quibus non a te aurum et argentum petebat, nec aliquod nutabile aut volubile bonum, sed salutem animæ filii sui, contemneres et repelleres? etc. (*Confess.*, lib. V, cap. IX.)

Et en effet, ainsi que nous l'avons dit, Augustin sortit bientôt de maladie, et reprit ses études et ses courses à travers les livres, les écoles et les monuments de Rome. Mais il ne reprit ni sa foi ni sa joie; ou plutôt, continuant à douter de tout, persuadé qu'il n'y a rien de certain en ce monde, décidé à ne plus s'occuper de questions de doctrine, il commença à s'enfoncer dans des tristesses plus grandes que celles qu'il avait connues jusque-là.

Des ennuis extérieurs les accrurent encore. Augustin avait ouvert à Rome une école libre. Mais, malgré son grand talent, il n'avait groupé autour de sa chaire que quelques disciples peu studieux, et des indélicatesses auxquelles il ne devait pas s'attendre, et qui blessèrent profondément sa belle âme, achevèrent de lui faire prendre sa position en dégoût[1]. Il doutait de Dieu, il commençait à douter des hommes; quel martyre pour un esprit et surtout pour un cœur comme celui d'Augustin!

Il était là, prêt à tomber dans le découragement, lorsqu'il apprit que la chaire d'éloquence à Milan était vacante. Cette position était faite pour lui plaire. Le professeur, reconnu et rétribué par la ville, n'était plus à la merci de jeunes gens inconstants et indélicats, et il trouvait dans l'honneur d'un enseignement public la considération, la fortune, et surtout la liberté. A Milan, en particulier, cette chaire avait une grande importance, depuis que les empereurs, en fixant leur résidence dans

---

[1] *Confess.*, lib. V, cap. xii.

cette ville, en avaient fait la nouvelle capitale du monde. Augustin demanda donc cette chaire, et l'ayant obtenue après une épreuve publique, qu'il subit avec de grands applaudissements en présence du célèbre Symmaque, préfet de Rome, il partit à la hâte pour Milan, un peu consolé par cet honneur, revoyant l'avenir sous un meilleur jour, mais doutant plus que jamais de la vérité, décidé à ne pas s'en occuper davantage, et ne voulant désormais consacrer son rare génie qu'à l'étude de la forme[1].

Cependant sainte Monique n'y tenait plus. Soit que les dernières lettres d'Augustin fussent empreintes de toutes les tristesses de son âme, soit que Monique n'entendît que dans son propre cœur de mère les gémissements secrets du cœur de son fils, elle résolut de partir et de l'aller rejoindre. Le voyage était long et pénible. Il fallait traverser toute la Méditerranée, quitter son pays, sa maison, ses habitudes, et, comme elle était pauvre, qui sait s'il ne fallait pas vendre le peu qu'elle avait pour payer les frais du voyage? Mais quels sacrifices ont jamais arrêté une mère, surtout quand cette mère est une sainte!

Monique s'embarqua en 385, probablement dans ce même port où, un an auparavant, elle avait été abandonnée par son fils, et, si elle en eut le temps, elle dut aller prier dans cette petite chapelle de Saint-Cyprien, où elle avait passé une si doulou-

---

[1] *Confess.*, lib. V, cap. XIII.

reuse nuit. Elle y demanda à Dieu le bonheur de revoir son fils, et celui, plus grand encore, de le consoler et de le convertir.

On eût dit d'abord que Dieu ne voulait pas lui donner la joie de revoir Augustin. Car à peine elle avait perdu de vue les rivages de l'Afrique, qu'une tempête horrible se déclara. La mer était soulevée dans ses profondeurs. Des vagues menaçantes se précipitaient sur le navire, et en mordaient les flancs avec des clameurs sauvages. Tout l'équipage tremblait. Des matelots eux-mêmes étaient épouvantés. Seule, Monique ne tremblait pas. Quoi! elle périrait avant de revoir son fils! Dieu l'empêcherait d'aller convertir Augustin! Elle voyait clairement, elle sentait au fond de son cœur de mère, de son âme de chrétienne et de sainte, que cela était impossible. Aussi, debout sur le pont du navire, calme et ferme à force d'espérance, elle rassurait les matelots, et leur déclarait, avec un accent qui les pénétrait tous, que la tempête finirait bientôt et qu'ils arriveraient heureusement au port. Bientôt, en effet, les vents s'apaisent, et les nuages, en se dissipant, laissent voir les côtes rayonnantes de l'Italie[1].

Monique courut aussitôt à Rome. Elle avait hâte d'embrasser son fils, et de juger par elle-même de

[1] Jam venerat mater pietate fortis, terra marique me sequens, et in periculis omnibus de te secura. Nam et per marina discrimina ipsos nautas consolabatur, a quibus rudes abyssi viatores, cum perturbantur, consolari solent; pollicens eis perventionem cùm salute. (*Confess.*, lib. VI, cap. I.)

l'état de son âme. Mais qu'on imagine sa peine quand, arrivée à Rome, elle n'y trouva plus Augustin. Il était déjà parti pour Milan.

On pense que Monique s'était croisée avec la lettre par laquelle Augustin lui annonçait son départ, car il est impossible d'admettre qu'un fils si respectueux, si tendrement attaché à sa mère, ne l'eût pas avertie d'un tel dessein ; et il est même probable que ce sont les lettres d'Augustin, pleines de tristesse, de découragement et d'irrésolution, où il disait à sa mère qu'il ne voulait plus rester à Rome, qu'il avait fermé son école, qu'il allait se rendre à Milan ; il est, dis-je, probable que ce sont ces lettres qui, ayant ému profondément l'âme de sainte Monique, l'avaient déterminée à partir brusquement. Seulement la conclusion de l'affaire de Milan s'était précipitée ; Augustin était parti à la hâte, après avoir écrit un mot à sa mère, et sans se douter, du reste, qu'elle eût le dessein de venir le rejoindre, et encore moins qu'elle fût déjà en route.

Si affligée que fût Monique de ce contre-temps, elle n'hésita pas néanmoins sur le parti à prendre. Milan est à deux cents lieues de Rome, et il faut pour s'y rendre traverser les Apennins ; mais elle venait bien de faire quatre cents lieues à travers les flots irrités ; elle partit donc aussitôt, pleine de la même ardeur, et soutenue, à travers les fatigues de ce second voyage, par cette même foi indomptable qu'elle reverrait son fils et qu'elle le convertirait.

Cette foi indomptable, il suffit d'être mère et

d'aimer Dieu par-dessus toutes choses pour la trouver en soi. Mais ici Dieu l'accroissait lui-même dans le cœur de cette femme admirable, pour que nul obstacle ne fût capable de l'arrêter. Car il fallait qu'elle fût là. Augustin entrait dans la grande crise qui précède la renaissance de la foi. Il allait acheter le bonheur de croire par une agonie plus douloureuse que tout ce qu'il avait encore connu. Monique ne pouvait être absente dans un moment pareil; il fallait qu'elle donnât à son fils un dernier et suprême secours.

Et puis, après tant d'années d'angoisses, d'inquiétudes et de larmes, Dieu avait résolu de consoler sa servante. Voilà pourquoi il l'amenait à Milan juste à l'heure où Augustin allait sortir des ténèbres et entrer dans la lumière. Elle avait été à la peine, il était bien juste qu'elle fût à la résurrection et à la gloire.

CHAPITRE NEUVIÈME

DERNIÈRE CRISE. L'ABIME DU DOUTE ACHÈVE DE SE CREUSER.
SAINTE MONIQUE APPELLE SAINT AMBROISE A SON AIDE.
POUR ÊTRE PLUS SURE DE SAUVER SON FILS,
ELLE REDOUBLE DE FERVEUR

384-386

Cependant saint Augustin était arrivé à Milan, et avait pris possession de sa chaire d'éloquence dans la périlleuse situation d'esprit que nous avons indiquée au chapitre précédent : ayant demandé la vérité partout, et ne l'ayant rencontrée nulle part, l'ayant cherchée d'abord dans la philosophie antique, et ne l'y ayant pas trouvée, parce qu'elle n'y est pas, au moins au degré de lumière, de certitude et de profondeur dont un chrétien a besoin; l'ayant demandée ensuite à la sainte Écriture, où elle est, mais ne l'y ayant pas trouvée davantage, faute d'humilité, d'obéissance et de pureté de cœur; s'étant alors adressé à une hérésie contemporaine, séduisante au premier coup d'œil, grossière au fond; y ayant passé neuf années, heureux un inant, mais bientôt agité, inquiet, révolté : car à mesure qu'il pénétrait dans les secrets de la secte, il apercevait mieux le vide des doctrines et la honteuse corruption des mœurs ; et maintenant, ne sachant plus que devenir, aimant toujours la vérité, mais désespérant de la trouver, et se persuadant que les plus sages étaient ceux qui doutaient de tout : dernier abîme, plus profond que les autres, plus obscur, encore moins fait pour lui, où il allait se débattre deux années entières, d'où il devait sortir chrétien, et heureusement, car, s'il n'en était pas sorti chrétien, il s'y serait abruti, on va le voir. Et c'est pour cela, parce qu'il courait le plus grand de tous les périls, afin de l'aider à retrouver le chemin de la lumière, que Dieu lui envoyait sainte Monique.

Mais si nécessaire que fût à Augustin la présence de sa mère dans ce moment de crise, elle ne pouvait pas suffire. Les cœurs de mère sont faits de pureté, de tendresse et de force ; et cependant, oserais-je le dire, ils ne sont ni assez forts ni même assez purs pour que les enfants puissent y renaître à la lumière d'en haut. Il faut à cette œuvre toute divine des âmes qui aient puisé, dans une consécration plus haute, une plus grande puissance de vie et de résurrection. Ce que la mère commence avec ses larmes, le prêtre l'achève avec l'autorité, la parole et le sang de Jésus-Christ ; et plus celui qu'il faut tirer de l'abîme y était profondément plongé, plus Dieu choisit avec un soin délicat la mère chrétienne et le prêtre qui doivent travailler ensemble à cette cure sublime. Voilà pourquoi, après avoir donné sainte Monique à Augustin, Dieu lui avait préparé en même temps saint Ambroise.

Ce saint évêque semblait avoir été fait exprès pour compreudre ce jeune homme inquiet, triste, ardent, également prêt à refleurir ou à s'éteindre, selon l'influence qui allait prédominer. Il avait passé sa jeunesse dans le monde, au milieu des affaires et des études : ce qui lui donnait une première harmonie d'âme avec Augustin. Il s'était voué ensuite à l'étude de l'éloquence, et, tout jeune, il avait acquis au barreau un nom célèbre : ce qui était une seconde harmonie. Et enfin, né comme Augustin d'une mère chrétienne, il était resté comme lui simple catéchumène jusqu'à plus de trente ans ; quoiqu'il faille se hâter d'ajouter qu'Ambroise catéchumène n'avait connu ni les doutes, ni les désordres, ni les erreurs d'Augustin. Mais c'était peut-être entre eux une sympathie de plus ; car pour s'incliner avec tendresse vers un cœur coupable, pour sentir profondément et délicatement les agitations douloureuses d'une âme, il est bon, il est meilleur quelquefois d'avoir toujours vécu dans la sérénité, dans la lumière et dans la paix. On le voit, jusqu'à trente ans, ces deux vies, à l'exception des fautes, avaient eu de singulières ressemblances.

Là, un événement imprévu avait changé tout à coup la carrière d'Ambroise. Le siége épiscopal de Milan était vacant. Deux partis se disputaient l'é-

...ction avec une animosité qui pouvait devenir ...anglante. Ambroise, qui était préfet de la ville, ...arut dans l'église pour apaiser le désordre. Il par-...it au peuple avec beaucoup d'éloquence, lors-...u'un enfant s'écria : « Ambroise évêque! Am-...roise évêque! » Cette voix de l'innocence parut ...ne voix du Ciel. D'immenses acclamations l'ac-...ueillirent, et les deux partis tombèrent d'accord ...our placer Ambroise sur le siége épiscopal de ...ilan.

Ambroise, qui n'était que catéchumène, reçut ...onc le baptême; et après huit jours de solitude, ...e prières et de larmes, il fut ordonné prêtre ...'abord, et immédiatement après évêque, le 7 dé-...embre 374. Alors, comme une fleur qui n'atten-...ait qu'un dernier rayon de soleil pour donner tous ...es parfums, Ambroise s'épanouit sous la bénédic-...on qui le fit évêque. Tous les trésors de sa belle ...me apparurent au jour. A la fois évêque et homme ...'État, occupé des âmes et des sociétés, courant ... monde pour y mettre la paix et faire respecter ... honneur par des princes dégénérés, et s'enfer-...ant des heures entières avec des pécheurs qu'il ...ttendrissait par ses larmes; écrivant aux rois des ...ettres hardies, et soupirant, pour les vierges con-...acrées à Dieu, des chants d'une tendresse et d'une ...ureté exquises; l'homme de tous les âges, de ...outes les positions, de tous les périls, de toutes ...es vertus, tels que Dieu a fait l'évêque, et que le ...nonde d'alors était heureux de le trouver.

Encore n'étaient-ce là que des préludes. Et,

avançant tous les jours en sainteté, il se préparait à deux actes qu'il ne pouvait pas même prévoir, pour lesquels seuls peut-être Dieu l'avait fait si grand, et qui en tous cas allaient couronner sa tête d'une auréole immortelle. Qui n'a entendu parler de cette scène admirable où Ambroise arrêta aux portes de sa cathédrale l'empereur Théodose couvert du sang de Thessalonique? L'empereur, du reste, fut digne de l'évêque; et leurs deux actes, aussi beaux l'un que l'autre, traverseront éternellement les âges, en y traçant un long sillon d'honneur.

Toutefois, quelle puissance qu'eût en ce jour la parole d'Ambroise, il en a prononcé une autre qui devait procurer à Dieu plus de gloire encore. Entrons dans la demeure du saint évêque. Suivons-y ce jeune homme qui s'y présente. Écoutons les paroles qui vont tomber des lèvres de saint Ambroise. Ce sont de fécondes paroles. Elles ont fait saint Augustin. Elles ont donné à l'Église le plus grand de ses docteurs.

Une des premières démarches d'Augustin arrivant à Milan avait été d'aller rendre visite à saint Ambroise. Il le lui devait, puisqu'il était appelé à exercer une charge publique dans la même ville que lui. Mais il y venait aussi par une sympathie d'un ordre plus élevé. « C'est une grande chose pour un jeune homme, a dit un écrivain, que ses premières visites à des hommes qui ne sont pas de son âge, et qui l'ont précédé dans la vie, surtout quand la gloire semble garder le seuil de leur demeure[1]. » A plus forte raison quand la sainteté l'unit à la gloire : les deux auréoles à la fois.

« Arrivé à Milan, écrit Augustin, j'allai voir l'évêque Ambroise, connu partout comme l'une des plus grandes âmes du monde, et votre pieux serviteur, ô mon Dieu. Aveugle, votre main me menait à lui pour qu'il m'ouvrît les yeux et me conduisît à vous. Cet homme vénérable me reçut comme un père, et voulut bien me dire, avec une charité digne d'un évêque, que mon arrivée à Milan le comblait de joie. A partir de ce jour, je me pris à l'aimer. Mais ce n'était pas le docteur de la vérité que j'aimais en lui; car j'avais perdu entièrement alors l'espérance de pouvoir la trouver dans l'Église : c'était seulement l'homme bienveillant pour moi[2]. »

Le saint et illustre Ambroise recevant le jeune Augustin; la paix de l'un et les agitations de l'autre; cet astre qui va se coucher dans la lumière, et cet autre astre, plus grand, qui n'est pas encore dégagé des ombres, forment une de ces scènes touchantes et solennelles qu'on aimerait à voir traitées par un grand maître.

Après avoir visité Ambroise en particulier, Au-

---

[1] Le P. Lacordaire, *Notice sur Frédéric Ozanam*.
[2] Et veni Mediolanum, ad Ambrosium episcopum, in optimis notum orbi terræ, pium cultorem tuum; suscepit me paterne ille homo Dei, et peregrinationem meam satis episcopaliter dilexit. Et eum amare cœpi, primo quidem non tanquam doctorem veri, quod in Ecclesia tua prorsus desperabam, sed tanquam hominem benignum in me. (*Confess.*, lib. V, cap. XIII.)

gustin voulut l'entendre en public. Le saint parlait tous les dimanches à son peuple. Il lui expliquait la sainte Écriture simplement et avec noblesse, évitant la controverse, et remplaçant l'érudition par de fines et ingénieuses allégories, au moyen desquelles il jetait la lumière sur les passages les plus obscurs de la sainte Écriture. Rien ne convenait mieux à l'âme blessée et malade d'Augustin que cette parole douce, élégante, harmonieuse et élevée. Il s'y abandonna avec un charme infini, ne la redoutant pas, et ne soupçonnant pas qu'une telle parole, si peu acérée, fût capable de faire de si profondes blessures.

Mais il eut à peine entendu saint Ambroise, qu'il sentit s'élargir encore la plaie qui lui déchirait le cœur. Tout ce qui lui restait d'hésitations à l'endroit du Manichéisme s'évanouit tout à fait. Les derniers restes de ses croyances tombèrent de son âme. Il vit l'inanité de tout ce qu'il avait cru jusque-là; et, toujours persuadé, sans vouloir l'examiner, que la vérité n'était pas dans l'Église catholique, il désespéra plus que jamais de la trouver nulle part. Dès lors que faire? Mépriser les doctrines, ne plus s'occuper des choses, se vouer tout entier à la forme, au style, à la nuance, à l'art pour l'art, seule chose à laquelle il crût encore. « Voilà où j'en étais, dit-il; j'avais roulé dans le plus profond des abîmes par le désespoir de trouver la vérité[1]; suspendu aux formes de la parole, j'étais de

---

[1] Et diffidebam et desperabam de inventione veri. (*Confess.*

venu insouciant et dédaigneux du fond[1]; plus rien ne me touchait, excepté l'art du discours, seul amour qui eût survécu dans mon âme à la ruine de tous les autres amours[2]. » C'est-à-dire qu'Augustin était à la veille de devenir un sophiste, un artiste de paroles, un chercheur d'antithèses, un arrangeur de phrases. Il courait, par conséquent, non plus seulement dans son âme et dans sa conscience, mais dans son génie lui-même, le plus redoutable des périls.

C'est à ce moment qu'arriva sainte Monique, et il n'est pas difficile de deviner ce que fut dans de telles circonstances l'entrevue d'un tel fils et d'une telle mère. On ne sent jamais mieux les pures et profondes affections de la famille que quand on est triste. Augustin l'était, Monique aussi. Leurs deux âmes s'unirent dans une longue étreinte, et ils mêlèrent leurs larmes.

Dès qu'ils purent parler, pour consoler sa mère, car il est probable qu'en pleurant Monique attachait sur son fils des regards inquiets et profonds, Augustin se hâta de lui dire qu'il n'était plus Manichéen. Il espérait la voir tressaillir de joie. Mais il n'en fut rien. Elle ne parut ni étonnée ni heu-

---

lib. VI, cap. I.) Dubitabam de omnibus, et inveniri posse viam vitæ minime putabam. (*Confess.*, lib. VI, cap. II.)

[1] Verbis suspendebar intentus; rerum autem incuriosus et contemptor astabam. (*Confess.*, lib. V, cap. XIII.)

[2] Cum enim non satagerem discere quæ dicebat, sed tantum quemadmodum dicebat audire (ea mihi quippe desperanti ad te viam patere homini, inanis cura remanserat). (*Confess.*, lib. V, cap. XIV.)

reuse[1]. Pas étonnée : car quoi de surprenant qu'Augustin n'eût pu jeter l'ancre sur un sable aussi mouvant et sur une terre aussi misérable que l'hérésie de Manès? Elle s'y attendait. Pas heureuse : car ce n'était pas assez pour elle que son fils n'adhérât plus à l'erreur; elle espérait mieux de ses larmes. Qu'Augustin devînt chrétien, catholique, pieux, fervent : voilà ce qu'elle voulait. Mais il ne lui fallait pas moins, et elle était sûre de l'obtenir.

Aussi elle répliqua vivement à Augustin qu'elle voulait qu'il devînt catholique, et, mêlant dans un même élan les intuitions de la mère et les certitudes de la sainte, elle l'assura fortement, et à plusieurs reprises, qu'avant de mourir elle le verrait converti. Augustin secoua la tête, et ne répondit que par un sourire amer. Car, doutant de tout, désespérant de la vérité, il était décidé, comme nous l'avons dit, à ne plus s'occuper de questions de doctrine[2].

Mais c'était là précisément ce qui remplissait d'espoir le cœur de sainte Monique. Elle connaissait trop son fils pour se persuader qu'il pût demeurer dans un pareil vide. Elle le savait fait pour croire

---

[1] *Confess.*, lib. VI, cap. 1.

[2] Invenit me periclitantem quidem graviter desperatione indagandæ veritatis. Sed tamen ei cum indicassem non me quidem manichæum, sed neque catholicum christianum, non quasi inopinatum aliquid audierit exsilivit lætitiæ... Placidissime et pectore pleno fiduciæ respondit mihi credere se in Christo quod priusquam de hac vita emigraret me visura esset fidelem catholicum, etc. (*Confess.*, lib. VI, cap. 1.)

t pour aimer. Aussi, le voyant plongé dans un
doute absolu, sans aucune planche de salut au milieu de ce naufrage, elle comprit que c'était là le
commencement de la grande crise, et qu'après l'avoir mis un instant dans le plus terrible des dangers, ce serait cette crise même qui le ramènerait
à la vie. Consolée donc, mais tremblante encore,
comme l'est une mère au pied du lit où se décide
le sort de son enfant, elle résolut de ne pas perdre
une minute et de redoubler de prières, de sacrifices, de pieuses et saintes industries, pour obtenir
que Dieu abrégeât le moment terrible, et hâtât le
jour de la conversion[1].

Dans ce but, sa première pensée, après avoir embrassé son fils, fut d'aller trouver saint Ambroise.
C'était lui, elle le savait, qui avait achevé de jeter
Augustin dans cette crise; elle avait hâte de le remercier, de savoir aussi ce qu'il pensait d'Augustin, de lui confier ses doutes, ses craintes, ses pressentiments, ses espérances, et, plus encore qu'avec
le vieil évêque qu'elle avait vu à Thagaste, de le
conjurer d'entrer en rapports intimes avec son fils,
afin de rendre promptement chrétienne l'âme de
son Augustin.

Ambroise reçut sainte Monique avec une joie
attendrie. Il ne pouvait se lasser de contempler
cette mère, sur le visage de laquelle l'amour de

[1] Tibi autem, fons misericordiarum, preces et lacrymas deniores, ut accelerares adjutorium tuum et illuminares tenebras
meas, et studiosius ad ecclesiam currere, et in Ambrosium ora
suspendi. (*Confess.*, lib. VI, cap. I.)

Dieu et la tendresse pour un fils égaré avaient creusé de si vénérables sillons. Il en conserva un souvenir qui ne s'effaça plus. Il ne voyait jamais Augustin sans le féliciter d'avoir une telle mère[1].

De son côté, sainte Monique fut émue jusqu'aux larmes en présence de celui dont elle espérait la conversion de son fils, et qui déjà, par ses premières paroles avait jeté Augustin dans un état si terrible, mais si heureux. La piété, la douceur, la science, la modestie du saint évêque la ravirent en augmentant ses espérances. Elle lui ouvrit son cœur, et lui voua, dès le premier jour, ce genre d'affection élevée et profonde qu'aura toujours une mère pour l'homme de Dieu qui dirige, qui protége, qui sauve, et surtout qui convertit l'âme de ses enfants[2].

On ne peut guère douter qu'elle ne lui ait confié le soin de sa propre conscience, et que ce grand homme, qui passait une partie de sa vie à écouter les pécheurs et à pleurer avec eux, n'ait eu la consolation de la diriger pendant tout le temps qu'elle demeura à Milan. A qui pouvait-elle mieux confier son âme qu'à celui que Dieu avait choisi, elle le sentait, pour la conversion de son fils? Et d'ailleurs

---

[1] *Confess.*, lib. VI, cap. II.

[2] Diligebat autem illum virum sicut Angelum Dei, quod per illum cognoverat me interim ad illam ancipitem fluctuationem jam esse perductum per quam transiturum me ab ægritudine ad sanitatem, intercurrente arctiore periculo, quasi per accessionem quam criticam medici vocant, certa præsumebat. (*Confess.*, lib. VI, cap. I.)

qu'était-ce que sa vie à cette époque? à quoi se réduisait sa direction? Elle n'avait qu'une seule pensée : prier pour son fils, pleurer sur lui, le ramener à Dieu à force de larmes. Et si elle s'occupait de sa propre âme, si elle veillait avec une délicatesse de plus en plus jalouse sur de moindres pensées, si elle devenait chaque jour plus humble, plus recueillie, il semble que c'était encore à cause de son fils : pour que ses prières fussent plus pures, et que son cœur étant plus intimement uni à Dieu, elle fût plus sûre aussi d'en tirer un cri qui pût l'émouvoir. Or qui, mieux qu'Ambroise, était en état de comprendre une pareille âme, et de lui donner la direction dont elle avait besoin?

Ajoutons que, quoique jeune, Monique n'avait plus que deux années à demeurer en ce monde, les plus belles de sa vie, celles où, comme on le voit dans l'histoire de tous les saints, son âme allait mûrir rapidement et donner les plus beaux fruits. Or ces dernières années, il avait été réglé, dans les desseins de la divine Providence, qu'elle les passerait sous l'œil et la conduite du plus grand directeur de cette époque. Dieu fait souvent de ces choses. Quand une âme a fleuri dans la solitude, et qu'elle touche à l'heure de l'épanouissement, il la transplante tout à coup, et l'amène auprès de quelque saint directeur qu'il a préparé en secret, et qui est chargé de mettre la dernière main à ce bel œuvre.

Une fois en rapport avec le saint évêque de

Milan, Monique s'occupa de rendre les relations de saint Ambroise et de son fils plus fréquentes et plus intimes. Souvent elle l'emmenait avec elle quand elle lui rendait visite. Quelquefois elle le lui envoyait, tantôt sous un prétexte, tantôt sous un autre, en apparence pour demander conseil sur quelque point qui la concernait, en réalité pour fournir à son fils l'occasion d'entretenir le grand évêque.

Un jour, par exemple, elle ne savait pas si elle devait jeûner : c'était un samedi; on jeûnait ce jour-là en Afrique, et elle en avait l'habitude; mais on ne jeûnait pas à Milan, et elle se demandait qui devait l'emporter de la coutume de Thagaste ou de celle de Milan. Elle aurait bien pu s'en informer elle-même auprès de saint Ambroise : mais, par une de ces pieuses industries que trouve facilement le cœur des mères, elle aima mieux lui envoyer Augustin, et c'est à celui-ci que fut donnée cette réponse, qui est devenue célèbre : « Suivez la coutume de l'Église où vous êtes. Si vous êtes à Rome, jeûnez avec l'Église de Rome; mais si vous êtes à Milan, n'y jeûnez pas, lorsque l'Église de Milan ne jeûnera pas. »

Un fait d'une autre nature montra, à la même époque, combien l'amour qu'elle avait pour son fils se mêlait en sainte Monique à la vénération, à l'obéissance, au tendre et profond respect dont elle entourait saint Ambroise. C'était l'usage de l'Église d'Afrique qu'aux jours de la fête des martyrs on apportât à leur sanctuaire du pain, du vin, des gâteaux. On les déposait sur la pierre de leur tombeau ; on en donnait ensuite une partie aux pauvres, puis on mangeait le reste. Dans les idées de l'antiquité chrétienne, ainsi que je l'ai déjà dit, il y avait là une sorte de communion aux mérites et à la vie du saint. Le premier jour de fête que sainte Monique passa à Milan, elle arriva le matin à l'église, son petit panier au bras, plein des offrandes saintes, comme elle avait l'usage de le faire en Afrique. Tout à coup, au moment d'entrer, le portier l'arrête et lui défend de passer. Ambroise, craignant les abus qui commençaient à se mêler à cet usage si beau et si vénérable en lui-même, l'avait supprimé, et le portier avait ordre de ne laisser personne en accomplir le rit. Monique n'avait pas été prévenue, et il pouvait lui être pénible d'être ainsi arrêtée publiquement et brusquement au seuil de l'église. Mais on ne put saisir sur son visage l'ombre même d'un regret. « Elle renonça de grand cœur à cet usage, dit saint Augustin, et, au lieu d'un panier plein de fruits de la terre, elle apporta désormais au tombeau des martyrs un cœur plein de vœux purs. Mais les pauvres n'y perdirent rien : elle leur donnait à la maison ce qu'elle leur eût donné là ; et ces fruits de la terre dont elle eût pu se nourrir sur la tombe des saints, elle les remplaça désormais par le corps divin du Sauveur[1]. » Voilà comment elle obéit. « J'imagine pourtant, ajoute saint Augustin avec une grande

---

[1] *Confess.*, lib. VI, cap. II.

délicatesse, que ma mère eût eu plus de peine à quitter cette coutume, si elle eût été défendue par un autre qu'elle n'eût pas tant aimé qu'Ambroise; mais elle le chérissait parce qu'elle voyait en lui l'instrument de mon salut. Et lui, de son côté, l'aimait pour sa vie exemplaire, son assiduité à l'église, sa ferveur spirituelle dans l'exercice des bonnes œuvres. Il ne pouvait se taire de ses louanges en ma présence, et il me félicitait d'avoir une telle mère. Mais il ne savait pas, ajoute humblement Augustin, quel fils elle avait en moi[1]. »

Au moment, du reste, où se nouaient entre sainte Monique et saint Ambroise ces rapports si intimes, Dieu arrangeait toutes choses pour incliner vers le saint évêque, dans un noble enthousiasme, non-seulement le cœur de la mère, mais celui même du fils. Ambroise était arrivé à un de ces moments où, quand une âme est grande, elle devient sublime, et où les flots de la persécution et de la calomnie, en mugissant autour d'elle, ne font qu'en mieux révéler la magnanimité et la grandeur. L'impératrice Justine, qui depuis quelques

---

[1] Sed tamen videtur mihi non facile fortasse de hac amputanda consuetudine matrem meam fuisse cessuram, si ab alio prohiberetur, quem non sicut Ambrosium diligebat, quem propter salutem meam maxime diligebat; eam vero ille propter ejus religiosissimam conversationem, qua in bonis operibus tam fervens spiritu frequentabat ecclesiam : ita ut sæpe erumperet, cum me videret, in ejus prædicationem, gratulans mihi quod talem matrem haberem ; nesciens qualem illa me filium. (*Confess.*, lib VI, cap. II.)

années avait commis la faute d'amener à Milan une petite troupe de courtisans appartenant tous à la secte arienne, et qui y ajoutait la faute plus grande encore de se laisser conduire par cette minorité turbulente, venait, un peu avant la fête de Pâques de l'année 385, de faire demander à saint Ambroise, au nom de son fils Valentinien, encore enfant, de céder aux ariens de sa cour une des églises occupées par les catholiques : soit la basilique Portia, qui était hors des murs, soit même la basilique neuve, c'est-à-dire celle où célébrait ordinairement Ambroise, et qui était la métropole de la cité. Le saint avait refusé, et, avec une noble fierté, il avait fait répondre à l'impératrice que ce n'était pas au prêtre à livrer le temple. Pour cette parole et pour ce refus, il se vit tout à coup exposé à la haine d'une femme qui était toute-puissante, et qui était capable de tout. Des soldats furent envoyés pour se saisir de la basilique Portia, et l'église où se trouvait Ambroise fut elle-même environnée de troupes. Mais, comme le peuple tout entier était pour le saint évêque, les soldats, n'osant y pénétrer, se replièrent sur la basilique Portia, entraînant après eux une partie du peuple ému et indigné; et pendant plusieurs jours une sorte de guerre civile se prolongea dans Milan.

Durant tout ce temps, Ambroise ne sortit pas de l'église, tantôt debout au saint autel, les yeux en larmes, demandant à Dieu par de ferventes prières que le sang d'aucun homme ne fût versé pour sa cause; tantot, assis dans la chaire, expliquant les saints livres, calmant le peuple, lui enseignant la clémence, le respect des lois, et en même temps faisant retentir à ses oreilles les plus énergiques et les plus splendides paroles sur la liberté des âmes et sur celle de l'Église, qui est leur patrie, leur refuge et leur mère.

Aux comtes et aux tribuns, par exemple, qui vinrent le sommer de livrer promptement la basilique, disant que c'était le droit de l'empereur, à qui tout appartenait : « Si l'empereur me demandait ce qui est à moi, quoique tout ce qui est à moi soit aux pauvres, je ne le refuserais pas, répondait-il; mais les choses divines ne m'appartiennent pas. En veut-on à mon patrimoine? qu'on le prenne; si c'est à mon corps, j'irai au-devant. Voulez-vous me mettre aux fers, me mener à la mort? J'en suis ravi : je ne me ferai point entourer de peuple pour me défendre; je n'embrasserai point les autels en demandant la vie. J'aime mieux être immolé pour les autels. »

A l'eunuque Calligone, préfet de la chambre, qui lui disait : « Tu méprises Valentinien, je te couperai la tête, » Ambroise répondait avec plus de fierté encore et de noble intrépidité : « Dieu permette que tu accomplisses ta menace ! je souffrirai en évêque, et tu agiras en eunuque. »

Aux officiers enfin de l'empereur, qui, voyant s'échauffer la foule, et craignant une émeute, venaient le prier d'apaiser son peuple : « Il dépend de moi de ne pas l'exciter; mais, quand il est ému, il n'y a que Dieu qui puisse le calmer. » Et comme ils s'exclamaient, l'appelant tyran, et prétendant qu'il abusait de son influence sur le peuple pour ébranler le trône de Valentinien : « Oh! oh! disait-il en souriant, Maxime ne dit pas que je sois le tyran de Valentinien, lui qui se plaint que je l'ai arrêté quand il voulait passer en Italie. » En effet, c'était Ambroise qui, au moment où Maxime convoitait l'empire de Valentinien, avait traversé les Alpes, était venu en toute hâte plaider la cause de l'enfant orphelin, et l'avait gagnée. « Du reste, continuait Ambroise, si je suis un tyran, que tardez-vous à me frapper? Je n'ai d'autres armes que le courage de m'exposer. Je suis prêt à mourir. Mais Dieu me garde de livrer l'héritage de Jésus-Christ, l'héritage de mes prédécesseurs, l'héritage de Denys qui est mort en exil pour la foi, l'héritage du saint confesseur Eustorgius, l'héritage de Myroclès et de tous les saints évêques mes pères. Je rends à César ce qui est César, et à Dieu ce qui est à Dieu. » Et pour montrer qu'il était prêt à obéir, il laissait sa porte ouverte à toute heure du jour et de la nuit, et il se tenait dans sa chambre accoutumée, prêt à se rendre en exil ou en prison, selon l'ordre qu'il recevrait.

Effrayée d'une attitude si noble et si ferme, Justine recula, mais pour un temps, et peu après elle ourdit dans l'ombre un nouveau complot plein de ruse. Un docteur arien prit tout à coup le titre d'évêque de Milan; et Ambroise, ayant refusé de comparaître devant le tribunal nommé par l'impératrice et chargé par elle de juger entre Ambroise et son compétiteur, le saint évêque fut déclaré intrus, condamné à l'exil, et des soldats furent envoyés pour se saisir de sa personne et l'emmener hors de l'Italie. Comme la première fois, le saint se réfugia dans sa cathédrale; et c'était un spectacle tout divin de voir, au sanctuaire de son église, ce vieillard, en qui se personnifiaient tous les droits de la conscience, demeurer invincible quoique désarmé, et le courroux de la plus grande puissance qui fût alors expirer impuissant aux marches du parvis. Le peuple, du reste, ne quittait pas l'église; il s'y pressait, fidèle autour de son évêque. Il y passait même les nuits, armé et menaçant[1].

Cette espèce de siége dura huit à neuf jours, aux environs de la fête de Pâques, en 386; et ce fut alors que, pour occuper saintement de si longues heures, Ambroise introduisit dans l'église de Milan le chant alternatif des psaumes tel que le pratiquait déjà l'Orient, et qui depuis s'est répandu dans l'Occident tout entier. Et afin de varier et d'animer ce chant, il crut devoir y ajouter des hymnes qu'il composa pour la circonstance et qui achevèrent d'enthousiasmer le peuple, à ce point que les ennemis d'Ambroise disaient qu'il avait ensorcelé la foule avec ses chants magiques[2]. Nous avons en-

---

[1] Les églises de ce temps étaient accompagnées de plusieurs bâtiments extérieurs, portiques, chambres, salles, jardins; ce qui fait entendre comment le peuple y passait des jours et des nuits de suite. Il y avait des lieux où l'on pouvait manger et dormir avec bienséance.

[2] Hymnorum quoque meorum carminibus deceptum populum

core la plupart de ces hymnes[1], et jamais on ne se douterait qu'elles ont été improvisées au milieu du bruit des armes, parmi les clameurs d'une populace inquiète, et par un homme qui ne savait pas le matin s'il prendrait dans la journée le chemin de l'exil ou celui de la prison. Rien n'est à la fois plus doux, plus frais, plus élevé et plus pur. Voici, par exemple, l'hymne du réveil :

> Pour chanter ici tes louanges
> Notre zèle, Seigneur, a devancé le jour;
> Fais qu'ainsi nous chantions un jour avec les anges,
> Le bien qu'à tes élus réserve ton amour.
>
> Lève-toi, Soleil adorable,
> Qui de l'éternité ne fais qu'un heureux jour;
> Fais briller à nos yeux ta clarté secourable,
> Et répands dans nos cœurs le feu de ton amour.

ferunt. Plane nec hoc abnuo. (Ambros., *Opusc. de Spiritu sancto*, in *Epist.* xxxi.)

[1] Les hymnes qui semblent appartenir le plus certainement à saint Ambroise sont d'abord les onze suivantes : *Æterne rerum Conditor. Deus creator omnium. Jam surget hora tertia. Veni, Redemptor gentium. Illuminans Altissimus. Fit porta Christi pervia. Orabo mente Dominum. Somno refectis artubus. O lux beata Trinitas. Consors paterni luminis. Æterna Christi munera.* (Voir dom Cellier, *Histoire des auteurs ecclésiastiques :* Saint Ambroise.) Outre ces onze hymnes, le B. Thommasi, dans son *Hymnaire*, en ajoute cinquante-deux autres, et en particulier : *Jesu, nostra Redemptio. Conditor alme siderum. Rerum Creator optime. Splendor paternæ gloriæ. Immense cœli Conditor. Cœli Deus sanctissime. Nox atra rerum contigit. Magnæ Deus potentiæ. Tu Trinitatis Unitas. Æterna cœli gloria. Plasmator hominis Deus. Summe Deus clementiæ. Lux ecce surgit aurea*, etc. etc.

> Que ce jour se passe sans crime,
> Que nos langues, nos mains, nos yeux soient innocents;
> Que tout soit chaste en nous, et qu'un frein légitime
> Au joug de la raison asservisse nos sens.
>
> Chantons l'auteur de la lumière
> Jusqu'au jour où son ordre a marqué notre fin ;
> Et qu'en le bénissant notre aurore dernière
> Se perde en un midi sans soir et sans matin.

Et encore ce début si gracieux d'une autre hymne du matin :

> L'astre avant-coureur de l'aurore,
> Du soleil qui s'approche annonce le retour;
> Sous le pâle horizon l'ombre se décolore ;
> Lève-toi dans nos cœurs, chaste et bienheureux jour !

Voici maintenant une des hymnes de la nuit. Quand on pense à ce qu'était la poésie à cette époque, et qu'on la voit renaître si jeune et si fraîche sur les lèvres d'un vieillard, on entrevoit quelque chose du charme qui devait s'attacher à toute la personne du saint évêque.

> Tandis que le sommeil, réparant la nature,
>   Tient enchaînés le travail et le bruit,
> Nous rompons ces liens, ô clarté toujours pure,
>   Pour te louer dans la profonde nuit.
>
> Que dès notre réveil notre voix te bénisse,
>   Qu'à te chercher notre cœur empressé

> T'offre ses premiers vœux, et que par toi finisse
> Le jour par toi saintement commencé.
>
> Nous t'implorons, Seigneur : tes bontés sont nos armes;
> De tout péché rends-nous purs à tes yeux;
> Fais que t'ayant chanté dans ce séjour de larmes,
> Nous te chantions dans le repos des cieux.

Jamais, du reste, on ne trouve dans ces hymnes une allusion aux troubles de la ville. A peine un mot, comme celui-ci :

> Nous montrons à tes yeux nos maux et nos alarmes,
> Nous confessons tous nos crimes secrets;
> Nous t'offrons tous nos vœux, nous y mêlons nos larmes;
> Que ta bonté révoque tes arrêts !

ou encore :

> Qu'un saint ravissement éclate en notre zèle,
> Guide toujours nos pas;
> Fais d'une paix profonde, à ton peuple fidèle,
> Goûter les doux appas [1] !

Il faut avoir, on le reconnaîtra, un bien grande âme, singulièrement forte et maîtresse d'elle-même, pour soupirer de telles harmonies au milieu de

---

[1] Je n'ai pas besoin de nommer le traducteur de ces hymnes. « Celui, dit M. de Maistre, qui voudra sans vocation essayer quelque chose dans ce genre, en apparence si simple et si facile, apprendra deux choses en jetant la plume : ce que c'est que la prière, et ce que c'est que le talent de Racine. » (*Soirées de Saint-Pétersbourg*, tome II, 7ᵉ Entretien.)

l'effervescence populaire. Aussi ces hymnes furent accueillies avec tant d'enthousiasme, que le peuple chantait jour et nuit, électrisé et demandant à mourir avec son évêque. De temps en temps Ambroise faisait arrêter le chant; il montait en chaire, et son cœur ému et reconnaissant trouvait, pour remercier et pour encourager cette foule fidèle, des accents qu'on ne lui avait jamais connus.

Ces choses se passaient en 385 et 386, c'est-à-dire pendant les années mêmes où Augustin demeura et enseigna à Milan. Comment un jeune homme, éloigné de la vraie foi sans doute, mais sensible à l'éloquence, à la poésie, à l'honneur, à la dignité de l'âme, aux éternels droits de la conscience et de la liberté, n'aurait-il pas été touché de ce spectacle? Comment n'aurait-il pas tressailli en voyant ce vieillard, s'exposant généreusement à la violence pour ne pas trahir son devoir; invincible du reste quoique sans armes, et récompensé, comme il arrive toujours, par les applaudissements de tous ceux dont les applaudissements méritent d'être désirés? « Ma mère, dit-il, voulant des premières sa part d'angoisses et de veilles, ne vivait plus que d'oraisons. Moi-même, froid encore à la chaleur de votre esprit, j'étais frappé de ce trouble et de cette émotion de toute une ville[1]. »

---

[1] Ibi mater mea, ancilla tua, sollicitudinis et vigiliarum primas tenens orationibus vivebat. Nos adhuc frigidi a calore spiritus tui, excitabamur tamen civitate attonita atque turbata. (*Confess.*, lib. IX, cap. VII.)

La grandeur morale qui environnait Ambroise d'une auréole, l'enthousiasmait : « Je trouvais Ambroise heureux. Je le voyais entouré des plus grands hommages. J'enviais tout de lui, excepté son célibat. Et cependant, ajoute-t-il, je ne soupçonnais pas son vrai bonheur. Tout ce qu'il nourrissait d'espérances; tout ce qu'il soutenait de beaux combats contre les séductions de sa propre grandeur; tout ce qu'il trouvait de consolations dans l'adversité, de charme dans la voix secrète qui lui parlait au fond du cœur; tout ce qu'il goûtait de savoureuses joies en se nourrissant du pain de vie, je n'en avais nul pressentiment, nulle expérience[1]. »

Quant à sainte Monique, en voyant le père de son âme, celui sur lequel elle comptait pour sauver son enfant, devenir un héros et un saint, elle tressaillait d'une joie si élevée, que j'essaierais en vain de la peindre à ceux qui ne l'ont pas éprouvée. Elle se pressait autour de la chaire d'Ambroise; elle se suspendait à ses lèvres; elle prenait largement, comme dit Augustin, sa part des angoisses et des douleurs de l'Église. Elle ne vivait plus que pour Dieu. Et là, sous l'œil du saint évêque, dans cette lumière, parmi ces chants et ces enthousiasmes,

---

[1] Ipsum Ambrosium felicem quemdam hominem secundum sæculum opinabar, quem sic tantæ potestates honorarent : cœlibatus tantum ejus mihi laboriosus videbatur. Quid autem ille spei gereret, et adversus ipsius excellentiæ tentamenta quid luctaminis haberet; quidve solaminis in adversis, et occultum os ejus quod erat in corde ejus; quam sapida gaudia de pane tuo ruminaret, nec conjicere noveram. (*Confess.*, lib. IV, cap. III.)

au sein de ces parfums célestes, enveloppée de si divines influences, elle avançait à grands pas dans la perfection. La foi, l'amour, les fortes espérances, la paix, la certitude de Dieu, exhalaient en elle tous leurs parfums à la fois. Il était facile de voir qu'elle touchait à l'heure de la grande fécondité[1].

[1] *Confess.*, lib. VI, cap. I et II; lib. VII, cap. VII.

CHAPITRE DIXIÈME

LES PRIÈRES DE SAINTE MONIQUE COMMENCENT A ÊTRE EXAUCÉES.
PREMIERS RAYONS DE LUMIÈRE DANS L'ÂME D'AUGUSTIN.
PROFONDEUR DU PLAN ADOPTÉ PAR SAINT AMBROISE
ET SUIVI PAR SAINTE MONIQUE.
LA TEMPÊTE

385

Sainte Monique, on vient de le voir, ne se contentait pas de se faire accompagner par son fils lorsqu'elle allait rendre visite à saint Ambroise; elle avait encore plus de soin, chaque fois que le saint évêque montait en chaire, d'amener Augustin avec elle; ce qui n'était pas difficile du reste; car celui-ci goûtait singulièrement l'éloquence d'Ambroise; et, avant même que sa mère fût arrivée, il allait souvent l'entendre. On montre encore à Milan la chaire en marbre d'où le saint évêque parlait au peuple, et dans laquelle, pendant les années 385 et 386, il ne s'assit pour ainsi dire jamais, sans voir devant lui sainte Monique, et à côté d'elle « le fils de tant de larmes ».

Malheureusement, en accompagnant sa mère aux instructions de saint Ambroise, il s'en fallait bien qu'Augustin y apportât les dispositions que demande la parole de Dieu pour pénétrer dans les âmes. Il y venait en curieux et en juge, non en disciple. « J'allais écouter Ambroise, avec grand soin, chaque fois qu'il enseignait le peuple, non avec l'intention que je devais, mais seulement pour m'assurer si son éloquence répondait à sa réputation, et si la renommée en exagérait ou en diminuait la beauté. Je restais des heures entières suspendu à ses lèvres, et j'étais ravi de l'harmonie de ses discours; mais du reste je ne faisais attention qu'à la forme, et je méprisais les choses[1]. »

Voilà comment Augustin entendait la parole d'Ambroise; et bien qu'il n'eût aucune des conditions qu'exige la lumière divine pour pénétrer dans les âmes, elle pénétrait cependant en lui. Elle s'insinuait doucement et presque insensiblement dans son âme. « Comme en écoutant le saint évêque, dit-il, je ne me mettais point en peine d'apprendre ce qu'il disait, mais seulement de juger la manière dont il disait, néanmoins, parce que les choses sont inséparables des paroles, je ne pouvais pas empêcher que les unes entrassent avec les autres dans mon esprit. Et lorsque j'appliquais toute mon

---

[1] Et studiose audiebam disputantem in populo, non intentione quâ debui, sed quasi explorans ejus facundiam; an major minorve proflueret quam prædicabatur. Et verbis ejus suspendebar intentus; rerum autem incuriosus et contemptor adstabam. (*Confess.*, lib. V, cap. XIII.)

attention à bien remarquer l'éloquence de ses discours, j'en reconnaissais en même temps la force et la vérité ; ce qui néanmoins ne se fit que peu à peu et par degrés[1]. »

Sous le charme de cette parole, Augustin commença donc à se soulever un peu ; mais il ne s'en aperçut même pas, tant fut doux et presque insensible le premier rayon de lumière qui pénétra dans son âme. « D'abord il me sembla, dit-il, que ce qu'Ambroise enseignait se pouvait défendre, et que j'avais eu tort de croire qu'on ne pût sans témérité soutenir la foi catholique. C'est pourquoi, après l'avoir entendu, je commençai à condamner cette fausse créance que j'avais eue, qu'il était impossible de répondre à ceux qui se permettent mille railleries et mille insultes contre la religion[2]. » Voilà le premier rayon. Il ajoute pour le mieux caractériser : « Je prenais un grand plaisir à entendre saint Ambroise, et quoique j'ignorasse encore si ce qu'il disait était la vérité, du moins il ne disait rien qui ne me parût possible[3]. » Et plus loin : « J'étais

---

[1] Veniebant in animum meum simul cum verbis quæ diligebam, res etiam quas negligebam. Et dum cor aperirem ad excipiendum quam diserte diceret, pariter intrabat quam vere diceret; gradatim quidem. (*Confess.*, lib. V, cap. xiv.)

[2] Primo etiam ipsa defendi posse mihi jam cœperant videri; et fidem catholicam, pro qua nihil posse dici adversus oppugnantes Manichæos putaveram, jam non impudenter asseri existimabam. (*Confess.*, lib. V, cap. xix.)

[3] Jam reprehendebam desperationem meam, illam duntaxat qua credideram Legem et Prophetas detestantibus atque irridentibus resisti omnino non posse. (*Confess.*, lib. V, cap. xiv.)

assuré dès lors qu'encore que je ne connusse pas si la doctrine que l'Église catholique enseigne était véritable, au moins je ne pouvais douter qu'elle n'enseignait point les choses dont je l'avais accusée. Aussi je me trouvais confus. Je changeais de sentiment et j'éprouvais une joie secrète en pensant que l'Église catholique, au sein de laquelle, enfant, j'avais appris à connaître le nom de Jésus, n'avait rien de ridicule dans sa foi[1].

On voit comment se modifiait peu à peu l'esprit d'Augustin. Chaque jour il apercevait avec étonnement que l'Église n'était pas ce qu'il avait cru. Certains passages des saintes Écritures qui lui avaient paru absurdes lui semblaient maintenant susceptibles d'un sens raisonnable, et même beau et élevé. Certains dogmes dont il avait ri ou dont il était révolté, l'Église ne les enseignait pas; elle enseignait tout le contraire. Beaucoup d'objections misérables ne portaient pas. Il rougissait, car il avait l'âme droite, d'avoir ainsi attaqué, non pas la vraie Église, mais une Église fictive qui n'avait d'existence que dans son imagination. « J'avais honte, dit-il, de ce que j'avais été si téméraire et si impie que de blâmer par mes discours des choses dont j'aurais dû m'enquérir; car ce n'était pas contre la religion catholique que j'avais aboyé,

---

[1] Itaque confundebar et convertebar : et gaudebam, Deus meus, quod Ecclesia unica, corpus Unici tui, in qua mihi nomen Christi infanti est inditum, non saperet infantiles nugas. (*Confess.*, lib. VI, cap. iv.)

mais contre les chimères de mes imaginations coupables[1]. »

À ce premier rayon de lumière, si doux et presque insensible, en succéda peu après un autre, plus vif et tout à fait brillant.

Augustin fut amené, en écoutant saint Ambroise, à examiner le procédé des catholiques dans la recherche de la vérité. Il en fut frappé. Les catholiques veulent que l'on croie avec soumission ce que l'on ne comprend pas avec évidence. Reconnaître qu'il y a une multitude de choses absolument incompréhensibles à l'esprit humain, et s'incliner avec respect en avouant les limites de la raison et de l'intelligence, voilà le procédé principal de la foi.

Augustin trouva d'abord que ce procédé était plus modeste et plus sincère que celui des hérétiques. « Car ceux-ci, dit-il, ne parlaient que de liberté, d'évidence, de raison, et du droit absolu de tout scruter et de tout examiner. Ils traitaient de crédules et de naïfs ceux qui croyaient ce qu'ils ne comprenaient pas; et ensuite, proposant une foule de choses dont ils ne pouvaient fournir la preuve, ils exigeaient impérieusement que l'on ajoutât foi à leur parole[2]. » Aux yeux d'Augustin, il y avait là contradiction et orgueil.

Et non-seulement le procédé des catholiques lui

---

[1] Gaudens erubui non me tot annos adversus catholicam fidem, sed contra carnalium cogitationum figmenta latrasse. (*Confess.*, lib. VI, cap. III.)

[2] *Confess.*, lib. VI, cap. V.

sembla plus modeste, plus sincère, mais, bien que sa raison, fière de ses forces, eût peu d'attrait pour cette méthode, il se sentit amené à entrevoir la vérité, à en reconnaître du moins la merveilleuse harmonie avec la nature humaine. Il faut continuer à l'entendre et monter peu à peu avec lui dans la lumière : « Je commençai, dit-il, à remarquer combien je croyais de choses que je n'avais jamais vues, ou qui s'étaient passées longtemps avant moi. Par exemple, tant d'événements que j'avais lus dans l'histoire; tant de lieux et de villes où je ne suis jamais allé; tant d'actions qui m'ont été contées par mes amis, par des médecins, par une foule de personnes, qu'il faut admettre sous peine de rompre toutes les relations de la vie. Je suis le fils de Patrice et de Monique. Je le crois d'une foi ferme. Et que puis-je en savoir pourtant, si je n'ai pas foi au témoignage[1]? »

Dès lors, si nulle vie n'est possible, ni la vie des sens, ni la vie de l'esprit, ni la vie du cœur, ni la vie de la société, sans la foi, c'est-à-dire sans l'abandon à une parole crue de confiance; si c'est là, à la fois, le charme et la nécessité de la vie humaine; pourquoi ne serait-ce pas aussi la loi, l'honneur et le bonheur de la vie divine? Si tout homme venant en ce monde est enseigné par sa mère, par son père, par son pays, par son siècle, pourquoi ne serait-il pas enseigné par son Dieu? Et si Dieu, en effet, a enseigné l'homme, que faut-il faire,

---

[1] *Confess.*, lib. VI, cap. v.

sinon écouter, croire, se confier, et poser la religion sur le même fondement que la famille, que l'amitié, que toutes les nobles et saintes affections qui ne vivent que de dévouement, de confiance et d'abandon?

Voilà ce que disait saint Augustin; et si on ne connaissait pas son cœur, si tendre, si affectueux, on croirait sentir ici, à ses côtés, comme le souffle et l'inspiration de sa mère : car c'est bien ainsi, sous ce jour, et, pour ainsi dire, dans cette lumière, que la religion se présente à la femme chrétienne. Ces premières choses obscures et ineffables, mystérieuses et augustes, qui portent tout, la femme ne les étudie pas, ne les discute pas : elle les sent. Elle n'a pas besoin de génie pour avoir ces claires et profondes intuitions; elle n'a qu'à écouter son cœur.

Ce principe trouvé ou reçu, le génie d'Augustin s'en empara, et avec cette puissance d'investigation et cette logique qui était un des dons de son grand esprit, il en tira des gerbes de lumière.

« Supposé, se dit-il, que Dieu ait parlé à l'homme, quel caractère devra avoir sa parole? Un caractère absolument distinct de celui qu'a la parole humaine. L'homme est petit, étroit, borné par le temps et l'espace; sa parole est de même. Dieu, au contraire, est infini, éternel, embrassant tous les temps, tous les lieux, toutes les âmes : ainsi devra être sa parole. » Là-dessus, Augustin ouvrit les livres sacrés que l'Église catholique tient dans ses mains, et où elle croit qu'est contenue la vraie parole de Dieu, telle qu'elle a retenti dans le cours des siècles. Il fut frappé en y trouvant, en effet, quelque chose qui ne ressemblait à rien de ce qu'il connaissait, lui qui avait étudié tant de livres : une parole aussi antique que le monde, aussi universelle que l'espace, une comme la vérité, sainte comme la vertu, immuable et indestructible quoique toujours attaquée, d'une fécondité prodigieuse, d'une beauté morale supérieure, et telle enfin qu'elle n'a pu sortir que d'un esprit éternel, universel, immuable, tout-puissant, saint, c'est-à-dire de Dieu.

Mais ce qui le jeta dans un étonnement plus grand encore, ce sont les harmonies de cette parole avec l'âme humaine, harmonies si profondes et si belles, qu'il est impossible que cette parole ne vienne pas de Celui qui a fait l'âme humaine. « Ce qui achevait de me jeter dans l'admiration, dit-il, et me rendait cette parole tout à fait vénérable et digne de foi, c'est que, simple d'une part, afin d'être proportionnée à l'intelligence des plus petits, elle garde pour les autres, sous l'écorce de la lettre, des secrets sublimes. Accessible à tous par la clarté de l'expression et l'humilité du style, elle exerce et satisfait l'esprit de ceux qui ont un plus grand génie et une vue plus perçante. Et si elle reçoit tous les hommes en son vaste sein et les y retient par l'humble simplicité de son langage, cela ne l'empêche pas d'ailleurs d'élever les puissants esprits jusqu'à la plus haute lumière[1]. »

[1] Eo mihi venerabilior et sacrosancta fide dignior apparebat

Ce dernier caractère s'ajoutant à tous les autres, il commença à voir peu à peu émerger de l'ombre et apparaître à son regard charmé l'Église catholique dans son incomparable plan : embrassant, comme Dieu, tous les temps, tous les lieux, et, ce qui est plus beau encore, toutes les âmes ; nourrissant de lumière, et de la même lumière, les grands et les petits, les savants et le peuple, les aigles et les colombes, à la différence des philosophies, des religions et des sectes, qui ont toujours été restreintes, étroites, locales, comme l'esprit de l'homme qui les avait conçues : celles-ci, faites par les grands esprits, et alors incompréhensibles au peuple ; celles-là, faites pour le peuple, mais méprisées des grands ; portant toutes enfin comme un signe d'infirmité leur impossibilité d'atteindre tous les temps, tous les lieux et surtout toutes les âmes. « Je méditais sur ces choses, s'écrie éloquemment Augustin, et vous, mon Dieu, vous m'assistiez. Je soupirais, et vous prêtiez l'oreille. Je flottais sur cette mer, et vous gouverniez ma course. Je m'égarais encore dans la voie large du siècle, et vous ne m'abandonniez pas[1]. »

---

auctoritas, quo et omnibus ad legendum esset in promptu, et secreti sui dignitatem in intellectu profundiore servaret ; verbis apertissimis et humillimo genere loquendi se cunctis præbens, et exercens intentionem eorum qui non sunt leves corde ; ut exciperet omnes populari sinu, et per angusta foramina paucos ad te trajiceret, multo tamen plures, quam si nec tanto apice auctoritatis emineret, nec turbas gremio sanctæ humilitatis hauriret. *Confess.*, lib. VI, cap. v.)

[1] Cogitabam hæc, et aderas mihi ; suspirabam, et audiebas

Ces vues, si nouvelles jusque-là pour lui, et si bien faites pour lui plaire, charmaient Augustin, mais sans le convertir. De ce que la foi catholique pouvait opposer de bonnes raisons aux objections de ses adversaires, et de ce qu'elle présentait à l'esprit qui l'étudie certains caractères de beauté morale, il n'en concluait pas encore qu'elle fût vraie; il en concluait seulement que cette doctrine était belle, raisonnable, élevée même, soutenue par de grands esprits, crue par des âmes dont il ne pouvait suspecter la sincérité, tels qu'étaient sainte Monique et saint Ambroise; digne, par conséquent, d'être étudiée avec soin et traitée avec respect. Il a peint cet état de son âme en un mot admirable qui en peint bien d'autres semblables à la sienne. « En ce temps-là, dit-il, la foi catholique n'était plus vaincue en moi; mais elle n'était pas encore victorieuse[1]. »

A partir de ce jour, la raillerie ne se trouva plus sur ses lèvres; le mépris sortit de son cœur, et un premier pas fut fait vers la lumière. « Aussi, renonçant définitivement à toute autre doctrine, sans néanmoins embrasser celle d'Ambroise, je résolus, dit-il, de demeurer simple catéchumène dans l'Église catholique, où ma pieuse mère m'avait fait entrer, et d'attendre ainsi le lever de quelque lumière qui pût éclairer mes pas[2]. »

me; fluctuabam, et gubernabas me; ibam per viam sæculi latam, nec deserebas. (*Confess.*, lib. VI, cap. VI.)

[1] Non victa, sed nondum victrix. (*Confess.*, lib. V, cap. XIV.)
[2] *Confess.*, lib. V, cap. XIV.

Cette lumière qu'Augustin cherchait, il lui eût été facile de la trouver, s'il eût voulu mettre quelqu'un dans la confidence de ses troubles. Mais, comme un malade qui, ayant passé par les mains de mauvais médecins, appréhende de se confier à un bon, il hésitait à s'ouvrir, à communiquer ses doutes, et à demander des remèdes.

Il n'y avait qu'un seul homme qui aurait pu aller au-devant d'Augustin, solliciter une confidence et l'obtenir : c'était saint Ambroise. Et, chose singulière, il ne paraissait même pas s'en occuper. On eût dit qu'il ne se doutait pas de l'état d'agitation et d'angoisses dans lequel se trouvait ce jeune homme, qu'il aimait et dont il était aimé. « Ambroise ne savait pas, dit saint Augustin, quelles étaient les agitations de mon esprit, et le précipice où j'étais près de tomber ; car je ne pouvais m'éclaircir de mes doutes avec lui comme je l'eusse bien désiré : la grande multitude des personnes qui avaient affaire à lui et qu'il assistait dans leurs besoins, m'empêchait de lui pouvoir parler à mon aise ; et le peu de temps durant lequel ils le laissaient libre, il en profitait pour réparer les forces de son corps par les aliments nécessaires, et les forces de son âme par la lecture [1]. »

Comment comprendre ce que dit ici Augustin, qu'Ambroise ignorait les doutes et les angoisses d'un jeune homme avec lequel il avait de si fréquentes relations, et qui, par sa charge publique à

[1] *Confess.*, lib. VI, cap. III.

Milan et par la grandeur de sa réputation, était en vue à toute la ville? D'ailleurs est-ce que sainte Monique n'était pas là? est-ce qu'elle ne voyait pas souvent saint Ambroise? Et de quoi lui parlait cette mère inconsolable, si ce n'est de son Augustin, des angoisses et des agitations d'une âme qui était l'occupation unique de sa vie? Et dès lors, comment un évêque si savant, si zélé, d'une si grande autorité, ne cherchait-il pas à gagner à Dieu un jeune homme qui devait lui procurer une telle gloire? Augustin dit qu'il était trop occupé. Mais quelle occupation plus noble, plus lumineuse, plus agréable à Dieu, plus digne d'un évêque, que de rendre la raison de la foi à un jeune homme qui le désirait sincèrement, et qui, converti, pouvait être d'un si grand honneur et d'un si ferme appui à toute l'Église catholique?

Et cependant, non-seulement saint Ambroise ne cherchait pas cette occasion, mais la rencontrant tous les jours, il la négligeait à plaisir. Il faut citer ici une page d'Augustin, sorte de miniature admirable, où l'on voit se détacher, comme sur un fond d'or, la belle figure de saint Ambroise, dans le recueillement et la sérénité de sa foi, et à côté de lui le jeune Augustin, inquiet et agité, qui l'observe en silence, qui l'admire, et qui n'ose l'interroger. « J'allais souvent voir Ambroise, dit-il; je pénétrais jusque dans sa chambre, dont la porte n'était jamais fermée à personne, et où l'on entrait sans être annoncé; je le trouvais, lisant tout bas, et jamais autrement. Je m'asseyais, et après être de-

meuré dans un long silence (car qui eût osé le
troubler, le voyant si attentif?), je me retirais,
présumant que dans ces rapides instants permis au
délassement de son esprit fatigué du tumulte de
tant d'affaires, il lui serait importun d'être inter-
rompu. C'est pour cela peut-être aussi qu'il lisait
bas. Il craignait d'être surpris par un auditeur attentif en quelque passage obscur, et qu'il fallût le
lui expliquer; et qu'ainsi, employant la plus grande
partie de son temps en ces explications, il ne pût
lire tout ce qu'il s'était proposé. Ou bien le désir
de conserver sa voix, qui s'enrouait fort aisément,
lui était un juste motif de lire bas. Enfin, quelque
raison qui le portât à user de la sorte, elle ne pouvait être que bonne en un tel homme[1]. »

On voit par ce dernier mot la vénération dont
Augustin entourait saint Ambroise, et, par conséquent, la facilité qu'aurait eue ce saint évêque de
venir à son secours en provoquant une confidence,

---

[1] Sæpe eum adessemus, non enim vetabatur quisquam ingredi,
aut ei venientem nuntiari mos erat; sic eum legentem vidimus
tacite, et aliter nunquam : sedentesque in diuturno silentio (quis
enim tam intento esse oneri auderet?) discedebamus et conjecta-
bamur eum parvo ipso tempore, quod reparandæ menti suæ
nanciscebatur, feriatum ab strepitu causarum alienarum, nolle
in aliud avocari; et cavere fortasse ne, auditore suspenso et intento, si qua obscurius posuisset ille quem legeret, etiam exponere
necesse esset, aut de aliquibus difficilioribus disceptare quæstio-
nibus, atque huic operi temporibus impensis, minus quam vellet
voluminum evolveret, quanquam et causa servandæ vocis, quæ
illi facillime obtundebatur, poterat esse justior tacite legendi.
Quolibet tamen animo id ageret, bono utique ille vir agebat.
(*Confess.*, lib. VI, cap. III.)

ou en répondant à ses doutes. Mais Ambroise n'avait pas l'air de s'en apercevoir. « Ainsi, ajoute Augustin, je n'avais aucun moyen de m'éclaircir de ce que je désirais en consultant ce saint oracle, sauf quelques demandes où il ne fallait qu'un mot de réponse. Mais les inquiétudes qui m'agitaient avaient besoin de rencontrer une personne qui eût assez de loisir pour me donner le temps de les répandre toutes dans son sein, et je ne le trouvais jamais en cet état[1]. »

Évidemment il y a ici un mystère. Lorsque, dix ans auparavant, sainte Monique avait été supplier un vieil évêque d'Afrique d'entrer en discussion avec son fils, le saint lui avait dit : « A quoi bon? » Et comme elle insistait : « Priez, priez, avait-il ajouté, il est impossible que le fils de tant de larmes périsse. » C'était la même tactique que suivait maintenant saint Ambroise. Il n'ignorait pas les doutes d'Augustin; mais il ne voulait point de controverse avec lui. Qui a jamais été ramené par la controverse? Augustin était fier de sa raison, de la force admirable de son esprit. Il possédait une puissance de dialectique extraordinaire. Une objection qu'on n'eût pas bien résolue, ou qu'il n'eût pas crue résolue; un argument auquel il lui eût semblé qu'on ne répondait pas, l'eût confirmé dans ses doutes, et enfoncé davantage encore dans cette pensée, que la vérité n'était pas plus au sein de l'Église catholique que dans les sectes et les philosophies dont il avait vu le vide.

[1] *Confess.*, lib. VI, cap. III.

D'ailleurs, quand on aurait convaincu son esprit, est-ce que son cœur se serait rendu? Platon disait que le bien est le père de la lumière; que le mouvement de l'esprit qui monte à Dieu doit s'appuyer sur les forces de l'amour purifié; que l'âme ne peut développer ses ailes que par la vertu. Saint Ambroise savait tout cela mieux que Platon. Et si les agitations de l'esprit d'Augustin ne lui étaient pas inconnues, il ignorait bien moins encore les désordres de son cœur. Cette femme, qui depuis quatorze ans disputait à Dieu le cœur d'Augustin, l'avait suivi à Milan. Il vivait publiquement avec elle dans une union coupable. Dès lors à quoi bon les discussions? Ne valait-il pas mieux prier, demander à Dieu cette conquête, et attendre que les armes de sainte Monique eussent amassé dans le cœur d'Augustin des tempêtes auxquelles celui-ci ne sût plus comment résister?

Voilà quel était le plan de saint Ambroise. Aussi, tout en conservant avec Augustin de bons rapports, il feignait d'ignorer ses doutes, et évitait avec soin d'entrer avec lui dans une discussion qui ne pouvait pas aboutir. Il ne refusait pas de cueillir ce fruit délicieux dont il connaissait toute la saveur; mais auparavant il jugeait bon de le laisser mûrir.

De son côté, quelque hâte qu'elle eût de voir la conversion de son Augustin, Monique, qui avait appris de saint Ambroise les raisons profondes de sa conduite, et qui était décidée à abandonner à un homme si sage la direction d'une affaire si délicate, continuait à prier, à se taire et à verser au pied des saints autels ses larmes toutes-puissantes. « Semblable à cette mère qui suivait, accablée de douleur, le cercueil de son fils, et qui obtint à force de pleurer que Jésus-Christ lui rendît son enfant : ainsi, dit saint Augustin, les larmes de ma mère coulaient sans discontinuer. Sa pensée était comme le cercueil où sans cesse elle me montrait à Dieu, afin qu'il se laissât toucher, et qu'il me dît, comme autrefois au fils de la veuve de Naïm : Levez-vous, je vous le commande[1]. »

L'événement justifia la profondeur du plan qu'avait adopté saint Ambroise et que suivit sainte Monique. Moins on disputait avec Augustin, plus il disputait avec lui-même. Il se tournait et se retournait en tous sens, comme un malade qui n'a pas une place bonne. Les cris de sa conscience croissaient avec les larmes de sa mère, et bientôt la tempête éclata. Il a peint lui-même cette lutte, et, dans un dialogue admirable donnant successivement la parole à la passion et à la conscience, il a permis d'entrevoir dans toute sa profondeur l'orage qui commençait à agiter son âme.

LA PASSION

« O académiciens, se disait Augustin quand la passion était maîtresse, c'est vous qui avez excellé

[1] Me tanquam mortuum sed resuscitandum tibi flebat, et feretro cogitationis efferebat, ut diceres filio viduæ : *Juvenis, tibi dico, surge;* et revivisceret et inciperet loqui, et traderes illum matri suæ. (*Confess.*, lib., VI, cap. 1.)

armi tous les philosophes. Car vous nous avez appris que tout est douteux, et qu'il n'y a rien de certain à quoi on puisse se confier pour régler sa vie[1]. »

LA CONSCIENCE

« Mais non, reprenait la conscience, cherchons mieux. Pourquoi désespérer de la sorte? C'est déjà beaucoup que les passages de l'Écriture ne me semblent plus absurdes, et que je reconnaisse qu'on les peut entendre d'une manière qui ne choque pas la raison. Restons-en là, sur les degrés de ce temple où, enfant, ma pieuse mère m'avait déposé; attendons avec confiance que se lève la vérité pure[2]. »

LA PASSION

« Mais où la chercher, la vérité pure, et quand la chercher? Ambroise n'a pas le temps d'écouter mes doutes, et je n'ai moi-même pas le temps de lire. Et d'ailleurs, quand j'aurais le temps, où trouver des livres? avec quel argent en acheter? à qui en emprunter[3]? »

---

[1] O magni viri academici! nihil ad agendam vitam certi comprehendi potest. (*Confess.*, lib. VI, cap. XI.)

[2] Imo quæramus diligentius et non desperemus. Ecce jam non sunt absurda in libris ecclesiasticis quæ absurda videbantur, et possunt aliter atque honeste intelligi. Figam pedes in eo gradu a quo puer a parentibus positus eram, donec inveniatur perspicua veritas. (*Confess.*, lib. VI, cap. XI.)

[3] Sed ubi quæretur? quando quæretur? Non vacat Ambrosio; non vacat legere. Ubi ipsos codices quærimus? Unde, aut quando comparamus? A quibus sumimus? (*Confess.*, lib. VI, cap. XI.)

LA CONSCIENCE

« Cherchons du temps. Ménageons des heures pour le salut de mon âme. Une grande espérance se lève. La foi catholique n'enseigne pas ce que je pensais. Elle est très-éloignée des erreurs que je lui imputais si injustement. Puisque je suis déjà satisfait sur des points de la plus haute importance, à quoi tient-il que je ne presse pour recevoir l'éclaircissement des autres? La matinée est donnée à mes disciples; mais qu'ai-je à faire durant le reste du jour? Pourquoi ne l'emploierais-je pas à une occupation si nécessaire[1]? »

LA PASSION

« Mais quand irais-je donc rendre visite à des amis puissants dont le crédit m'est nécessaire? Quand étudierais-je pour préparer les leçons qui me sont payées? Quand prendrais-je du temps pour reposer mon esprit, fatigué de tant de soins et de tant de veilles[2]? »

LA CONSCIENCE

« Périssent toutes ces vanités! périsse tout ce

---

[1] Deputentur tempora, distribuantur horæ pro salute animæ. Magna spes oborta est: non docet catholica fides quod putabamus et vani accusabamus. Et dubitamus pulsare quo aperiantur cætera? Antemeridianis horis discipuli occupant: cæteris quid facimus? cur non id agimus? (*Confess.*, lib. VI, cap. xi.)

[2] Sed quando salutamus amicos majores, quorum suffragiis opus habemus? quando præparamus quod emant scolastici? quando reparamus nos ipsos, animum relaxando ab intentione curarum? (*Confess.*, lib. VI, cap. xi.)

éant! Vouons-nous tout entier à la recherche de la vérité. Cette vie n'est que misère, et l'heure de la mort est incertaine. Si elle nous surprend tout d'un coup, en quel état sortirons-nous de ce monde? Où apprendrons-nous ce que par notre faute nous n'y aurons pas appris? Et que nous restera-t-il, sinon d'être châtiés pour une si criminelle négligence[1]? »

LA PASSION

« Mais peut-être qu'il ne reste plus aucun sentiment à l'homme après sa mort, et que l'âme étant éteinte, toutes ces inquiétudes cessent avec elle[2]. »

LA CONSCIENCE

« Encore s'en faut-il enquérir? Mais non, blasphème qu'une telle pensée. Ce n'est pas en vain que la religion chrétienne s'est élevée en un si haut point de gloire et s'est acquis une si grande autorité par toute la terre. Dieu n'aurait jamais fait pour nous tant de prodiges et tant de merveilles, si notre âme devait mourir avec notre corps. Pourquoi donc ne pas renoncer tout de suite à toutes les espérances du siècle, pour nous em-

---

[1] Pereant omnia; et dimittamus vana et inania : conferamus nos ad solam inquisitionem veritatis. Vita hæc misera est, mors incerta. Si subito obrepat, quomodo hinc exibimus? et ubi nobis discenda sunt quæ hic negleximus? An non potius hujus negligentiæ supplicia luenda sunt? (*Confess.*, lib. VI, cap. xi.)

[2] Quid, si mors ipsa omnem curam cum sensu amputabit et finiet? (*Confess.*, lib. VI, cap. xi.)

ployer tout entier à connaître Dieu, et à rechercher la vie bienheureuse¹ ? »

LA PASSION

« Mais attendons encore un peu. Cette vie qu'on mène dans le monde a ses douceurs ; il ne faut pas aisément s'en retirer, parce qu'il serait honteux d'y rentrer après en être sorti. Je suis sur le point d'obtenir une charge considérable, et quand je l'aurai, que me manquera-t-il? J'ai des amis puissants, et, même sans ambition, je puis aspirer à une présidence de tribunal. Après cela, si je veux, je prendrai une femme qui ait du bien, afin que je puisse entretenir ma famille, et alors ne serai-je pas heureux? Combien d'hommes illustres, et dignes de servir d'exemple, ont vécu ainsi². »

« Voilà comment, ajoute saint Augustin, battu par les vents contraires, poussé tantôt d'un côté,

---

1 Ergo et hoc quærendum. Sed absit ut ita sit. Non vacat, nec est inane quod tam eminens culmen auctoritatis christianæ fidei toto orbe diffunditur. Nunquam tanta et talia pro nobis divinitus agerentur, si morte corporis etiam vita animæ consumeretur. Quid cunctamur igitur, relicta spe sæculi, conferre nos totos ad quærendum Deum et vitam beatam? (*Confess.*, lib. VI, cap. xi.)

2 Sed expecta! Jucunda sunt etiam ista : habent non parvam dulcedinem suam : non facile ab eis præcidenda est intentio, quia turpe est ad ea rursum redire. Ecce jam quantum est, ut impetretur aliquis honor? et quid amplius in his desiderandum? Suppetit amicorum major copia : ut nihil aliud, et multum festinemus, vel præsidatus dari potest; et ducenda uxor cum aliqua pecunia, ne sumptum nostrum gravet; et ille erit modus cupiditatis. Multi magni viri et imitatione dignissimi sapientiæ studio cum conjugibus dediti fuerunt. (*Confess.*, lib. VI, cap. xi.)

tantôt d'un autre, le temps se passait, et je demeurais irrésolu[1]. »

Tel est, en effet, le commencement de cette lutte d'Augustin contre sa conscience, qui va durer plus d'une année encore et se continuer avec des péripéties si terribles; que vingt fois Augustin brisé, meurtri, ne voulant pas se rendre, essaiera d'étouffer en étouffant sa conscience elle-même; que la mère vigilante réveillera sans cesse, parce que là, dans cette tempête, elle le sait bien, est la dernière espérance de salut; et qui se terminera, en effet, par la victoire, mais par une victoire chèrement achetée et deux fois glorieuse, par ce qu'elle aura coûté à la mère, et par ce qu'elle aura coûté au fils. Spectacle incomparable que cette lutte d'un homme contre lui-même, et le mieux fait assurément pour nous en révéler la vraie grandeur! Chercher la vérité, la désirer ardemment, hésiter devant le sacrifice, le faire en pleurant, mais enfin le faire; c'est là, disait autrefois Sénèque dans un si grand style, un aspect comparable à la Divinité : *Ecce par Deo spectaculum : vir cum adversis compositus.* Et saint Paul, s'élevant encore plus haut, après avoir montré l'homme hésitant entre le bien et le mal, gémissant d'être obligé de faire le bien, le faisant dans le brisement de sa nature entière, s'écriait : *Spectaculum facti sumus Deo et angelis et hominibus.*

[1] Et alternabant hi venti et impellebant huc atque illuc cor meum; transibant tempora, et tardabam converti ad Dominum. (*Confess.*, lib. VI, cap. XI.)

Et cependant, si beau que soit le spectacle d'une pareille lutte, il y a quelque chose de plus encore : c'est le pouvoir qu'ont reçu les mères d'exciter de tels orages dans le cœur de leurs enfants, soit en y déposant dès le berceau des aspirations divines que nulles passions terrestres ne peuvent étouffer ; soit même, lorsque les passions semblent avoir tout éteint, en ranimant par leurs prières l'étincelle qui est sous la cendre, et qui devient alors capable, nous l'allons voir, d'y exciter un sublime incendie.

CHAPITRE ONZIÈME

LE VRAI OBSTACLE. FORCE ET DÉLICATESSE
AVEC LESQUELLES SAINTE MONIQUE S'APPLIQUE A L'ÉCARTER.
NAISSANCE DE LA FOI DANS L'AME D'AUGUSTIN

Si le cœur d'Augustin eût été pur, cet incendie de la foi et de l'amour divin aurait éclaté promptement; mais depuis quinze ans, on le sait, Augustin portait le joug d'une liaison coupable. Il y avait mis toute son âme. Ce qu'il avait tant désiré étant jeune, il l'avait rencontré; et si la longueur et les périls d'un voyage de six cents lieues n'avaient pas arrêté la mère d'Augustin, ils n'avaient pas davantage fait hésiter la mère d'Adéodat. Elle était venue rejoindre Augustin à Rome; elle l'avait accompagné à Milan; ils vivaient ensemble; Adéodat grandissait auprès d'eux, les unissant et les réjouissant par son génie précoce. Comment sortir d'une telle position? Et tant que ces liens ne seraient pas brisés, comment arriver à la foi, au saint baptême, à la pénitence, à la sainte Eucharistie, à la pleine et parfaite vie chrétienne?

Monique pensait sans cesse à ces choses. Elle voyait bien que la lutte commençait à se déplacer dans l'âme d'Augustin. De l'esprit, elle était descendue dans le cœur. Entre Dieu et lui, ce n'était presque plus une question de lumière, c'était une question de vertu; cela devenait évident; et c'est ce qui épouvantait sainte Monique; car, connaissant le cœur d'Augustin, sachant quel sentiment profond et fidèle l'attachait à la mère d'Adéodat, persuadée que jamais il ne voudrait s'en séparer, elle se demandait avec effroi par quel moyen elle écarterait ce dernier obstacle, le plus terrible de tous.

Il y avait alors auprès d'Augustin un jeune homme que nous apprendrons à connaître plus intimement. Il se nommait Alype, c'était le meilleur et le plus cher de ses amis. Il s'était lié avec Augustin en Afrique, l'avait revu à Rome, et, ne pouvant vivre sans lui, il l'avait rejoint à Milan. Augustin l'avait entraîné dans toutes ses erreurs; et il y adhérait encore; mais c'était un jeune homme d'une rare inclination pour la vertu. A peine s'il avait eu dans sa jeunesse quelque faiblesse rapide, dont il s'était détaché avec mépris et remords; et il avait toujours vécu depuis dans une parfaite continence. Il pressait sans cesse Augustin de faire comme lui; il lui vantait avec enthousiasme les joies de cette vie austère, élevée, toute spirituelle, dédommagée des sacrifices que à chasteté demande, par une paix, une liberté et une force que l'on ne peut trouver que dans la contemplation solitaire de la vérité. Malheureusement Augustin était trop malade pour goûter ces conseils. Cette union dont il portait le joug depuis quinze ans lui paraissait si nécessaire, que la vie sans cela lui eût semblé une infélicité et une mort. « Je n'aurais jamais pu vivre privé de l'affection de celle que j'aimais, dit-il; et comme j'ignorais la force dont Dieu revêt l'âme chaste, je me sentais incapable de cette solitude. Vous m'eussiez donné cette grâce, ô mon Dieu, continue-t-il, si j'eusse frappé vos oreilles par les gémissements de mon cœur, et si j'eusse, par une foi vive, remis entre vos mains toutes mes inquiétudes[1]. »

Mais, hélas! il n'y pensait guère. « Enchanté par la criminelle douceur du plaisir, et ne pouvant souffrir que l'on touchât à mes plaies, je traînais, dit-il humblement, ma chaîne après moi, tremblant qu'on ne vînt la rompre. Je repoussais tout ce qu'on pouvait me dire en faveur de la vertu, comme une main qui voulait m'ôter un esclavage que j'aimais[2]. »

Il n'y avait évidemment à une situation pareille, à une si profonde maladie de cœur, qu'un remède possible. Puisque qu'Augustin ne pouvait pas vivre

---

[1] *Confess.*, lib. VI, cap. II.

[2] Deligatus morbo carnis mortifera suavitate, trahebam cateam meam, solvi timens et quasi concusso vulnere repellens vera bene suadentis, tanquam manum solventis. (*Confess.*, lib. VI, cap. XII.)

dans la solitude austère de la chasteté, il fallait faire bénir par Dieu cette union dont il avait besoin. Sainte Monique y pensait sans cesse; elle priait ardemment dans ce but, et, persuadée que le jour où Augustin ne connaîtrait plus que les saintes et légitimes affections du mariage, s'évanouiraient les dernières difficultés de son esprit, elle poussait vers Dieu les plus grands cris de son cœur.

Le plus simple eût été qu'Augustin épousât la mère d'Adéodat. Mais, sans qu'on puisse dire pourquoi, il paraît que la chose n'était pas possible; car quand on sait ce qu'Augustin souffrit en se séparant d'elle lorsqu'il le fallut faire, il est évident que les lois, ou les mœurs, ou des circonstances que nous ignorons, apportaient à cette union des obstacles insurmontables. Ne pouvant ni épouser la mère d'Adéodat, ni la renvoyer, voilà quel était alors le cruel état d'Augustin. Sous toutes ces hésitations, dans toutes ces angoisses, derrière tous ces ajournements, il y avait une question plus profonde, plus intime, plus douloureuse : la grande question de la vertu, l'éternelle question du cœur.

Qui sent mieux ces choses, et qui en souffre plus qu'une mère? Et néanmoins il n'y avait pas à hésiter. Puisque ces liens coupables ne pouvaient être transfigurés, il fallait les briser; et le seul moyen de faire supporter à Augustin cette blessure, c'était de lui offrir la perspective de quelque noble union vraiment digne de lui.

Sainte Monique eut probablement recours aux

conseils et à la haute influence de saint Ambroise pour l'aider dans une œuvre si difficile; surtout elle pria avec ardeur; « elle poussa vers le ciel, dit saint Augustin, de fortes clameurs, pour conjurer Dieu de l'éclairer dans un moment si important et si périlleux[1]. » Et enfin, après avoir cherché avec soin et prié longtemps, elle eut le bonheur de rencontrer, dans une famille chrétienne, une jeune fille qui lui sembla réunir toutes les qualités qu'une sainte peut désirer dans celle à qui elle va confier l'âme malade de son fils. Elle en parla à Augustin, le pressa vivement; et celui-ci, accablé, sentant qu'il fallait se résigner au sacrifice, n'osant ni l'accorder ni le refuser, laissa agir sa mère. La demande fut donc présentée par sainte Monique, et on l'agréa : seulement, comme la jeune fille sortait à peine de l'adolescence, il fut convenu que le mariage n'aurait lieu que dans deux ans. Peut-être aussi ce délai parut-il nécessaire aux deux familles pour donner à la position d'Augustin le temps de se régulariser et de s'ennoblir[2].

Quoi qu'il en soit, comme Augustin ne pouvait pas demeurer sous l'œil de celle qui lui était pro-

---

[1] Cum sane et rogatu meo et desiderio suo, forti clamore cordis, abs te deprecaretur quotidie, ut ei per visum ostenderes aliquid de futuro matrimonio meo. (*Confess.*, lib. VI, cap. XIII.)

[2] Et instabatur impigre ut ducerem uxorem. Jam petebam, jam promittebatur, maxime matre dante operam, quo me jam conjugatum baptismus salutaris ablueret, quo me in dies gaudebat aptari, et vota sua ac promissa tua in mea fide compleri animadvertebat. (*Confess.*, lib. VI, cap. XIII.)

mise, dans une position si fausse et qui fût devenue si indélicate, on pressa la séparation, et le sacrifice fut consommé.

Saint Augustin n'a dit qu'un mot de cette séparation ; mais quel mot ! « Je me laissai arracher celle qui partageait ma vie ; et comme mon âme adhérait profondément à son âme, elle en fût déchirée et brisée, et mon cœur en versa du sang[1]. » Et plus loin il ajoute : « La blessure que me causa cette séparation ne voulait pas se guérir, et pendant longtemps elle me causa les plus cuisantes douleurs[2]. »

Quant à la mère d'Adéodat, on imagine aisément ce que furent ses gémissements et ses larmes ; mais l'histoire n'en dit rien. Ce qu'on sait du moins, ce qu'on aime à apprendre, c'est que cette femme, qui pendant quinze ans avait disputé à Dieu le cœur d'Augustin, touchée enfin de la grâce, et, au moment où l'abandonnaient les affections de la terre, se retournant vivement vers le ciel, s'alla cacher dans un monastère, et y employa le reste de sa vie à pleurer, à se purifier, à demander pardon à Dieu d'avoir enchaîné un tel cœur, et d'avoir retardé de quinze ans le triomphe que ce grand génie préparait à l'Église. « Elle valait mieux que moi, dit saint Augustin, et elle fit son sacrifice avec un

---

1 Cor ubi adhærebat, concisum et vulneratum mihi erat et trahebat sanguinem. (*Confess.*, lib. VI, cap. xv.)

2 Nec sanabatur vulnus illud meum quod prioris præcisione factum fuerat, sed post fervorem doloremque acerrimum putrescebat. (*Confess.*, lib. VI, cap. xv.)

courage et une générosité que je n'eus pas la force d'imiter[1]. »

Sainte Monique bénit Dieu dans toute l'effusion de son âme; et elle commença à regarder l'avenir avec un regard plus confiant. N'avait-elle pas acheté assez cher le droit de penser que les passions d'Augustin allaient se calmer, et qu'après un tel sacrifice plus rien ne serait capable de l'arrêter sur la route de la vérité et de la vertu?

Il y eut, en effet, à ce moment, dans la vie d'Augustin, un rayon de paix, comme une éclaircie entre deux tempêtes. Les liens étaient brisés, le sacrifice était fait. Semblable à un vaisseau qui se relève dès qu'on l'a déchargé d'un poids, l'âme d'Augustin retrouvait son élévation naturelle. Sa mère rayonnait de bonheur à ses côtés. Ses amis se livraient avec ardeur à l'étude de la philosophie. Chaque jour arrivait d'Afrique quelque compatriote d'Augustin heureux de retrouver à Milan son jeune maître ou son vieil ami : Romanien, par exemple, que d'interminables procès avaient conduit dans cette ville, et qui, toujours fidèle au fils de Patrice et de Monique, lui avait apporté, avec la même délicatesse qu'autrefois, les ressources de sa grande fortune; Alype, que nous connaissons déjà, et qui, fixé depuis peu auprès d'Augustin, allait lui être une si douce consolation et une si tendre compagnie; Nebridius, qui avait quitté Carthage et le vaste domaine de son père, et sa maison, et même

---

[1] *Confess.*, lib. VI, cap. xv.

sa mère, pour se livrer à l'étude de la philosophie. Plus jeune qu'Augustin, flottant comme lui, cherchant la vérité sans la trouver, et gémissant de ses doutes; d'un esprit profond et pénétrant, il avait une place à part dans le cœur d'Augustin. Quelques autres, sept ou huit à peu près, la plupart d'Afrique, se groupaient encore autour de lui, livrés aux mêmes études. On cultivait les lettres; on devisait sur les plus belles questions de Dieu et de l'âme; on faisait des rêves. On en fit un charmant.

« Nous étions plusieurs amis ensemble, dit saint Augustin, qui, las des troubles et des inquiétudes de la vie, avions presque résolu de nous retirer de la foule pour vivre en paix. Notre plan était de mettre en commun ce que nous pourrions avoir, de faire une seule famille, de n'avoir qu'un seul bien pour tous, et de trouver dans notre sincère amitié la force de faire disparaître le tien et le mien. Le bien de chacun devait être à tous, et le bien de tous à chacun. Nous pouvions être dix dans cette pensée, et plusieurs d'entre nous étaient fort riches. Romanien, en particulier, mon compatriote et mon ami intime dès l'enfance, était le plus ardent à entrer dans ce projet, et il nous le persuadait d'autant mieux qu'il avait la prépondérance de la fortune. Deux d'entre nous devaient être chargés, comme économes annuels, de l'administration des biens; les autres, pendant ce temps, vaqueraient en paix à l'étude de la sagesse[1]. »

[1] *Confess.*, lib. VI, cap. xiv.

Voilà le rêve d'Augustin : c'est le rêve de toutes les grandes âmes depuis les temps les plus anciens : de Platon, de Socrate, de Pythagore, de Cicéron, de tous ceux qui, un jour ou l'autre, par élévation naturelle d'esprit ou par désenchantement de la terre, se sont tournés vers la vérité éternelle, et ont désiré se séparer du monde et s'unir dans la paix de l'amitié pour mieux s'élever jusqu'à la vraie sagesse. Mille fois pris et repris, conçu, essayé, abandonné, on put croire que ce beau rêve allait se réaliser enfin. Les amis étaient trouvés, le maître aussi; l'argent ne faisait pas défaut. « Mais, dit Augustin, lorsque nous nous demandâmes ce que nous ferions des femmes, car plusieurs étaient mariés, et les autres aspiraient à l'être, l'argile si bien façonnée de ce rêve éclata dans nos mains. Nous en rejetâmes amèrement les débris; et nous retombâmes, découragés, dans tous les soupirs de notre misérable vie[1]. »

A ce rêve, en effet, pour qu'il pût être réalisé, deux grandes choses manquaient. Cette douce république de belles âmes, unies entre elles, sans souci des choses terrestres, libres de tout pour monter plus facilement dans la lumière, c'est la chasteté qui en garde les portes, et c'est l'amour divin qui en cimente les murs. Attendez quelques années encore, et saint Augustin reprendra son rêve. Ces mêmes amis se grouperont autour de lui. Le jeune maître leur donnera des lois, et sa *Règle* fera le

---

[1] *Confess.*, lib. VI, cap. XIV.

tour du monde et l'admiration des siècles. Et quand, dans la suite des âges, saint Dominique, saint Gaëtan, saint François de Sales, voudront à leur tour créer de semblables sociétés, où des âmes pures, libres, généreuses, abandonneront tout pour ne penser qu'à Dieu, c'est à saint Augustin qu'ils demanderont un plan, des constitutions et des règles.

Mais, hélas! que le cœur de l'homme est fragile, et que ses passions sont impérieuses! Augustin venait de faire à sa foi naissante, en se séparant de la mère d'Adéodat, le plus grand sacrifice que pût faire une âme si tendre; il en avait été récompensé par un commencement de lumière et de paix, et déjà, le croirait-on? il cherchait de nouveaux liens. Il n'avait pas la force d'attendre, pendant deux années, cette enfant trop jeune que lui avait choisie sa mère, et qui, cachée à tous les regards, dans la solitude d'une vie chrétienne, lui préparait en silence un cœur dont il aurait le premier amour. Asservi par ses sens, sans excuse du côté du cœur, il prit une nouvelle chaîne, la plus ignominieuse de toutes, parce que l'âme en était absente, et que l'ingratitude au lendemain d'une pareille séparation et l'indélicatesse à la veille d'un tel mariage le marquaient d'une triple honte. « Malheureux que j'étais, dit-il, incapable d'attendre la main qui m'était promise, esclave de la passion, je cherchai une autre compagne, comme si j'eusse voulu accroître et irriter la maladie de mon âme en lui continuant cette honteuse escorte de plaisirs jusqu'à l'avénement de l'épouse. Ainsi la blessure dont la première séparation m'avait navré ne guérissait pas ; mais, après de cuisantes douleurs, elle s'envenimait, et le mal, plus languissant, n'en était que plus désespéré[1]. »

Avouons-le, il faut ici se voiler la face et rougir. Voilà donc la nature humaine, quand elle se sépare de Dieu! L'esprit le plus élevé, le plus perçant, s'en va à toutes les erreurs. Le cœur le plus beau, le plus tendre, le plus délicat, le plus profond, s'en va à toutes les indignités. Et par je ne sais quel honteux contre-coup, de même que l'esprit en se dégradant a corrompu le cœur, le cœur en se corrompant dégrade de nouveau l'esprit : misérable cercle vicieux qui n'aurait pas de fin si Dieu n'intervenait pas, et dont on vit, dans saint Augustin menacé de périr une seconde fois, un triste et solennel exemple.

A peine sous ce joug, en effet, toutes ses passions se réveillèrent. Ce qu'il y a de plus laid et de plus honteux dans les profondeurs cachées de l'âme humaine remonta à la surface, et lui inspira des pensées que nous ne lui avons pas encore vues. Des

---

[1] At ego infelix, nec feminæ imitator, delationis impatiens, tanquam post biennium accepturus eam quam petebam, quia non amator conjugii sed libidinis servus eram; procuravi aliam, non utique conjugem : quo tanquam sustentaretur et perduceretur vel integer vel auctior morbus animæ meæ, satellitio perdurantis consuetudinis, in regnum uxorium. Nec sanabatur vulnus illud meum, quod prioris præcisione factum fuerat; sed post fervorem doloremque acerrimum putrescebat, et quasi frigidius sed desperatius dolebat. (*Confess.*, lib. VI, cap. xv.)

hauteurs, je ne dis pas de sa foi naissante, mais des hauteurs de Platon, il tomba dans les ignominies d'Épicure, et on l'entendit soupirer après le matérialisme le plus grossier. « Je m'entretenais, dit-il, avec mes deux amis, Alype et Nébridius, et je leur avouais que peu s'en fallait que je ne misse Épicure au-dessus de tous les philosophes. Je leur disais : Supposez que nous fussions immortels, et que nous pussions vivre dans une perpétuelle volupté des sens, sans aucune crainte de la perdre jamais, ne serions-nous pas souverainement heureux! Et que nous faudrait-il encore[1]? » Voilà jusqu'où s'abaissait et se dégradait cette âme noble, élevée, pleine de si belles aspirations vers l'infini. Elle consentait à se parquer dans le plus ignoble matérialisme, à condition que ce matérialisme fût éternel. « Je me plongeais ainsi, continue-t-il, plus profondément que jamais dans l'abîme des voluptés charnelles, et je n'étais retenu que par la crainte de la mort et du jugement dernier. Mais heureusement cette crainte était si profondément gravée en mon cœur, que toutes mes erreurs passées et mes plus ardentes passions n'avaient jamais pu l'en arracher[2]. »

[1] Et disputabam cum amicis meis Alypio et Nebridio de finibus bonorum et malorum, Epicurum accepturum fuisse palmam in animo meo... Et quærebam, si essemus immortales et in perpetua corporis voluptate sine ullo amissionis terrore viveremus, cur non essemus beati, aut quid aliud quæreremus? (*Confess.*, lib. VI, cap. XVI.)

[2] Nec me revocabat a profundiore voluptatum carnalium gurgite, nisi metus mortis et futuri judicii tui, qui per varias quidem

Ah! on respire à ce dernier mot. Elle subsistait donc toujours la conscience d'Augustin. Cette œuvre admirable, formée par sainte Monique, rien n'avait pu la détruire! Ô puissance des enseignements d'une mère, qu'êtes-vous donc, puisque au sein d'une chute si profonde vous protégez encore l'âme d'Augustin?

Du reste, précisément parce que la chute était plus honteuse, parce que l'esprit, le cœur, les sens, étaient tombés plus bas, Augustin était dans une agitation et une tristesse plus grandes que jamais! « Malheur, s'écrie-t-il, à l'âme insensée qui, en se retirant de Dieu, espère trouver mieux que lui! Elle se tourne et se retourne de tous côtés, sur le dos, sur les flancs; mais en vain : tout est dur. Il n'y a de repos qu'en vous, mon Dieu[1]! » Et encore : « Quels tourments je souffrais alors! quels soupirs je poussais! Et vous seul, ô mon Dieu, saviez ce que je souffrais; et je ne le disais à personne. Qu'aurais-je pu en dire, même à mes meilleurs amis? Et comment la froide parole humaine aurait-elle pu leur faire entendre le bruit des flots de mon âme? Heureusement ils entraient dans votre oreille, et vous ne perdiez rien des rugissements de mon cœur[2]. » — « Hélas! continue-t-il, je cherchais

opiniones nunquam tamen recessit de pectore meo. (*Confess.*, lib. VI, cap. XVI.)

[1] Væ animæ audaci quæ speravit, si a te recessisset, se aliquid melius habituram! versa et reversa in tergum et in latera et in ventrem, et dura sunt omnia : et tu solus requies! (*Confess.*, lib. VI, cap. XVI.)

[2] Quæ illa tormenta parturientis cordis mei! qui gemitus, Deus

partout des objets où je pusse me reposer, et je n'en trouvais point; et s'il m'arrivait par hasard d'en rencontrer, j'essayais de me dire : « Cela suffit, « je suis bien ici ; restons-y. » Mais c'était en vain, car vous piquiez sans cesse, ô mon Dieu, d'un secret aiguillon mon cœur agité ; et sous le baume tout-puissant de si salutaires douleurs, je sentais insensiblement mon âme se guérir[1]. »

Elle se guérissait, en effet, et on s'apercevait de sa guérison à des tristesses plus profondes, à une plus grande impossibilité de trouver la paix, et aussi, disons-le pour l'honneur d'Augustin, à un courage nouveau. La première liaison avait duré quinze ans : celle-ci ne dura que quelques mois. Il est probable que Monique intervint encore ; qu'elle pleura comme elle n'avait jamais pleuré ; qu'elle fit entendre à son fils des cris plus pressants, des conseils plus ardents et plus tendres ; qu'elle lui représenta vivement l'indélicatesse et le crime de sa conduite vis-à-vis de cette pieuse jeune fille dont il avait demandé la main et qui vivait déjà pour lui ; vis-à-vis d'Adéodat, qui commençait à grandir dans une innocence angélique, et qui l'allait peut-

---

meus! Et ibi erant aures tuæ, nesciente me. Et cum in silentio fortiter quærerem, magnæ voces erant ad misericordiam tuam, tantæ contritiones animi mei. Tu sciebas quid patiebar, et nullus hominum. Quantum enim erat quod inde digerebatur per linguam meam in aures familiarissimorum meorum! Numquid totus tumultus animæ meæ, cui nec tempora, nec os meum sufficiebat, sonabat eis? totum tamen ibat in auditum tuum, quod rugiebam a gemitu cordis mei. (*Confess.*, lib. VII, cap. VII.)

[1] *Confess.*, lib. VII, cap. VIII.

être perdre par le spectacle de si déplorables faiblesses; vis-à-vis de Dieu surtout, dont il méprisait les grâces les plus précieuses, et dont il finirait par s'attirer la colère. Augustin céda, et, las de chercher le bonheur dans des liens si grossiers et si coupables, où d'ailleurs il ne le trouvait pas, il brisa sa dernière chaîne, et promit à sa mère qu'il essaierait d'attendre le jour, moins éloigné maintenant, de son mariage.

Dieu, qui avait récompensé le premier sacrifice d'Augustin en lui envoyant un moment de paix et un commencement de lumière, lui avait préparé, pour ce second sacrifice, une récompense de même ordre, mais plus précieuse encore. Il eut à peine rompu tous ses liens, que les dernières ombres qui obscurcissaient son esprit disparurent, et il vit se lever enfin dans son âme ravie la pleine lumière de la foi.

Il y avait déjà longtemps, nos lecteurs l'ont remarqué, que ce travail d'illumination était commencé. Comme on voit quelquefois à la fin d'un orage, dans une chaude soirée d'été, les astres se lever peu à peu et resplendir à travers les nuages qui s'en vont, ainsi, depuis quelque temps déjà, dans l'âme agitée d'Augustin, se levaient, les unes après les autres, les grandes vérités de la foi. Il avait successivement reconquis sur le doute, ou plutôt il n'avait jamais pu arracher de sa conscience les enseignements de sa mère sur l'existence de Dieu, sur la providence, sur l'immortalité de l'âme, sur la distinction du bien et du mal, sur le jugement dernier. Il avait, en roulant de doute en doute et d'erreur en erreur, compris l'impossibilité pour l'homme d'arriver à la vérité par ses propres forces, la nécessité d'un enseignement divin, les caractères de cet enseignement, et son existence au sein de l'Église catholique, pour laquelle il éprouvait un commencement d'admiration. C'étaient là les astres qui brillaient dans son âme, d'un éclat un peu voilé encore, quoique déjà avec une vivacité et une douceur singulières.

Mais, si belles qu'elles fussent, ces lumières ne pouvaient pas suffire à faire d'Augustin un chrétien; car le plus grand de tous ces astres, le plus doux, celui qui projette sur toute chose la vraie lumière, je veux dire Notre-Seigneur Jésus-Christ, ne s'était pas encore levé dans son âme. Non pas qu'Augustin l'eût oublié tout à fait (il en avait bu avec trop de tendresse le nom sacré sur les lèvres de sa mère pour que ce Sauveur adorable devînt jamais pour lui un étranger); mais à travers tant de mauvaises lectures, d'enseignements pervers et de passions qui remplissent l'âme de ténèbres, cette divine figure avait singulièrement pâli à ses yeux. Il ne comprenait plus ni l'Incarnation, ni la Rédemption, ni la divinité du Christ; que dis-je? l'existence même du Verbe et la spiritualité de Dieu étaient devenues pour lui un problème. Il fallait donc d'abord que ces ombres s'évanouissent, et jamais on n'imaginerait quel fut l'apôtre choisi par Dieu pour donner à Augustin la révélation du Verbe.

Il y avait eu dans l'antiquité, aux jours les plus

brillants de la Grèce, un jeune homme d'une élévation d'esprit incroyable, et d'une beauté de parole qui n'a pas été surpassée. Disciple de Socrate, qu'il immortalisa en lui prêtant ses propres ailes; maître d'Aristote, dont il eût triplé la puissance s'il avait pu lui communiquer quelque chose de sa flamme, du premier regard qu'il jeta sur la création, il comprit que ce n'était là qu'une image, un symbole, une ombre, et il posa toute sa philosophie sur ce principe, que par derrière le monde visible il y a le monde invisible, qui seul peut lui servir d'explication, comme il lui a servi de type. Son second regard fut plus beau encore. Montant de l'homme à Dieu, et saisissant avec une netteté et une profondeur admirables le lien qui les unit, il vit que l'homme vient de Dieu et y retourne : mais que dans ce court trajet il n'est pas séparé de Dieu; qu'il reste attaché et comme suspendu à Dieu par la racine, selon sa sublime expression ; et que, si triste que soit la terre, pour remonter jusqu'au ciel d'où il descend, l'homme a au fond du cœur une force qui suffit; et cette force, c'est le sentiment de Dieu, le besoin de Dieu, l'aspiration à Dieu; ce qu'il appela le sens du divin; lequel, avec le sens de l'invisible, forme les deux bases de sa philosophie, ou plutôt de toute philosophie digne de l'homme. Après quoi, ému de ce qu'il entrevoyait, voulant mieux voir encore, il courut le monde, visita tous les sanctuaires, consulta les prêtres blanchis dans la tradition, se fit initier aux mystères, pénétra et restitua les symboles altérés;

et muni de tous ces secours, reprenant son vol, s'éleva si haut, qu'il a laissé les Pères de l'Église incertains du nom qu'il fallait lui donner : ceux-ci voyant en lui le génie humain élevé à sa plus haute puissance ; ceux-là l'appelant un Moïse païen, un prophète inspiré de Dieu, un préparateur évangélique envoyé aux nations assises à l'ombre de la mort ; tous d'accord à saluer ce doux et merveilleux étranger du nom de Divin.

Augustin n'avait encore rien lu de Platon, l'ignorance où il était de la langue grecque l'en ayant empêché ; il n'en connaissait quelques idées que par Cicéron. Or, au moment où il se débattait contre les dernières ombres que les Manichéens avaient entassées dans son esprit, et où il essayait de comprendre un Dieu tout spirituel, car jusque-là il l'avait conçu mêlé à la matière, un de ses amis lui apporta une traduction de Platon que venait de publier à Rome un rhéteur fort connu, nommé Victorin. Augustin prit le livre, et à peine il l'eut ouvert, qu'il sentit tomber de ses yeux ce voile, tissu des mains de l'hérésie, qui ne lui avait plus permis de comprendre ni la spiritualité de Dieu ni l'existence de son Verbe. Ce n'était pas encore l'Évangile sans doute : c'en était déjà une sorte de préface humaine, si belle, qu'Augustin fut ébloui. « En ce temps-là, dit-il, il me vint entre les mains un livre tout rempli, selon l'expression d'un ancien, des essences les plus excellentes de l'Arabie ; et à peine m'eut-il fait sentir son parfum, à peine en tomba-t-il quelques gouttes sur cette petite flamme qui commençait à brûler dans mon cœur, qu'il est impossible de comprendre à quel incendie je fus livré tout à coup : impossible à vous, Romanien ; impossible à moi-même. Honneurs, grandeurs humaines, désirs de gloire, attraits et charmes de cette vie terrestre, plus rien ne me touchait, en présence de la lumière que je commençais à entrevoir[1]. »

Mais il faut l'entendre nous raconter lui-même en détail ses heureuses découvertes, mêlées encore de tant d'ombres qui demanderont un autre révélateur, et apprendre de lui comment se fait la préparation du Christianisme dans certaines âmes.

« Je lus, dit-il, dans ces livres, non en propres termes, il est vrai, mais dans une frappante identité de sens, appuyé sur de très-nombreuses raisons, qu'au commencement était le Verbe; que le Verbe était en Dieu et que le Verbe était Dieu; que toutes choses ont été faites par lui, et rien sans lui; que ce qui a été fait a vie en lui; que cette vie est la lumière des hommes, et que cette lumière luit dans les ténèbres, mais que les ténèbres ne l'ont point comprise; que, quoique l'âme de l'homme rende témoignage à la lumière, elle n'est pas pourtant elle-même la lumière, mais que le Verbe de Dieu qui est Dieu, est la vraie lumière qui éclaire tout homme venant en ce monde; que le monde a été fait par lui, et que le monde ne l'a point connu. Voilà ce que je lus dans ces livres. » C'est-à-dire, on le voit, le début sublime de l'Évangile de saint

---

[1] *Contra Acad.*, lib. II, n° 5.

Jean : *In principio erat Verbum*. « Mais je n'y lus pas, continue Augustin, que le Verbe soit venu parmi les siens, et qu'à ceux qui l'ont reçu il ait donné le pouvoir d'être faits enfants de Dieu.

« J'y lus encore que le Verbe, qui est Dieu, est né, non de la chair, ni du sang, ni de la volonté de l'homme ; qu'il est né de Dieu. Mais que ce Verbe se soit fait chair, et qu'il ait habité parmi nous, c'est ce que je n'y trouvai pas.

« J'ai découvert aussi plus d'un passage où il est dit, de diverses manières, que le Fils, consubstantiel au Père, n'a pas cru faire un larcin en se disant égal à Dieu, puisqu'il est par sa nature une même chose avec lui. Mais qu'il se soit anéanti, abaissé à la forme d'un esclave, à la ressemblance de l'homme ; qu'il se soit revêtu de nos infirmités ; qu'il se soit humilié, et qu'il se soit fait obéissant jusqu'à la mort, et à la mort de la croix, c'est ce que ces livres ne disent pas.

« Qu'il est avant tous les temps, au delà des temps, dans une immuable subsistance, comme Fils de Dieu, coéternel à Dieu ; que, pour être heureuses, les âmes doivent recevoir de sa plénitude, et que, pour être sages, elles doivent communier à la sagesse qui réside en lui : cela est bien dans ces livres. Mais qu'il soit mort dans le temps pour les pécheurs ; que vous n'ayez pas épargné, mon Dieu, votre Fils unique, et que vous l'ayez livré à la mort pour les hommes, c'est ce qui n'est pas ici. Vous avez caché ces choses aux sages, et vous les avez révélées aux petits, afin de consoler ceux qui pleurent et qui sont accablés, et de conduire dans la justice ceux qui sont doux et humbles[1]. »

C'est-à-dire qu'Augustin, lisant les livres de Platon, y trouva, non pas, certes, l'amour infini et les abaissements du Verbe, mais déjà sa gloire, sa genèse éternelle, son rayonnement à travers toutes les âmes, dont il est la vraie lumière. Il fut ravi. Quelque chose du tressaillement qu'il avait éprouvé à dix-neuf ans, en lisant l'*Hortensius* de Cicéron, le saisit, mais avec plus de vivacité encore, parce que son âme était plus dégagée des sens, et que Platon monte plus haut et enlève mieux les âmes que Cicéron. Je rentrai en moi-même, » dit-il, en cet endroit secret de l'âme ou à dix-neuf ans il n'osait pas rentrer, « et aussitôt je vis briller la lumière : non pas cette lumière vulgaire que tout le monde voit ; non pas même une lumière plus éclatante que celle-là, mais de même nature, comme serait cette lumière élevée à son plus haut degré de clarté ; mais une lumière tout autre, d'une tout autre nature. Celui qui connaît la vérité, s'écrie-t-il, connaît cette lumière ; et celui qui connaît cette lumière connaît l'éternité. Il n'y a qu'un œil capable de voir cette lumière, et cet œil c'est l'amour[2]. »

---

[1] *Confess.*, lib. VII, cap. IX.

[2] Non hanc vulgarem et conspicuam omni carni ; nec quasi ex eodem genere grandior erat, tanquam si ista multo multoque clarius claresceret, totumque occuparet magnitudine. Non hoc illa erat ; sed aliud, aliud valde ab istis omnibus. Qui novit veritatem, novit eam ; et qui novit eam, novit æternitatem. Charitas novit eam. (*Confess.*, lib. VII, cap. x.)

« O éternelle vérité ! répétait-il tout ému de ce commencement de lumière, ô vraie charité ! ô chère éternité ! vous êtes mon Dieu, après vous je soupire jour et nuit.

« Mais, hélas ! reprend-il humblement, aussitôt que j'essayai de me soulever jusqu'à vous, ô mon Dieu, je sentis deux choses : d'abord qu'il me restait encore infiniment à voir, et surtout que je n'étais pas encore en état de voir. Et la lumière était, sur ces deux points, si pénétrante et si vive, que je frissonnais à la fois de désir et d'épouvante. Et, me trouvant si loin de vous, aux tristes régions souterraines où mes péchés m'avaient confiné, le découragement m'eût pris, si je n'avais entendu votre voix qui me criait : « Courage, je suis la nourriture qui fait les forts. Grandis, et tu me mangeras. Mais je ne serai pas changé en toi, comme il arrive pour les aliments de la terre : c'est toi qui seras changé en moi. »

Et un peu après, comme de nouvelles anxiétés agitaient son cœur, il entendit la même voix, qui lui disait encore avec une autorité singulière : « Je suis Celui qui suis. » — « J'entendis cette voix, dit saint Augustin, non dans mon esprit, mais dans mon cœur. Tous mes doutes s'évanouirent ; et j'aurais plutôt douté de moi et de ma vie que de douter désormais de la vérité[1] »

On touche ici, dans un exemple frappant, la

---

[1] Et audivi sicut auditur in corde, et non erat prorsus unde dubitarem ; faciliusque dubitarem vivere me quam non esse veritatem. (*Confess.*, lib. VII, cap. x.)

manière dont la vérité naît dans les âmes. Après avoir longtemps cherché, lu beaucoup de livres, discuté péniblement avec soi-même et avec les autres, tout à coup, au lendemain d'un sacrifice, sans que les hommes s'en mêlent, toutes les objections tombent comme un vent qui s'apaise, les nuages se retirent, et la vérité apparaît à l'âme. On sent sa présence à une impression de lumière et de paix qui ravit. Comment a-t-on pu douter jusque-là? on voit si clair maintenant. Comment pourrait-on douter jamais? Et quand cette lumière et cette paix succèdent à d'épaisses ténèbres, à de longues et cruelles incertitudes, c'est un enivrement dont on ne sort plus.

Mais cette première illumination, quoique très-vive, ne pouvait pas suffire; car elle n'éclairait, si j'ose ainsi parler, qu'un côté de la physionomie divine de Jésus-Christ. En lisant les livres de Platon, Augustin avait entrevu la nature toute spirituelle de Dieu et l'existence de son Verbe; il n'avait vu, comme je l'ai dit tout à l'heure, ni l'amour ni les abaissements du Verbe incarné. Il s'était élevé jusqu'à l'idée d'un Dieu invisible, glorieux, séparé de toute créature; il avait même entrevu, à travers les éblouissements de la nature divine, quelque chose de cette nature divine elle-même : une lumière sortant d'une lumière et égale à elle; grandes intuitions sans doute; si grandes même, qu'on se demande si le génie humain a pu arriver jusque-là, et si ce n'est pas plutôt, à travers la belle âme de Platon, un écho fidèlement ressaisi des traditions antiques. Mais un Dieu pauvre, un Dieu humilié, un Dieu abaissé jusqu'à l'homme et pour l'homme; un Dieu aimant l'homme jusqu'à la passion, jusqu'à la folie, jusqu'à souffrir, jusqu'à mourir pour l'homme; voilà ce que ni Platon, ni Socrate, ni Cicéron, ni Virgile n'ont jamais soupçonné. De telles choses n'ont pu être conçues que dans le cœur qui a été capable de les réaliser. Il fallait donc qu'un plus grand que Platon vînt au secours d'Augustin, un plus grand en même temps qu'un plus saint, afin d'élever son esprit et surtout son cœur à de si étonnants mystères.

Guidé invisiblement par la main miséricordieuse qui le ramenait de si loin, Augustin ouvrit alors les *Épîtres de saint Paul;* mais il ne le fit qu'en tremblant, après des agitations et des résistances singulières, comme s'il eût eu le pressentiment des sacrifices que cette lecture allait enfin lui arracher. « Je me sentais vivement pressé, dit-il, de tourner les yeux vers cette religion sainte qui avait été si profondément imprimée dans mon cœur quand j'étais enfant. Mais j'hésitais; je ne pouvais m'y décider; cependant elle m'attirait malgré moi. Enfin, cruellement incertain, voulant, ne voulant pas, je saisis avec une sorte d'agitation et d'inquiétude fébrile le livre des *Épîtres de saint Paul*[1]. »

---

[1] Respexi tantum, confiteor, quasi de itinere, in illam religionem quæ pueris nobis insita est, et medullitus implicata: verum autem ipsa me ad se nescientem rapiebat. Itaque titubans, properans, hæsitans, arripio Apostolum Paulum. (*Contra Acad.,* lib. II, n° 5.)

C'est là que Dieu attendait Augustin. « Le plus grand des docteurs, dit Fléchier, devait être la conquête du plus grand des apôtres. » Saint Paul d'ailleurs est le théologien du Verbe Incarné. Il porterait même seul ce titre, si saint Jean n'existait pas. Seulement, chose singulière, celui qui reposa sur la poitrine du Sauveur dans les intimités et les tendresses de la terre, a surtout dit les sublimités du Verbe; et celui qui, sur le chemin de Damas et plus tard dans les ravissements du troisième ciel, a été, selon sa forte expression, opprimé par sa gloire, en a dit surtout les abaissements. Persécuteur du Christ avant d'en être l'apôtre, homme du mal avant de devenir l'homme du bien, saint Paul a porté dans les abîmes de la chute de l'homme, de l'Incarnation et de la Rédemption du monde, une lumière si intense qu'elle éblouit d'abord, et une énergie de foi et de langage qui cause une sorte de vertige à l'esprit qui n'y est pas préparé. Mais quand, à force de le relire, on s'est habitué peu à peu à sa phrase incorrecte et abrupte, on tombe dans une admiration dont on n'est pas le maître. Il n'y a rien au-dessus de saint Paul, ni David ni Isaïe, pas même saint Jean; et comme nul n'a plus profondément senti la grandeur de la chute de l'homme, puisque c'est le cœur tout rempli des haines de la persécution qu'il a été terrassé par Dieu, nul n'a dit aussi avec plus de magnificence la nécessité de la rédemption de l'homme par les abaissements, les souffrances et la mort d'un Dieu.

Dès les premières lignes, Augustin fut saisi d'admiration. Lui qui venait d'être si ému à la lecture de Platon, éprouva ici une commotion dont il n'avait pas l'idée. « Oh! si tu savais, écrivait-il à Romanien, quelle lumière m'apparut tout à coup! J'aurais voulu, non-seulement te la montrer, à toi qui désirais depuis si longtemps voir cette inconnue, mais à ton ennemi même, à cet ennemi acharné qui te poursuit devant les tribunaux pour avoir ton bien. Et certainement, s'il la voyait comme je la vois, il quitterait tout : jardins, maisons, banquets, tout ce qui le séduit, et, pieux et doux amant, il volerait, ravi, vers cette beauté[1]. »

Ce ne fut là, du reste, que le premier coup d'œil d'Augustin; le second fut autrement profond.

Il vit se dévoiler devant lui un grand mystère, qu'il ne connaissait pas encore; que Platon ignorait, et c'est pourquoi il n'avait pas pu lui apprendre le chemin de la vertu; que les Manichéens avaient essayé de résoudre par la doctrine des deux principes, mais en vain : et que saint Paul seul lui montrait dans une lumière éblouissante. Il vit que l'homme n'est plus dans l'état où Dieu l'avait formé; qu'il avait été créé saint, innocent, rempli de lumière et d'intelligence, fait pour voir la majesté de Dieu et la voyant déjà; mais que l'homme n'a pu soutenir tant de gloire sans tomber dans la présomption; qu'il a voulu se rendre centre de tout et indépendant de Dieu; qu'il a été abandonné, aveuglé, chassé loin de Dieu, et dans un tel

---

[1] *Contra Acad.*, lib. II, n° 6.

état de corruption, que le péché habite en lui; qu'il y a en lui une créature misérable, odieuse, ennemie de la vérité, incapable de vertu, ayant le goût du mal; « l'homme de péché, » comme dit saint Paul, « le vieil homme, » comme il dit encore; expressions bizarres, d'une tristesse profonde, mais d'une espérance sublime; car elles indiquent que ce n'est pas là tout l'homme, et qu'il y en a un nouveau. Et c'est ce qu'Augustin apprit bientôt en continuant sa lecture. Il vit, aux mêmes pages, que pour vaincre cet homme, ce mélange odieux d'orgueil, de concupiscence et de révolte, le Verbe s'est fait chair; qu'il a vécu dans l'humilité, dans l'obéissance et dans le sacrifice, qu'il s'est anéanti jusqu'à l'homme, afin de guérir l'homme qui veut s'exalter jusqu'à Dieu. Tout le mystère de l'Incarnation et de la Rédemption se dévoila à ses yeux, et le plongea dans l'admiration. Il sentit qu'il avait franchi tous les espaces; qu'il n'était plus dans la région des conceptions humaines; qu'il touchait à ce point sublime où l'homme s'évanouit et où Dieu apparaît; et il s'agenouilla, ébloui et ému.

« Ah! disait-il avec un étonnement attendri, quelle différence il y a entre les livres des philosophes et ceux des envoyés de Dieu! Ce qu'on trouve de bon en ceux-là, on le trouve en ceux-ci, et l'on y trouve de plus la connaissance de votre grâce, ô mon Dieu, afin que celui qui vous connaît, non-seulement ne se glorifie pas, mais se guérisse, et se fortifie, et arrive enfin jusqu'à vous,

« Que savent-ils, d'ailleurs, ces grands philosophes, de cette loi de péché incarnée dans nos membres, qui combat contre la loi de l'esprit et nous traîne captifs dans le mal? que savent-ils surtout de la grâce de Jésus-Christ, victime innocente, dont le sang a effacé l'arrêt de notre condamnation? Sur tout cela leurs livres sont muets.

« Là, on n'apprend ni le secret de la piété chrétienne, ni les larmes de la confession, ni le sacrifice d'un cœur contrit et humilié, et encore moins la grâce de ce calice précieux qui enferme le prix de notre rédemption.

« On n'y entend point ces cantiques : « O mon âme, soumets-toi à Dieu, car il est ton Dieu, ton sauveur, ton défenseur. Appuyé sur lui, que craindrais-tu? » Là ne retentit pas ce doux appel : « Venez à moi, vous tous qui êtes chargés, et je vous soulagerai. » Ils ignorent, ces savants, que le Verbe, descendu sur la terre, est doux et humble de cœur. Mystères divins, que vous avez cachés, ô mon Dieu, aux savants et aux sages, mais que vous avez révélés aux petits et aux humbles[1]. »

Voilà les vérités qui pénétraient dans l'âme d'Augustin pendant qu'il lisait celui qui s'appelle « le moindre des apôtres », et la vue de tant de merveilles le jetait dans l'admiration.

« Oh! disait-il en fermant le livre, que c'est bien autre chose, d'apercevoir de loin, du haut

---

[1] *Confess.*, lib. VII, cap. XXI.

d'un roc sauvage, la Cité de la paix, sans pouvoir, quelque effort que l'on fasse, trouver un chemin pour y arriver; ou bien de trouver ce chemin, et sur ce chemin un guide qui vous dirige et vous défende contre le brigandage de ceux qui voudraient vous arrêter[1]. »

C'est-à-dire que les dernières ombres sortaient de l'esprit d'Augustin; les glaces du cœur fondaient à leur tour; l'attendrissement renaissait avec la lumière; et, en voyant les rivages de la patrie, longtemps couverts de brume, se dévoiler enfin aux yeux charmés d'Augustin, il était facile de prévoir qu'il y aborderait bientôt, dans tout le triomphe du repentir.

[1] *Confess.*, lib. VII, cap. XXI.

CHAPITRE DOUZIÈME

DERNIÈRES INQUIÉTUDES DE SAINTE MONIQUE QUAND ELLE VOIT AUGUSTIN HÉSITER, NON PLUS EN PRÉSENCE DE LA LUMIÈRE, QU'IL POSSÈDE, MAIS DE LA VERTU, DONT IL A PEUR.
LES LARMES DE CETTE MÈRE IMCOMPARABLE SE CHANGENT EN JOIE.
CONVERSION D'AUGUSTIN

Voilà donc Augustin en possession de cette bienheureuse lumière après laquelle il soupirait depuis si longtemps, et que sa mère avait sollicitée pour lui avec tant de larmes. Il avait percé tous les voiles, et maintenant qu'il était arrivé jusqu'à Dieu et à Notre-Seigneur Jésus-Christ son divin Fils, mort par amour pour nous, il semble qu'il n'y avait plus qu'une chose à faire : se lever, courir à sa mère, et lui dire : Ne pleurez pas, je suis chrétien.

Mais Augustin n'en était pas encore là. Ce vif coup de lumière avait plutôt percé les nuages qu'il ne les avait dissipés. Il restait à Augustin une foule d'idées fausses, inexactes, incomplètes, qu'il avait puisées dans les livres des Manichéens, et dont il savait peine à se débarrasser : dernières ombres qui s'en allaient lentement.

Il les eût fait évanouir, s'il avait eu le courage de s'agenouiller, de frapper sa poitrine, de confesser ses fautes, et de se préparer à recevoir les sacrements de la purification et de la sainte Eucharistie ; car il vient un moment, dans ces grandes recherches de la vérité, où l'âme ne peut mériter de voir pleinement que par un acte d'humilité et d'abandon à Dieu. Il faut risquer pour lui jusqu'au sacrifice, si on veut que les dernières ombres s'évanouissent. Dieu met ses faveurs à ce prix.

Augustin le sentait vaguement; mais il avait peur. Il voulait voir plus clair avant de s'agenouiller, tandis qu'il faut s'agenouiller pour voir plus clair ; et, en attendant, il multipliait les études, les lectures, les efforts d'esprit, pour accroître en lui la lumière dont il avait reçu les prémices.

Sainte Monique, qui assistait, inquiète mais déjà heureuse, à cette lente renaissance, aurait voulu en hâter le dénoûment. Que de fois, recueillie au pied des autels, dans ses prières, dans ses communions, elle conjura Dieu d'achever son œuvre, et de pénétrer, fût-ce de vive force, dans l'âme de son cher enfant! Que de fois elle versa dans le cœur de saint Ambroise ses espérances grandissantes, et elle apprit de lui à mettre, dans ses rapports avec Augustin, cette douceur, cette patience, cette délicatesse qui ménage la lumière comme on ménage la vie à un être malade et tendrement aimé! Que de fois surtout, confidente des progrès de son fils, elle dut le presser et lui dire : « Allons, décidez-vous; vous croyez maintenant, pourquoi n'agissez-vous pas? »

Pourquoi il n'agissait pas ! hélas ! il nous le dit humblement lui-même : il lui manquait deux ailes, sans lesquelles on ne peut monter à la vertu, ni même demeurer longtemps dans la lumière : l'humilité, qui est l'aile de l'esprit; la pureté, qui est l'aile du cœur.

« J'étais assuré, dit-il, de toutes les vérités de la foi; mais je n'étais pas encore en état d'en jouir; car l'orgueil, la vanité, la prétention d'être savant, me dévoraient. Encore tout plein de mes misères, je voulais passer pour habile, et, au lieu de pleurer mes crimes, je m'enflais de ma vaine science[1]. » Et parce qu'il n'était pas humble, Jésus-Christ lui-même, dans ce qu'il a de plus sublime, restait encore obscur pour lui. « Je n'étais pas assez humble, dit-il, pour reconnaître mon humble maître Jésus-Christ, et je n'entendais rien encore aux profonds mystères de son infirmité. Car votre Verbe, ô mon Dieu, planant infiniment au-dessus des dernières cimes de votre création, élève jusqu'à sa hauteur tout ce qui veut se soumettre à lui. Et c'est pour cela que, dans les basses régions, il s'est bâti avec notre boue une humble demeure, afin que ceux qu'il veut amener à lui et accoutumer à l'amour

---

[1] Certus quidem in istis eram; nimis tamen infirmus ad fruendum te. Garriebam plane quasi peritus... Jam cœperam velle videri sapiens... Et non flebam; insuper et inflabar scientia. (*Confess.*, lib. VII, cap. xx.)

n'eussent pas tant de confiance en eux ; mais que, voyant à leurs pieds la Divinité devenue infirme sous un vêtement de chair, ils se reposassent, fatigués, en se couchant sur elle, et que celle-ci, se relevant, pût les emporter[1]. »

Voilà la première aile qui manquait à Augustin pour monter jusqu'à Dieu par Jésus-Christ. Mais ce n'était pas la seule ; car, bien qu'il eût brisé les liens les plus grossiers et les plus coupables, il avait encore au fond du cœur bien de secrètes plaies. Continuons à l'écouter ; il parle de ceci avec plus d'humilité encore. « Je commençais déjà à vous aimer, ô mon Dieu, et j'en étais ravi ; mais je ne savais pas demeurer dans cet amour ; car, d'une part, l'attrait de votre beauté m'enlevait jusqu'à vous, et tout de suite un poids malheureux m'en détachait, et je retombais sur le sol en gémissant : et ce poids, c'étaient les tristes habitudes de mes passions. Mais du moins votre souvenir ne me quittait plus, et je ne doutais pas que vous ne fussiez celui auquel je me devais attacher, quoique je sentisse bien que je n'étais pas encore tel qu'il fallait

---

[1] Non enim tenebam Dominum meum Jesum, humilis humilem. Verbum enim tuum, æterna Veritas, superioribus creaturæ tuæ partibus supereminens, subditos erigit ad seipsum : in inferioribus autem ædificavit sibi humilem domum de limo nostro per quam subdendos deprimeret a seipsis, et ad se trajiceret, sanans tumorem, nutriens amorem ; ne fiducia sui progrederentur longius, sed potius infirmarentur, videntes ante pedes suos infirmam Divinitatem ex participatione tunicæ pelliceæ nostræ, et lassi prosternerentur in eam, illa autem surgens levaret eos. (Confess., lib. VII, cap. XVIII.)

être pour m'unir à vous; parce que la corruption de la chair appesantit l'âme, et que cette grossière maison de boue ramène à terre l'esprit qui voudrait planer dans le monde d'en haut[1]. »

Et cependant, bien qu'Augustin n'eût pas encore ces deux ailes divines de l'humilité et de la pureté, aussi solides que légères, avec lesquelles on monte et on descend à l'aise, il commençait déjà à s'élever dans la lumière. Souvent il prenait son vol à travers les choses créées; il montait de degré en degré et d'échelon en échelon, du monde des corps à celui des âmes, de l'âme à l'ange, de l'ange à Dieu; il perçait tous les voiles, et il arrivait jusqu'à cet Être, dont on n'aperçoit un éclair qu'en tremblant. « Mais, hélas! dit-il, je ne pouvais arrêter mon regard dans cette contemplation, et, retombé à terre dans ma faiblesse, il ne me restait de cet éclair qu'une mémoire amoureuse, et le regret de ne pouvoir goûter à loisir au mets dont j'avais respiré le parfum[2]. »

Cet éclair et ces ténèbres qui suivent, et cette mémoire amoureuse, et cette trace de parfums qui s'en vont, et ces regrets, que voilà bien la vie! C'est ainsi, surtout dans les premiers jours d'une conver-

[1] Jam te amabam... Et non stabam frui Deo meo, sed rapiebar ad te decore tuo; moxque deripiebar abs te pondere meo, et ruebam in ista cum gemitu; et pondus hoc, consuetudo carnalis. (*Confess.*, lib. VII, cap. xvii.)

[2] Aciem figere non valui, et, repercussa infirmitate redditus, solitis, non mecum ferebam nisi amantem memoriam, et quasi olfacta desiderantem quæ comedere nondum possem. (*Confess.*, lib. VII, cap. xvii.)

sion, que Dieu soutient les âmes, qu'il les soulève un peu de terre en les y laissant, et que pour leur donner la force de mépriser le temps et d'aspirer au ciel, il leur en envoie déjà les premières brises et l'avant-goût.

Cependant, avec cet accroissement de lumière, les cris de la conscience d'Augustin avaient grandi à leur tour. Elle le pressait plus vivement que jamais. Elle commençait à murmurer à ses oreilles ces mots, qui ne devaient plus cesser de retentir au fond de son cœur, et qui bientôt allaient y retentir comme un tonnerre. « Tu prétendais jusqu'ici que l'incertitude du vrai était la seule raison qui t'empêchait d'accomplir ton devoir. Eh bien ! tout est certain maintenant. La vérité brille à tes yeux. Pourquoi ne te rends-tu pas ? » — « J'entendais, dit saint Augustin, mais je faisais le sourd. Je refusais d'avancer, mais sans chercher maintenant d'excuse. Toutes les raisons que j'aurais pu apporter étaient réfutées d'avance. Il ne me restait qu'une peur muette : la peur de voir arrêter le cours de ces longues et tristes habitudes qui cependant m'avaient conduit à un état si désespéré[1]. »

Longtemps, en effet, Augustin n'avait pas eu le courage de croire ; maintenant il croyait, mais il n'avait pas le courage de pratiquer. Les obscurités de la foi l'avaient d'abord arrêté ; c'étaient maintenant les nécessités de la vertu qui lui faisaient peur.

Ainsi, flottant toujours et ne voulant pas être fixé,

---

[1] *Confess.*, lib. VIII, cap. VII.

consultant sans cesse, et craignant d'être éclairci; sans cesse disciple et admirateur de saint Ambroise, et toujours agité par les incertitudes d'un cœur qui fuyait la vérité, il traînait sa chaîne, craignant d'en être délivré : il proposait encore des doutes pour prolonger ses passions; il voulait encore être éclairci, parce qu'il craignait de l'être trop; et, plus esclave de sa passion que de ses erreurs, il ne rejetait la vérité qui se montrait à lui que parce qu'il la regardait comme une main victorieuse qui venait enfin rompre les liens qu'il aimait encore[1]. » — « J'avais trouvé une perle, s'écrie-t-il éloquemment, et maintenant qu'il fallait vendre mes biens, c'est-à-dire faire des sacrifices pour l'acheter, je n'en avais pas le courage[2]. »

Agité, indécis, pressé par sa mère, harcelé par sa conscience, Augustin se résolut enfin à aller consulter un saint prêtre, nommé Simplicien, dont la belle vie l'avait depuis longtemps frappé.

C'était un de ces vieillards vénérables comme on en rencontre sans cesse dans le sein de l'Église catholique, qui, passés d'une jeunesse chaste à un âge mûr plus chaste encore, et bénis par Dieu d'une verte vieillesse, présentent aux hommes, qui s'inclinent en les rencontrant, une image vénérable de la paix et de la sérénité dans la vertu. Les jeunes

---

[1] Massillon. Voir son beau discours pour la fête de l'Épiphanie, *Sur la Vérité*.

[2] Et inveneram jam bonam margaritam; et venditis omnibus quæ haberem, emenda erat, et dubitabam. (*Confess.*, lib. VIII, cap. I.)

gens troublés par les orages des passions aiment à s'approcher de ces neiges tranquilles et à se calmer auprès d'elles.

Augustin vint donc confier à Simplicien les troubles de sa vie, et les secrètes faiblesses qui l'arrêtaient maintenant, non plus en présence de la lumière, mais en présence de la vertu.

Le bon vieillard le reçut avec un doux sourire, écouta sans étonnement le récit de ses égarements, et le félicita de ce qu'au lieu d'ouvrir ces livres athées et matérialistes qui dégradent l'âme, il s'était attaché à l'étude de Platon et de Socrate, qui élèvent l'esprit et le cœur. Simplicien, comme tous les vieux prêtres, avait beaucoup connu les hommes. Il était intimement lié, non-seulement avec saint Ambroise, qu'il avait dirigé dans sa jeunesse et auquel même il avait donné le saint baptême, mais avec un grand nombre de philosophes, de poëtes, de rhéteurs romains, et en particulier avec Victorin, celui-là même qui avait traduit les œuvres de Platon, qu'étudiait en ce moment Augustin. Comme tous les vieillards, aussi, Simplicien aimait à conter, et, habile à manier les esprits, il savait cacher adroitement une leçon dans une histoire.

Voyant donc auprès de lui ce jeune homme d'un si grand esprit, d'un si noble caractère, déjà illuminé de la grâce, mais qui hésitait encore à s'y livrer, il profita avec finesse du nom de Victorin, que celui-ci venait de prononcer; et après avoir dit qu'il avait connu autrefois à Rome cet homme éloquent, voulant montrer indirectement à Augustin le chemin du courage et de l'honneur chrétien, il lui en conta l'histoire à peu près en ces termes.

Victorin s'était illustré dans la même carrière que suivait Augustin. Professeur d'éloquence, il avait vu au pied de sa chaire non-seulement toute la jeunesse romaine, mais une foule de sénateurs; il avait traduit, expliqué, enrichi de lumineux commentaires, les plus beaux livres de la philosophie antique, et à force d'éloquence il avait obtenu, honneur rare en tout temps, une statue sur le *Forum*. Quand il eut épuisé ainsi l'étude de tous les chefs-d'œuvre de l'esprit humain, il lui vint l'idée d'ouvrir les saintes Écritures; il les lisait avec attention, puis il disait à Simplicien, mais en secret et dans l'intimité, comme à un ami : « Sais-tu que me voilà chrétien? — Je ne le croirai, répondait Simplicien, que quand je te verrai dans l'église du Christ. » Et Victorin disait en riant et avec ironie : « Sont-ce donc les murailles qui font le chrétien? » Au fond, il avait peur de déplaire à ses amis, et il craignait que de ces sommets de grandeur humaine et toute-puissante, de ces cèdres du Liban que Dieu n'avait pas encore brisés, ne roulassent sur lui d'accablantes inimitiés.

En attendant, il continuait à lire; il priait beaucoup, et, puisant plus profondément dans les saintes Écritures, il sentit naître en lui le courage et la force. Vint un jour où il eut plus peur d'être désavoué par Jésus-Christ que moqué et méprisé par ses amis, et, tremblant de trahir la vérité, il se rendit chez Simplicien et lui dit : « Allons à l'église, car je veux être chrétien. » Rome fut remplie d'étonnement, et l'Église tressaillit de joie.

Quand le moment fut arrivé de faire sa profession de foi en présence de tous les fidèles, on proposa à Victorin de la réciter en particulier, comme on en use vis-à-vis des personnes qu'une solennité publique intimide. Mais il refusa énergiquement, et il monta courageusement sur l'ambon. Dès qu'il y apparut, son nom, répandu de rang en rang par ceux qui le connaissaient, éleva dans l'assemblée un murmure de joie. Et la voix contenue de l'allégresse générale disait tout bas : « Victorin ! Victorin ! » Le désir de l'entendre ayant promptement rétabli le silence, il prononça le Symbole avec une admirable foi, et tous les fidèles qui étaient là, consolés par un tel courage, eussent voulu le mettre dans leur cœur. Leur joie et leur amour étaient comme deux mains avec lesquelles ils l'y plaçaient en effet.

Depuis lors, continua Simplicien, en donnant à chacune de ses paroles un accent plus pénétrant, depuis lors ce vieillard illustre se fit une gloire de devenir enfant à l'école de Jésus-Christ. Il se laissa humblement allaiter par la sainte Église, et il mit avec joie sous le joug ignominieux de la croix une tête qui avait porté tant de couronnes. Julien l'Apostat ayant peu après défendu aux chrétiens d'enseigner les lettres, il ferma ses lèvres éloquentes, et couronna sa vie par le plus beau et le plus douloureux de tous les sacrifices[1].

Cet exemple, si bien choisi, et qui convenait si parfaitement à la position d'Augustin, le remua jusque dans les entrailles. Il sortit enthousiasmé, se reprochant sa faiblesse, s'indignant de sa lâcheté, et il rentra dans sa maison, où sa mère l'attendait en priant, décidé à en finir cette fois et à imiter Victorin. « O mon Dieu, s'écria-t-il dans une sorte de transport, venez à mon aide! Agissez, Seigneur, faites; réveillez-moi, rappelez-moi; embrasez et ravissez; soyez flamme et douceur; aimons, courons[2]. »

Mais, hélas! cette chaîne qu'Augustin traînait depuis un si grand nombre d'années était plus lourde qu'il ne se l'était d'abord imaginé. Dès qu'il y porta la main, il se sentit incapable de la briser. Il ne disait pas : Non. Il n'avait pas le courage de dire : Oui. « Cette suite de corruptions et de désordres, dit-il, comme autant d'anneaux enlacés les uns dans les autres, formait une chaîne qui me rivait dans le plus dur esclavage. J'avais bien une volonté de servir Dieu d'un amour élevé et chaste, et de jouir de lui seul; mais cette volonté nouvelle, qui ne faisait que de naître, n'était pas capable de vaincre l'autre, qui s'était fortifiée par une longue habitude du mal. Ainsi j'avais deux volontés : l'une

---

[1] *Confess.*, lib. VIII, cap. II.
[2] Age, Domine, fac; excita, et revoca nos; accende et rape, flagra, dulcesse : amemus, curramus. (*Confess.*, lib. VIII, cap. IV.)

ancienne, et l'autre nouvelle; l'une charnelle, et l'autre spirituelle; et ces deux volontés combattaient en moi, et ce combat déchirait mon âme[1]. »

En attendant, il tâchait de calmer sa conscience, et quand celle-ci lui criait qu'il fallait se décider, il ne savait que lui répondre comme un homme endormi et paresseux : « Tout à l'heure, laissez-moi un peu; encore un petit instant. » Mais ce tout à l'heure ne venait jamais, et ce petit instant durait toujours[2].

Il est facile d'imaginer ce que cette visite d'Augustin au prêtre Simplicien avait donné d'espérances à sainte Monique. Une telle démarche dans un moment pareil équivalait pour elle à une conversion. Car elle ne doutait pas que le saint vieillard n'arrachât à son fils ce dernier acte qui lui coûtait tant, et qu'au fond il eût été si heureux d'avoir accompli. Aussi, lorsqu'elle vit Augustin hésiter encore après cette visite et ne pas se décider, elle fut prise d'un profond abattement. Sa seule consolation, c'est qu'il souffrait toujours; qu'il était de plus en plus agité; que jamais il n'avait été aussi assidu à l'Église; et que, tout le temps que lui laissait la préparation de ses leçons

---

[1] Ita duæ voluntates meæ, una vetus, alia nova; illa carnalis, illa spiritualis; confligebant inter se, atque discordando dissipabant animam meam. (*Confess.*, lib. VIII, cap. v.)

[2] Non erat omnino quod responderem, nisi tantum verba lenta et somnolenta : Modo, ecce modo; sine paululum. Sed : Modo, et modo, non habebant modum. Et : Sine paululum, in longum ibat. (*Confess.*, lib. VIII, cap. v.)

d'éloquence, il l'employait à lire et à dévorer saint Paul[1].

Sur ces entrefaites, un ancien ami d'Augustin, nommé Potitien, vint lui rendre visite. L'un et l'autre étaient d'Afrique, où ils s'étaient autrefois intimement connus. Seulement, pendant qu'Augustin avait suivi, dans l'erreur et dans l'oubli de Dieu, la longue et triste route que nous avons essayé de décrire, Potitien était resté fervent chrétien, et il habitait Milan, où il avait, à la cour de l'empereur, un des premiers emplois militaires. Sainte Monique avait été heureuse de le retrouver en Italie, et d'introduire dans la société d'Augustin, d'Alype, de Nébridius, de tous ces jeunes gens flottants dans la foi, une âme si bien trempée, que ni la guerre, ni la cour n'avaient pu la faire hésiter un instant.

Ce jour-là, en causant avec Augustin et Alype, Potitien aperçut sur une table de jeu un livre. Il l'ouvrit machinalement, comme il arrive quand on est occupé à causer; il croyait trouver un Cicéron ou un Quintilien. C'étaient les *Épîtres* de saint Paul[2]. Un peu surpris, il regarda Augustin en souriant; et celui-ci lui ayant avoué que depuis

---

[1] Augebam solita, crescente anxietudine, et quotidiè suspirabam tibi; frequentabam ecclesiam tuam, quantum vacabat ab eis negotiis sub quorum pondere gemebam. (*Confess.*, lib. VIII, cap. VI.)

[2] Forte supra mensam lusoriam quæ ante nos erat, attendit codicem, tulit, aperuit, invenit apostolum Paulum, inopinate sane; putaverat enim de libris quorum professio me conferebat. (*Confess.*, lib. VIII, cap. VI.)

quelque temps il lisait la sainte Écriture avec la plus grande attention et le plus grand charme, la conversation prit d'elle-même une tournure tout à fait chrétienne.

Potitien avait beaucoup voyagé. Il connaissait les Gaules, l'Espagne, l'Italie, l'Afrique, l'Égypte, et il les connaissait en chrétien ; c'est-à-dire que partout il avait étudié les merveilles qu'opérait la vraie foi dans l'Église catholique.

Entre toutes ces merveilles, rien n'était plus frappant alors que le développement de la virginité, de la charité, et de la vie religieuse. Les déserts de l'Égypte et de la Thébaïde embaumaient. Sur ces bords du Nil, dans ces profondeurs de l'Égypte, où l'antiquité avait caché des horreurs, avaient apparu des troupes de vierges qui vivaient comme des anges dans des corps mortels, et qui, sous ce ciel de feu, dans ce climat énervant, déployaient la plus divine énergie au service du plus pur amour de Dieu. Là se rencontraient tous ceux que chassaient du monde le mépris de ses vanités, le dégoût de ses corruptions, l'horreur pour ses lâchetés et ses avilissements, le désir de donner leur vie dans un grand sacrifice : des vierges sans tache; des mères qui ne pouvaient pas se consoler parce que leurs enfants n'étaient plus; des docteurs et des philosophes nourris dans la science antique des écoles d'Alexandrie et altérés de silence et d'humilité; des soldats qui avaient couru le monde et qui n'y avaient pas trouvé Dieu; des confesseurs de la foi et des martyrs de la vérité qui, échappés tout sanglants des chevalets, étaient venus retremper leur courage dans les eaux rafraîchissantes de la prière et de la pénitence. Leur nombre était prodigieux. Il y en avait cinq mille sur la seule montagne de Nitrie. Plus loin, à une demi-journée de marche, dans l'intérieur du désert, en un lieu nommé Cella, on en trouvait encore deux mille. Ailleurs, il y en avait près de dix mille sous le gouvernement de saint Sérapion, et presque autant sous celui de saint Macaire. Saint Pacôme, qui venait de mourir, en avait laissé sept mille dans ses solitudes de Tabenne, et à la réunion annuelle de sa congrégation générale, les monastères qui suivaient sa règle en avaient envoyé jusqu'à cinquante mille. Les villes elles-mêmes en étaient inondées. A Ancyre, il y avait dix mille vierges, et en 356 un voyageur trouva dans la seule ville d'Oxyrinque vingt mille vierges consacrées à Dieu.

Longtemps inconnues, ces merveilles commençaient à étonner le monde et à enthousiasmer les cœurs chrétiens. Saint Athanase venait d'écrire la vie prodigieuse du géant des déserts, saint Antoine; et on allait bientôt s'arracher les vies des plus illustres patriarches de la Thébaïde, des Paul, des Hilarion, des Pacôme, des Macaire, qu'écrivaient alors des hommes qui étaient eux-mêmes d'autres merveilles, saint Jérôme, saint Épiphane, et saint Éphrem.

Augustin ne se doutait pas de ces choses. Comme tant d'hommes qui passent à côté de l'Église catholique sans la voir, il avait vécu trente ans en Afrique, à la porte d'Alexandrie, sans avoir jamais entendu parler ni de saint Antoine, ni de ces solitaires, ni de ces vierges, ni d'aucune enfin de ces œuvres admirables par lesquelles l'Église montrait alors qu'elle est la vraie épouse de Jésus-Christ. Il ne s'était pas même aperçu qu'à Milan, sous ses yeux, il y avait une foule de vierges qui vivaient dans une pureté angélique, et pour lesquelles Ambroise avait écrit ses trois livres *des Vierges*, et composait alors son beau *Traité de la Virginité*. Aussi il écoutait avec admiration les récits de Potitien, et il était comme suspendu à ses lèvres. « Nous étions, dit-il, dans la stupeur de l'admiration au récit de ces irréfragables merveilles, de si récente mémoire, presque contemporaines, opérées par la vraie foi dans l'Église catholique. Et nous étions tous surpris, nous d'apprendre, lui de nous apprendre ces faits extraordinaires[1]. »

Mais si ces merveilles avaient passé inaperçues aux yeux d'Augustin, parce que jusque-là ses yeux avaient été fermés, elles n'en avaient pas moins réjoui l'Église et prouvé sa divinité en montrant quel esprit puissant l'animait; car, de même qu'autrefois le sang des martyrs était une semence de chré-

---

[1] Stupebamus audientes tam recenti memoria, et prope nostris temporibus testatissima mirabilia tua in fide recta et catholica Ecclesia. Omnes mirabamur, et nos quia tam magna erant, et ille (Potitianus) quia inaudita nobis erant. (*Confess.*, lib. VIII, cap. VI.)

tiens, maintenant c'était la virginité et les parfums du désert qui enfantaient à Dieu des apôtres, des docteurs et des héros.

Potitien en savait un bel exemple; et, excité par le silence curieux de ses amis, il le raconta à peu près ainsi : « C'était au fond des Gaules, à Trèves. Un jour, pendant que l'empereur passait l'après-midi aux jeux du cirque, Potitien, en compagnie de trois de ses amis, s'alla promener dans des jardins attenant aux murs de la ville. Chemin faisant, deux d'entre eux entrèrent dans une cabane où vivaient quelques-uns de ces pauvres volontaires à qui le royaume du ciel appartient; et là, dans une cellule, ils trouvèrent un manuscrit de la *Vie de saint Antoine*. L'un des deux promeneurs se met à lire. Il admire; son cœur brûle. Le désir de quitter le monde, d'embrasser une si belle vie, le saisit. L'amour de Dieu, la sainte honte s'emparent de son âme. Il s'irrite contre lui-même; et regardant son ami : « Dis-moi, je te prie, à quoi tendent nos travaux! que cherchons-nous? pour qui portons-nous les armes? qu'espérons-nous? Être les amis de l'empereur? Et là, dans cette fortune, quelle fragilité! que de périls! Et puis quand cela sera-t-il? Au lieu que si je veux être l'ami de Dieu, je le serai, et tout de suite. » Il parlait ainsi, tout bouleversé par l'enfantement de sa nouvelle vie. Et son cœur changeait; et les flots de son âme roulaient frémissants; à la fin il vainquit, et, déjà à Dieu, il dit à son ami : « C'en est fait, je romps avec toute espérance mondaine. Je veux servir Dieu, et commencer à cette heure, en ce lieu. » Son ami applaudit, et tous deux, décidés à ne plus rentrer dans le monde, commencèrent à bâtir la tour qui s'élève de tout ce qu'on perd pour suivre Dieu.

« J'arrivai sur ces entrefaites avec celui de mes amis qui ne m'avait pas quitté, continua Potitien, et, ne me doutant de rien, je les avertis que le jour baissait et qu'il était temps de rentrer. J'appris alors ce qui s'était passé, et comment leur était venue la volonté de se consacrer à Dieu. Ils nous supplièrent, si nous ne voulions pas les imiter, de ne pas contrarier leurs projets. Nous nous retirâmes donc, en pleurant sur nous-mêmes, après les avoir pieusement félicités et en nous recommandant à leurs prières. Nous rentrâmes au palais, le cœur traînant toujours à terre, et eux, le cœur attaché au ciel, restèrent dans la cabane. Tous deux avaient des fiancées, qui, à cette nouvelle, consacrèrent à Dieu leur virginité[1]. »

Potitien s'était abandonné au charme du récit. Il ne s'était pas aperçu qu'un orage avait éclaté dans le cœur d'Augustin. Tant qu'il n'avait parlé que des miracles d'innocence, de pureté, d'austérité, de courage, qui honoraient et embaumaient les déserts, Augustin avait applaudi tranquille. Mais lorsqu'il avait montré ces deux officiers quittant tout pour Dieu, lorsqu'il avait mis sur les lèvres de l'un

---

[1] *Confess.*, lib. VIII, cap. VI.

d'eux ces ardentes paroles : « Que faisons-nous? que désirons-nous? être amis de l'empereur? Et à quoi bon? pourquoi pas plutôt amis de Dieu? » il avait senti se réveiller plus puissantes que jamais toutes les voix de sa conscience. « Pendant que Potitien parlait, dit-il, je me déchirais le cœur. J'étais pénétré de confusion et de honte en voyant ma laideur et ma difformité, mes taches, mes souillures, mes ulcères. Et plus je me sentais touché d'admiration pour les chastes vies que l'on venait de me peindre, plus, en me comparant à elles, je me faisais horreur à moi-même. Tant d'années taries! tant de vie inutile! douze ans et plus depuis cette dix-neuvième année de ma jeunesse, où la lecture de l'*Hortensius* de Cicéron avait éveillé en moi l'amour de la sagesse! Et je différais encore de sacrifier ce vain bonheur terrestre à la poursuite de cette félicité dont, non-seulement la possession, mais la seule recherche est préférable à toutes les couronnes, à toutes les voluptés de la terre!... Longtemps je m'étais dit que si je ne sacrifiais pas ces misérables espérances du siècle, c'était faute de voir clairement la lumière. Eh bien! cette lumière avait paru; ma conscience m'avait crié: « Où es-tu, toi qui disais que l'incertitude du vrai t'empêchait seule de renoncer à la vanité? Tout est certain maintenant, la vérité te presse. Et néanmoins ce fardeau de vanité t'accable encore; au lieu que d'autres qui ne se sont pas tant tourmentés que toi dans la recherche de la vérité, qui n'y ont pas employé des années, ont plus vite et plus courageusement pris leurs ailes pour monter à Dieu[1]. »

« Voilà ce que je me disais, ajoute saint Augustin, pendant que Potitien parlait. Je me rongeais intérieurement, pénétré de honte et de confusion, et livré à une sorte de violente rage où je poursuivais mon âme dans le plus secret réduit de mon cœur, le visage troublé comme l'esprit[2]. »

Enfin Potitien sortit. Augustin, qui n'était plus maître des mouvements qui l'agitaient, se dirigea vers le jardin. Alype le suivit. Quant à sainte Monique, soit qu'elle eût assisté à cet entretien et qu'elle eût deviné avec son cœur de mère les agitations du cœur de son fils, soit qu'elle eût été avertie par Alype, et peut-être par Dieu lui-même, que le grand moment approchait, elle se retira dans sa chambre, et, tombant à genoux, elle se mit en prière pour soutenir de toutes les ardeurs de son

---

[1] Narrabat hæc Potitianus... Et videbam, et horrebam; et quo a me fugerem non erat... Tum vero, quanto ardentius amabam illos de quibus audiebam salubres affectus, tanto execrabilius me comparatum eis oderam. Quoniam multi mei anni mecum effluxerant, forte duodecim anni, ex quo ab undevigesimo anno ætatis meæ, lecto Ciceronis *Hortensio*, excitatus eram studio sapientiæ; et differebam, contempta felicitate terrena, ad eam investigandam vacare... Et putaveram me propterea differre de die in diem, quia non mihi apparebat certum aliquid quo dirigerem cursum meum. Et venerat dies quod nudarer mihi, et increparet in me conscientia mea : Nempe tu dicebas propter incertum verum nolle te abjicere sarcinam vanitatis : ecce jam certum est... (*Confess.*, lib. VIII, cap. VII.)

[2] Ita rodebar intus et confundebar pudore horribili vehementer. (*Confess.*, lib. VIII, cap. VII.)

cœur de mère, et de toutes les puissances, plus grandes encore, de son cœur de sainte, l'âme de son cher enfant, qui allait se débattre une dernière fois contre Dieu[1].

Dès que Potitien se fut retiré, et qu'Augustin fut seul avec Alype, le regardant d'un œil ému : « Que faisons-nous? lui dit-il; hé quoi! n'as-tu pas entendu? Les ignorants emportent le ciel; et nous, avec notre science sans cœur, nous voilà vautrés dans la chair et le sang. Serait-ce donc une honte de les suivre? ou plutôt n'est-ce pas une honte de n'avoir pas le courage de les imiter[2]? » Augustin dit ces paroles, et, sans attendre de réponse, l'agitation où il était l'emporta loin d'Alype. Celui-ci le regardait muet d'étonnement; car l'accent d'Augustin était étrange. Son front, ses joues, ses yeux, la couleur de son visage, le son de sa voix, faisaient

---

[1] Cette tradition se trouve consignée dans presque toutes les liturgies Augustiniennes et dans la plupart des ouvrages composés à la louange de leur Patriarche par les religieux des différents ordres qui suivent la règle de Saint-Augustin. Le P. Louis des Anges, ermite de Saint-Augustin, la donne pour certaine (*Della Vita e Laudi del S. D. August.*, lib. II, cap. v), et le P. Archange de la Présentation, carme déchaussé, l'appuie à son tour en plusieurs endroits de ses nombreux et savants ouvrages sur saint Augustin. (*Comment. in Confess. edit. Florent.*, 1757, *op. et studio Fr. Archangeli a Præsentatione, Carmel. excalceati.*)

[2] Quid patimur? quid est hoc? quid audisti? Surgunt indocti et cœlum rapiunt; et nos, cum doctrinis nostris sine corde, ecce ubi volutamur in carne et sanguine. An quia præcesserunt pudet sequi, et non pudet nec saltem sequi? (*Confess.*, lib. VIII, cap. VIII.)

bien plus connaître l'état de son esprit que les paroles mêmes qui lui échappaient.

Il y avait, attenant à la maison, un petit jardin. « C'est là, dit saint Augustin, que me jeta la tempête de mon cœur. Là personne ne pouvait interrompre le sanglant débat que j'avais engagé contre moi-même. Je m'y retirai avec Alype; car une si chère présence ne m'empêchait pas d'être seul. Nous nous assîmes le plus loin possible de la maison. Mon esprit frémissait, et je m'indignais de l'indignation la plus violente de ce que je ne me soumettais pas à votre volonté, ô mon Dieu, et de ce que je ne m'unissais pas à vous, vers lequel toutes les puissances de mon âme me poussaient en me criant : Courage ! Je souffrais et me torturais, m'accusant moi-même avec une amertume inconnue, me retournant et me roulant dans mes liens, jusqu'à ce que j'eusse rompu tout entière cette chaîne qui ne me retenait plus que par un faible anneau, mais qui me retenait pourtant. Je me disais au dedans de moi-même : « Allons, allons, point de retard. » Et mon cœur suivait déjà ma parole; et j'allais agir, et je n'agissais pas. Et plus le moment où tout mon être allait changer approchait, plus je me sentais frappé d'épouvante [1].

[1] Sedimus quantum potuimus remote ab ædibus. Ego tremebam spiritu indignans turbulentissima indignatione, quod non irem in placitum et pactum tecum, Deus meus, in quod eundum esse omnia ossa mea clamabant... Sic ægrotabam et excruciabar accusans meipsum solito acerbius nimis, ac volvens et versans me in vinculo meo, donec abrumperetur totum quo jam exiguo tenebar, sed tenebar tamen. (*Confess.*, lib. VIII, cap. x et xi.)

« Et ces bagatelles de bagatelles, ces vanités de vanités, mes anciennes amies, me tiraient par ma robe de chair, et me disaient tout bas : « Est-ce que tu nous renvoies? Quoi! dès ce moment nous ne serons plus avec toi! Et aujourd'hui même ceci, cela, ne te seras plus permi, et pour jamais! » Et tout ce qu'elles me suggéraient par ce que j'appelle ceci ou cela, ô mon Dieu! que votre miséricorde l'efface de mon âme. Quelles souillures! quelles infamies[1]!

« Cependant elles ne m'abordaient plus de front, insolentes et hardies comme autrefois; mais avec de timides chuchotements par derrière, me tirant comme à la dérobée pour m'obliger à les regarder. Et la violence de l'habitude me criait : « Pourras-tu vivre sans elles? » Mais cette voix n'avait plus la même force qu'autrefois; car du côté où maintenant je portais mes yeux, redoutant encore d'y passer, se dévoilait à mes yeux la chaste majesté de la continence. Je la voyais qui m'invitait par de douces et modestes caresses à approcher d'elle. Elle étendait pour me recevoir et m'embrasser ses mains toutes pleines de beaux exemples : enfants, jeunes vierges, jeunesse nombreuse, tous les âges, veuves

---

[1] Retinebant nugæ nugarum, et vanitates vanitatum, antiquæ amicæ meæ, et succutiebant vestem meam carneam, et submurmurabant : Dimittisne nos? Et a momento isto non erimus tecum ultra in æternum? Et a momento isto non tibi licebit hoc et illud in æternum? Et quæ suggerebant in eo quod dixi : hoc et illud? quæ suggerebant, Deus meus? Avertat ab anima servi tui misericordia tua! quas sordes suggerebant! quæ dedecora! (*Confess.*, lib. VIII, cap. XI.)

vénérables, vierges arrivées jusqu'à la vieillesse. Et dans ces saintes âmes, la continence n'était pas stérile; elle enfantait ces fruits heureux qu'elle vous doit, Seigneur, vous son saint Époux. Elle semblait me dire, avec une douce et encourageante moquerie : « Quoi! ne pourras-tu pas ce qu'ont pu ces enfants, ces femmes? Est-ce donc en eux-mêmes que cela leur a été possible? N'est-ce pas en Dieu, leur Seigneur? Tu t'appuies sur toi-même, et tu chancelles! Et cela t'étonne. Jette-toi hardiment dans ses bras, n'aie pas peur : il ne les retirera pas pour te laisser tomber[1]. »

« Et je rougissais, parce que j'entendais encore le murmure des vanités, et je restais là, hésitant, suspendu. Et Alype, attaché à mes côtés, attendait en silence l'issue de cette lutte étrange.

« Après que j'eus condensé ainsi, par une profonde méditation, et mis devant mes yeux toute l'étendue de ma misère, je sentis s'élever dans mon cœur un affreux orage chargé d'une pluie de larmes. Pour le laisser éclater tout entier, je me levai et m'éloignai d'Alype. J'avais besoin de solitude pour

---

[1] Et jam tepidissime hoc dicebat. Aperiebatur enim ab ea parte qua intenderam faciem et quo transire trepidabam, casta dignitas continentiæ, serena et non dissolute hilaris, honeste blandiens ut venirem neque dubitarem, et extendens ad me suscipiendum et amplectendum pias manus plenas gregibus bonorum operum. Ibi tot pueri et puellæ; ibi juventus multa et omnis ætas, et graves viduæ, et virgines anus : et in omnibus ipsa continentia nequaquam sterilis, sed fecunda mater filiorum gaudiorum de marito te, Domine. Et irridebat me irrisione hortatoria, quasi diceret : Tu non poteris quod isti, quod istæ? (*Confess.*, lib. VIII, cap. XI.)

pleurer plus à mon aise; je me retirai donc assez loin et à l'écart pour n'être pas gêné, même par une si chère présence. Alype le comprit; car je ne sais quelle parole m'était échappée d'un son de voix gros de larmes. J'allai me jeter à terre sous un figuier, et ne pouvant plus retenir mes pleurs, il en sortit de mes yeux comme un torrent. Et je vous parlai, sinon en ces termes, au moins en ce sens : « Eh! jusques à quand, Seigneur, jusques à quand serez-vous irrité? Ne gardez pas souvenir de mes iniquités passées. » Car je sentais qu'elles me retenaient encore. Et c'est ce qui me faisait ajouter avec des sanglots : « Jusques à quand? jusques à quand? Demain! demain! Pourquoi pas à l'instant? pourquoi pas sur l'heure en finir avec ma honte[1] ? »

« Et tout à coup, pendant que je parlais de la sorte, et que je pleurais dans toute l'amertume d'un cœur brisé, j'entends sortir de la maison voisine comme une voix d'enfant ou de jeune fille, qui

[1] Ubi vero a fundo arcano alta consideratio contraxit et congessit totam miseriam meam in conspectum cordis mei, oborta est procella ingens, ferens ingentem imbrem lacrymarum. Et ut totum effunderem cum vocibus suis, surrexi ab Alypio. Solitudo mihi ad negotium flendi aptior suggerebatur... Ergo sub quadam fici arbore stravi me nesciendo quomodo, et dimisi habenas lacrymis; et proruperunt flumina oculorum meorum... Et non quidem his verbis, sed in hac sententia multa dixi tibi : Et tu, Domine, usquequò, usquequò? Domine, irascaris in finem? Ne memor fueris iniquitatum mearum antiquarum. Sentiebam enim eis me teneri; jactabam voces miserabiles: Quandiu? quandiu? cras et cras! quare non modo? quare non hac hora finis turpitudinis meæ? (*Confess.*, lib. VIII, cap. XII.)

chantait et répétait ces mots : « Prends, lis ! prends, lis[1] ! »

Cette maison voisine était celle qu'habitait sainte Monique, et où elle était en ce moment agenouillée et priant Dieu avec ferveur ; soit qu'elle y fût venue, comme je l'ai dit, par une de ces illuminations soudaines que l'amour maternel a comme le génie ; soit que Dieu lui en eût donné l'idée pour lui faire mériter, par une dernière prière, le salut d'Augustin, et qui sait même? pour la faire participer d'une manière ineffable à toutes les tristesses et aux derniers déchirements du cœur de son fils.

« Je m'arrêtai soudain, changeant de visage, continue saint Augustin, et je me mis à chercher avec la plus grande attention si les enfants, dans quelques-uns de leurs jeux, faisaient usage d'un refrain semblable. Mais je ne me souvins pas de l'avoir jamais entendu. Alors, comprimant le cours de mes larmes, sûr que c'était là une voix du ciel qui m'ordonnait d'ouvrir le livre du saint apôtre Paul, je courus au lieu où était assis Alype, et où j'avais laissé le livre. Je le prends, je l'ouvre, et mes yeux tombent sur ces paroles, que je lis tout bas : « Ne vivez pas dans les festins, dans les dé-
« bauches, dans les plaisirs et les impuretés, dans
« les jalousies et les disputes ; mais revêtez-vous de

---

1 Dicebam hæc, flebam amarissima contritione cordis mei. Et ecce audio vocem de vicina domo, cum cantu dicentis et crebro repetentis, quasi pueri an puellæ, nescio : « Tolle, lege ; tolle, lege. » (*Confess.*, lib. VIII, cap. xii.)

« Jésus-Christ, et ne cherchez plus à contenter
« votre chair, selon les plaisirs de votre sensua-
« lité. » Je n'en voulus pas lire davantage, et aussi
qu'était-il besoin? car ces lignes étaient à peine
achevées, qu'il se répandit dans mon cœur comme
une lumière calme qui dissipa pour jamais toutes les
ténèbres de mon âme[1]. »

« Alors, ayant laissé dans le livre la trace de
mon doigt ou je ne sais quelle autre marque, je le
fermai, et, d'un visage tranquille, je déclarai tout
à Alype. Lui, de son côté, me découvrit ce qui se
passait en son âme, et que j'ignorais. Il désira voir
ce que j'avais lu. Je le lui montrai; et, lisant plus
loin que moi, il recueille ces mots que je n'avais
pas remarqués : « Assistez le faible dans la foi; » ce
qu'il prend pour lui. Et, fortifié par cet avertisse-
ment, plus prompt à revenir à la foi, à cause de la
pureté de ses mœurs, il se joint à moi, et nous
courons à ma mère[2]. »

---

[1] Statimque mutato vultu, intentissimus cogitare cœpi utrum-
nam solerent pueri in aliquo genere ludendi cantitare tale aliquid; nec occurebat omninò audivisse me uspiam. Repressoque
impetu lacrymarum, surrexi nihil aliud interpretans, nisi divinitus mihi juberi ut aperirem codicem... Aperui, et legi in silentio capitulum, quo primum conjecti sunt oculi mei : *Non in
comessationibus et ebrietatibus, non in cubilibus et impudicitiis,
non in contentione et æmulotione; sed induite Dominum Jesum
Christum, et carnis providentiam ne feceritis in concupiscentiis.*
Nec ultra volui legere : nec opus erat. Statim quippe cum fine hu-
jusce sententiæ, quasi luce securitatis infusa cordi meo, omnes
dubitationis tenebræ diffugerunt. (*Confess.*, lib. VIII, cap. xii.)

[2] Alypius mihi sine ulla turbulenta cunctatione conjunctus est.
Indeque ad matrem ingredimur. (*Confess.*, lib. VIII, cap. xii.)

Ainsi, après dix-sept années de résistance, Augustin se rendait; il succombait aux larmes de Monique. Et, chose digne d'être remarquée, le dernier coup qui terminait une pareille lutte, la plus touchante de toutes celles que présentent à la fois l'histoire de l'Église et l'histoire du cœur humain, ce n'était pas un trait de lumière plus vif que les autres qui achevait d'éclairer les obscurités de la foi dans l'esprit d'Augustin, c'était une révélation de pureté et d'innocence qui saisissait son âme et la transformait: tant il est vrai que la foi naît du cœur, et que le plus difficile n'est pas de retrouver la vérité, mais de revenir à la vertu!

Cette conversion a paru à l'Église un si grand miracle de la grâce, que c'est la seule, avec celle de saint Paul, dont elle célèbre le souvenir; et, par une délicate attention, elle en a fixé la solennité au 5 mai, c'est-à-dire au lendemain du jour où elle fait la fête de notre Sainte. Les derniers chants de l'office de sainte Monique se mêlent aux premières hymnes qui saluent la conversion de saint Augustin; et une même solennité réunit et honore les larmes de la mère qui ont racheté le fils, et les larmes du fils qui ont consolé la mère.

Cependant la première pensée d'Augustin après sa conversion, avait été de courir à sainte Monique. Il se jette dans ses bras; il la baigne de ses larmes. La mère et le fils se tiennent pressés l'un contre l'autre dans une de ces profondes et muettes étreintes qui semblent être le dernier langage de l'homme quand l'émotion ne lui en permet plus d'autre[1].

Augustin était ravi; et, dans cette lumière nouvelle qui l'inondait, il sentait enfin le prix des larmes de sa mère. Aussi, ne pouvant parler, il la serrait sur son cœur; il levait sur elle un regard où son âme semblait vouloir faire passer tout entière l'expression de son ardente reconnaissance. Il lui disait par son silence ce qu'il a répété sur tous les tons jusqu'à la fin de sa vie. « Oui, si je suis votre fils, ô mon Dieu, c'est que vous m'avez donné pour mère une de vos servantes[2]. » Et encore : « C'est à ma mère, à ses prières, à ses mérites, que je dois d'être devenu tout ce que je suis[3]. » Et ailleurs : « Si je préfère la vérité à tout, si je n'aime qu'elle, si je suis prêt à mourir pour elle, c'est à ma mère que je le dois. Dieu n'a pas pu résister à ses prières[4]. » Et enfin : « Si je n'ai pas péri à jamais dans l'erreur et dans le mal, ce sont les larmes de ma mère, ses longues et fidèles larmes, qui me l'ont obtenu[5]. » Voilà ce qui remplit les écrits d'Augus-

---

[1] Ad matrem ingredimur; indicamus, gaudet; narramus quemadmodum gestum sit; exsultat et triumphat. (*Confess.*, lib. VIII, cap. XII.)

[2] O Domine, ego servus tuus; ego servus tuus et filius ancillæ tuæ. (*Confess.*, lib. IX, cap. I.)

[3] Nostra mater, cujus meriti credo esse omne quod vivo. (*De Beat. Vit.*, in fine Præfat.)

[4] Mater, cujus precibus indubitanter credo atque confirmo mihi istam mentem Deum dedisse, ut inveniendæ veritati nihil omnino præponam, nihil aliud velim, nihil cogitem, nihil amem. (*De Ordine*, lib. II, cap. XX.)

[5] *De Dono Perseverantiæ*, cap. XX, n° 53.

tin, ce qu'il sentait vivement alors, et ce qu'il essayait de dire à sa mère par ses regards, par ses embrassements, par cette longue et profonde et muette étreinte dont il ne pouvait plus se détacher.

De son côté, sainte Monique ne contenait pas sa joie. Elle aussi, elle arrosait Augustin de ses larmes. Elle le couvrait de son regard heureux; et à chaque mot qui s'échappait des lèvres de son fils, c'était un tressaillement nouveau. Le voir bon chrétien, honnête homme, marié, en voie de salut : tout son espoir, tout son désir, toutes ses prières s'étaient bornées là. Et si Dieu lui eût accordé cette grâce, il lui semblait qu'elle serait morte heureuse. Et à mesure que l'émotion ouvrait les lèvres d'Augustin, elle entrevoyait des merveilles inattendues. C'était peu d'être chrétien, il voulait maintenant la continence, la solitude, la fuite du monde, le mépris de tout, le seul amour de Dieu. Elle tressaillait à chaque mot. Et qui sait si Dieu ne lui donna pas à ce moment le pressentiment des grandes choses qui allaient arriver; et si, pour la consoler de vingt années d'angoisses, il ne lui laissa pas entrevoir, sur le front de son Augustin, la couronne de docteur et l'auréole de saint[1]?

---

[1] Benedicebat (mater mea) tibi qui potens es ultra quam petimus aut intelligimus facere, quia tanto amplius sibi a te concessum de me videbat, quam petere solebat miserabilibus flebilibusque gemitibus. Convertisti enim me ad te, ut nec uxorem quærerem, nec aliquam spem sæculi hujus, stans in ea regula fidei in qua me ante tot annos ei revelaveras. Et convertisti lu-

O moment heureux, où une mère retrouve son enfant qu'elle croyait mort, ou qu'elle voyait mourant! Mais, ô moment plus heureux encore, où une mère chrétienne voit renaître dans l'âme de son fils la foi, la pureté, le courage, la vertu; et où, chrétienne affligée des douleurs de l'Église, elle pressent que ce fils dégénéré en va devenir la lumière, la gloire et le vengeur! Non, il n'y a pas, il n'y aura jamais de plus grande joie ici-bas.

On montre encore à Milan la petite chambre où priait sainte Monique, le jardin où se sont passées ces scènes émouvantes et dans lequel Augustin fut vaincu par Dieu. On les montrera longtemps. Et quand les âges, qui ne respectent rien, auront dispersé les dernières pierres de cette maison, on en visitera encore la place avec une admiration attendrie. La beauté de ce jeune homme, en qui brillaient à la fois toutes les flammes du génie et toutes les tendresses de l'âme; ses fautes, et au milieu de ses fautes ses glorieuses tristesses, qui lui font une route assurée dans la sympathie de tous les cœurs, innocents ou coupables; ses longues résistances à la grâce, ses cris et ses débattements d'aigle blessé qui ne veut pas se rendre; et en face de ses résistances, la patience de Dieu qui lui ménage la lumière avec une si délicate tendresse, et qui, victorieuse enfin, sans contraindre sa liberté, l'élève des abîmes du doute et de la passion aux plus hauts sommets de la

ctum ejus in gaudium multo uberius quam voluerat, ut multo charius atque castius, quam de nepotibus carnis meæ requirebat. (*Confess.*, lib. VIII, cap. XII.)

vérité, de la pureté et de l'amour divin; et, par-dessus toutes ces scènes, pour leur donner je ne sais quoi d'achevé, les larmes de cette mère incomparable qui ouvre le ciel à force de pleurer, et qui oblige Dieu à venir au secours de son fils; ce sont là de ces choses que l'humanité n'oubliera jamais, et qui, jusqu'à la fin des âges, l'amèneront, attendrie et meilleure, aux lieux qui en furent les témoins!

CHAPITRE TREIZIÈME

CASSIACUM.
**SAINTE MONIQUE EMMÈNE SON FILS A LA CAMPAGNE
POUR LE PRÉPARER AU SAINT BAPTÊME.
ELLE ASSISTE AUX CONFÉRENCES PHILOSOPHIQUES.
LA MÈRE DU PLATON CHRÉTIEN**

Septembre 386-janvier 387

« O mon Dieu! je suis votre serviteur, parce que j'ai eu pour mère une de vos servantes. Vous avez brisé mes liens, je vous dois un sacrifice de louanges. Que mon cœur, que ma langue vous louent; que tous mes os s'écrient : « Seigneur, qui est semblable à vous? » Qu'ils parlent; et vous, répondez-moi, mon Dieu! Dites à mon âme : « Je suis ton Sauveur. » O Christ! ô Jésus! oui, vous êtes mon soutien et mon rédempteur[1]. »

---

[1] O Domine, ego servus tuus, et filius ancillæ tuæ. Dirupisti vincula mea ; tibi sacrificabo hostiam laudis. Laudet te cor meum et lingua mea; et omnia ossa mea dicant: Domine, quis similis tibi? Dicant, et responde mihi, et dic animæ meæ : Salus tua ego sum... O Christe Jesu, adjutor meus et redemptor meus ! (*Confess.*, lib. IX, cap. I.)

À ce premier sentiment d'admiration et de reconnaissance, qui remplissait le cœur d'Augustin au lendemain de sa conversion, s'en joignait un autre qui n'était ni moins profond ni moins doux. Augustin se sentait rempli d'une sorte de nouveauté sainte, dont il n'avait pas eu idée jusque-là. Ce qui le charmait hier, ne lui inspirait plus aujourd'hui que du mépris. « Quelles soudaines délices ne trouvais-je pas, dit-il, dans le renoncement aux vanités! Vous les chassiez de mon âme, ô mon Dieu, et vous y entriez à leur place, plus aimable que toute suavité, plus éclatant que toute lumière, plus intime que toute intimité, plus grand que toute grandeur. Et mon cœur heureux était libre des soucis que donnent l'ambition, l'amour des richesses et la recherche des plaisirs coupables; et je gazouillais déjà sous vos yeux, ô ma lumière, mon opulence et mon salut[1] »

Sainte Monique écoutait avec ravissement ces premières effusions de l'âme d'Augustin. Non moins ardente que lui, car elle était si heureuse! elle soutenait de sa voix et de son cœur ces hymnes

---

[1] Quam suave mihi subito factum est carere suavitatibus nugarum! Et quas amittere metus fuerat, jam dimittere gaudium erat. Ejiciebas enim eas a me, vera tu et summa suavitas; ejiciebas, et intrabas pro eis, omni voluptate dulcior, sed non carni et sanguini; omni luce clarior, sed omni secreto interior; omni honore sublimior, sed non sublimibus in se. Jam liber erat animus meus a curis mordacibus ambiendi et acquirendi et volutandi atque scalpendi scabiem libidinum. Et garriebam tibi claritati meæ, et divitiis meis, et saluti meæ, Domino Deo meo. (*Confess* lib. IX, cap. I.

naissants; et, arrivée à l'apogée de la grâce et de la sainteté, pleine d'expérience dans les choses de Dieu, elle le guidait avec tendresse sur cette belle route de la lumière et de l'amour divin, où il était novice encore, mais dont elle savait tous les secrets.

Pour se livrer à son aise aux sentiments de piété, de repentir et de reconnaissance qui le remplissaient, Augustin aurait voulu être seul avec sa mère, dans quelque solitude ignorée des hommes, n'ayant qu'à contempler, à bénir, à louer Dieu dans un silence qu'aucune créature n'eût troublé. Malheureusement il était accablé de travail; car il lui fallait plusieurs fois par semaine monter en chaire, parler en public, et donner à une jeunesse nombreuse des leçons d'éloquence qui exigeaient de lui la plus longue et la plus sérieuse préparation. C'était un martyre. Aussi sa première pensée fut d'envoyer sa démission et d'annoncer tout haut qu'il renonçait à sa chaire d'éloquence. Mais on était à la fin du mois d'août. Les vacances s'ouvraient le 16 septembre; il n'y avait donc plus que vingt jours à attendre. Ne valait-il pas mieux patienter, se retirer sans bruit, sans éclat, ne pas livrer au jugement des hommes une action qui ne devrait être vue que de Dieu? Non, certes, qu'il craignît leurs jugements : « Vous aviez blessé mon cœur des flèches de votre amour, s'écrie-t-il, et vos paroles, ô mon Dieu, traversaient mes entrailles comme des traits de feu, et les exemples de vos serviteurs que vous avez convertis avant moi des ténèbres à la vraie lumière et de la mort à la vie, m'embrasaient d'une telle ardeur, que tout vent de contradiction soufflé par la langue artificieuse des hommes eût irrité ma flamme, bien loin de l'éteindre. » Mais s'il ne craignait pas les critiques des uns, Augustin ne devait-il pas redouter au moins les louanges des autres? car en faisant un éclat, il s'exposait à attirer sur lui tous les regards et peut-être de grands éloges.

Ces raisons parurent décisives; et, moitié par prudence, moitié par modestie, Augustin résolut, quoi qu'il lui en coûtât, d'attendre le moment des vacances[1].

Même avec ces précautions, cette retraite n'était pas facile à réaliser. Il y avait deux ans qu'Augustin enseignait à Milan, avec un succès extraordinaire. Son esprit, son éloquence, son cœur, sa parole, qui avait des qualités du premier ordre, avec tous les défauts de son temps, charme de plus, avaient groupé autour de sa chaire ces sympathies ardentes qui entourent toujours tout homme qui sait mettre une âme dans une parole. Malheureusement, s'il avait livré son âme à son jeune auditoire, il avait aussi livré sa santé. Sa poitrine était embrasée. Sa gorge malade ne donnait plus qu'une voix faible et sans portée. Tout le monde pressentait que ce jeune homme, dévoré par une trop grande ardeur, mal servi par des organes délicats, ne pourrait pas longtemps s'adonner à l'éloquence.

[1] *Confess.*, lib. IX, cap. II.

La première fois qu'Augustin avait entrevu cette triste perspective, il en avait pleuré. Maintenant qu'il ne rêvait plus que la contemplation et la solitude dans l'amour de Dieu, il saluait avec bonheur ce prétexte tout trouvé, et il se réjouissait de pouvoir, sans en dire le vrai motif, et en ne mettant en avant que sa santé, se procurer le silence dont son cœur avait besoin.

Une autre difficulté eût pu le retenir encore. Augustin était pauvre; il n'avait pour vivre et pour faire vivre sa mère, que la ressource de son talent et de ses leçons publiques. Heureusement que Romanien, toujours généreux et délicat, était à Milan, et que plus d'une fois déjà il était venu de lui-même offrir à Augustin de lui procurer, quand il le voudrait, la solitude et le loisir, si nécessaires au génie. « Vous, ô noble ami, lui écrivait quelques mois après saint Augustin, qui déjà aviez protégé le berceau et comme le nid de mes premières études, et qui plus tard soutîntes l'audace de mon premier vol, vous vîntes encore ici à mon aide. Oui, si dans le repos que je goûte maintenant je me réjouis de me voir déchargé de tant de soins inutiles; si je respire, si je puis me posséder, si je suis rentré en moi-même et tout appliqué à contempler la vérité, c'est à vous que je dois ce bonheur; car après que je vous eus un jour découvert les troubles et les agitations de mon esprit, et que je vous eus déclaré que je n'estimerais jamais de vie heureuse que celle qui me donnerait le loisir de m'appliquer à l'étude de la sagesse, mais que j'étais arrêté par la pensée de ma mère et de mon fils que je faisais subsister, vous vous enflammâtes à ces pensées, et vous me promîtes non-seulement de me donner la liberté, mais de la venir partager avec moi[1]. »

Tranquille donc de ce côté, grâce à la générosité de Romanien; entrevoyant dans un court délai cette solitude dont son cœur avait tant besoin, Augustin acheva son cours d'éloquence. Mais ces vingt jours qui restaient encore lui parurent un siècle. Plus rien ne le soutenait dans ces études; tout l'attirait ailleurs. Sa seule consolation, quand il revenait le soir, fatigué et épuisé du travail de la journée, était de fermer sa porte, et, seul avec sa mère, de s'entretenir des merveilles que Dieu avait opérées en lui.

Aussi, dès que les vacances furent ouvertes, sainte Monique amena Augustin à la campagne. Elle n'avait pas moins hâte que lui de se retirer dans la solitude et d'assister au travail qui s'opérait dans son âme, et par lequel Dieu allait mettre fin à la grande œuvre commencée il y a vingt jours. Un ami d'Augustin, un de ses collègues dans l'enseignement des lettres, Verecundus, mis dans sa confidence, avait offert sa maison de campagne. Monique l'avait acceptée, et vers le 16 ou le 17 septembre 386, elle vint s'y installer avec son fils.

On ne sait plus exactement la place de la maison qu'elle habita; mais on en a une description assez

---

[1] *Contra Acad.*, lib. II, cap. II.

complète, et on connaît parfaitement le paysage au sein duquel elle était posée.

C'était une de ces vastes et agréables maisons de campagne comme les Romains de la fin de l'empire les aimaient : des salles spacieuses, des portiques couverts, des bains, une bibliothèque, des terrasses extérieures, de beaux ombrages tout autour, beaucoup d'espace, d'air et de lumière; en un mot, tout ce que peut désirer un homme qui fait de sa villa un lieu de repos et de jouissances. Au pied de la maison s'étendait une pelouse qui reposait les yeux, et qui, bordée de grands arbres, invitait à la promenade et offrait de l'ombre pour la conversation ou la lecture. L'une des extrémités de cette pelouse était déchirée par le lit rocailleux d'un torrent à sec pendant une partie de l'année, mais qui se gonflait à la fonte des neiges d'hiver et à la suite des pluies d'automne, et qui interrompait alors le calme de la vallée par le bruit monotone de ses eaux. Des fenêtres ou des terrasses de la maison, on avait sous les yeux un paysage tranquille, reposé, assez vaste pour laisser au regard sa liberté, et terminé dans le lointain par de hautes montagnes, comme pour aider le regard à se relever vers le ciel. Ces montagnes étaient les premières pentes des Alpes et des Apennins. Elles formaient un cercle immense, dans lequel on apercevait des prés, des vignes, des vergers, de petits monticules chargés de grands arbres, et des lacs bleus qui étincelaient au soleil; quelque chose de la verdure des paysages suisses, avec les tons plus chauds du ciel italien. On avait haussé la maison, en la plaçant sur une éminence, afin qu'elle pût jouir à son aise de la grandeur et du calme de ce doux spectacle.

L'été finissait. Le soleil d'automne versait sur la campagne ses tièdes rayons. Les feuilles ne tombaient pas encore ; mais déjà elles commençaient à prendre ces chaudes couleurs, jaunes et rouges, qui donnent à la campagne, au mois de septembre, un si bel éclat. C'était le moment où la nature tout entière semble revêtir quelque chose de plus grave, et presque d'un peu triste, comme si elle se préparait à mourir. Il y a certains états d'âme où l'on sent, à se promener au sein d'une telle nature, un charme infini.

C'est à ce moment, en ce beau lieu, dans cette campagne à la fois sereine et recueillie, que Monique heureuse amena Augustin, et que l'un et l'autre vinrent cacher leur joie et préparer leurs âmes au grand jour du saint baptême.

Quelques jeunes gens s'étaient joints à eux. Des rapports de parenté, des attraits de cœur, des conformités d'origine, d'études, d'inquiétudes, de passions, les avaient groupés autour d'Augustin, et presque tous ils voyaient naître comme lui, au milieu des mêmes ombres, la joyeuse aurore de la même foi.

Nommons les principaux.

C'était d'abord Adéodat ou Dieudonné, le fils d'Augustin. Il sortait de l'adolescence, et on pressentait qu'il égalerait un jour son père. Il en avait tout le génie. « Nous amenâmes avec nous, écrit saint Augustin, Adéodat, ce fils de mon péché, nature que vous aviez comblée. A peine âgé de quinze ans, il surpassait les hommes les plus avancés dans la vie et dans la science. Il se révélait chaque jour par des signes admirables. La grandeur de son génie m'effrayait[1]. » Heureusement il y joignait une piété et une innocence extraordinaires. C'est lui qui, un jour, comme on demandait quel est celui qui a Dieu en soi, répondit : « C'est celui qui vit chastement. » Et comme Augustin insistait, et voulait savoir si, par ce mot, il entendait seulement la fuite des grandes fautes opposées à cette belle vertu : « Oh! non, répondit-il, il n'y a d'âme vraiment chaste que celle qui regarde Dieu sans cesse et qui ne s'attache qu'à lui seul. » Il n'avait pas encore reçu le saint baptême; mais il s'y préparait avec une ardeur que sa grand'mère, sainte Monique, était obligée de contenir. En voyant ce génie précoce et cette candeur virginale, on se demandait ce que Dieu réservait à son Église, au jour où l'esprit et le cœur d'Adéodat auraient atteint leur développement complet. Ce jour ne devait pas venir. Une enfance angélique, une jeunesse plus pure encore, le baptême reçu avec les dispositions d'un saint, et la mort peu après, voilà quelle devait être la courte

---

1 Adjunximus etiam nobis puerum Adeodatum ex me natum carnaliter de peccato meo. Tu bene feceras eum. Annorum erat ferme quindecim, et ingenio præveniebat multos graves et doctos viros.. Horrori mihi erat illud ingenium. (*Confess.*, lib. IX, cap. VI.)

et précieuse destinée de cet enfant. « Je le porte dans ma mémoire joyeuse, écrit saint Augustin après sa mort, et rien, ni de son enfance, ni de sa première jeunesse, ni de sa vie, ne vient troubler le doux souvenir qu'il m'a laissé[1]. »

C'était ensuite Navigius, le frère de saint Augustin, le second fils de sainte Monique. Baptisé depuis longtemps, pieux, timide, souffrant, presque toujours malade, n'ayant rien du génie d'Augustin, ayant beaucoup de la piété contemplative de sainte Monique, sa vie n'était que silence et prière.

C'était encore Alype, que nos lecteurs connaissent. Il n'était pas parent de saint Augustin; mais il était son ami le plus intime. C'était le frère de son cœur, selon la belle expression du saint. Après avoir été agité des mêmes inquiétudes et troublé des mêmes erreurs, mais non pas des mêmes passions, il venait d'être illuminé du même coup de lumière, au même lieu et dans le même instant. Aussi n'avait-il pas voulu quitter son ami. Ils se préparaient ensemble au saint baptême, et l'Église devait les voir un jour, évêques tous deux, lui consacrer sinon le même génie, du moins le même cœur.

Augustin avait encore amené avec lui deux autres jeunes gens, non pas précisément ses amis, car ils étaient trop jeunes; mais ses élèves, qu'il aimait comme un père et dont il dirigeait l'éducation avec la plus tendre sollicitude : c'était Licentius et Trigetius.

---

[1] *Confess.*, lib. IX, cap. VII.

Trigetius avait vingt ans, du goût pour l'étude, de l'élévation dans l'esprit, et de l'amour pour tout ce qui lui paraissait grand, noble, délicat. Il avait d'abord tourné ses yeux vers la carrière des armes; mais, révolté par la brutalité et la vulgarité qu'il y avait aperçues, il était revenu au goût des lettres, et particulièrement de l'histoire, qu'il aimait comme si déjà il eût été un vieillard[1]. La gaieté et la vivacité de l'esprit de ce jeune homme plaisaient à Augustin, et il le voyait avec joie se préparer comme lui au saint baptême.

Licentius l'inquiétait davantage, nature de feu que rien ne pouvait ni contenir ni satisfaire. Il était fou de poésie. Il pâlissait au récit d'une grande action. Il faisait des vers même à table. Il chantait avec une expression extraordinaire les chœurs de Sophocle. Il lisait en pleurant Virgile; mais les questions de philosophie l'intéressaient peu, et les questions de religion encore moins[2]. Ces dispositions tourmentaient d'autant plus Augustin, que ce brillant jeune homme était fils de Romanien, qui le lui avait confié tout jeune. « Aussi, dit saint Paulin, Augustin l'avait porté, pour ainsi dire, dans son

[1] Illum enim adolescentem, quasi ad detergendum fastidium disciplinarum aliquantum sibi usurpasset militia, ita nobis magnarum honestarumque artium ardentissimum edacissimumque restituit... Qui tanquam veteranus adamavit historiam. (*Contra Acad.*, lib. I, p. 424; *De Ordine*, lib. I, p. 533.)

[2] Licentius admirabiliter poeticæ deditus. (*De Ordine*, p. 533.) Excogitandis versibus inhiantem, nam de medio pene prandio clam surrexerat, nihilque biberat... In illis græcis tragediis verba, quæ non intelligis, cantes. (*Contra Acad.*, p. 463.)

sein, et s'efforçait de lui être père, mère, nourrice.» On sentait, aux soins exceptionnels dont il l'entourait, qu'il voulait acquitter sa dette de reconnaissance, et que pour rendre au fils ce qu'il avait reçu du père, il n'était pas de sacrifices qu'il ne fût prêt à s'imposer pour en faire un homme distingué et un chrétien. La première œuvre était facile; la seconde devait se faire attendre encore.

Voilà en y joignant deux cousins d'Augustin, Lastidianus et Rusticus, sur lesquels nous ne savons rien, le cercle des jeunes gens qui accompagnaient sainte Monique et saint Augustin lorsqu'ils arrivèrent à Cassiacum.

Deux autres amis d'Augustin manquaient à cette réunion, et devaient, hélas! y manquer toujours: Nebridius et Verecundus.

Nebridius, dont nous avons déjà parlé, avait tout quitté, père, mère, patrie, pour suivre Augustin et s'attacher aux leçons de son jeune maître. Ardent pour la vérité, soupirant après elle, mais obscurci d'erreurs sur Jésus-Christ; doux, modeste, évitant le monde, craignant le bruit, cherchant la solitude pour avoir plus de temps à donner aux grandes questions qui occupaient son esprit; avançant vers la lumière par la même route qu'Augustin, sa place était marquée à Cassiacum. Il y faisait un vide que tout le monde sentait, Augustin plus que personne. Mais, absent de corps, il y était présent d'esprit et de cœur. Il écrivait sans cesse. Il posait chaque jour à Augustin de nouvelles questions sur les plus hautes vérités. Il sollicitait si ardemment les réponses, qu'Augustin lui écrivait pour lui demander grâce et le prier de le laisser respirer un peu. Il se préparait du reste à recevoir le baptême avec ses amis ; et des fonts baptismaux, d'où il sortit enflammé comme un apôtre, mourant peu après plein de foi et de piété, il passa, dit Augustin, dans le sein d'Abraham. « Quel que puisse être ce sein d'Abraham, reprend éloquemment Augustin, c'est là qu'il vit, mon Nebridius, mon doux ami. Car en quel autre lieu pourrait être une telle âme? Il vit au séjour bienheureux, dont il me faisait tant de questions, à moi qui avais si peu de lumière pour répondre. Il n'approche plus son oreille de ma bouche ; mais il approche sa bouche de vous, mon Dieu, source de vie, et, heureux à jamais, il se désaltère à loisir, selon l'immensité de sa soif. Et toutefois, je n'ai pas peur qu'il s'enivre là jusqu'à m'oublier, puisqu'il vous boit, mon Dieu, vous qui ne m'oubliez jamais[1]. »

Quant à Verecundus, c'était celui qui avait prêté sa villa à sainte Monique. Doux, honnête, d'un esprit élevé, marié à une femme pieuse, il hésitait, on ne sait pourquoi, à devenir chrétien. Il mourut peu

---

[1] Quidquid illud est quod illo significatur sinu, ibi Nebridius meus vivit, dulcis amicus meus, tuus autem, Domine, adoptivus ex liberto filius ibi vivit. Nam quis alius tali animæ locus? Ibi vivit, unde me multa interrogabat homuncionem inexpertum. Jam non ponit aurem ad os meum, sed spirituale os ad fontem tuum, et bibit quantum potest sapientiam pro aviditate sua, sine fine felix. Nec sic eum arbitror inebriari ex ea, ut obliviscatur mei, cum tu, Domine, quem potat ille, nostri sis memor. (*Confess.*, lib. IX, cap. III.)

après, mais baptisé, et ayant adoré, dans son dernier souffle, un Dieu qu'il était digne de connaître. « Vous eûtes pitié, non-seulement de lui, dit saint Augustin, mais encore de nous. Car c'eût été pour notre cœur un trop grand deuil de nous souvenir d'un tel ami, et de ne pas le savoir au nombre de vos élus. Oui, mon Dieu, vous rendrez à Verecundus, en retour de l'hospitalité de Cassiacum, où après tant d'inquiétudes nous avons goûté un si heureux repos, vous lui rendrez la fraîcheur et l'éternel printemps de votre paradis[1]. »

Voilà Cassiacum. Un tel lieu, une telle paix, une telle saison, une telle réunion d'amis, une si douce consonnance de toutes choses avec les dispositions, les attraits, les aspirations d'Augustin, il n'y a qu'une mère pour préparer un tel berceau à l'âme de son fils qui renaît. Sainte Monique avait deviné cette solitude avec son cœur de mère; elle allait l'illuminer avec la foi, l'élévation, la tendresse et l'ardeur héroïque de son cœur de sainte.

Du reste, cet amour qu'elle avait pour son fils, elle le reportait sur tous les amis d'Augustin, sur ces jeunes âmes, tourmentées, inquiètes, si belles, et dans lesquelles, avec le profond instinct des saints, elle entrevoyait des chrétiens, des prêtres futurs, peut-être des évêques, des docteurs et des apôtres.

---

[1] Misertus es, non solum ejus, sed nostri; ne, cogitantes erga nos amici humanitatem, nec eum in grege tuo numerantes, dolore intolerabili cruciaremur.. Reddes Verecundo, pro rure illo ejus Cassiciaco, ubi ab æstu sæculi requievimus in te, amœnitatem sempiterne virentis paradisi tui. (*Confess.*, lib. IX, cap. III.)

« Aussi, dit admirablement saint Augustin, elle nous soignait comme si tous nous eussions été ses enfants, et elle nous servait comme si chacun de nous eût été son père[1]. » Mais son respect ne l'empêchait pas de donner à tous ces jeunes gens la direction qu'ils attendaient d'elle, et que son âge, sa sainteté, son titre de mère et d'aïeule, de parente ou de vénérable amie lui permettait de leur donner. Elle les avertissait doucement. Elle les reprenait avec gravité. D'un mot, d'un regard, elle élevait leurs âmes à Dieu. Tout son esprit enfin, tout son génie, tout son cœur, toute sa foi, toutes les ardeurs de son zèle, toutes les industries de sa charité, elle les employait à seconder en eux l'action de Dieu. Elle était l'apôtre de ce petit cénacle.

Son premier soin avant de quitter Milan, avait été d'avertir le saint évêque, Ambroise, du changement merveilleux qui venait de s'opérer dans Augustin, et de lui demander conseil sur la manière dont celui-ci devait se préparer au saint baptême. Ambroise avait recommandé, outre la solitude et la prière, la méditation des saintes Écritures, et il avait indiqué le prophète Isaïe. Il pensait sans doute que la grandeur incomparable de ses peintures saisirait l'imagination et le cœur d'Augustin ; et d'ailleurs, de tous les prophètes, Isaïe est celui qui a parlé le plus clairement de la conversion des peuples à Jésus-Christ, et qui a semé, le long de ses pages inspirées,

---

[1] Ita curam gessit, quasi omnes genuisset; ita servivit, quasi ab omnibus genita fuisset. (*Confess.*, lib. IX, cap. IX.)

les plus belles paroles sur la préparation du cœur à la venue de Jésus-Christ. Seulement, tandis qu'Isaïe adressait aux peuples des paroles comme celles-ci : « Convertissez-vous, convertissez-vous, ô peuple, rendez droits vos sentiers! » il en entendait d'autres qui emportaient son âme et qui emporteront à jamais toutes les âmes avec la sienne dans les profondeurs des mystères éternels. Augustin commença cette lecture ; mais arrêté dès les premières pages par des difficultés qu'il voulait approfondir, sentant que s'il continuait, cette lecture allait dégénérer en étude, il ferma Isaïe, ouvrit à sa place le livre des Psaumes, probablement sur l'indication de sa mère, et ce dont il avait besoin, à savoir de prier et de pleurer, il le trouva.

David est la voix même de la prière, surtout de la prière pénitente. On dirait que Dieu l'avait fait exprès, afin qu'il n'y eût pas dans l'homme une tristesse, un péril, un repentir, une douleur, un élan qui ne fût en lui; et qu'ainsi il eût des chants et des larmes pour toutes les situations de la vie. Il naît dans une cabane, et il meurt sur un trône; il garde les moutons dans les vallées de Bethléhem, et il commande sur les champs de bataille; toutes les gloires pleuvent sur lui avec tous les bonheurs; la poésie, la religion, l'amitié, la victoire l'élèvent à l'envi; puis on le voit trahi, persécuté, vaincu, chassé dans l'exil, obligé de fuir devant son propre fils qui périt ignominieusement sous ses propres yeux, sans qu'il puisse le sauver ; double jouet de la bonne et de la mauvaise fortune qui se le disputent et le portent successivement à toutes les extrémités des choses humaines. Encore n'est-ce là que la moindre partie de sa vie. Béni par Dieu dans son berceau, il passe d'une enfance et d'une jeunesse toutes saintes à un âge mûr plus saint encore, inondé de lumières par-dessus tous les prophètes, saluant le Messie dans les élans du plus vif amour ; et tout à coup de ces sommets ardents il tombe dans l'adultère, dans la perfidie et dans l'homicide. Mais là, au fond de cet abîme, il ne désespère ni de la beauté de son âme ni de la bonté de Dieu ; il lève jusqu'à la pureté divine des yeux pleins de larmes, et, s'appuyant sur son repentir, il remonte plus haut qu'il n'avait jamais été. Seulement ses larmes ne cessent plus, et la douleur, la reconnaissance, l'amour divin s'unissant sur sa harpe, y mettent des accents que l'Évangile n'a pas surpassés, et qui jusqu'à la fin des temps éveilleront des échos au fond de toutes les âmes. Comment Augustin n'aurait-il pas trouvé là l'onction dont son cœur avait besoin? Les situations se ressemblaient comme les âmes. Aussi, à peine il eut ouvert les Psaumes, que tous les sentiments qui remplissaient son cœur débordèrent à la fois.

« Quels cris poussais-je vers vous, mon Dieu, dit-il, lorsque, novice encore en votre pur amour, je lisais les Psaumes de David, ces cantiques animés d'une foi si humble et si vive! De quels élans ils m'emportaient vers vous, et de quelle flamme ils me consumaient! Je brûlais de les chanter à toute la terre pour anéantir l'orgueil humain. J'étais tour à tour frissonnant de crainte, et enflammé d'espérance, et tressaillant devant votre miséricorde, ô mon Père! Et mon âme sortait par mes yeux et par ma voix quand j'entendais votre Esprit d'amour nous dire : *Enfants des hommes, jusques à quand aurez-vous le cœur endurci? Pourquoi aimez-vous la vanité et cherchez-vous le mensonge?* Car n'avais-je pas aimé la vanité et cherché le mensonge? Aussi j'écoutais, ému, me souvenant d'avoir été un de ceux que ces paroles accusent.

« Et puis je lisais : *Entrez en fureur, mais ne péchez pas*. Et combien étais-je touché de ces paroles, moi à qui vous aviez appris, ô mon Dieu, à entrer en fureur contre moi-même à cause de mes fautes passées, pour ne plus les commettre à l'avenir?... Et dans ce secret de mon âme, où je m'étais mis en colère contre moi-même, où, touché jusqu'au fond du cœur, je vous avais offert en sacrifice mon ancienne corruption, vous aviez commencé, mon Dieu, à m'être doux et à m'inonder de votre joie, et chaque mot que je lisais perçait mon âme et m'arrachait un cri.

« Et le verset suivant, oh! comme je l'arrosais de mes larmes : *Je serai en paix, je serai en paix lorsque je serai en Dieu*. O bienheureuses paroles! *Ce sera en lui seul que je prendrai mon repos et mon sommeil*. Oui, mon Dieu, car vous êtes cet être fort qui ne change pas. En vous est le repos, l'oubli de toutes les peines. Voilà le fondement de mon inébranlable espérance.

« Je lisais et je brûlais. Et j'eusse bien voulu faire

quelque chose pour ouvrir les oreilles de ces morts dont j'avais été l'un des pires, lorsque, aveugle et acharné, j'aboyais contre vos saintes lettres, radieuses de lumière et toutes ruisselantes de miel. Et je séchais de douleur en pensant aux ennemis de ces livres divins. O mon Dieu, comment pourrai-je peindre tous les sentiments que j'éprouvais dans ces jours heureux[1]. »

Pendant qu'Augustin prolongeait ainsi ces lectures ardentes, et laissait aller son âme à tous les élans de sa foi nouvelle, la joie et l'admiration clouaient Monique à ses côtés. Elle ne le quittait pas. Elle lui indiquait les psaumes qui lui convenaient davantage; elle les lisait avec lui. « Alype, dit saint Augustin, lisait avec moi, et ma mère aussi, qui ne pouvait pas me quitter. » Elle les lui expliquait même, car elle était montée plus haut que lui dans l'amour; et, mère une seconde fois, elle lui ouvrait, heureuse, ce monde de lumière au sein duquel il entrait à peine, et où il marchait encore en tâtonnant. « Car j'étais novice en votre amour, continue-t-il, et Alype, mon ami, était novice et simple catéchumène comme moi; mais il n'en était pas de même de ma mère. Elle portait dans un corps de femme la foi robuste d'un homme, la lumière sereine d'un vieillard, la tendresse d'une mère, et la ferveur d'une chrétienne[2]. »

---

[1] *Confess.*, lib. IX, cap. IV.

[2] Rudis in germano amore tuo, catechumenus in villa cum catechumeno Alypio feriatus, matre adhærente nobis, muliebri

Cependant, si occupé que fût Augustin de préparer son âme au baptême, il n'oubliait pas ses chères études de philosophie. Après avoir employé sa matinée à la lecture méditée des *Psaumes*, seul ou en compagnie de sa mère et d'Alype, vers le milieu du jour il réunissait ses jeunes amis. Si le ciel était beau et que la sérénité invitât à la promenade, on allait s'asseoir sous un arbre au milieu de la pelouse[1]. Le temps, au contraire, était-il pluvieux et déjà froid, on se réfugiait dans une salle de bains dont l'atmosphère tiède était douce à la poitrine fatiguée d'Augustin[2]. Ici ou là, de longues heures s'écoulaient dans de graves et aimables entretiens sur la philosophie et les lettres. Quelquefois on lisait la moitié d'un livre de Virgile, que saint Augustin avait tant aimé et qu'il aima toujours[3]; d'autres fois un traité de Cicéron, et en particulier l'*Hortensius*, auquel il avait voué une admiration reconnaissante[4]. Mais le plus ordinairement on traitait des plus belles questions de la philosophie : par exemple du bonheur, et en quoi il consiste (*de*

habitu, virili fide, anili securitate, materna charitate, christiana pietate. (*Confess.*, lib. IX, cap. IV.)

[1] « Nous sortîmes, dit saint Augustin ; le jour était si doux et si pur, qu'il semblait fait, en vérité, pour épurer et éclairer nos âmes. »

[2] *Contra Acad.*, lib. III, cap. IV.

[3] Dies pene totus cum in rebus rusticis ordinandis tum in recensione primi libri Virgilii peractus fuit. (*Contra Acad.*, p. 432.) Septem fere diebus a disputando fuimus otiosi, cum tres tantum libros Virgilii post primum recenseremus. (*Ibid.*, p. 445.)

[4] Præsertim cum Hortensius liber Ciceronis jam eos ex magna parte conciliasse philosophiæ videretur. (*Ibid.*, p. 425.)

Beata Vita); de l'ordre dont Dieu a marqué toutes choses comme d'un signe divin (*de Ordine*); des besoins que l'âme a de la vérité, et de l'impuissance où est la philosophie de la satisfaire totalement (*Contra Manichæos*); de Dieu enfin, et de l'âme, que le saint étudiait alors, et qu'il s'efforçait d'environner de toutes les splendeurs de son génie.

On a appelé saint Augustin le Platon chrétien. C'est à Cassiacum qu'il le fut. Plus tard il sera évêque, controversiste, docteur. Il écrira contre les Donatistes et les Pélagiens. Il planera comme un aigle dans les hauteurs du dogme chrétien. Mais alors, trop jeune, laïque, n'osant pas toucher à l'arche, il se contente d'aborder ces belles questions de Dieu et de l'âme, que Platon avait entrevues, et qu'Augustin voit dans la lumière totale. Platon et Augustin sont deux frères, mais d'âge inégal. Le premier, à l'aurore de la vie, dans son doux et poétique printemps, a plus de fleurs que de fruits. Il rêve plus qu'il ne possède. Il entrevoit un idéal sublime; il tressaille d'enthousiasme, mais il n'y arrive pas. Il cherche la route, il la voit, il la décrit; mais il ne sait pas y entrer, et il meurt sans porter dans son âme les fruits dont sa jeunesse avait eu les fleurs. Le second, après des luttes cruelles, après des années entières de travail et de courage, entre résolûment dans le chemin qu'avait indiqué le premier. Platon avait dit : « Pour arriver à la vue de Dieu, il faut se purifier, se guérir, se détacher de la terre, arracher tous ces clous par lesquels nous y tient rivés l'amour des plaisirs et des richesses. »

Augustin se purifie; il arrache tous les clous. Platon avait dit : « Philosopher, c'est apprendre à mourir. » Il avait dit : « Pour voir Dieu, que faut-il? être pur et mourir. » Augustin étudie ce grand art; il le met en pratique à Cassiacum, et la lumière, semblable à un fleuve dont on a brisé les digues, inonde sa grande intelligence. Ce que Platon espère et conjecture, il le voit. Ce qui passe comme un pressentiment confus, mais sublime, dans la riche imagination du philosophe, subsiste net, précis, dans la raison lumineuse du saint, et jaillit de son cœur avec des accents que ne soupçonna jamais Platon. Qui veut connaître Augustin dans ses premiers essais d'aile, avant l'âge du grand vol, doit étudier les entretiens et les conférences de Cassiacum. Il y a là une première fleur de jeunesse qui ne se retrouvera plus; quelque chose de doux dans la lumière comme d'un jour qui se lève; de la fraîcheur dans les idées et dans les sentiments; un enthousiasme tranquille, une douce gaieté. Son génie, jusque-là emprisonné, avait retrouvé ses forces, et montait d'un élan heureux vers le vrai, le bien et le beau.

Mais pas plus dans les élévations de son génie que dans les effusions de son cœur pénitent, sainte Monique n'abandonnait son fils. Seulement, quand il s'agissait des élans de sa foi et de sa piété, c'était elle qui ne voulait pas se séparer de lui; quand il s'agissait des études et des discussions philosophiques, c'était lui qui exigeait qu'elle ne le quittât pas. Il voulait qu'elle assistât à toutes les conférences qu'il avait avec ses jeunes amis : et comme elle s'en excusait modestement, comme elle lui faisait remarquer, avec un doux sourire, que jamais on n'avait vu femme s'asseoir au milieu des hommes : « Quand cela serait vrai, lui répondait Augustin, qu'importe? Est-ce que la philosophie n'est pas l'amour de la Vérité? Et vous, ma mère, est-ce que vous n'aimez pas la Vérité? Dès lors, pourquoi n'auriez-vous pas place parmi nous? Vous n'aimeriez la Vérité que d'une manière vulgaire, que je devrais encore vous recevoir et vous écouter. Combien plus, puisque vous l'aimez plus que vous ne m'aimez moi-même, et je sais combien vous m'aimez! Rien ne saurait vous détacher de la Vérité; ni la crainte, ni la douleur, quelle qu'elle fût, ni même la mort. Et n'est-ce pas là, de l'aveu de tous, le point suprême de la philosophie? Dès lors comment hésiterai-je à me déclarer votre disciple[1]? » Et Monique, interdite d'un tel éloge fait en présence de tous, trouvait à peine as-

---

[1] Ne quid, mater, ignores, hoc græcum verbum, quod philosophia nominatur, latine amor sapientiæ dicitur. Unde etiam divinæ Scripturæ, quas vehementer amplectis, non omnino philosophos, sed philosophos hujus mundi evitandos esse præcipiunt... Contemnerem igitur te in his litteris, si sapientiam non amares; non autem contemnerem, si eam mediocriter amares; multo minus, si tantum quantum ego amares sapientiam. Nunc vero, cum eam multo plus quam meipsum diligas, et noverim quantum me diligas, cumque in ea tantum profeceris, ut jam nec cujusvis incommodi fortuiti, nec ipsius mortis, quod viris doctissimis difficillimum est, horrore terrearis, quam summam philosophiæ arcem omnes esse confitentur, egone me non libenter tibi etiam discipulum dabo? (*De Ordine*, lib. I, cap. XI, n. 32.)

sez de paroles pour dire à Augustin, avec une douce modestie, que jamais il n'avait tant menti que ce jour-là[1].

Mais ce n'était pas seulement parce qu'elle aimait la Vérité par dessus tout, et qu'elle était décidée à mourir pour elle, que saint Augustin tenait à ce que sa mère assistât aux conférences : c'était aussi à cause de la pénétration et de la trempe solide de son esprit. Cet esprit, si nous en croyons Augustin, touchait au génie. Il n'y avait pas de question, si élevée et si obscure fût-elle, où Monique n'entrât avec une promptitude et une facilité singulières.

Un jour, par exemple, Augustin traitait devant ses jeunes amis des nombres, et en particulier de leur rôle dans la géométrie et la musique; tout à coup il s'interrompt au point le plus ardu de la question, et, regardant sa mère, il lui adresse ces belles paroles : « Que d'autres s'épouvantent d'entrer dans ces choses difficiles, et qu'elles leur fassent l'effet d'une forêt impénétrable, soit; mais vous, ma mère, vous ne vous en effraierez pas, vous dont le génie me paraît chaque jour nouveau, et dont l'âme, ou par l'âge ou par l'effet d'une admirable vertu, monte si haut au-dessus de la région des frivolités et des sens. Toutes ces questions vous paraîtront aussi faciles qu'elles le seront peu aux esprits grossiers qui traînent par terre[2]. »

[1] Hic illa cum blande ac religiose nunquam me tantum mentitum esse dixisset... (*De Ordine*, lib. I, cap. xi, n. 33.)
[2] Quod vero ex illis ad id quod quærimus opus est, ne te, quæso,

« Si je disais, ajoute agréablement le saint docteur, que vous parviendrez à exprimer vos sentiments et vos pensées d'une manière irréprochable, je ne dirais pas vrai, puisque moi-même, qui ai été obligé d'étudier cette langue, je suis chaque jour repris sur plusieurs mots par les gens d'Italie. Peut-être même quelque savant fort attentif trouverait dans mon discours ce que nous appelons des solécismes. N'ai-je pas rencontré des gens assez habiles pour me persuader que Cicéron en avait fait quelquefois? Quant aux barbarismes, ils sont si fréquents aujourd'hui, que même le discours prononcé pour la conservation de Rome en a été trouvé rempli. Sans doute, ma mère, vous ne vous inquiétez pas de toutes ces délicatesses de style; mais vous connaissez si bien le génie et la force presque divine de la grammaire, que les vrais savants s'apercevront bien que si vous en avez abandonné le corps, vous en avez retenu l'esprit[1]. »

---

mater, hæc velut rerum immensa quædam silva deterreat. Etenim quædam de omnibus eligentur numero paucissima, vi potentissima, cognitione autem multis quidem ardua; tibi tamen cujus ingenium quotidie mihi novum est, et cujus animum vel ætate vel admirabili temperantia remotissimum ab omnibus nugis et a magna labe corporis emergentem, in se multum surrexisse cognosco, tam erunt facilia, quam difficilia tardissimis miserrimeque viventibus. (*De Ordine*, lib. II, cap. xvii, n. 45.)

[1] Si enim dicam te facile ad eum sermonem perventuram, qui locutionis et linguæ vitio careat, profecto mentiar. Me enim ipsum, cui magna necessitas fuit ista perducere, adhuc in multis verborum soni Itali exagitant; et a me vicissim, quod ad ipsum sinum adtinet, reprehenduntur. Aliud est enim esse arte, aliud gente securum. Solœcismos autem quos dicimus fortasse quisque

Pour ces deux raisons donc, et parce que Monique aimait la Vérité jusqu'à lui sacrifier sa vie, et parce qu'elle était douée d'un esprit très-élevé et très-pénétrant, Augustin tenait absolument à ce qu'elle assistât aux conférences philosophiques. Il y tenait aussi pour une autre raison, d'un ordre plus général. Aux conversations et aux entretiens des hommes, même aux plus élevés et aux plus sérieux, la présence d'une femme est utile. Elle impose la réserve; elle fait apparaître la grâce et la délicatesse. Là où l'homme, surtout le savant, est tenté de ne mettre que son esprit, elle met son cœur. Elle empêche ce que Bossuet a si bien appelé la science toute sèche. Et quand ces entretiens sur Dieu, sur l'âme, sur l'infini, se terminent, comme ils devraient toujours se terminer, par des hymnes et des prières, c'est elle qui met des ailes à ces hymnes, et qui donne de l'accent à ces prières.

On en eut à Cassiacum un bel exemple. Augustin avait traité de la Providence. Il l'avait montrée admirable dans la distribution du bien et dans la permission du mal. Arrivé, après de longs circuits, à ce moment où la lumière inonde l'esprit,

doctus adtendens in oratione mea reperiet: non enim defuit qui mihi nonnulla hujusmodi vitia ipsum Ciceronem fecisse peritissime persuaserit. Barbarismorum autem genus nostris temporibus tale compertum est, ut ipsa ejus oratio barbara videatur, qua Roma servata est. Sed tu, contemptis istis vel puerilibus rebus, vel ad te non pertinentibus, ita grammaticæ pene divinam vim naturamque cognoscis, ut ejus animam tenuisse, corpus reliquisse disertis videaris. (*De Ordine*, lib. II, cap. XVII, n. 45.)

où l'émotion gagne le cœur et où toutes ces belles contemplations expirent en adoration et en amour, tout à coup il s'arrête, et, se tournant vers sa mère, il lui adresse cette parole où vit saint Augustin tout entier, et qui suffirait aussi à l'éternel honneur de sainte Monique : « Pour que ces prières et ces vœux soient énoncés avec plus de ferveur, nous vous en chargeons, ô ma mère, vous aux larmes de laquelle je crois fermement être redevable des dispositions où je suis de ne rien préférer à la vérité. Oui, si je ne pense qu'à elle, si je la désire toujours, si je l'aime par-dessus tout, je vous le dois, ô ma mère. Et comment donc pourrais-je douter que, m'ayant obtenu la grâce de désirer ardemment la vérité, vous ne m'obteniez encore, par vos prières, la grâce de la posséder pleinement[1]? »

Du reste, sainte Monique ne se contentait pas d'assister à ces conférences ; elle y prenait quelquefois la parole, et comme Dieu donne à la pureté et à l'amour un singulier don de lumière, elle laissait tomber, au milieu des entretiens, des mots qu'Augustin faisait transcrire aussitôt sur ses tablettes, et que nous allons recueillir à notre tour pour

---

[1] Quæ vota ut devotissime impleantur, tibi maxime hoc negotium, mater, injungimus, cujus precibus indubitanter credo, atque confirmo, mihi istam mentem Deum dedisse, ut inveniendæ veritati nihil omnino præponam, nihil aliud velim, nihil cogitem, nihil amem. Nec desino credere nos hoc tantum bonum, quod te promerente concupivimus, eadem te petente adepturos. (*De Ordine*, lib. II, cap. xx, n. 52.)

achever de connaître par eux la mère du Platon chrétien.

La plus célèbre des conférences de Cassiacum, celle où la belle âme de sainte Monique jeta plus de lumière, eut lieu le 13 novembre 386. C'était le jour anniversaire de la naissance d'Augustin. Il avait trente-deux ans. Monique réunit autour de sa table tous les amis de son fils, et leur servit un de ces repas chrétiens où la sobriété et une douce gaieté laissent à l'esprit toute son élévation et sa liberté. Pendant le repas, la conversation tomba naturellement sur la vie, puisque c'était l'anniversaire du jour où Augustin avait connu les premiers sourires et les premières larmes, et sur la vie bienheureuse, puisque la vie court d'elle-même et instinctivement à la félicité. Le dîner fini, on se retira dans une salle de bains, car le temps était froid et pluvieux, et la conversation continua sur le même sujet, dirigée par saint Augustin, qui posait lui-même les questions, excitait ses jeunes amis à y répondre, et faisait comme l'aigle, qui prend ses petits sur ses ailes, et les emporte au soleil.

Qu'est-ce donc que la vie? En quoi consiste-t-elle? Où est le foyer qui la renouvelle et l'entretient? On eut bientôt laissé, comme indigne de fixer longtemps l'attention, cette vie misérable et mourante du corps qui se traîne par terre et s'entretient par des aliments empruntés à la terre, et on arriva à la seule vie qui mérite ce nom, la vie de l'âme. Augustin demanda quel était l'aliment de l'âme. « Elle n'en a qu'un, reprit sainte Monique, c'est de connaître et d'aimer la Vérité[1]. » Trigetius contesta; il admettait deux aliments pour l'âme : un bon et un mauvais; et il prétendait que s'il y a des âmes qui se nourrissent de Vérité, il y en a aussi qui se nourrissent d'erreurs, de vanités et d'illusions. Mais saint Augustin prit aussitôt la parole. Il fit voir que Trigetius s'égarait; que, bien loin de nourrir l'âme, les erreurs, les vanités, les illusions l'affament, la rendent vide, stérile, languissante; et qu'ainsi sa mère avait raison de dire qu'il n'y avait qu'un seul aliment digne de la grande âme de l'homme et capable de la rassasier, la Vérité.

Mais où va la vie? La vie est une activité, c'est un mouvement; quel en est le terme? Sur cette triste terre, dans cette vallée de larmes, où nous buvons tous cette eau amère qu'on appelle la vie, qu'est-ce que nous voulons, qu'est-ce que nous demandons? n'est-ce pas d'être heureux? Tous applaudirent[2].

Voilà, en effet, le grand terme de la vie. A peine l'homme est né, qu'il sent s'éveiller en lui l'aspiration au bonheur, et, tant qu'il vit, il n'a pas dans

---

[1] Quid ergo anima, inquam : nullane habet alimenta propria? An ejus esca scientia vobis videtur? — Plane, inquit, mater, nulla re alia credo ali animam quam intellectu rerum atque scientia. (*De Beat. Vita,* n. 8.)

[2] Atque ego rursus exordiens : Beatos esse nos volumus, inquam? Vix hoc effuderam, occurrerunt una voce consentientes. (*De Beat. Vita,* n. 10.)

l'âme une pensée, un sentiment, un élan, un souffle qui ne demande la félicité!

Mais la félicité, où est-elle? Comment l'atteindre? A quelle condition est-on heureux? Saint Augustin pose ainsi cette question souveraine. « Dites-moi : quel est celui qui est heureux? N'est-ce pas celui qui a tout ce qu'il désire? — Oh! non, reprit vivement sainte Monique; s'il désire le bien, et qu'il l'ait, à la bonne heure, il est heureux. Mais s'il veut le mal, quand même il l'obtiendrait, combien il est malheureux! » Augustin, ému, souriant : « Oh! ma mère, dit-il, vous avez touché là un des sommets de la philosophie[1]. » Et il apporta aussitôt en preuve le texte suivant de l'*Hortensius*, qui est vraiment admirable. « La plupart, non des philosophes, mais des diputeurs, dit Cicéron, déclarent heureux ceux qui ont tout ce qu'ils désirent. C'est une erreur : car désirer le mal, c'est le comble de la misère. Et c'est être moins malheureux de n'avoir pas ce que l'on désire, que de désirer avoir ce qui ne convient pas. En effet, une volonté qui adhère à ce qui est mauvais apporte à l'âme plus de mal qu'une grande fortune ne saurait lui apporter de bien[2]. » Monique avait écouté attentivement ces

---

[1] Omnis qui quod vult habet, beatus est? — Tum mater : Si bona, inquit, velit et babeat, beatus est. Si autem mala velit, quamvis habeat, miser est. — Cui ego arridens, atque gestiens : Ipsam, inquam, prorsus mater, arcem philosophiæ tenuisti. (*De Beat. Vita*, n. 10.)

[2] Ecce autem, ait Tullius, non philosophi quidem, sed prompti tamen ad disputandum, omnes aiunt esse beatos qui vivant ut ipsi velint; falsum id quidem. Velle enim quod non deceat, idem

belles paroles; elle les reprit ensuite, les expliqua, et en releva si admirablement l'excellence, que tous les assistants, oubliant son sexe, croyaient, dit Augustin, entendre quelque grand homme assis au milieu d'eux. Pour moi, ajoute-t-il, je contemplais, ravi, la source divine d'où découlaient de si belles choses[1]. »

La conversation continue. Augustin veut approfondir la question du bonheur. On a rejeté tout ce qui est mauvais, comme incapable de rendre l'âme heureuse; on arrive à ce qui, sans être coupable, est simplement passager, transitoire, caduc : la richesse, la santé, la gloire, la beauté. Est-ce là que l'homme peut trouver la félicité? « Non, dit saint Augustin; car ce qui passe, ce qui s'écoule, ce qui est mortel, comment l'avoir quand nous le désirons? Et, l'ayant obtenu, comment le garder? » Tous applaudirent. « Cependant, dit Trigetius, ces choses fragiles, périssables, il y en a qui les possèdent en une telle abondance, que rien de ce qu'ils désirent ne leur manque jamais[2]. »

---

ipsum miserrimum. Nec tam miserum est non adipisci quod velis, quam adipisci velle quod non oporteat. Plus enim mali pravitas voluntatis affert, quam fortuna cuiquam boni. (*De Beat. Vita*, n. 10.)

[1] In quibus verbis mater sic exclamabat, ut, obliti penitus sexus ejus, magnum aliquem virum consedere nobiscum crederemus; me interim quantum poteram intelligente ex quo illa et quam divino fonte manarent. (*De Beat. Vita*, n. 10.)

[2] Sed Trigetius : Sunt, inquit, multi fortunati qui eas ipsas res fragiles casibusque subjectas, tamen jocundas, pro hac vita cumulate largeque possideant, nec quidquam illis eorum quæ volunt desit. (*De Beat. Vita*, n. 11.)

Alors Augustin : « Dis-moi, Trigetius, celui qui craint peut-il être heureux?

— Non, dit Trigetius.

— Celui qui aime, s'il peut perdre ce qu'il aime, peut-il ne pas craindre?

— Il ne le peut, dit Trigetius.

— Mais tout ce qui est passager, caduc, périssable, ne peut-il pas se perdre?

— Il peut se perdre.

— Donc, conclut saint Augustin, celui qui aime et possède des choses périssables ne peut jamais être heureux[1].

— Non, sans doute, reprit Monique ; mais je vais plus loin : fût-il même sûr de ne jamais les perdre, je l'estimerais encore malheureux, parce que tout ce qui est passager est sans rapport avec l'âme de l'homme. Et plus il le recherchera, plus il sera misérable et indigent[2].

— Quoi ! dit saint Augustin, s'il avait abondamment de toutes les choses de la terre, s'il savait mettre des bornes à ses désirs, et qu'il apprît l'art de jouir avec dignité et modération, il ne serait pas heureux[3] ?

---

[1] Cui ego : Qui timet, inquam, videturne tibi esse beatus? — Non videtur, inquit. — Ergo quod amat quisque, si amittere potest, potestne non timere ? — Non potest, inquit. — Amitti autem possunt illa fortuita. Non igitur hæc qui amat et possidet, potest ullo modo esse beatus. — Nihil repugnavit. (*De Beat. Vita*, n. 11.)

[2] Hoc loco autem mater : Etiam si securus sit, inquit, ea se omnia non esse amissurum, tamen talibus satiari non poterit. Ergo et eo miser, quo semper est indigus. (*De Beat. Vita*, n. 11.)

[3] Cui ego : Quid, inquam, his omnibus abundans, atque cir-

— Non, non, reprit sainte Monique, toutes les choses de la terre ne rendront jamais une âme heureuse [1].

— Oh! que c'est beau! dit saint Augustin [2]. Quelle plus admirable réponse serait-il possible de faire à cette question? Oui, si quelqu'un veut être heureux, qu'il monte plus haut que les choses périssables, qu'il cherche ce qui demeure toujours, et ce que les revers de la fortune ne lui enlèveront jamais. Dieu seul a ce caractère; et, par conséquent, c'est en Dieu seul qu'est la félicité. »

Tous s'inclinèrent avec un pieux applaudissement du cœur.

Mais si rien d'humain, rien de créé, quelque beau qu'il soit, ne peut apaiser la faim intérieure qui dévore l'âme de l'homme, et si Dieu seul peut opérer ce rassasiement nécessaire, comment le posséder? car étant certain d'une part que nous aspirons à la félicité, et de l'autre que cette félicité n'est qu'en Dieu, il faut que nous puissions y atteindre, et, dans une certaine limite, y trouver l'apaisement de tous nos désirs et l'évanouissement de toutes nos craintes. Saint Augustin aborde cette nouvelle question et la pose ainsi : « Celui-là seul

---

cumfluens, si cupiendi modum sibi statuat, eisque contentus decenter jocundeque perfruatur, nonne tibi videtur beatus? (*De Beat. Vita*, n. 11.)

1 Non ergo, inquit, illis rebus, sed animi sui moderatione beatus est. (*De Beat. Vita*, n. 11.)

2 Optime, inquam, nec huic interrogationi melius, nec abs te aliud debuit responderi, etc. (*De Beat. Vita*, n. 11.)

est heureux qui a Dieu en soi. Mais, dites-moi, quel est celui qui a Dieu en soi[1]?

— Pour moi, dit Licentius, j'estime que celui-là a Dieu en soi, qui agit bien[2].

— Celui-là a Dieu en soi, reprit vivement Trigetius, qui fait la volonté de Dieu[3]. »

Alors Adéodat, prenant la parole, fit la belle réponse que nous avons déjà citée : « Celui-là a Dieu en soi, qui n'a pas en soi l'esprit impur. » Sainte Monique applaudit[4].

« Et quel est celui qui n'a pas l'esprit impur? dit saint Augustin, pressant Adéodat pour lui faire expliquer sa pensée[5].

— C'est celui, dit l'enfant, qui vit chastement[6].

— Et qu'est-ce que vivre chastement? Est-ce seulement éviter les grandes fautes[7]?

---

[1] Nihil ergo, inquam, nobis jam quærendum esse arbitror, nisi quis hominum habeat Deum? beatus enim profecto is erit. De quo, quæso, quid vobis videatur? (*De Beat. Vita*, n. 12.)

[2] Hic Licentius : Deum habet qui bene vivit. (*De Beat. Vita*, n. 12.)

[3] Trigetius : Deum habet, inquit, qui facit quæ Deus vult fieri. Lastidianus concessit. (*De Beat. Vita*, n. 12.)

[4] Puer autem ille minimus omnium : Is habet Deum, inquit, qui spiritum immundum non habet. Mater vero omnia, sed hoc maxime approbavit. (*De Beat. Vita*, n. 12.)

[5] Abs te, quæro, tu puer, qui fortasse aliquando seneriore ac purgatiore spiritu istam sententiam protulisti, quis tibi videatur immundum spiritum non habere? (*De Beat. Vita*, n. 18.)

[6] Is mihi videtur, inquit, spiritum immundum non habere, qui caste vivit. (*De Beat. Vita*, n. 18.)

[7] Sed castum, inquam, quem vocas? (*De Beat. Vita*, n. 18.)

— Oh! non, reprit Adéodat. Il n'y a d'âme vraiment pure que celle qui aime Dieu, et qui s'attache à lui seul[1]. »

Ainsi en trois mots, en trois bonds, cet enfant, le fils, il est vrai, de saint Augustin, le petit-fils de sainte Monique, avait atteint au dernier terme de toute philosophie comme de toute religion. Rien d'humain, de terrestre, ne suffit à l'âme. Elle ne peut être heureuse que par la possession de Dieu. Et il n'y a qu'un moyen de le posséder ici-bas, comme là-haut, c'est de l'aimer. Car l'amour se rit des distances, il se joue des espaces, il unit les âmes à travers les mondes, et en les unissant il les béatifie et les transfigure. Et s'il est vrai que, même quand il s'attache à des êtres bornés, l'amour rend l'âme indifférente à la fatigue, à la douleur, à la privation; s'il lui communique une paix, une sécurité, une force invincible; s'il met l'âme non-seulement dans la joie, mais dans l'extase, que sera-ce de l'amour qui s'attache à Dieu? Aussi les saints ont tous été heureux, même sur la croix; et si le monde voit leur joie sans la comprendre, c'est qu'il ne sait pas ce que c'est qu'aimer!

Le lendemain on reprit la conversation, et dès les premiers mots l'entretien coula doucement sur ceux qui cherchent Dieu. On avait dit que ceux-là seuls sont heureux qui possèdent Dieu. Mais ceux qui ne le possèdent pas, ceux qui le cherchent,

---

[1] Ille est vere castus, qui Deum adtendit et ad ipsum solum se tenet. (*De Beat. Vita*, n. 18.)

qu'en penser? C'était Augustin qui avait posé cette question : retour mélancolique de cette grande âme sur ceux qui flottaient encore au milieu des incertitudes qu'il avait tant connues.

On écarta d'abord les Académiciens, c'est-à-dire ces philosophes qui, ayant cherché la vérité, ne l'ayant pas trouvée, en désespèrent, et finissent par faire profession de douter de tout. « Heureux ceux-là ! » dit sainte Monique en souriant et en faisant un jeu de mot intraduisible en français : *Caducarii sunt !* ce qui veut dire à la fois *ils sont attachés aux choses caduques*, et, *ils sont épileptiques*, c'est-à-dire de toute façon malheureux. Cette saillie fit sourire et applaudir l'assemblée[1].

Ceux-là écartés, on en vint à ceux qui cherchent Dieu. Supposez un homme qui ne désespère pas de la vérité, qui ait assez de confiance en Dieu pour croire qu'il n'a pas laissé l'homme sans lumière, et qui la cherche, est-il heureux, ou malheureux ?

« Il est malheureux, dirent les jeunes gens, car il n'a pas Dieu en soi.

— En êtes-vous bien sûr ? dit Augustin, qui dans tout cet entretien plaide la cause de ceux dont il avait partagé les incertitudes. Vous, Licentius, vous dites que celui-là a Dieu en soi qui fait la volonté de Dieu : celui qui cherche Dieu ne fait-il pas ce que Dieu veut ? — Vous, Trigetius, vous

[1] *De Beat. Vita*, n. 17.

dites que celui-là a Dieu en soi, qui agit bien : est-ce que celui qui cherche Dieu n'agit pas bien? — Et vous, Adéodat, je ne vous demande qu'une chose, est-ce que l'esprit impur peut chercher Dieu? »

Les trois jeunes gens se trouvaient pris, et ils regardaient Augustin, moitié souriant, moitié confus, ne sachant que répondre. Monique vint à leur aide[1], et, débrouillant avec une finesse d'esprit et une habileté admirables les arguments un peu subtils d'Augustin, elle montra que pour être heureux il ne suffisait par d'avoir Dieu en soi ; car tout le monde a Dieu en soi, aussi bien ceux qui cherchent Dieu que ceux qui le possèdent; mais qu'il fallait l'avoir pour ami, ce qui n'appartient qu'aux derniers.

La parole revint alors aux jeunes gens. « Si ceux qui cherchent Dieu ne l'ont pas pour ami, ils l'ont donc pour ennemi, dit Licentius, ce que je n'admettrai jamais.

— Ni moi non plus, dit Trigetius; mais il doit y avoir un milieu entre avoir Dieu pour ami et Dieu pour ennemi.

— Oui, dit Monique en se servant d'un texte de la sainte Écriture, celui qui vit bien a Dieu en soi, mais Dieu ami; celui qui vit mal a Dieu en soi, mais Dieu ennemi; celui qui cherche Dieu, et ne

---

[1] Hic cum se cæteri concessionibus suis deceptos riderent, postulavit mater ut ei hoc ipsum quod conclusionis necessitate intorte dixeram explicando relaxarem atque solverem. (*De Beat. Vita*, n. 19.)

l'a pas encore trouvé, n'a Dieu ni pour ami ni pour ennemi; mais Dieu n'est pas éloigné de lui. Admettez-vous cela[1]?

— Oui, dirent-ils.

— Attendez, reprit saint Augustin, qui ne trouvait pas encore assez beau le sort fait à ceux qui cherchent Dieu. Est-ce que Dieu n'est pas l'ami de ceux à qui il est favorable[2]?

— Oui, dirent-ils[3].

— Est-ce que Dieu n'est pas favorable à ceux qui le cherchent[4]?

— Oui encore[5].

— Donc voici le dernier mot. Celui qui cherche Dieu et le trouve, a Dieu pour ami et est heureux. Celui qui cherche Dieu et ne l'a pas encore trouvé, a Dieu pour ami, mais n'est pas encore heureux. Celui enfin qui s'éloigne de Dieu et le méconnaît, entraîné par ses vices, ni il n'est heureux, ni il n'a Dieu pour ami[6]. »

---

[1] Qui bene vivit, inquit mater, habet Deum, sed propitium; qui male, habet Deum, sed adversum; qui autem adhuc quærit, nondumque invenit, neque adversum neque propitium, sed non est sine Deo. (*De Beat. Vita*, n. 21.)

[2] Dicite mihi, quæso, inquam: Non vobis videtur esse homini Deus propitius cui favet?

[3] Ecce confessi sunt.

[4] Non ergo, inquam, favet quærenti sese homini?

[5] Responderunt: Favet.

[6] Ista igitur, inquam, distributio erit, ut omnis qui jam Deum invenit, et propitium Deum habeat, et beatus es; omnis autem qui Deum quærit, propitium Deum habeat, sed nondum sit beatus; jam vero quisquis vitiis atque peccatis a Deo se alienat, non modo beatus non sit, sed ne Deo quidem vivat propitio. (*De Beat. Vita*, n. 21.)

Doctrine admirable, quoique exprimée avec un peu de subtibilité; bien digne assurément du grand homme qui avait parcouru tous ces états, qui avait su par expérience combien Dieu est proche des âmes qui le cherchent, et combien il est doux à celles qui l'ont trouvé.

L'entretien ne s'acheva que le troisième jour. Les nuages chargés de pluie qui la veille et l'avant-veille avaient obligé la petite assemblée à se renfermer dans la salle de bains s'étaient dissipés. Le ciel avait repris sa sérénité. On descendit au jardin et on s'assit sous un arbre[1]. On avait traité le premier jour de ceux qui possèdent Dieu, le second jour de ceux qui le cherchent; on devait parler le troisième jour du triste état de ceux qui ne l'ont pas, de leur misère, de leur indigence, de leur stérilité. Monique y assistait et prit deux fois la parole. Trigetius venait de soulever une question un peu subtile, à savoir si tous ceux qui sont misérables sont dans l'indigence. Il citait un riche dont parle Cicéron, qui avait tous les biens : un grand nom, une vaste fortune, une belle réputation, de la considération, de l'honneur, mais qui ne jouissait de rien, parce qu'il avait peur de tout perdre. « Il était misérable, dit Trigetius; mais il n'était pas dans l'indigence. »

Monique prit ici la parole. « Je ne conçois pas

[1] Tertius autem dies disputationis nostræ matutinas nubes quæ nos cogebant in balneas dissipavit, tempusque pomeridianum candidissimum reddidit. Placuit ergo in pratuli propinqua descendere... (*De Beat. Vita*, n. 23.)

bien, dit-elle, toutes ces distinctions, et ne vois pas qu'on puisse séparer la misère de l'indigence et l'indigence de la misère. Car dirons-nous qu'une personne est dans l'indigence lorsqu'elle n'a point d'or ni d'argent, et qu'elle n'est pas dans l'indigence lorsqu'elle n'a pas de sagesse[1]? »

Tout le monde s'écria et admira cette parole, qui faisait des biens de l'âme un des éléments de la fortune, et saint Augustin fut fort aise que ce fût sa mère qui eût trouvé cette solution, qu'il réservait pour la fin, comme une des plus belles choses qu'il eût apprises dans les livres de philosophie. « Vous voyez, dit-il à ses jeunes amis, quelle différence il y a entre avoir étudié beaucoup de livres et se tenir toujours uni à Dieu. Car n'est-ce pas dans cette union intime que l'âme trouve ces belles pensées que nous admirons dans ma mère[2]? »

En terminant, et en résumant tous ces entretiens, Augustin s'éleva, dans quelques paroles pleines de foi et d'un tranquille enthousiasme, jusqu'à Dieu,

---

[1] Nescio, inquit, et nondum plene intelligo quomodo ab egestate possit miseria, aut egestas a miseria separari. Nam et iste qui dives et locuples erat, et nihil (ut dicitis) amplius desiderabat, tamen quia metuebat ne amitteret, egebat sapientia. Ergone hunc egentem diceremus, si egeret argento et pecunia; cum egeret sapientia, non diceremus? (*De Beat. Vita*, n. 27.)

[2] Ubi cum omnes mirando exclamassent, me ipso etiam non mediocriter alacri atque læto, quod ab ea potissimum dictum esset, quod pro magno de philosophorum libris, atque ultimum proferre paraveram: Videtisne, inquam, aliud esse multas variasque doctrinas, aliud autem animum adtentissimum in Deum? Nam unde ista, quæ miramur, nisi inde procedunt? (*De Beat. Vita*, n. 27.)

source, aliment et patrie des âmes. « Songeons à Dieu, dit-il, cherchons-le, ayons soif de lui : il est le soleil intérieur qui resplendit en nous. Et alors même que nos yeux ou trop faibles ou trop récemment ouverts ne peuvent pas le regarder en face, tout ce que nous disons de vrai vient de lui. Sans doute, tant que nous cherchons, tant que nous n'avons pas bu à la source, il faut avouer que nous ne sommes pas encore à la mesure où nous devons arriver. Nous ne sommes ni sages ni heureux. Nous ne le serons, nous ne possèderons la félicité, nous n'en serons rassasiés que lorsque nous connaîtrons pleinement et avec le cœur : le Père, qui donne la vérité; le Fils, qui est cette vérité; et le Saint-Esprit, par lequel on est lié à cette vérité : ces trois qui ne sont qu'un pour les âmes éclairées. »

A ce mot, sainte Monique, reconnaissant des paroles gravées dans sa mémoire, parce qu'elles étaient du père de son âme, le grand et illustre saint Ambroise, et qu'elle les avait souvent chantées à l'église de Milan, les reprit avec transport :

« Trinité sainte, accueille nos prières[1]. »

Et après avoir récité tout le verset avec une sorte d'enthousiasme : « Oh! oui, dit-elle, voilà la vie heureuse, la parfaite félicité, celle à laquelle il faut courir avec une foi inébranlable, une ardente espérance, une charité pleine de feu[2]. » Et ce sont

---

[1] Dans l'hymne de saint Ambroise : *Deus creator omnium*.
[2] Hic mater, recognitis verbis quæ suæ memoriæ penitus inhæ-

ces belles paroles de notre Sainte qui résument ce grand entretien qui avait duré trois jours.

Ainsi, d'humbles femmes trouvent quelquefois dans leur cœur des lumières que les plus doctes ne trouvent pas toujours dans leur esprit. Ainsi la pureté et l'amour ont vers Dieu des ascensions qu'envierait le génie. Et toujours il en sera ainsi. Les œuvres de Dieu sont toutes sorties de son cœur. Ceux-là les comprendront mieux qui auront davantage aimé.

rebant, et quasi evigilans in fidem suam, versum illum sacerdotis nostri : *Fove precantes, Trinitas,* læta effudit, atque subjecit : Hæc est, nullo ambigente, beata vita, quæ vita perfecta est, ad quam nos festinantes posse perduci solida fide, alacri spe, flagrante caritate, præsumendum est. (*De Beat. Vita*, n. 35.)

CHAPITRE QUATORZIÈME

**BAPTÊME DE SAINT AUGUSTIN.
JOIE DE MONIQUE EN Y ASSISTANT.
LES FRUITS DU BAPTÊME DANS LE FILS ET DANS LA MÈRE**

25 avril 387

Dans cette intime et délicieuse vie de Cassiacum, six mois s'écoulèrent à peu près; une partie des jours consacrés à l'étude, l'autre, la meilleure, réservée à la prière et à la méditation des saintes Écritures.

Ces six mois furent pour Augustin comme un baptême anticipé. Il y lava son âme; il la purifia d'avance de toutes les taches dont elle s'était souillée; il lui refit, aux feux de l'amour divin, une seconde et plus belle innocence. « Oh! combien je rougis, disait-il à ses jeunes amis, quand je vois les plaies et les flétrissures de mon âme! Chaque jour je les baigne de mes larmes. Je prie Dieu de les guérir; mais je sens profondément combien peu je mérite une pareille grâce. »

Il disait encore, en gémissant : « Elles vivent, elles vivent toujours dans ma mémoire, ô mon Dieu, ces images qu'une triste accoutumance y a fixées. Faibles et pâles tant que je veille, elles attendent mon sommeil pour m'insinuer un plaisir, pour me dérober une ombre de consentement. Misérables illusions, encore trop puissantes sur mon âme ! Mais votre main, mon Dieu, n'a-t-elle pas le pouvoir de cicatriser toutes mes plaies ? Et voilà pourquoi je confesse humblement à mon maître que je suis encore dans la misère[1]. »

Quand il avait ainsi gémi sur ses péchés, humilié son front et frappé sa poitrine, Augustin se tournait vers Dieu, dont l'amour commençait à le consumer. « Ce que je sais, disait-il, ce qui est dans mon âme à l'état de certitude absolue, c'est que je vous aime, ô mon Dieu ! Vous avez percé mon cœur d'une parole, et à l'instant je vous ai aimé... Et qu'ai-je aimé en vous aimant ? Est-ce la beauté corporelle ? Est-ce la gloire ? Est-ce l'éclat de la lumière, amie des yeux ? Sont-ce les douces mélodies du chant, la suave odeur des fleurs et des parfums, la manne ou le miel, ou les délices de la volupté ? Oh ! non, ce n'est pas là ce que j'aime en vous aimant. Et cependant j'aime une lumière, une mélodie, un parfum, un aliment, une volupté, en vous aimant. Lumière, mélodie, parfum, aliment, volupté, qui ne se goûtent que dans l'âme ; lumière qui défie les limites de l'étendue, mélodie qui ne

---

[1] *Confess.*, lib. X, cap. xxx.

connaît pas les mesures du temps, parfum que le souffle des vents ne dissipe pas, aliment qui rassasie sans diminuer la faim, volupté dont la puissance n'amène jamais la satiété : voilà ce que j'aime en aimant Dieu[1]. »

Souvent, pour rendre plus vif l'aiguillon de cet amour, il se plaisait, en errant sous les grands arbres de Cassiacum, à interroger toutes les créatures; et cette belle solitude, où tout respirait la paix, la liberté, l'absence de l'homme et la présence de Dieu, aidant encore à ses contemplations, jetait son âme dans le ravissement. « Qu'est-ce donc que j'aime quand j'aime Dieu? J'ai interrogé la terre, et elle m'a dit : « Ce n'est pas moi. » Et tout ce qu'elle porte m'a fait la même réponse. J'ai interrogé la mer et les abîmes, et les êtres animés qui glissent sous les eaux, et ils ont répondu! « Nous ne sommes pas ton Dieu, cherche au-dessus de nous. » J'ai interrogé l'air que je respire, et l'air avec ses habitants m'a dit : « Anaximène se

[1] Non dubia sed certa conscientia, Domine, amo te. Percussisti cor meum verbo tuo, et amavi te. Sed te cœlum et terra et omnia quæ in eis sunt, ecce undique mihi dicunt ut te amem, nec cessant dicere omnibus, ut sint inexcusabiles. Quid autem amo, cum te amo? Non speciem corporis, nec decus temporis, nec candorem lucis, ecce istis amicum oculis, non dulces melodias cantilenarum omnimodarum, non florum et unguentorum et aromatum suaveolentiam, non manna et mella, non membra acceptabilia carnis amplexibus. Non hæc amo, cum amo Deum meum; et tamen amo quamdam lucem, et quamdam vocem, et quemdam odorem, et quemdam cibum, et quemdam amplexum, cum amo Deum meum, lucem, vocem, odorem, cibum, amplexum interioris hominis mei, etc. (*Confess.*, lib. X, cap. VI.)

trompe, je ne suis pas Dieu. » J'interroge le ciel, le soleil, la lune, les étoiles, et ils me répondent : « Nous ne sommes pas non plus le Dieu que tu cherches. » Et je dis à tous les objets qui se pressent aux portes de mes sens : « Parlez-moi de mon Dieu, puisque vous n'êtes pas lui. Dites-moi de lui quelque chose. » Et ils me crient d'une voix éclatante : « C'est lui qui nous a faits[1]. »

Mais dès que l'image de Dieu lui apparaissait, l'idée de sa misère, de ses péchés, des contradictions de son âme, se présentait de nouveau à lui, et il recommençait à pleurer : « Hélas! Seigneur, ayez pitié de moi. Mes tristesses coupables luttent avec mes saintes joies. Et de quel côté est la victoire? Je l'ignore encore. Hélas! Seigneur, ayez pitié de moi! Pitié, Seigneur! Vous voyez, je ne vous dérobe pas mes plaies. O médecin, je suis malade; ô miséricorde, voyez ma misère[2] ! »

Il levait alors ses yeux sur la croix de Notre-Seigneur Jésus-Christ, refuge, remède, espérance,

---

[1] Et quid est hoc? interrogavi terram, et dixit: Non sum; et quæcumque in eadem sunt, idem confessa sunt. Interrogavi mare et abyssos et reptilia animarum vivarum, responderunt: Non sumus Deus tuus; quære super nos. Interrogavi auras flabiles, et inquit universus aer cum incolis suis : Fallitur Anaximenes, non sum Deus. Interrogavi cœlum, solem, lunam, stellas. Neque nos sumus Deus quem quæris, inquiunt. Et dixi omnibus iis quæ circumstant fores carnis meæ: Dixistis mihi de Deo meo quod vos non estis, dicite mihi aliquid de illo. Et exclamaverunt voce magna: Ipse fecit nos. (*Confess.*, lib. X, cap. VI.)

[2] Hei mihi, Domine, miserere mei. Hei mihi! Ecce vulnera mea non abscondo : medicus es, æger sum; misericors es, miser ego. (*Confess.*, lib. X, cap. XXVIII.)

consolation des pécheurs. Oh! disait-il, de quel amour nous avez-vous donc aimés, Père infiniment bon! Vous n'épargnez pas votre Fils; vous le livrez pour nous, pécheurs que nous sommes. Oui, pour nous, Celui qui n'a point regardé comme une usurpation d'être égal à vous, s'est rendu obéissant jusqu'à la mort, et à la mort de la croix. Pour nous, il s'est offert à vous, à la fois vainqueur et victime, et vainqueur, parce qu'il a été victime; à la fois prêtre et hostie; et prêtre, parce qu'il est hostie. Pour nous enfin, lui, votre Fils, il s'est fait esclave, afin que nous, esclaves, nous devinssions vos fils. Ah! que c'est avec justice que je fonde en lui cette ferme espérance que vous guérirez mes langueurs! Autrement je tomberais dans le désespoir. Elles sont si grandes et si nombreuses mes infirmités! oui, si nombreuses et si grandes! mais plus grande mille fois est la vertu de vos remèdes. »

Il ajoutait avec un accent d'admirable confiance : « Épouvanté de la multitude de mes péchés et accablé sous le poids de mes misères, j'avais délibéré en moi-même et presque résolu de m'enfuir et d'aller me cacher dans quelque désert. Vous m'en avez empêché, ô mon Dieu, en me rassurant par cette parole : « Jésus-Christ est mort pour tous, afin que ceux qui vivent ne vivent plus à eux-mêmes, mais à Celui qui est mort pour eux. » Je jette donc, ô mon Dieu, toutes mes inquiétudes en votre sein, afin que je voie et que je goûte les merveilles de votre loi. Vous savez mon ignorance, enseignez-moi. Vous connaissez ma faiblesse, guérissez-moi. Mais que les superbes n'essaient pas de me décourager en me rappelant mes crimes. Je connais le prix de la rançon offerte pour moi : c'est le sang de ce Fils unique, en qui sont tous les trésors[1]. »

Pour unir quelque chose aux souffrances de Notre-Seigneur, Augustin aurait voulu joindre aux larmes qu'il versait et à ses cris d'espérance et d'amour des mortifications corporelles. Il enviait le sort d'Alype, « et cet intrépide dompteur de son corps, disait-il, ce prodige d'austérités qui par humilité et par pénitence, pour se préparer au saint baptême, s'était condamné à marcher pieds nus sur le sol d'Italie, couvert de glace[2]. » Mais la faible santé d'Augustin ne lui permettait rien de semblable. Il ne pouvait pas même jeûner. Quoique la solitude de Cassiacum lui eût fait du bien, il avait toujours la poitrine en feu. Le travail et l'émotion l'avaient épuisé; une fièvre lente le dévorait. Souvent il ne parlait qu'avec peine. Il y avait des jours où il ne pouvait pas même écrire. Plus d'une fois, on dut suspendre les causeries du soir, parce qu'il n'en pouvait plus. L'âme avait usé le corps, et il fallait maintenant de longues années de paix, de soins, de ménagements, pour lui rendre sa vigueur.

Quelquefois cette inflammation générale envahissait la tête, les dents, les oreilles, et lui faisait

---

[1] *Confess.*, lib. X, cap. XLIII.
[2] *Id.*, lib. IX, cap. VI.

endurer de cruelles souffrances. Un jour, la douleur, qui s'était portée à la figure, et en particulier aux dents, fut si atroce, qu'il n'aurait pas soupçonné qu'il fût possible de tant souffrir. « Le mal, dit-il, était arrivé à un tel excès, que, ne pouvant plus parler, il me vint à l'esprit d'inviter ceux qui étaient présents à vous prier pour moi, ô Dieu, maître de la santé. J'écrivis mon désir sur des tablettes, et je le leur donnai à lire. A peine se furent-ils mis à genoux pour prier, que la douleur disparut. Mais quelle douleur ! Et combien vite s'évanouit-elle ! J'en fus dans l'admiration[1]. »

On entrevoit d'ici ceux qui se mirent à genoux pour demander à Dieu le soulagement d'Augustin : Alype, Adéodat, Navigius ; mais nul avec plus d'ardeur que sainte Monique. Elle supplia Dieu de lui accorder cette grâce, afin d'achever, par ce témoignage de la miséricorde divine, d'enflammer le cœur d'Augustin. Et elle réussit ; car Augustin, persuadé, il le fut toujours, que ce fait était miraculeux, sentit croître encore en lui l'amour qu'il avait déjà pour Dieu. Il ne pouvait plus supporter sa misère ; il n'osait regarder son âme, couverte de plaies, morte, épuisée, flétrie, désespérée, selon les admirables expressions dont il se sert, et il soupirait ardemment après l'eau purificatrice. « O Beauté toujours ancienne et toujours nouvelle, disait-il, je vous ai connue trop tard ! Je vous ai trop tard aimée ! Vous étiez au dedans de moi ; mais je

---

[1] *Confess.*, lib. IX, cap. IV.

vous cherchiez hors de moi, et, me précipitant dans ces beautés créées, j'y perdais ma propre beauté. Elles me retenaient loin de vous, ces beautés, qui ne seraient rien si elles n'étaient pas en vous. Heureusement votre voix m'a appelé, elle a vaincu ma surdité; votre splendeur a paru, elle a brillé, elle a triomphé de mon aveuglement; votre parfum a embaumé, je l'ai respiré, et voilà que je soupire après vous. Votre goût céleste s'est communiqué à mon âme, et maintenant j'ai faim et soif de vous, mon Dieu[1]! »

Et encore : « O vérité, lumière de mon cœur, ne laissez pas la parole à mes ténèbres. Entraîné par l'instabilité des choses terrestres, la nuit m'a pénétré; mais c'est du fond de ma chute que je me suis senti renaître à votre amour. Egaré, j'ai retrouvé votre souvenir, et quand votre voix m'appelait, à peine si la tumultueuse révolte de mes péchés me permettait de l'entendre. Et me voici maintenant tout en nage, hors d'haleine, revenu à votre fontaine sacrée. Oh! ne souffrez pas qu'on m'en repousse! Que je m'y désaltère, que j'y puise la vie[2]! »

---

[1] Sero te amavi, pulchritudo tam antiqua et tam nova! sero te amavi! Et ecce intus eras, et ego foris, et ibi te quærebam; et in ista formosa quæ fecisti, deformis irruebam. Mecum eras, et tecum non eram. Ea me tenebant longe a te quæ si in te non essent, non essent. Vocasti et clamasti, et rupisti surditatem meam. Coruscasti, splenduisti et fugasti cæcitatem meam. Fragrasti, et duxi spiritum, et anhelo tibi. Gustavi, et esurio, et sitio. Tetigisti me, et exarsi in pacem tuam. (*Confess.*, lib. X, cap. xxvii.)

[2] O Veritas, lumen cordis mei, non tenebræ meæ loquantur

« O amour toujours brûlant sans jamais s'éteindre, amour mon Dieu, embrasez et consumez mon cœur. Ordonnez-lui ce que vous voudrez ; mais, ajoutait-il dans son humilité, donnez-moi ce que vous m'ordonnez[1]. »

« Je m'afflige, mon Dieu, disait-il en pensant au saint baptême, de rester ainsi inachevé. Mais j'espère que vous accomplirez en moi l'œuvre de votre clémence, en attendant la paix définitive que toutes mes puissances feront avec vous, au jour où la mort sera engloutie dans la victoire[2]. »

Monique ressentait dans son âme toutes les aspirations, tous les désirs, toutes les douleurs, toutes les tristesses, tous les enthousiasmes, toutes les saintes joies de son fils. Longtemps elle avait prié pour que Dieu perçât l'âme d'Augustin d'une de ces flèches d'amour dont parle la sainte Écriture. Et maintenant que le trait était dans la blessure, elle priait avec plus d'ardeur encore, pour que Dieu

---

mihi. Defluxi ad ista, et obscuratus sum ; sed hinc etiam, hinc adamavi te. Erravi, et recordatus sum tui. Audivi vocem tuam post me ut redirem, et vix audivi propter tumultum impacatorum. Et nunc ecce redeo æstuans et anhelans ad fontem tuum. Nemo me prohibeat ; nunc bibam, et hinc vivam. (*Confess.*, lib. XII, cap. x.)

[1] O amor qui semper ardes et nunquam exstingueris ! Charitas Deus meus, accende me. Continentiam jubes ; da quod jubes, et jube quod vis. (*Confess.*, lib. X, cap. xxix.)

[2] Exultans cum tremore in eo quod donasti mihi, et lugens in eo quod inconsummatus sum, sperans perfecturum te in me misericordias tuas usque ad pacem plenariam, quam tecum habebunt interiora et exteriora mea, cum absorpta fuerit mors in victoriam. (*Confess.*, lib. X, cap. xxx.)

l'enfonçât bien avant et en rendît la blessure à jamais inguérissable. Elle qui avait veillé si longtemps et si tristement sur les cendres refroidies du cœur d'Augustin, et qui avait fini par y rallumer le feu de l'amour divin, elle soufflait ardemment sur ce feu, afin qu'il devînt capable de consumer le cœur de son fils. Brûle donc, ô feu sacré, deux fois allumé par le souffle d'une mère! purifie, transfigure, consume le cœur d'Augustin! Fais de ce jeune égaré un chrétien, un prêtre, un docteur, un martyr, refais-en une vierge; jusqu'au jour où ta flamme devenant trop vive pour ce cœur mortel qui te sert de foyer, tu le consumeras lui-même et tu emporteras le fils avec la mère loin de ce triste monde, dans la région des éternelles amours et des joies qui ne finiront plus!

Cependant le carême approchait, et il était d'usage que ceux qui voulaient être baptisés à Pâques donnassent leurs noms dès le mercredi des Cendres, et vinssent pendant la sainte quarantaine assister à des instructions qui étaient spécialement faites pour eux. Augustin quitta donc Cassiacum et rentra à Milan avec sa mère. Assurément il eût pu obtenir dispense d'assister à ces catéchismes préparatoires; mais il ne le voulut pas. Et on vit ce jeune homme si éloquent, déjà si célèbre, qui égalait et surpassait les plus savants, assidu comme un enfant à toutes les instructions que l'on faisait aux cathécumènes, et y porter une attention, une piété, une modestie et une humilité ravissantes. Dieu, du reste, le récompensait intérieurement du grand exemple qu'il donnait à l'Église, et vingt ans après il se souvenait encore avec bonheur des douces émotions dont il avait été pénétré pendant cette sainte quarantaine[1].

Enfin le moment du saint baptême est arrivé. Selon l'antique usage, on avait choisi la nuit qui précède le jour de Pâques. Tout le monde veillait cette nuit-là, et c'était après l'office du soir et avant la messe de l'aurore que s'administrait le sacrement de baptême. Cette nuit célèbre qui allait voir naître à Dieu et à l'Église le plus grand de ses docteurs séparait, en cette année 387, le 24e et le 25e jour d'avril[2].

Le voyageur visite encore avec émotion, à Milan, la petite église qui servait en ce temps-là de baptistère, et qui jusqu'à ce jour n'a pas péri tout entière. Elle portait alors le nom de saint Jean-Baptiste. Depuis on l'a dédiée au saint jeune homme dont elle fut, cette nuit-là, le berceau[3].

L'heure venue, Augustin se rend à cette église accompagné de sa mère. Adéodat est avec eux, plein d'innocence, de candeur et de joie, digne d'Augustin par son génie et de Monique par sa foi. Alype, pénétré et pénitent, Trigetius, enflammé et heureux, et quelques autres les suivent et se placent, avec Augustin, autour de la cuve baptismale. Un petit nombre de chrétiens choisis avait pu pénétrer dans le lieu saint. Tous les regards

---

[1] August., *De Fide et Operibus*, cap. VI.
[2] Possidius, *Vita August.*, cap. I.
[3] Mabillon, *Iter Ital.*, p. 16.

étaient attachés sur ce jeune homme qui promettait à l'Église, déchirée par tant d'hérésies, un si grand secours, et sur le front duquel la foi et le génie, le repentir et l'amour semblaient s'unir pour déposer invisiblement toutes les couronnes à la fois. Quant à Monique, vêtue de la robe blanche bordée de pourpre des veuves, enveloppée de longs voiles, elle s'efforçait en vain de cacher à tous les regards la joie qui inondait son âme[1].

Ambroise arrive, s'agenouille, prie un instant, et la cérémonie commence. Augustin était assis près de la cuve baptismale, le visage tourné vers l'occident. A un signe du saint évêque, il se lève, et se tourne vers l'orient, pour saluer cette lumière qu'il avait si longtemps ignorée et qui se levait enfin dans son âme[2]. Il s'approche ensuite des fonts sacrés, s'y plonge trois fois, et trois fois il en sort comme d'un tombeau, avec un cri de foi sur les lèvres. La première fois : Je crois en Dieu; la seconde fois : Je crois en Jésus-Christ; la troisième fois : Je crois au Saint-Esprit[3].

Après cela, le saint évêque de Milan monte à l'autel, étend les bras, prie à haute voix; puis, sur la tête humiliée du saint jeune homme qui frappe sa poitrine, il verse l'eau sacrée, en disant : « Je te baptise au nom du Père, du Fils, et du Saint-Es-

---

[1] Baptizatus est a beato Ambrosio, matre Monica sibi adhærente et de illius conversione mirabiliter exultante. (*Brev. Prædicat., in Festo Convers. B. August.*, 15 maii, lect. vi.)

[2] Ambros., *De Imit.*, lib. I, cap. ii.

[3] Ambros., *De Sacram.*, lib. II, cap. vii.

prit[1]. » Et Augustin renaît à Dieu, à l'Église, aux âmes et à lui-même.

Aussitôt, selon l'usage de l'Église de Milan, Ambroise se ceint d'un linge, s'agenouille devant Augustin et lui lave les pieds[2]; on revêt ensuite le nouveau baptisé d'une longue tunique blanche, symbole de l'innocence qui vient de lui être rendue[3]. C'était sa mère qui avait tissu elle-même ce vêtement, et il était encore tout humide des larmes de sa joie[4]. Puis Augustin prend à la main un cierge allumé, image de ce feu doux et chaste qui va désormais consumer son âme; et, ainsi paré, le cœur brûlant du plus pur amour, couronné des lis de la chasteté reconquise, portant invisiblement l'auréole de docteur, il s'avance à l'autel, afin d'y recevoir pour la première fois le Dieu qui réjouit et renouvelle sa jeunesse.

Nul pinceau ne saurait peindre de pareilles scènes, où les plus pures joies s'unissaient aux pressentiments les plus sublimes : ce jeune homme ému, qui marche à l'autel dans l'humble triomphe du repentir; ce vieil évêque, cet athlète invincible de la foi, qui, au moment où il va défaillir, entrevoit pour l'Église un plus grand défenseur que lui, et se dit avec bonheur qu'il peut mourir mainte-

---

1 Ambros., *De Sacram.*, lib. II, cap. vii.
2 *Id.*, lib. III, cap. i.
3 Ambros., *Ad Virgin. laps.*, cap. v.
4 At beata mater, cum talia sueret vestimenta, tot lacrymas præ gaudio effudit, quot puncta imposuit, gratias Domino Jesu Christo ingentes referens, alleluia. (*Brev. Rom. Aug.*, die 5 maii.)

nant, et qu'Ambroise peut se taire, puisque Augustin va parler; cette mère surtout qui cache sous son voile son front brillant de larmes, et qui fait d'inutiles efforts pour ne pas montrer aux hommes l'immensité de sa joie.

On dit que sur la fin de la cérémonie, l'enthousiasme gagnant toutes les âmes, saint Ambroise se leva inspiré, et, les bras et le cœur au ciel, s'écria :

« O mon Dieu, ô mon maître, nous vous louons et nous vous bénissons! »

Et saint Augustin, tressaillant, se leva aussi et s'écria :

« O mon Père, que toute la terre vous adore! »

Et saint Ambroise reprit :

« Oh! que tous les Anges, que les Cieux, que les Puissances de tout ordre vous bénissent! »

Et saint Augustin :

« Que les Chérubins et les Séraphins chantent à jamais : Saint, Saint, Saint! »

Et s'animant ainsi l'un et l'autre, comme deux séraphins en extase, ils improvisèrent le beau cantique du *Te Deum*.

Le début en est vif, hardi, impétueux comme l'enthousiasme de deux saints. En trois bonds ils ont atteint jusqu'au ciel. Là ils s'arrêtent un instant. Ils se reposent en écoutant chanter les anges. Ils célèbrent avec eux le Père, le Fils, et le Saint-Esprit, au nom desquels Augustin vient d'être régénéré. Puis tout à coup, comme ramenés sur la terre par le vif sentiment de la réalité, ils changent de ton, et l'hymne de la joie traîne un instant dans un gémissement plein de larmes. Mais bientôt le regard se relève vers le ciel, l'enthousiasme renaît, et tout ce cantique se termine par un long cri d'espérance et d'abandon à Dieu.

Sainte Monique était là debout. Elle chantait du cœur pendant que les deux saints chantaient des lèvres. Elle s'abîmait dans son bonheur; et rien ne dut retentir plus profondément dans son âme que ces cris de foi, d'amour et de reconnaissance par lesquels s'achève cette admirable prière[1].

Augustin sortit transfiguré de la petite chapelle où il avait reçu le baptême et participé pour la première fois à la sainte Eucharistie. Si humble, si

---

[1] Cette hymne se nomme, dans la liturgie de l'Église, *Hymnus sancti Ambrosii et sancti Augustini*. Et bien qu'il soit impossible d'établir par des textes remontant jusqu'à saint Ambroise que cette prière a, en effet, l'origine que nous lui assignons, c'est une tradition si ancienne, si appuyée et si vénérable, qu'on nous permettra de nous y tenir jusqu'à preuve du contraire; preuve qui n'a pas encore été donnée. « Le titre d'*Hymne ambroisienne*, dit M. de Maistre, pourrait faire croire que cette belle prière appartient exclusivement à saint Ambroise; cependant on croit assez généralement, à la vérité, sur la foi d'une simple tradition, que le *Te Deum* fut, s'il est permis de s'exprimer ainsi, improvisé à Milan par les deux grands et saints docteurs Ambroise et Augustin, dans un transport de ferveur religieuse; opinion qui n'a rien que de très-probable. En effet, ce cantique inimitable ne présente pas la plus légère trace du travail et de la méditation. Ce n'est point une *composition*; c'est une *effusion*, c'est une poésie brûlante, affranchie de tout mètre, c'est un dithyrambe divin dû à l'enthousiasme, volant de ses propres ailes, méprisant toutes les ressources de l'art. Je doute que la foi, l'amour, la reconnaissance, aient parlé jamais de langage plus vrai et plus pénétrant. » *Soirées de Saint-Pétersbourg*, tome II, Entretien viie.)

détaché, si embrasé d'amour divin qu'il eût paru jusque-là, on ne le reconnaissait plus. Toutes ses tristesses et ses inquiétudes au souvenir de ses péchés passés s'étaient évanouies. Une seule pensée absorbait son âme : la contemplation muette de la miséricorde de Dieu, et des voies admirables par lesquelles il l'avait tiré du mal. Pour correspondre à tant de grâces, Augustin éprouvait un immense besoin de puiser dans la sainte Église toute la vie divine qui lui était nécessaire. « Semblable à un homme qui a eu une longue soif et que cette soif a épuisé, je me jetai, dit-il, sur les mamelles de la sainte Église avec toute l'avidité possible, et gémissant de ma misère, pleurant mon passé, je les suçais et les pressais de toute ma force, pour en faire sortir le lait dont j'avais besoin, afin de me relever de mon abattement et de retrouver la santé et la vigueur de mon âme[1]. »

Dans cette ardeur, il ne pouvait entrer dans une église, entendre monter vers Dieu les chants des fidèles, regarder une sainte image, sans sentir se rouvrir au fond de son cœur cette source de saintes larmes qui avait jailli au moment de sa conversion. « Quels torrents de pleurs, dit-il, faisait couler de mon âme, profondément émue, le chant des hymnes et des cantiques de votre Église ! Et en même temps que ces suaves accents frappaient mes oreilles, je sentais votre vérité qui pénétrait doucement dans mon cœur. Elle excitait en moi les plus

---

[1] *De Utilitate credendi*, cap. I.

vifs élans d'amour; elle m'arrachait les larmes des yeux, et je trouvais un charme singulier et des délices même dans les larmes[1]. »

Venait-il à se rappeler qu'autrefois il écoutait ces mêmes cantiques le cœur froid et les yeux secs, ses larmes redoublaient[2]. Jamais on n'eût dit que c'était ce même jeune homme qui avait si longtemps usé et déshonoré sa vie dans des affections coupables. Il avait retrouvé dans les eaux sacrées du baptême la tendresse, la sensibilité, la fleur exquise des sentiments : toutes ces choses délicates qui sont d'ordinaire la récompense et l'honneur des cœurs purs.

Son esprit n'était plus sur la terre. Il habitait déjà cette demeure éternelle dont l'église de son baptême n'était qu'une image; et, à la pensée des chants plus beaux, des harmonies plus saintes, et de la possession éternelle de Celui dont il venait de devenir l'enfant, il laissait déborder de son cœur des torrents de reconnaissance, d'amour, de saint désir. « O demeure admirable, étincelante de lumière, résidence de la gloire de mon Dieu, s'écriait-il, que votre beauté m'est chère! Combien, du fond de ce lointain exil, je soupire après vous! Hélas! je m'étais égaré comme une brebis perdue;

---

[1] Nec satiabar illis diebus dulcedine mirabili, considerare altitudinem consilii tui super salutem generis humani. Quantum flevi in hymnis et canticis tuis, suave sonantis Ecclesiæ tuæ vocibus commotus acriter! Voces illæ influebant auribus meis, et eliquabatur veritas in cor meum; et exæstuabat inde affectus pietatis, et currebant lacrymæ, et bene mihi erat cum eis. (*Confess.*, lib. IX, cap. VI.)

[2] *Confess.*, lib. IX, cap. VII.

mais je compte sur les épaules du bon Pasteur, votre divin architecte, pour me reporter dans votre enceinte... En attendant, mes chants vous diront mon amour, et mes gémissements vous feront connaître les langueurs et les souffrances de mon pèlerinage, et mon cœur, élevé au-dessus de cette misérable terre par la chère souvenance de Jérusalem, n'aura de soupirs que pour Jérusalem, ma patrie; Jérusalem, ma mère; Jérusalem et vous, son roi, son soleil, son protecteur, son époux, ses chastes et puissantes délices, son immuable joie! Non, mes soupirs ne se tairont pas que vous ne m'ayez reçu dans la paix de cette mère chérie, et que votre main, qui a rassemblé les dispersions et réformé les difformités de mon âme, ne soit prête à lui donner cette beauté qui ne périra plus, ô ma miséricorde, ô mon Dieu [1] ! »

Mais, si grands que fussent dans Augustin les fruits de cette journée du baptême, ils furent peut-être encore plus admirables dans sa mère. On eût dit ce dernier coup de pinceau par lequel un grand peintre met la perfection à son œuvre. Cette femme vénérable, qui n'avait plus que quelques mois à vivre, était arrivée à ce moment où tout ce que Dieu a donné à une âme de lumière et de forces, où tout ce que cette âme elle-même a amassé, dans ses luttes secrètes, de foi, d'humilité, de pureté, de dévouement, d'amour divin, s'épanouit et arrive à maturité. Les saints ont sur la fin de leur vie un

[1] *Confess.*, lib. XII, cap. XVI.

été chaud et fécond. Sainte Monique y était arrivée. Toutes ses vertus donnaient des fruits.

On se rappelle combien vive et déjà ardente avait été la foi de son enfance et des premières années de sa jeunesse. Mais il n'y a rien qui ait un développement plus rapide et plus beau que la foi, quand on est fidèle. On marche d'abord dans un demi-jour; puis la lumière paraît, et à chaque pas elle grandit. Dieu, qui était caché au début de la vie, se laisse bientôt voir : on l'aperçoit dans les tentations, dans les périls; on le touche dans les douleurs; quand tout le monde nous quitte, il vient; il nous sauve quand tout est perdu. Qui n'a eu dans sa vie de ces moments où Dieu lui a apparu clairement? Ainsi tombent peu à peu les voiles, et les dernières années d'une âme fidèle s'achèvent dans une clarté presque sans ombres. C'était l'état de sainte Monique. Elle avait cru autrefois, maintenant elle voyait. Elle aurait plutôt douté d'elle-même que de douter d'un Dieu qui s'était mêlé si souvent et si souverainement à sa vie.

Son espérance avait grandi dans la même mesure. Elle savait Dieu fidèle. Tout ce qu'elle lui avait demandé, elle l'avait obtenu. Elle avait désiré ardemment la conversion de son mari : et quoique d'immenses obstacles semblassent s'y opposer, Patrice s'était converti. Elle avait prié avec de longues instances pour le salut d'Augustin : elle avait obtenu plus qu'elle n'avait demandé, puisqu'elle le voyait pieux, chaste, fervent, en voie de devenir un saint. Elle ne désirait plus qu'une chose : entrer avec lui dans le ciel et s'y rassasier d'amour divin; elle était sûre de l'obtenir. Toutes les apparences contraires n'auraient pas fait hésiter une minute l'inébranlable confiance qui, depuis tant d'années, s'amassait silencieusement dans son âme.

Aussi une paix immense, ineffable, dont la paix de sa jeunesse n'était qu'une ombre, remplissait son cœur. Comme on voit dans un beau soir d'été : à un certain moment, tous les bruits tombent, toutes les voix s'apaisent, et du fond des vallées monte un silence qui ravit; ainsi, au soir de cette belle vie, tous les désirs s'apaisaient en sainte Monique; toutes ses inquiétudes, toutes ses vagues appréhensions s'étaient calmées; il ne restait plus dans son âme qu'une inaltérable sérénité dans une absolue certitude de Dieu. Un rayon de cette paix, de cette sécurité toute divine, apparaissait sur son front, et achevait de donner à sa physionomie quelque chose de céleste.

Et cependant ce n'était ni la foi, ni l'espérance, ni l'abandon à Dieu, ni la paix qui avaient le plus grandi en sainte Monique, c'était l'amour. Mais comment en peindre la crue successive? Jeune fille, elle avait commencé par aimer Notre-Seigneur de cet amour naïf, délicat, confiant, plein de charmes, dont le cœur de Dieu doit être touché, puisque le cœur froid de l'homme en est lui-même ému. Jeune femme, accablée de tristesse, trahie et délaissée, elle avait pleuré à ses pieds; et voyant que tous les amours humains sont trompeurs, que Dieu est le seul ami fidèle qui ne trahisse pas et n'abandonne jamais, elle avait senti croître son amour de toute la grandeur de ses douleurs et de l'évanouissement de toutes ses illusions. Jeune mère, après avoir goûté un instant, sur le berceau de son fils, les joies de l'amour reconnaissant, inquiète bientôt du salut de son Augustin, sans appui du côté de Patrice, elle s'était attachée à Dieu, comme à son unique espérance; et, pendant trente années, il avait été le seul confident de ses craintes, de ses angoisses, de ses espérances, de ses amères prévisions. Pendant trente années, elle avait poussé vers le ciel des cris qui n'avaient pas cessé d'augmenter son amour, parce que, pour être plus sûre de toucher le cœur de Dieu, elle s'était efforcée de l'aimer davantage. Et maintenant qu'elle avait réussi, mère heureuse, elle versait à ses pieds des larmes nouvelles dont jusque-là elle n'avait pas eu l'idée. Ah! qui dira l'immensité de son amour pour Jésus-Christ! Chaque douleur, chaque angoisse, chaque espérance, chaque crainte, chaque joie l'avait accru, et il n'avait, d'année en année, changé de forme que pour augmenter d'intensité. Aussi elle passait des heures entières au pied des saints autels. Elle communiait tous les jours avec un redoublement de tendresse; et maintenant que la source des larmes amères était tarie, elle en versait d'autres aux pieds du Sauveur, ces douces larmes qui ne tarissent jamais, parce que c'est l'amour qui les verse et que c'est l'amour qui les recueille.

Et ce qu'il y avait d'ineffablement beau en sainte Monique, c'est que son amour pour Jésus-Christ et son amour pour Augustin ne faisaient qu'un. Ils avaient crû ensemble. Ils s'étaient développés et comme entrelacés pendant le cours de sa vie. Jamais elle n'avait pensé à Jésus-Christ sans penser à Augustin; jamais elle n'avait regardé Augustin sans regarder Jésus-Christ. Et si elle avait tant souffert, si son cœur avait été si cruellement déchiré, c'est que l'unique objet de son amour, Jésus-Christ et Augustin, était divisé. Aussi, maintenant qu'elle voyait Jésus-Christ aimé par Augustin, et Augustin aimé par Jésus-Christ, elle éprouvait une joie qu'elle ne pouvait contenir. Elle n'avait pas pu mourir de chagrin; il était à craindre qu'elle ne mourût de bonheur.

Elle avait déjà eu quelques extases dans la prière, c'est-à-dire quelques-unes de ces touches profondes de la grâce par lesquelles Dieu s'empare d'une âme, l'enlève à elle-même, et ne lui laisse que la faculté de contempler, d'adorer et d'aimer. On remarqua que, depuis le baptême, ces ravissements devinrent plus fréquents. Quelquefois elle était si enivrée de son bonheur, qu'elle demeurait un jour entier absorbée, sans parole, sans préoccupation de ce qui l'entourait, jouissant intérieurement et seule avec Dieu. D'autres fois, ce plus haut degré de la joie, qu'on appelle l'extase, l'inondait tellement, qu'elle perdait jusqu'à l'usage de ses sens et que les voisines essayaient vainement de la tirer de ce doux sommeil[1]. C'était surtout après la sainte

---

[1] Tanta ebrietate Spiritus sancti rapiebatur, quod in ea fere

communion que son âme sentait passer sur elle ces torrents de bonheur. Le jour de la Pentecôte, en particulier, cinquante jours après le baptême d'Augustin, elle en fut tellement inondée, que, pendant tout le jour et la nuit qui suivit, elle ne put prendre aucune nourriture[1]. Ceux qui vivaient avec elle remarquaient que, depuis la conversion de son fils, le cours de ses idées avait complétement changé. Elle ne pensait plus qu'au ciel, et il était facile d'entrevoir qu'on ne la retiendrait pas longtemps sur la terre.

On se rappelle le projet qu'avait fait Augustin dans les premiers jours où la grâce de Dieu commençait à le soulever un peu. Non encore chrétien, mais déjà las du monde, fatigué du vide de ces jours misérables que Dieu ne remplissait pas, il s'était pris à rêver une solitude où, avec des amis de même âge, de même cœur, de même goût pour les choses élevées, la vie s'écoulerait loin de ce triste monde, dans la recherche et dans la contemplation de la vérité. Mais quand il avait voulu réaliser ce rêve, il s'était aperçu qu'il tenait trop à la terre; que son cœur n'était pas libre; que celui de

---

per totum diem quiescens, dum esset Rex in accubitu sui cordis, neque vox neque sensus in ea audiebatur. Neque mirum : quia illa pax quæ exuperat omnem sensum, sepeliebat viduæ sensus corporales, in tantum ut vix matronæ nostræ et etiam vicinæ eam pungentes excitare valerent. (*Boll.*, *die* 4 *maii.*)

[1] Dum in die Pentecostes esset refecta refectione illius panis qui de cœlo descendit, post sumptionem sacramenti, tanta satietate repleta fuit, quod per diem ac noctem absque corporali cibo perseveravit. (*Boll.*, *die* 4 *maii.*)

ses amis était esclave comme le sien ; et il avait rejeté ce projet avec un sourire amer.

Ce rêve lui revint à l'esprit dans les premiers jours qui suivirent son baptême. Les grands obstacles n'y étaient plus. « Si on lui eût présenté une jeune fille parée de tous les charmes de l'âge, de la beauté, de l'esprit, et qu'il eût pu lui donner son cœur dans la plus légitime et la plus sainte union, il ne l'eût pas même regardée[1]. » Son cœur, ce reste de cœur, serait pour Dieu seul et à jamais ! Ses amis, touchés des mêmes grâces, étaient dans les mêmes sentiments. Dès lors, pourquoi ne pas essayer de réaliser aujourd'hui le rêve d'autrefois ? Augustin en parla à Alype, qui tressaillit de joie. Navigius applaudit. Évode se joignit à eux. Adéodat ne voulait pas quitter son père. Il n'y avait que Monique qui pût gêner. Mais quoi ! Monique serait un obstacle ? Au contraire, elle serait la mère, le modèle, l'aiguillon, la prière, la providence permanente de la petite communauté. Tout le monde tomba d'accord ; et ainsi naquit ce premier essai de vie religieuse, d'où allait sortir la *Règle* immortelle de saint Augustin.

Restait la question de savoir où l'on s'établirait pour vivre ainsi en communauté ; mais pouvait-on hésiter ? Monique, Augustin, Navigius, Adéodat, Évode, Alype, étaient tous d'Afrique, tous de Thagaste ou des environs. Qui pouvait les retenir en Italie ? Pourquoi ne pas retourner au milieu de

---

[1] *Solil.*, lib. I, cap. x.

leurs parents, de leurs proches, de leurs amis, et ne pas rapporter à leur pays les premiers parfums de leur foi reconquise, et quand ils seraient moins novices, les premières ardeurs de leur apostolat? On n'hésita pas, et, vers la fin d'octobre 387, ils se mirent tous en route pour Ostie, où ils espéraient trouver le moyen de retourner promptement en Afrique.

Différence des deux voyages! trois ans auparavant, ils étaient venus isolés, séparés, inquiets; Augustin d'abord, fuyant sa mère, l'ayant trompée, et portant un cœur plus troublé que les flots qu'il traversait; Monique ensuite, poursuivant son fils à travers la tempête, voulant absolument le rejoindre malgré les orages et les distances, et arrosant de ses larmes la route qu'il avait suivie. Et maintenant ils revenaient ensemble, paisibles, heureux, la main dans la main, portant sur leurs deux visages l'expression de la même paix dans la même lumière.

Et Monique s'était tant opposée à ce voyage! Elle avait tant pleuré dans la chapelle de Saint-Cyprien! Elle avait tant prié Dieu d'éloigner son fils de l'Italie et de le garder en Afrique! Et maintenant, elle voyait clairement que c'était par amour que Dieu ne l'avait pas exaucée, et qu'une immense bonté était cachée dans cet événement dont elle avait tant souffert. Ce sont là de ces choses qui ravissent les âmes, et qui font qu'à un certain moment de la vie on abandonne tout à Dieu : ses enfants, ses amis, ses projets, son avenir, et qu'on lui dit : « Faites, Seigneur, vous voyez mieux que moi, et vous aimez bien plus. »

Saint Ambroise reçut les voyageurs, les bénit une dernière fois, et serrant Augustin dans ses bras il appela sur son voyage des bénédictions qui allaient être fécondes.

CHAPITRE QUINZIÈME

SAINTE MONIQUE MEURT DE JOIE EN VOYANT SON FILS CONVERTI

Peu avant le départ, ou peut-être même lorsqu'ils étaient déjà en route, car on ne sait pas bien à quelle date Augustin et sa mère quittèrent Milan, celle-ci eut un ravissement qui indique la direction que prenaient de plus en plus toutes ses pensées. C'était le jour même de saint Cyprien[1]. Elle avait fait le matin la sainte communion, et elle rentrait à la maison, recueillie, absorbée, comme il lui arrivait sans cesse en sortant de la sainte table. Peut-être s'était-elle rappelé, dans un élan de reconnaissance, la nuit qu'elle avait passée, en 384, trois ans auparavant, dans la petite chapelle de Saint-Cyrien, et ce souvenir avait enflammé son

[1] 16 septembre.

âme. Quoi qu'il en soit, elle parut tout à coup comme s'élever de terre, et, ravie hors d'elle-même, elle se mit à crier : « Volons au ciel, volons au ciel! » On fut étonné; car Monique était très-douce, et ces mouvements impétueux n'étaient pas dans sa nature. Augustin, Adéodat, Alype, accoururent. Mais elle ne répondit rien à leurs questions. Seulement son visage resplendissait d'une joie toute divine, et elle ne savait que dire, sinon le mot de David : « Mon cœur et ma chair ont tressailli dans le Dieu mon Sauveur[1]. »

Depuis lors cette idée du ciel ne la quitta plus. Non pas qu'auparavant elle n'eût eu, comme tous les saints, un grand mépris pour la terre et une ardente aspiration vers la patrie. Mais quitter ce monde avant la conversion d'Augustin, laisser son enfant seul, ici-bas, dans les ténèbres et dans les périls, pendant qu'elle irait jouir et se reposer là-

---

[1] In die B. Cypriani, dum hæc Christi ancilla mereretur accipere sacramenta, dum esset in domo, fere a terra per cubitum elevata fuit, clamando, quæ quietissima esse consueverat, dicens: Volemus ad cœlum, volemus ad cœlum, fideles. Quam cum post interrogaremus quid sibi acciderat, non respondebat; sed tanto gaudio replebatur, quod omnes ad festum perducebat, cantantes cum propheta : Cor meum et caro mea exultaverunt in Deum vivum. (*Boll., die 4 maii.*)

> Pane cœli saturata,
> Stat a terris elevata
> Cubiti distantia;
> Mente rapta exultavit;
> Volitemus, exclamavit,
> Ad cœli fastigia.
>
> (*Hymn. sanctæ Monicæ.*)

haut! l'idée même ne lui en était jamais venue. Elle l'eût repoussée de toute son âme, si elle se fût présentée. Elle voulait convertir Augustin, et tant que cette œuvre ne serait pas finie, il ne pouvait y avoir place dans son esprit pour aucune autre pensée. Aussi, maintenant qu'elle le voyait converti, pieux, n'ayant plus besoin d'être couvert de la protection de sa mère, l'idée du ciel reprenait le dessus. Elle en parlait sans cesse; elle le contemplait avec des regards ardents; et comme on dit de certains exilés qu'ils ont le mal du pays, on aurait pu dire de sainte Monique qu'elle avait le mal du ciel.

Le voyage n'interrompait pas ces pensées; il les nourrissait, au contraire, en élevant son âme, par le spectacle de la mobilité des choses de la terre, à un désir de plus en plus vif de la demeure permanente. Recueillie, paisible, unie à Dieu, tout occupée de l'éternité, elle avait l'air de se rendre en Afrique : en réalité elle se rendait au ciel.

Si le voyage n'interrompait pas les contemplations de sainte Monique, il n'interrompait pas davantage les prières et les études de son fils. Depuis sa conversion, Augustin avait fait deux parts de sa vie. La première était donnée à l'oraison, à la récitation des psaumes, à la lecture de l'Écriture sainte, à toute cette vie intime avec Dieu, qui est le vrai bonheur et le grand repos de ce monde. Le reste du temps, il le consacrait aux spéculations philosophiques et théologiques les plus élevées. Il venait d'achever à Milan son Traité contre les Manichéens;

il portait dans sa tête le plan de son Traité de la religion; et, montant plus haut, il commençait à arrêter ses regards profonds sur les mystères de la sainte Trinité et de l'Incarnation; il continuait en voyage.

Il achevait aussi de préparer, avec sa mère, le plan de cette vie commune, grave, simple, ignorée, cachée en Dieu, dont il venait de faire à Cassiacum un si délicieux essai, et qu'il était décidé à ne plus abandonner. Dans ce but, en passant par Pise, sainte Monique et saint Augustin se détournèrent un peu de leur route, pour voir un spectacle qui tentait singulièrement leur piété. Les ombres épaisses des forêts des Apennins avaient donné asile à de pieux solitaires, qui y renouvelaient les merveilles des déserts de la Thébaïde. Saint Augustin et sainte Monique, qui, avant de quitter Milan, avaient visité les religieux et les vierges que dirigeait saint Ambroise, afin de puiser dans leur conversation et dans le spectacle de leur piété des lumières sur le genre de vie qu'ils allaient établir, voulurent aussi voir ceux-ci et s'entretenir avec eux. Malheureusement on n'a aucun détail sur cette excursion. C'est là un de ces faits nombreux dont Augustin a dit : « Je passe plusieurs choses, parce que j'ai hâte d'arriver. Soyez béni, mon Dieu, non-seulement par mes paroles, mais aussi par mon silence, de tant de faveurs sans nombre que j'ai reçues de votre bonté[1]. »

---

[1] *Confess.*, lib. IX, cap. VIII.

Nous ne retrouvons plus nos voyageurs qu'à Cività-Vecchia. La tradition a gardé le souvenir d'un fait célèbre qui s'y passa, et qui confirme ce que nous disions plus haut des hautes spéculations philosophiques et théologiques auxquelles se livrait Augustin, même en route. C'était pendant une de ces longues heures que laissait libres la manière de voyager usitée alors en Italie; saint Augustin se promenait à Cività-Vecchia, sur les bords de la mer. Il essayait en ce moment, avec un peu de témérité, de pénétrer le mystère de la sainte Trinité. Tout à coup il aperçut un charmant petit enfant qui avait fait un creux dans la terre, et qui, avec un coquillage, prenait de l'eau dans la mer, et venait la verser dans ce petit creux. Le saint s'arrête, le regarde, et, souriant avec bonté, il lui demande s'il pensait mettre là toute l'eau de l'Océan. « Et pourquoi pas? reprit l'enfant avec un sérieux aimable; cela serait plus facile que de faire entrer dans ton esprit l'océan incompréhensible de la sainte Trinité. » On montre encore, sur les bords du rivage, le lieu où s'est passée cette scène gracieuse, et on y a élevé, dès les premiers temps, une église sous le vocable de Saint-Augustin.

De Cività-Vecchia, nos voyageurs se rendirent à Rome. Pouvaient-ils, au moment où ils allaient quitter l'Italie pour toujours, ne pas apporter au tombeau de saint Pierre et de saint Paul, Augustin la joie de sa foi naissante, Monique le bonheur de son enfant retrouvé? et puisqu'ils pensaient tous à la vie religieuse, et qu'ils s'étaient détournés de leur route pour en chercher des modèles jusque dans les gorges des Apennins, Rome n'avait-elle pas à offrir à leur piété ses monastères de religieux et de vierges, dont Augustin plus tard a célébré le nombre, la pureté, la beauté sans tache? Nos voyageurs entrèrent donc à Rome. Cela n'est pas douteux. Mais, pressés par l'hiver qui s'avançait, et dont ils avaient trouvé les premières neiges sur les Apennins, ils n'y passèrent que quelques jours. Monique, d'ailleurs, craignait pour la poitrine de son fils. Elle se hâta donc de l'emmener à Ostie, où elle espérait rencontrer un navire qui les transporterait tous en Afrique.

Il fallut attendre quelques jours à Ostie; et pendant ce temps, Monique eut un second ravissement, moins impétueux que celui dont nous venons de parler, mais qui éleva son âme encore plus haut.

Elle était assise à une fenêtre sur le bord de la mer. C'était par une de ces soirées d'automne qui ne sont nulle part plus splendides qu'en Italie. Le soleil se couchait, et faisait étinceler de ses derniers feux les vastes et transparentes solitudes de la mer. Pour jouir de ce spectacle, Augustin vint s'asseoir près de Monique. Le silence du soir, la beauté du ciel, l'étendue illimitée des flots, l'infini plus grand encore qui remplissait le cœur de sainte Monique et de saint Augustin, la paix du dehors moins profonde que celle du dedans, tout cela éleva peu à peu leurs âmes, et amena sur leurs lèvres une de ces conversations qui ne sont plus de la terre.

« Étant seuls à cette fenêtre, dit saint Augustin, nous commençâmes à nous entrenir avec une ineffable douceur; et, oubliant le passé pour ne plus penser qu'à l'avenir, nous en vînmes à nous demander ce que sera donc, dans la vie éternelle, le bonheur des saints, ce bonheur que nul œil n'a jamais vu, que nulle oreille n'a jamais entendu, et que nul cœur n'a jamais soupçonné. Et nous aspirions des lèvres de l'âme à ces sources sublimes de vie qui sont en vous, ô mon Dieu, afin que, en étant arrosés et fortifiés, nous puissions en quelque sorte atteindre à une chose si élevée[1].

« Et bientôt nous eûmes vu que la plus vive joie des sens, dans le plus grand éclat de beauté et de splendeur corporelle, non-seulement n'était pas digne d'entrer en parallèle avec la félicité d'une telle vie, mais ne méritait pas même d'être nommée.

« Emportés donc par un nouvel élan d'amour vers cette immuable félicité, nous traversâmes l'une après l'autre toutes les choses corporelles, et ce ciel même tout resplendissant des feux du soleil qui allait disparaître, de la lune et des étoiles qui commençaient à rayonner sur nos têtes. Et mon-

---

[1] Colloquebamur ergo soli valde dulciter; et, præterita obliviscentes, in ea quæ ante te sunt extenti, quærebamus inter nos apud præsentem veritatem, quod tu es, qualis futura esset vita æternæ sanctorum, quam nec oculus vidit, nec auris audivit, nec in cor hominis ascendit. (*Confess.*, lib. IX, cap. x.)

tant encore plus haut dans nos pensées, dans nos paroles, dans le ravissement que nous causaient vos œuvres, nous arrivâmes à nos âmes; mais nous ne nous y arrêtâmes pas, et nous passâmes outre pour atteindre enfin à cette région où est la vraie vie, abondante, inépuisable, éternelle. Et là, dès qu'elle nous apparut, nous eûmes vers vous, ô mon Dieu, un tel élan d'amour, si hardi et si puissant, que nous y touchâmes en quelque sorte par un bond de cœur[1]. »

Sainte Monique et saint Augustin arrivant, par un élan d'amour, jusqu'à Dieu, et y touchant, pour ainsi dire, par un bond sublime : voilà ce qu'on appelle un ravissement. Combien de temps demeurèrent-ils en cet état, muets, hors d'eux-mêmes? Ni l'un ni l'autre n'auraient pu le dire. Car dans cette suspension de toutes les facultés qu'on nomme l'extase, le temps ne pèse plus à l'âme heureuse. Eût-il duré un siècle, ce ne serait pour elle qu'un éclair, comme un rideau qui se soulève un instant

---

[1] Sed inhiabamus ore cordis in superna fluenta fontis tui, fontis vitæ qui est apud te; ut inde pro captu nostro aspersi, quoquo modo rem tantam cogitaremus. Cumque ad eum finem sermo perduceretur, ut carnalium sensuum delectatio quantalibet, in quantalibet luce corporea, præ illius vitæ jucunditate, non comparatione, sed ne commemoratione quidem digna videretur; erigentes nos ardentiore affectu in idipsum, perambulavimus gradatim cuncta corporalia, et ipsum cœlum, unde sol et luna, et stellæ lucent super terram. Et adhuc ascendebamus interius cogitando, et loquendo, et mirando opera tua; et venimus in mentes nostras, et transcendimus eas, ut attingeremus regionem ubertatis indeficientis. Et dum loquimur et inhiamus illi, attigimus eam modice toto ictu cordis. (*Confess.*, lib. IX, cap. x.)

et qui retombe trop vite. Aussi on ne sort d'un tel état qu'avec un gémissement. « Nous jetâmes un soupir, continue saint Augustin, en voyant qu'il fallait redescendre ; et y laissant du moins nos esprits et nos cœurs captifs, nous revînmes tristes à la région où retentit le bruit de la voix, la parole qui a un commencement et une fin[1]. »

Après ce moment de silence, quelle qu'en ait été la durée, où sainte Monique et saint Augustin, ravis au-dessus d'eux-mêmes, s'étaient oubliés dans la contemplation de Dieu, la conversation recommence entre eux à peu près en ces termes : Supposons, se disaient-ils, qu'il se trouvât une âme dans laquelle fussent tous les silences à la fois : silence des passions, silence des vains bruits de la terre, de la mer, de l'air et du ciel ; silence de tous les rêves, de toutes les imaginations, de toutes les paroles, de tous les signes, de tout ce qui passe enfin ; allons plus loin : supposons que la voix divine qui sort des choses créées, cette voix qui dit : « Nous ne nous sommes pas faites nous-mêmes, mais nous tenons l'être de Celui qui vit dans l'éternité ; » supposons que cette dernière voix fasse silence elle-même, et qu'ainsi Dieu seul parlât, non par les créatures, mais par lui-même ; non par une langue mortelle, ni par la voix d'un ange, ni par le bruit du tonnerre, ni par les voiles transparents du symbole ; mais seul, sans le se-

---

[1] Et suspiravimus et reliquimus ibi religatas primitias spiritus, et remeavimus ad strepitum oris nostri, ubi verbum et incipitur et finitur. (*Confess.*, lib. IX, cap. x.)

cours des créatures, comme nous venons de l'éprouver en ce moment même, où, par un élan d'amour, nous avons touché à l'éternelle et immuable sagesse; supposons enfin que cette sublime contemplation dure toujours; que, toutes les autres vues de l'esprit d'un ordre inférieur cessant, celle-là seule ravisse, captive et absorbe le contemplateur dans sa joyeuse extase, et que la vie soit éternellement semblable à ce fugitif ravissement, est-ce que ce ne serait pas là ce bonheur dont il est écrit : « Entre dans la joie de ton Dieu[1] ? »

Telles étaient les pensées du fils et de la mère. Ainsi débordait de leurs âmes ce que les événements que nous venons de raconter y avaient amassé de joies célestes, d'oubli du monde,

---

[1] Dicebamus ergo : Si cui sileat tumultus carnis, sileant phantasiæ terræ et aquarum et aeris, sileant et poli, et ipsa sibi anima sileat, et transeat se non se cogitando, sileant omnia et imaginariæ revelationes, omnis lingua et omne signum, et quidquid transeundo fit, si cui sileat omnino; quoniam si quis audiat, dicunt hæc omnia : Non ipsa nos fecimus, sed fecit nos qui manet in æternum : his dictis, si jam taceant quoniam erexerunt aurem in eum qui fecit ea; et loquatur ipse solus, non per ea, sed per seipsum, et audiamus verbum ejus, non per linguam carnis, neque per vocem angeli, nec per sonitum nubis, nec per ænigma similitudinis, sed ipsum quem in his amamus, ipsum sine his audiamus, sicut nunc extendimus nos, et rapida cogitatione attigimus æternam sapientiam super omnia manentem; si continuetur hoc, et subtrahantur aliæ visiones longe imparis generis, et hæc una rapiat et absorbeat, et recondat in interiora gaudia spectatorem suum, ut talis sit sempiterna vita, quale fuit hoc momentum intelligentiæ, cui suspiravimus, non hoc est : *Intra in gaudium Domini tui?* (*Confess.*, lib. IX, cap. x.)

d'amour de Dieu, d'aspirations de plus en plus ardentes vers le ciel. Assis à la fenêtre d'Ostie, la main dans la main, les yeux et le cœur en haut, ils contemplaient tour à tour la terre, la mer, les astres, toutes les choses créées; et, les trouvant passagères et trop petites, ils montaient ensemble, loin de la triste vallée des larmes, dans la région de l'impérissable beauté et de l'éternel amour.

« Mon fils, dit gravement et tendrement Monique en achevant cet entretien, plus rien maintenant ne me retient sur la terre. Je ne sais plus ce que j'ai à y faire, ni pourquoi j'y suis encore, puisque j'ai réalisé toutes mes espérances. Il était une seule chose pour laquelle je désirais un peu de vivre : c'était de vous voir chrétien et catholique avant ma mort. Dieu a fait bien plus, puisque je vous vois mépriser toute félicité terrestre pour le servir. Que fais-je donc ici davantage[1] ? »

Et une autre fois, profitant avec délicatesse d'un moment où Augustin n'était pas là, elle parla avec une grande ardeur du mépris de cette vie et du bonheur de la mort. Et comme Alype, Navigius et les autres, étonnés de voir une vertu si mâle dans une simple femme, lui demandaient si du moins elle n'appréhendait pas de mourir loin de son

[1] Fili, quantum ad me attinet, nulla jam re delector in hac vita. Quid hic faciam adhuc et cur hic sim nescio, jam consumpta spe hujus sæculi. Unum erat propter quod in hac vita aliquantum immorari cupiebam, ut te christianum catholicum viderem priusquam morerer. Cumulatius hoc mihi Deus meus præstitit, ut te etiam, contempta felicitate terrena, servum ejus videam, quid hic facio? (*Confess.*, lib. IX, cap. x.)

pays : « Oh! non, dit-elle, on n'est jamais loin de Dieu. Et il n'y a pas lieu de craindre qu'au jour du jugement il ait peine à retrouver ma poussière pour me ressusciter d'entre les morts[1]. »

Ce détachement admirable ne lui était venu qu'à la fin. C'était la fleur exquise, épanouie après toutes les autres. Car jusque-là, au contraire, dit saint Augustin, elle s'était montrée très-préoccupée du lieu de sa sépulture. Elle se l'était fait bâtir d'avance à Thagaste; et, précisément parce qu'elle avait beaucoup souffert de Patrice, son mari, elle s'était fait une joie et un bonheur de reposer dans le même tombeau que lui. Ce désir avait encore augmenté au jour où Patrice était revenu à Dieu, et où, l'ayant elle-même rendu à la lumière, elle avait éprouvé pour sa chère âme cette ineffable tendresse dont nous avons parlé. Aussi, quand elle quitta l'Afrique pour courir à la recherche d'Augustin, elle arrêta toutes les dispositions nécessaires, afin que, si elle venait à mourir, on rapportât son corps à Thagaste, heureuse de laisser au monde cette preuve de fidélité, et qu'il fût dit qu'ayant passé la mer et accompli un si long voyage, elle n'en avait pas moins eu le bonheur de mêler sa poussière avec celle de Patrice dans la même tombe[2].

Mais peu à peu, à mesure qu'elle approchait du ciel, ces pensées, si belles pourtant, pâlissaient

---

[1] *Confess.*, lib. IX, cap. XI.
[2] *Id., ibid.*

dans son âme. Dormir ici ou là, en Italie ou en Afrique, qu'importe? pourvu qu'on se réveille au ciel. Pourvu que les cœurs soient dans l'éternelle union, qu'importe que les poussières soient dans la même tombe? Patrice était enseveli en Dieu : elle allait s'y ensevelir à son tour; Augustin y viendrait ensuite. Le reste ne valait ni un regard ni un regret.

Détachée ainsi de tout, n'ayant plus rien à faire en ce monde, sans impatience comme sans crainte, dans la paix ordinaire de son cœur, elle attendit le signal. Il ne devait pas tarder.

En effet, cinq jours après l'entretien dont nous avons parlé, sainte Monique fut prise d'un accès de fièvre qui l'obligea à se mettre au lit. On crut d'abord que ce n'était qu'un peu de fatigue occasionnée par le long voyage qu'elle venait de faire. Mais elle ne s'y trompa pas. Elle comprit que l'Époux l'appelait, et elle ne pensa plus qu'à se préparer à sa venue.

Elle le sut bien mieux encore un peu après. Car, étant au lit, recueillie et priant, elle eut un nouveau ravissement, une de ces douces et fortes extases qui enlèvent l'âme à elle-même, en laissant le corps immobile et évanoui. On la crut morte. On s'empressa autour d'elle: Augustin, Adéodat, Navigius accoururent. On s'agitait et on cherchait des remèdes pour la rappeler à la vie, lorsqu'elle ouvrit doucement les yeux. « Où étais-je? » dit-elle étonnée ; et pour révéler en un mot de quelles hautes régions elle descendait, et ce qu'elle y avait appris : « Vous enterrerez ici votre mère! » dit-elle [1].

A ce mot, prononcé d'un ton qui ne laissait place à aucun doute, Augustin sentit les larmes monter à flots de son cœur; mais il eut la force de les retenir. Navigius, plus faible, éclata : « Mourir, et ici encore !... Ah! si c'était du moins dans la patrie ! » Monique l'entendit, et lui envoya des yeux un doux reproche. Puis, s'adressant à Augustin comme au plus fort : « Tu entends ce qu'il dit. » Et, les regardant tous les deux, afin de ne laisser aucun doute sur ses dernières volontés : « Vous enterrerez mon corps où vous voudrez. Ne vous en mettez pas en peine. Peu m'importe. Ce que je vous demande seulement, c'est de vous souvenir de moi à l'autel du Seigneur, et en quelque lieu que vous soyez [2]. »

A partir de ce moment, Monique se tut, uniquement occupée de recueillir son âme pour la préparer à la venue de l'Époux. Elle la revit lentement, soigneusement, afin d'en enlever ces imperceptibles grains de poussière qui s'attachent même aux fleurs les plus brillantes; et elle réunit toutes les ardeurs

---

[1] Cum ægrotaret, quodam die defectum animæ passa est, et paululum subtracta a præsentibus. Nos concurrimus, sed cito reddita est sensui, et aspexit astantes, me et fratrem meum, et ait nobis quasi quærenti similis: « Ubi eram? » Deinde nos intuens mœrore attonitos : « Ponetis hic, inquit, matrem vestram. » (*Confess.*, lib. IX, cap. xi.)

[2] Ponite, inquit, hoc corpus ubicumque; nihil vos ejus cura conturbet: tantum illud vos rogo, ut ad Domini altare memineritis mei, ubi fueritis. (*Confess.*, lib. IX, cap. xi.)

de son âme pour que la foi, l'amour, l'espérance, l'humilité, le détachement, eussent dans son cœur, avant l'arrivée de Celui qu'elle attendait, leur suprême et plus bel épanouissement.

Elle souffrait de cruelles douleurs ; mais la douleur n'est pas un obstacle à la transfiguration des âmes. Au contraire, elle en est le plus actif ouvrier. Il n'y a que l'amour qui soit plus fort que la douleur et que la mort ; et aussi, quand tous les trois travaillent ensemble à purifier et à orner une âme, elle arrive en peu d'heures à une incomparable beauté.

Augustin assistait silencieux à cette transformation de sa mère. Un an auparavant, ce spectacle, qu'il n'eût pas compris, l'aurait accablé ; mais depuis un an sur le fils s'était greffé le chrétien, et dans le chrétien, il y avait déjà quelque chose du prêtre qui allait naître. Rempli ainsi de toutes les tendresses et de toutes les forces, il ne quittait pas un instant sa mère ; et tour à tour ravi et brisé, il suivait des yeux, il aidait même de sa prière, du vif élan de son cœur, ce merveilleux et dur travail qui allait dégager sainte Monique de son enveloppe terrestre.

Celle-ci, plus forte encore, l'encourageait du regard. Souffrant beaucoup, mais sentant qu'elle arrivait enfin, qu'il ne fallait plus qu'un effort, elle le remerciait de l'appui qu'il lui prêtait. Elle l'appelait son bon fils. Et comme elle voyait passer sur le front d'Augustin le regret d'avoir été pour elle, pendant de si longues années, la cause de tant de larmes, elle le pressait sur son cœur, et l'assurait qu'elle n'avait jamais entendu sortir de sa bouche la moindre parole qui pût lui déplaire[1].

Neuf jours s'écoulèrent ainsi, au bout desquels sonna enfin l'heure de la délivrance.

Dieu voulut qu'un grand sacrifice s'ajoutât à toutes les douleurs du dernier moment. Monique désirait recevoir la sainte Eucharistie, viatique du long voyage qu'elle entreprenait. Mais les souffrances de l'estomac étaient telles, qu'on dut lui refuser cette consolation. A défaut du corps et du sang de Notre-Seigneur on lui mit une croix à la main, et jusqu'à son dernier soupir elle y tint les yeux fortement attachés. Elle priait en silence, pleine de foi, détachée de tout, heureuse, sentant qu'elle allait la première en un lieu où Augustin viendrait la rejoindre, et laissant sur son visage, comme le soleil qui se couche dans la douce splendeur d'un soir d'été, un reflet de lumière, de joie et de paix.

On dit qu'au dernier moment, comme elle demandait avec de plus vives instances ce Sauveur qu'on croyait toujours devoir lui refuser, on vit entrer dans sa chambre un petit enfant, semblable à celui qu'Augustin avait rencontré, quelques jours auparavant, sur les bords de la mer, à Civita-Vecchia. Il s'approcha du lit de la Sainte, la baisa

---

[1] In ea ipsa ægritudine, obsequiis meis inter blandiens, appellabat me pium, et commemorabat grandi dilectionis affectu, nunquam se audisse ex ore meo jaculatum in se durum aut contumeliosum. (*Confess.*, lib. IX, cap. ix.)

sur la poitrine, et aussitôt, comme s'il l'eût appelée, elle inclina la tête, et rendit le dernier soupir [1]. Augustin, Adéodat, Navigius, Alype, Évode, étaient à genoux auprès de son lit « au moment où cette sainte âme vit tomber ses chaînes corporelles ». C'était le neuvième jour de sa maladie, la cinquante-sixième année de son âge, la trente-troisième d'Augustin, un peu avant le 13 novembre 307; mais on ne sait pas le jour [2].

Aussitôt que Monique eut expiré, Adéodat poussa un cri, et se jeta sur le corps de sa grand'mère en la baignant de ses pleurs. On le fit taire; car cette mort ressemblait tellement à un triomphe, qu'on ne voulait pas l'attrister par une seule larme. L'enfant apaisé, on se remit à genoux, et l'on essaya de prier en silence. Mais bientôt Augustin n'y put tenir. Sentant s'amonceler dans son âme les flots d'une douleur immense, arrêtant à force d'énergie des ruisseaux de larmes prêts à déborder, il se lève, s'approche du lit, regarde longuement une dernière fois le visage de sa mère, et après avoir fermé, d'un doigt reconnaissant, ces yeux qui avaient tant pleuré sur lui, il s'enfuit à la hâte; car il ne voulait pas, lui non plus, attrister par les gémisse-

[1] Cum apud Ostia Tiberina infirmaretur, et Sacramentum a nobis fideliter peteret, nec dolore stomachi vexata valeret retinere, visibiliter infantulus nocte media ad lectum Dei famulæ venit, eamque in pectore amplectens, anima illa sancta ad cœlum volavit. (*Boll., die 4 maii.*)

[2] Ergo die nono ægritudinis suæ, quinquagesimo et sexto anno ætatis suæ, trigesimo et tertio ætatis meæ anima illa religiosa et pia corpore soluta est. (*Confess.*, lib. IX, cap. xi.)

ments du fils une scène où son cœur de chrétien lui disait que tout devait respirer l'allégresse [1].

Cependant, la nouvelle de la mort de sainte Monique s'était répandue, on vit accourir un grand nombre de chrétiens et de femmes pieuses. Il y avait bien peu de jours que la sainte habitait Ostie ; mais, soit que la réputation d'Augustin et le bruit de sa conversion et de son baptême l'eussent précédé dans la ville ; soit plutôt que les merveilles qui avaient honoré les derniers jours de sainte Monique eussent transpiré parmi le peuple ; soit peut-être aussi, comme il y en a des exemples dans la vie des saints, que Dieu eût révélé à quelques âmes le mystère de piété qui venait de s'accomplir, la petite chambre où était morte sainte Monique se remplit de chrétiens qui louaient Dieu d'une si sainte mort.

Pendant ce temps, Navigius, Évode, Alype, Adéodat, récitaient à haute voix les psaumes de David. Augustin était assis au milieu d'eux, livré à une double agonie. D'une part, il sentait se déchirer en lui cette double vie, composée de celle de sa mère et de la sienne, qui auparavant n'en faisaient qu'une, et il était percé jusqu'au fond du cœur par une douleur effroyable, qui faisait affluer à ses yeux des ruisseaux de larmes ; mais de l'autre, ravi des merveilles qui avaient honoré le trépas de sa mère, persuadé que sa mort avait été son triomphe, et croyant que dès lors il ne devait pas la pleurer, il luttait avec énergie contre ce flot de

[1] *Confess.*, lib. IX, cap. XII.

larmes, et il ordonnait à ses yeux de rester secs. « Je sentais, dit-il, affluer dans mon cœur une douleur immense, prête à déborder en torrents de pleurs ; mais mes yeux, sur l'impérieux commandement de mon âme, ravalaient leur courant jusqu'à demeurer secs, et cette lutte me déchirait [1]. »

Moins il pleurait, en effet, plus la douleur l'étouffait. Ses larmes, ne pouvant s'ouvrir un passage, inondaient son cœur, et lui infligeaient un martyre insoutenable. « Je barrais le passage au cours de ma douleur, ajoute-t-il, et elle me cédait un peu ; mais bientôt elle revenait emportée par sa propre violence, sans toutefois en arriver à l'éruption des larmes, ni même à l'altération du visage. Seul, je savais ce que je refoulais ainsi dans mon cœur. J'étais livré à toutes les agonies [2]. »

Il passa ainsi le jour et le lendemain de la mort de sainte Monique, veillant sa mère, priant à ses côtés, récitant, dans une salle voisine, des psaumes avec ses amis, les entretenant même, suivant enfin le cortége funèbre, pâle, silencieux, abattu, dévorant ses larmes. « Je suivis le corps, que l'on porta à l'église, et j'en revins, dit-il, sans avoir versé une larme. Je ne pleurai pas même à ces

---

[1] Quoniam itaque deserebar tam magno ejus solatio, sauciabatur anima mea, et quasi dilaniabatur vita, quæ una facta erat ex mea et illius. (*Confess.*, lib. XI, cap. xII.)

[2] Increpabam mollitiem affectus mei, et constringebam fluxum mœroris, cedebatque mihi paululum ; rursusque impetu suo ferebatur, non usque ad eruptionem lacrymarum, nec usque ad vultus mutationem, sed ego sciebam quid corde premerem. (*Confess.*, lib. IX, cap. xII.)

prières que nous versâmes au moment où l'on vous offrit pour elle le sacrifice de notre Rédemption, alors que le cadavre était déjà placé sur le bord de la fosse, où on allait la descendre; non, pas une larme, même à ces prières. Mais la tristesse m'accablait, et mon cœur brisé vous conjurait, mon Dieu, comme il pouvait, de pouvoir bien le guérir[1]. »

Le soir de l'enterrement, il essaya de quelques-uns des remèdes qu'indiquaient les anciens ; car, novice dans la foi, il était de plus embarrassé par ses vieilles idées stoïciennes. Il demanda au bain, à la promenade, au sommeil, un adoucissement à sa peine. A tout prix, il ne voulait pas pleurer.

Mais il n'y put tenir. Le lendemain matin, quand il se réveilla, et qu'il ne trouva plus sa mère; pensant à sa bonté, à sa douceur, à la profonde et inaltérable tendresse dont elle l'avait entouré, à ces services d'esclave qu'elle lui avait rendus pendant plus de trente ans, il sentit son cœur se fondre.

« Je lâchai, dit-il, les pleurs que je retenais. Ils coulèrent tant qu'ils voulurent; et, assis sur mon lit, plein de larmes, je goûtai le bonheur de pleurer sans témoin celle qui pendant tant d'années avait tant pleuré sur moi[2]. »

---

[1] Cum ecce corpus elatum est, redimus sine lacrymis. Nam neque in eis precibus quas tibi fudimus cum offerretur pro ea sacrificium pretii nostri, jam juxta sepulcrum posito cadavere, priusquam deponeretur, sicut illic fieri solet, nec in eis precibus ego flevi; sed toto die graviter in occulto mœstus eram, et, mente turbata, rogabam te, ut poteram, quo sanares dolorem meum. (*Confess.*, lib. IX, cap. xii.)

[2] Et dimisi lacrymas quas continebam, ut effluerent quantum vel-

Depuis lors, et jusqu'à la fin de sa vie, Augustin porta ce grand deuil. Il n'oublia jamais sa mère. Chaque jour il priait pour elle. Tous les matins, il la nommait au saint autel, selon la recommandation qu'elle lui en avait faite sur son lit de mort. A chaque instant, il revoyait sa douce image se pencher invisiblement sur lui, et l'exciter à la vertu, au courage, au devoir, au dévouement à Dieu. Souvent il en parlait à ses amis ; quelquefois il en entretenait son peuple. Un jour, par exemple, Augustin était alors très-âgé, il y avait plus de trente ans que sainte Monique n'était plus, le saint parlait des morts, du respect qu'on doit à leur mémoire, des prières qu'il faut dire pour eux, des superstitions qu'il faut éviter, comme de croire, par exemple, qu'ils peuvent revenir sur la terre et nous apparaître. Tout à coup un doux souvenir de sa mère le saisit : « Oh ! non, dit-il, les morts ne reviennent pas ; car, si ce pouvoir leur était donné, il n'y a pas de nuit où je ne verrais m'apparaître ma pieuse mère, elle qui pendant sa vie ne pouvait pas vivre séparée de moi ; qui m'a suivi par terre et par mer, jusque dans les contrées lointaines, afin de ne pas me quitter. Car à Dieu ne plaise, ajoutait-il, qu'en entrant dans une vie plus heureuse, elle soit devenue moins aimante, et qu'elle ne vînt pas me consoler lorsque je souffre, elle qui m'a aimé plus que je ne saurais dire [1] ! »

lent, substernens eas cordi meo... Et libuit flere in conspectu tuo de illa et pro illa, de me et pro me... (*Confess.*, lib. IX, cap. XII.)
[1] *Serm.* 68.

Mais ce qui, mieux encore que cet admirable élan, prouve le tendre et profond souvenir qu'Augustin avait voué à sa mère, ce sont les *Confessions*. C'est là, dans ce livre immortel, qu'Augustin écrivit un jour pour faire taire l'admiration dont on l'entourait, et qui devait avoir pour résultat de l'agrandir encore, c'est là, dis-je, qu'on voit l'amour qu'il avait voué à sa mère; et bien que voulant s'humilier lui-même, il ait dû laisser sa mère dans l'ombre, de peur que l'auréole de sainte Monique n'illuminât son propre front; c'est là, malgré ses réticences, ses demi-mots, qu'on voit briller, comme à travers un voile transparent, la douceur, la piété, la modestie virginale, la chasteté toute d'or, l'héroïsme maternel, les ardeurs toutes divines de cette femme incomparable. C'est là enfin qu'on voit ce que c'est qu'une mère chrétienne, ce qu'elle peut pour ses enfants, et, quand elle les a sauvés, guéris, ressuscités par ses prières, ce qu'elle allume dans leurs cœurs de pieux souvenirs, de tendre et indestructible reconnaissance.

Donnons-en une dernière preuve et mettons fin au récit de cette mort admirable, comme Augustin y a mis fin lui-même, en citant une page des *Confessions*, qui est d'une beauté antique, et où retentit, dans un des plus profonds accents de cœur qui aient jamais été entendus, une douleur filiale que le temps a calmée sans l'affaiblir, et un amour que la séparation a fortifié en l'épurant.

« Aujourd'hui, écrit saint Augustin, c'est-à-dire treize ans après la mort de sa mère, le cœur guéri de cette plaie où l'on a pu croire que la chair et le sang avaient trop de part, je répands, Seigneur, en votre présence, pour ma mère, votre servante, de bien autres pleurs ; pleurs que m'arrache la pensée des périls de toute âme qui meurt dans l'état misérable des enfants d'Adam. Il est vrai, mon Dieu, que ma mère a été régénérée dans le Christ, et qu'avant de mourir elle a vécu de telle sorte, qu'elle a glorifié votre nom par sa foi et la pureté de ses mœurs. Cependant je n'oserais dire que depuis son baptême il ne soit sorti de sa bouche aucune parole contraire à votre loi. Voilà pourquoi, ô Dieu de mon cœur, ô ma gloire, ô ma vie, oubliant ses bonnes œuvres dont je vous bénis et vous rends grâces, je vous prie à cette heure pour les péchés de ma mère. Exaucez-moi, au nom de ce Médecin des âmes qui a été attaché à une croix, et qui, maintenant assis à votre droite, intercède pour nous. Je sais qu'elle a fait miséricorde, et que de toute son âme elle a remis à ses débiteurs leur dette. Remettez-lui donc la sienne, et s'il en est qu'elle ait contractées, durant tant d'années qu'elle a vécu depuis son baptême. remettez-les-lui, Seigneur, remettez-les-lui, et n'entrez pas avec elle en jugement [1].

[1] Ego autem, jam sanato corde ab illo vulnere in quo poterat redargui carnalis affectus, fundo tibi, Deus noster, pro illa famula tua longe aliud lacrymarum genus, quo manat de concusso spiritu consideratione periculorum omnis animæ quæ in Adam moritur. Quanquam illa in Christo vivificata, etiam nondum a carne resoluta, sic vixerit ut laudetur nomen tuum in fide moribusque ejus, non tamen audeo dicere, ex quo eam per baptis-

« Mais déjà n'avez-vous pas fait ce que je vous demande? Je le crois, mon Dieu; mais encore, agréez, Seigneur, cette offrande de mon désir... que nul n'arrache ma mère à votre protection. Que ni par force ni par ruse le lion-dragon ne se dresse entre elle et vous. Elle ne dira point qu'elle ne doit rien, de peur d'être convaincue par l'astuce de l'accusateur. Mais elle répondra que sa dette lui a été remise par Celui à qui personne ne peut rendre ce qu'il a payé pour nous sans le devoir[1].

« Qu'elle repose donc en paix avec son mari, avant lequel et après lequel elle n'en eut point d'autre, qu'elle servit avec douceur, afin de devenir digne de vous le gagner. Inspirez, mon Dieu, à vos serviteurs, mes frères, et à vos enfants qui sont mes maîtres, et que je veux servir de mon cœur, de ma voix et de ma plume, inspirez, dis-je,

---

mum regenerasti, nullum verbum exiisse ab ore ejus contra præceptum tuum. Ego itaque, laus mea et vita mea, Deus cordis mei, repositis paulisper bonis ejus actibus, pro quibus tibi gaudens gratias ago, nunc pro peccatis matris meæ deprecor te; exaudi me per Medicinam vulnerum nostrorum quæ pependit in ligno, et sedens ad dexteram tuam te interpellat pro nobis. Scio misericorditer operatam, et ex corde dimisisse debita debitoribus suis; dimitte illi et tu debita sua, si qua etiam contraxit per tot annos post aquam salutis. Dimitte, Domine, dimitte, obsecro ne intres cum ea in judicium. (*Confess.*, lib. IX, cap. XIII.)

[1] Et credo jam feceris quod te rogo, sed voluntaria oris mei approba, Domine. Nemo a protectione tua disrumpat eam. Non se interponat nec vi nec insidiis leo et draco; neque enim respondebit illa nihil se debere, ne convincatur et obtineatur ab accusatore callido, sed respondebit dimissa debita sua ab eo cui nemo reddet quod pro nobis non debens reddidit. (*Confess.*, lib. IX, cap. XIII.)

à tous ceux qui liront ces pages, de se souvenir, à l'autel, de Monique, votre servante, et de Patrice, son mari, par lesquels, sans que je sache comment, vous m'avez fait naître en ce monde. Qu'ils se souviennent, avec une affectueuse charité, de ceux qui m'ont engendré à cette lumière défaillante. Et que ma mère reçoive ainsi, par les prières de plusieurs, plus abondamment que par mes seules prières, le dernier témoignage d'affection qu'elle m'a demandé sur son lit de mort[1]. »

[1] Sit ergo in pace cum viro, ante quem nulli et post quem nulli nupta est; cui servivit fructum tibi afferens cum tolerantia, ut eum quoque lucraretur tibi. Et inspira, Domine meus, Deus meus, inspira servis tuis fratribus meis, filiis tuis dominis meis, quibus voce et corde et litteris servio, ut quotquot hæc legerent meminerint ad altare tuum Monicæ famulæ tuæ, cum Patricio quondam ejus conjuge, per quorum carnem introduxisti me in hanc vitam, quemadmodum nescio. Meminerint cum affectu pio parentum meorum in hac luce transitoria... Ut quod a me illa poposcit extremum uberius ei præstetur in multorum orationibus, per confessiones, quam per orationes meas. (*Confess.*, lib. IX, cap. XIII.)

CHAPITRE SEIZIÈME

LE FILS DE TANT DE LARMES

387-430

Sainte Monique avait été comblée de joie à sa dernière heure, en voyant l'état de piété et de ferveur dans lequel elle laissait Augustin. Qu'aurait-ce donc été, si cette mère vénérable eût pu contempler la suite de ce bel ouvrage, et assister à ce déploiement extraordinaire de sainteté et de génie dont la vie d'Augustin à Cassiacum n'avait été qu'une pâle aurore? Dieu ne le voulut pas. C'eût été trop de bonheur pour cette terre. Elle ne devait en jouir que dans l'éternité. Pour nous, qui cherchons à travers les obscurités de l'histoire à comprendre ce que fut cette sainte femme, il nous sera permis de nous arrêter un instant devant ce merveilleux spectacle; et s'il est vrai qu'elle n'eut pas seulement pour mission de convertir son fils, mais de préparer et de donner à l'Église le plus grand de ses docteurs, ce sera continuer à étudier la mère que de contempler, dans tout l'épanouissement de son génie et de sa sainteté, le fils qu'elle laisse après elle sur la terre. Cette peinture de l'esprit et du cœur d'Augustin, si nous parvenions à la faire, pourrait être « comme un fond d'or », sur lequel le visage vénérable de sainte Monique achèverait de se dessiner dans toute sa beauté.

La première pensée d'Augustin, aussitôt qu'il eut enseveli sa mère, fut de rentrer à Rome. Il ne se sentait pas le courage de s'arracher à sa tombe chérie, et il voulut, en restant en Italie, se ménager la facilité de venir y prier souvent et y chercher ces lumières et ces saintes inspirations qu'une mère, même morte, ne refuse jamais à son fils. Il y demeura une année entière, continuant le genre de vie qu'il avait commencé à Cassiacum : la matinée employée à la prière, à la méditation de l'Écriture sainte, qu'il ne devait plus abandonner, et à la composition de plusieurs ouvrages dont nous parlerons bientôt. Le soir il allait visiter les églises et les lieux saints, qui sont si nombreux à Rome; les catacombes, où il baisait avec larmes les reliques des martyrs; les monastères surtout, d'où il ne sortait pas, et où il s'initiait peu à peu à cette vie religieuse qui avait été la première aspiration de son cœur après sa conversion, et qu'il se proposait d'instituer en Afrique. Quand on ouvre les trop rares lettres qu'il écrivit à cette époque, on voit dans quelle ardeur toute sainte était de plus en plus son âme. Il ne respirait que silence, pauvreté, humilité; il soupirait après la solitude, dans laquelle, selon son expression, on peut mieux qu'ailleurs se sanctifier et se déifier; il appelait la mort, « comme la compagne de l'amour, disait-il, celle qui ouvre la porte et permet d'arriver à celui qu'on aime. » Les visites qu'il rendait à la tombe de sa mère n'étaient pas étrangères, on le pense bien, à ce progrès. Elles achevaient de le détacher de la terre et d'emporter son cœur dans le ciel.

L'année de ce deuil filial étant révolue, Augustin partit pour l'Afrique, accompagné d'Adéodat, d'Alype, d'Évode et de quelques autres; et après avoir vendu et distribué aux pauvres le peu de biens que lui avait laissés son père; après avoir pris et fait prendre à ceux qui l'accompagnaient une tunique noire, retenue autour des reins par une ceinture de cuir, et s'être rasé la tête en forme de couronne, selon l'usage des moines d'Égypte, il inaugura avec ses amis, aux portes de Thagaste, cette vie de prière, de pauvreté et d'obéissance qu'il rêvait depuis si longtemps. « Il y demeura près de trois ans, dit son historien, désormais étranger aux soucis du siècle, vivant avec ses compagnons pour Dieu seul, dans le jeûne, l'oraison, les bonnes œuvres; méditant jour et nuit les mystères de la foi chrétienne, et communiquant déjà aux présents et aux absents, dans ses conversations et dans ses lettres, les lumières extraordinaires que Dieu lui donnait dans la contemplation[1]. » Du reste, il écrivait peu encore, ne sortait presque jamais, et évitait avec un soin extrême de paraître en public, surtout dans les villes qui manquaient de prêtres ou d'évêques. Car, comme son nom commençait à se répandre, il craignait ce qui était arrivé à saint Ambroise et à plusieurs autres, dont le peuple s'était saisi, et qu'il avait fait ordonner prêtres ou évêques malgré eux.

Mais l'heure était venue où Dieu avait résolu d'élever cette lumière sur le chandelier, et toutes ces humbles précautions furent inutiles. Un jour qu'il s'était rendu à Hippone, emporté par le désir de conquérir à la vie religieuse une grande âme qui en semblait digne, comme il assistait au saint sacrifice de la messe, profondément recueilli et du reste sans défiance, car il y avait un évêque à Hippone, ce dernier, qui était un vénérable vieillard, monta en chaire, et commença par hasard à se plaindre de la lourdeur de sa charge et du besoin qu'il avait de quelque jeune prêtre qui pût l'aider à la porter. A ce mot, tous les yeux se tournent vers Augustin; on se saisit de lui, et on l'amène de force aux pieds de l'évêque, tout le peuple demandant avec de grands cris et une ardeur extrême qu'il fût ordonné prêtre. Le saint jeune homme, qui ne s'attendait pas à une scène pareille, se mit à fondre en larmes et à sangloter. « Quelques-uns qui ne le connaissaient pas, dit son historien, croyaient le consoler en lui disant tout

---

[1] Possidius, cap. III.

bas à l'oreille que le rang de simple prêtre, quoique inférieur à son mérite, l'approchait néanmoins de l'épiscopat. Mais c'était, ajoute Possidius, une pensée plus haute qui faisait gémir l'homme de Dieu[1]. » Il se rappelait sa vie passée, et il pleurait en pensant au compte que Dieu lui demanderait un jour d'une si haute dignité et de tant d'âmes qui allaient lui être confiées.

Aussi, à peine ordonné prêtre, au lieu d'abandonner la vie qu'il menait à Thagaste, il résolut de la rendre plus pauvre encore et plus humble. Avec la permission de l'évêque, il amena aux portes d'Hippone les premiers compagnons de solitude qu'il avait avec lui, auxquels s'en adjoignirent d'autres, et il fonda, dans un lieu plein de paix et de silence, un monastère qui devint promptement une école de sainteté, et d'où sortirent tous les grands évêques de l'Afrique à cette époque : saint Alype, évêque de Thagaste ; saint Évode, évêque d'Uzale ; saint Sévère, évêque de Milève ; saint Possidius, évêque de Calame, celui qui nous a laissé une *Vie* trop courte mais si précieuse d'Augustin ; saint Profuturus, évêque de Cyrthe, et plus de dix autres éminents en sainteté, qui, fondant à leur tour des monastères et « jaloux, dit Possidius, de l'édification du Verbe de Dieu, établirent partout la paix et l'unité de l'Église ». C'est au milieu d'eux qu'Augustin, semblable à un astre, commença à répandre la lumière qu'il avait amassée

---

[1] Possidius, cap. IV.

pendant les cinq années si fécondes écoulées depuis sa conversion, prêchant chaque dimanche dans l'église d'Hippone, appelant les hérétiques à des conférences publiques, multipliant les lettres, improvisant les ouvrages, « toujours prêt, continue Possidius, soit en public, soit en particulier, à la maison ou dans l'église, à enseigner la parole du salut. » « Ses ouvrages, ses sermons, ajoute-t-il, jetaient les chrétiens dans des transports ineffables d'admiration et de joie. Et ses livres, qui, par une admirable grâce de Dieu, se succédaient et se répandaient avec rapidité, étaient reçus à l'envi par les hérétiques et les catholiques, qui rivalisaient d'ardeur pour les lire, et se disputaient la plume des notaires pour recueillir ses moindres paroles. Ainsi l'Église d'Afrique, humiliée depuis si longtemps, relevait la tête, et l'Église d'outre-mer elle-même tressaillait de fierté[1]. »

Et ce qu'il y avait de plus beau que ce déploiement inattendu de génie et de sainteté dans un si jeune homme, baptisé depuis cinq ans, prêtre depuis quelques jours, c'était la conduite de son vieil évêque, « triomphant plus que personne, » « bénissant Dieu avec larmes de lui avoir envoyé un tel secours, » résistant aux envieux qui arguaient de je ne sais quelle loi pour fermer la bouche à Augustin, souriant humblement à ceux qui voulaient lui inspirer lui-même de la jalousie; et, pour que d'autres Églises ne vinssent pas lui enle-

---

[1] Possidius, cap. VII.

ver ce puissant auxiliaire, le faisant cacher dans un lieu retiré, en attendant qu'il eût obtenu du primat d'Afrique la permission de se l'adjoindre comme coadjuteur. Les dispenses accordées, on vit un beau combat : le vieil évêque montant en chaire, et annonçant, au milieu des cris enthousiastes du peuple, son intention d'ordonner Augustin évêque; et Augustin refusant avec larmes, alléguant les lois de l'Église, les coutumes de l'Afrique, son indignité; ordonné néanmoins et presque de force; le regrettant toute sa vie, ayant écrit sous mille formes qu'il n'était pas digne d'un tel honneur, et ne s'en servant du reste que pour enseigner et défendre la foi avec plus de zèle, de ferveur et d'autorité.

Ainsi fut allumée et placée sur le chandelier cette lumière que Dieu allait faire si belle. Ainsi, après quinze années de désordres et d'erreurs, permises par Dieu pour qu'Augustin connût mieux l'impuissance de l'esprit de l'homme et la faiblesse plus grande encore de son cœur; après cinq années, passées, la première à Cassiacum, la seconde à Rome, les trois autres à Thagaste, toutes dans un silence presque perpétuel, une oraison ininterrompue, une étude approfondie de tous les mystères de la foi, Augustin prenait place au poste que la Providence lui avait préparé, et d'où il allait illuminer l'Église et le monde.

Dieu lui avait donné, pour cette grande œuvre, avec une raison sublime et une imagination puissante, l'esprit le plus vif, le plus étendu et le plus pénétrant, un esprit métaphysique du premier ordre, qui allait de suite et d'un seul bond à la racine même des choses et aux premiers principes en tout. Il y avait joint un cœur d'une rare tendresse et d'une singulière ardeur d'amour, afin qu'il n'eût pas seulement les perceptions claires que donne le génie, mais les intuitions profondes qui viennent de l'âme et des entrailles. La sainteté, grâce à son admirable mère, acheva ce chef-d'œuvre. Et comme les circonstances sont nécessaires pour éveiller le génie lui-même, Dieu le fit naître au milieu de toutes les hérésies, à l'heure où ariens, manichéens, donatistes, pélagiens pullulaient dans le champ de l'Église, afin que, s'attaquant à toutes les erreurs, il fût amené à expliquer tous les dogmes, à scruter tous les mystères, à défendre tous les principes de la morale, et à élever, à la veille des invasions barbares et à l'heure où les ténèbres allaient couvrir le monde, un monument religieux si beau, si vaste, si lumineux, si puissant, qu'il défiât tous les siècles, et qu'il subsistât à travers toutes les ruines.

Ce monument, Augustin ne l'a pas bâti d'un seul jet; il n'en eut pas même l'idée. L'heure où il serait possible à un seul homme, comme saint Thomas, par exemple, d'essayer l'exposition totale du grand plan de Dieu, était encore loin. Venu plus tôt, Augustin a agi autrement. Il a pris et repris, mille fois et sous mille formes, toutes les parties de cet immense édifice; il en a éparpillé tout autour de lui les matériaux magnifiques.

Mais, en mettant de l'ordre dans les sujets divers, traités par lui selon les circonstances, on peut reconstruire le temple. Il est à peu près complet, et le plus sublime peut-être qui ait été construit de main d'homme en l'honneur de la Divinité. Essayons, pour en donner quelque idée à nos lecteurs, d'organiser la galerie de ces chefs-d'œuvre.

Au frontispice, il conviendrait, ce semble, de placer tous les ouvrages composés à Cassiacum : le traité *de la Vie heureuse*, les deux livres de l'*Ordre* ou de la *Providence*, ainsi que les trois livres *contre les Académiciens*; en y joignant les *Soliloques*, dont nous n'avons pas parlé, le livre *du Maître*, conversation d'Augustin avec son fils Adéodat; les livres *sur la Musique*, particulièrement le dernier, où il y a une théorie de Dieu et de la création singulièrement originale et profonde; le livre *de l'Ame et de son origine*, le traité *de l'Immortalité de l'âme*, et enfin un autre petit traité intitulé : *De la Grandeur de l'âme*, qu'il composa en se promenant avec Évode. Dans toute cette première série d'ouvrages, écrits ou projetés à Cassiacum pendant la période poétique de sa première jeunesse et de sa conversion, saint Augustin aborde et examine sous mille faces, et résout ces trois belles questions : Dieu, l'âme, et le lien qui les unit.

Qu'est-ce que Dieu? qu'est-ce que l'âme? quels sont leurs rapports, leurs différences, leurs harmonies? Voilà le portique.

Tout chargé encore des dépouilles de l'antiquité profane, du « divin Platon », comme il l'appelle toujours, du « vénérable et presque divin Pythagore », du « maître Aristote », ce sont ses expressions, il en pare ce portique; mais il l'éclaire d'une lumière que nul d'entre eux ne soupçonna. Avec quelle puissance il scrute les profondeurs de Dieu, son existence, sa nature, sa vie intime, ses attributs! tour à tour poëte et métaphysicien; métaphysicien un peu subtil quelquefois, mais original, profond, puissant, et toujours éloquent. Et, à côté de cette investigation pénétrante de Dieu, quelle étude de l'âme! « Rien ne vaut une âme, s'écrie-t-il, ni la terre, ni la mer, ni les astres[1]. » Mais d'où vient-elle, cette âme? quelle est sa nature? comment se composent et se décomposent ses facultés? pourquoi est-elle unie à un corps? Qu'arrive-t-il quand le corps se dissout? que devient-elle après la mort[2]? etc. » Sur toutes ces questions, disait Fénelon, et sur celles qui regardent Dieu, si un homme éclairé ramassait dans les livres de saint Augustin les vérités sublimes que ce grand homme y a répandues comme par hasard, cet extrait, fait avec choix, serait très-supérieur aux *Méditations* de Descartes, quoique ces *Méditations* soient le plus grand effort de l'esprit de ce philosophe[3]. »

[1] *De Quantitate animæ*, cap. XXXIV.
[2] *De Duabus animabus*, cap. IV.
[3] *Lettres sur divers sujets de métaphysique et de religion,* lettre IV°.

Mais où le génie d'Augustin éclate, c'est quand il aborde la belle question des rapports de Dieu et de l'âme. Le cœur d'Augustin s'en mêle, et quand l'esprit et le cœur d'Augustin réunissent leurs lumières, il n'y a rien de comparable à un tel foyer. Personne n'a mieux dit quel abîme sépare Dieu de l'âme et l'âme de Dieu ; mais personne n'a mieux montré comment l'abîme se comble. « L'âme est faite pour Dieu. » « L'âme est un œil ouvert qui regarde Dieu. » « L'âme est un amour qui aspire à l'infini. » « Dieu est la patrie de l'âme [1]. » Il touche l'une après l'autre toutes les facultés de l'âme, pour montrer Dieu au bout de chacune d'elles. C'est comme une marée montante : toutes les facultés allant à Dieu par flots successifs et grandissants. Encore est-ce loin de lui suffire. Ce n'est pas l'âme seulement qui est faite pour Dieu. Un peu plus, Augustin dirait que Dieu aussi est fait pour l'âme. Avec quelle magnificence il le montre incliné vers l'homme par plénitude, comme un océan qui demande à verser ses eaux; et l'homme aspirant à Dieu par indigence, comme une terre qui demande à les recevoir ! et quelle précision, quelle délicatesse, quand il analyse tous les degrés de l'ascension de l'âme à Dieu ! « Car ce n'est pas, dit-il, d'un plein vol, mais par degrés et successivement, que l'âme purifiée peut s'élever à Dieu. » « Que l'âme, dit-il éloquemment, considère la force et la puissance des nombres, et il lui paraîtra

---

[1] S. August., *Op.*, tom. I, p. 401.

souverainement indigne et déplorable qu'elle sache construire harmonieusement des vers, tirer de la lyre des sons mélodieux, tandis que sa propre vie suit une route désordonnée, et, dominée par la passion, retentit du fracas discordant des vices... Qu'elle se compose, qu'elle s'ordonne, qu'elle se rende harmonieuse et belle, et alors elle montera d'elle-même et facilement jusqu'à la source de la beauté, de l'harmonie et de la lumière [1]. »

« Il faut donc, continue-t-il, que nous montions les degrés de notre cœur, et que nous chantions le *Cantique des degrés* [2]. »

Augustin l'entonne alors, et indique successivement les sept degrés que l'âme doit franchir. Après les trois premiers, qui sont de moindre importance, il arrive au quatrième, « qui fait que l'âme se préfère non-seulement à son propre corps, mais à tous les corps ; qu'elle met les biens de l'âme dans un ordre supérieur à ceux de la terre ; qu'elle n'a pour ceux-ci que du mépris, quand elle les compare à sa propre beauté et à sa puissance ; et que plus elle se dégage du limon où elle est jetée, plus elle s'épure, s'affranchit et se perfectionne. C'est alors, s'écrie saint Augustin, que par un essor sublime l'âme s'élance vers son Dieu, et c'est là le cinquième degré ; elle commence à le contempler, et elle aspire au bonheur de le voir. Le sixième consiste dans l'action. Ce n'est rien

---

[1] *De Ordine*, lib. II, cap. XIX.
[2] *Confess.*, lib. XIII, cap. IX.

de contempler, il faut agir ; ce n'est rien de voir la Vérité, il faut mériter de s'unir avec elle. Alors, et c'est là le septième et dernier degré, la contemplation, unie à la vertu, commence pour ne plus finir. C'est le calme, c'est la béatitude anticipée de l'éternité. « Dois-je entreprendre de décrire cet heureux état? s'écrie-t-il. Non. Il s'est rencontré des âmes supérieures, incomparables, qui en ont révélé tout ce qu'elles ont cru nécessaire de nous apprendre d'après l'expérience qu'elles en ont faite. Mais ce que je puis affirmer sans crainte, c'est que nous aussi, nous y parviendrons par la grâce de Dieu. Alors nous verrons combien tout ce qui est sous le soleil est vanité et néant. Alors ces grands et merveilleux changements qui attendent notre nature corporelle, nous les apercevrons d'une manière si distincte, que la résurrection même de la chair, dont la croyance est si difficile, nous apparaîtra plus certaine que le lever du soleil pour le lendemain du jour où nous l'avons vu disparaître à son coucher. Alors enfin nous concevrons pour ces hommes vains qui se rient des mystères de l'éternité la même idée que l'on se fait d'un enfant qui, en voyant un peintre dessiner sur une toile les premiers traits de son ébauche, ne pourrait pas s'imaginer qu'une figure va sortir de son pinceau. O charme tout-puissant attaché à la contemplation de la vérité ! dans les saintes ardeurs où est l'âme d'atteindre à l'objet qu'elle contemple, la mort elle-même, qu'autrefois elle n'envisageait qu'avec effroi, devient douce et désirable comme le plus grand de tous les biens [1]. »

Mais si Dieu et l'âme sont harmoniques, si un lien les relie nécessairement (*religio*), ce lien, où est-il? cette religion, qui a dû exister de tout temps, et de tout temps aussi se présenter aux regards des hommes de bonne volonté avec de tels caractères qu'il suffit d'ouvrir les yeux pour la voir, où la trouver? C'est la question qui se présente immédiatement à l'esprit. Augustin y rêvait déjà en sortant de Cassiacum et en traversant les Apennins, et c'est pour la résoudre qu'il écrivit, en arrivant à Rome, son *Traité de la vraie religion*. On y sent comme un dernier souffle de cette philosophie platonicienne qu'il allait de plus en plus abandonner pour revêtir une forme plus théologique. C'est le dernier chef-d'œuvre de sa première manière.

L'exorde est d'une beauté et d'une ampleur admirables. « Si Platon vivait encore et qu'il me permît de l'interroger; ou bien si de son vivant quelqu'un de ses disciples lui eût demandé ce qu'il dirait d'un homme tel que Jésus-Christ, qui viendrait à bout d'accréditer une doctrine aussi relevée que celle de son Évangile et de la répandre par tout le monde, au point que ceux mêmes qui seraient incapables de la comprendre ne laisseraient pas de la croire, et que ceux qui auraient assez de force d'esprit pour secouer le joug des erreurs

[1] *De Quantitate animæ*, cap. xxx-xxxiii.

et des préjugés vulgaires iraient jusqu'à la mettre en pratique : quelle serait, dis-je, sa réponse? Un tel homme assurément lui semblerait au-dessus de l'humanité. Car, dirait le sage Platon, il n'est pas donné à un homme d'opérer un aussi merveilleux changement dans le monde, à moins que Dieu lui-même, par un miracle de sa sagesse et de sa puissance, ne l'ait tiré de la condition ordinaire des hommes pour se l'unir intimement ; qu'il ne l'ait éclairé dès le berceau, non par des instructions telles que les hommes sont capables d'en donner, mais par une effusion intime des plus vives lumières de la vérité ; et qu'enfin il ne l'ait enrichi de tant de grâces, muni de tant de force, et porté à un si haut point d'excellence et de majesté, que, méprisant tout ce que la dépravation des hommes leur fait tant rechercher, s'exposant à tout ce qui leur fait le plus d'horreur, et opérant sous leurs yeux les œuvres les plus capables d'exciter leur admiration, il les fît entrer dans cette foi salutaire, autant par l'attrait de l'amour que par le poids de l'autorité.

« Si donc toutes ces merveilles se sont déjà accomplies ; si les écrits et les monuments qui en ont conservé la mémoire les ont rendues célèbres par toute la terre ; si des hommes choisis et envoyés partout du seul endroit du monde où le Dieu véritable fût adoré et où il convenait qu'un tel homme prît naissance, ont allumé dans toutes les parties de la terre le feu de l'amour divin par la force de leurs paroles et par l'éclat de leurs miracles; si en quittant la terre, après avoir ainsi établi la doctrine du salut, ils ont laissé comme en héritage à toute leur postérité la lumière de ces divines connaissances; et pour omettre toutes ces choses passées que quelques-uns pourraient ne pas croire, si on prêche aujourd'hui l'Évangile par toute la terre; si les peuples le reçoivent avec respect et amour; si, malgré l'effort des puissances qui ont répandu le sang de tant de martyrs, malgré les feux et les tortures, l'Église va toujours croissant; si des milliers de jeunes gens de l'un et de l'autre sexe renoncent au mariage et professent une continence perpétuelle sans que personne en soit étonné; si l'univers est devenu un vaste temple où l'on crie de toutes parts : *Sursum corda* : encore une fois, que dirait Platon? Et dans quelle admiration il s'écrierait : Ce que nous avons rêvé, le voilà; ce que nous n'avons pas osé proposer aux peuples, ce que nous n'aurions jamais su leur inspirer, est cru, pratiqué, aimé sur toute la surface du monde [1] ! »

Après ce magnifique exorde, ayant montré d'un côté l'inanité de Platon, c'est-à-dire de la sagesse antique, pour amener l'homme à la vérité et à la vertu, et de l'autre la toute-puissance de Jésus-Christ, saint Augustin scrute successivement tous les fondements de la religion : l'histoire, par où elle remonte au berceau même du monde; la prophétie, par où elle touche à son déclin; le miracle,

---

[1] *De vera religione*, cap. III et IV.

signe manifeste de la présence de Dieu; la puissance transformatrice de la religion, car, si l'on n'approche pas d'un homme de génie ou d'un homme de vertu sans grandir sous son influence, comment la religion pourrait-elle rapprocher les hommes de Dieu sans les rendre meilleurs? et ici se trouve ce célèbre portrait d'un homme de bien, devant lequel pâlit le portrait du juste de Platon; enfin la beauté incomparable de la vie de Jésus-Christ, type idéal de l'homme régénéré. « Les hommes couraient avec une ardeur insatiable, dit saint Augustin, après les richesses de la terre : Jésus-Christ a voulu naître dans la pauvreté. Notre orgueil nous donnait de l'horreur pour les moindres outrages : il a enduré les plus horribles. Nous nous révoltons contre l'injure : il a souffert l'injustice jusqu'à la mort. La douleur nous est insupportable : il a été déchiré de verges, percé de clous et d'épines. Les hommes fuient la mort : il l'a embrassée volontairement. Rien n'était plus infâme que le supplice de la croix : c'est celui-là qu'il a choisi. Enfin, en se privant de tous les biens dont l'amour nous perd, et en s'exposant à tous les maux dont la peur nous éloigne de la vertu, il a mis les uns et les autres sous nos pieds. Ainsi il n'y a rien dans la vie de l'Homme-Dieu qui ne nous soit une leçon, et nous y trouvons un traité de morale complet. »

Comment M. de Villemain a-t-il pu dire que « ce Traité, monument du cœur d'Augustin, était destiné à marquer une date dans les progrès religieux de son esprit, plutôt qu'à servir de preuve à la vérité qu'il avait embrassée[1]? » Disons, au contraire, avec Arnauld[2], avec Tillemont[3], avec Bossuet[4], avec tout le XVIIe siècle, qui l'a répété sur tous les tons, que « ce livre donne sujet, autant ou plus que pas un autre, d'admirer la grandeur prodigieuse de l'esprit et les lumières extraordinaires de cet homme incomparable. Car qui n'admirera qu'étant entré depuis si peu dans la connaissance des mystères de la religion chrétienne, et n'ayant point encore d'autre qualité dans l'Église que celle de simple fidèle, il ait pu parler d'une manière si noble et si relevée de cette religion divine, et se former une si excellente idée de son éminence et de sa grandeur, que ce n'est pas peu de suivre des yeux le vol de cet aigle, de pénétrer la solidité de ses raisonnements admirables, et de contempler les hautes vérités qu'il propose, sans être ébloui d'une si éclatante lumière? »

Le complément de ce beau livre, après la lecture duquel Romanien, à qui il était adressé, se convertit, est d'abord dans les quatre livres de la *Doctrine chrétienne*, où saint Augustin montre que toute la religion se réduit à l'amour, et où, dit Bossuet, « il nous a donné plus de principes pour entendre l'Écriture sainte, je l'oserai dire, que tous les autres docteurs ensemble; » ensuite et surtout dans la magnifique *lettre à Volusien,* qui excita

---

[1] *Les Pères du* IVe *siècle;* saint Augustin.
[2] *Préface* du *Traité de la vraie religion,* traduit par lui.
[3] *Mémoires*, etc., tome XIII, p. 139.
[4] A. Floquet, *Études*, tome II, p. 517.

dans l'Église une sorte d'étonnement, suivi bientôt d'un véritable enthousiasme. Là, Augustin prenant son vol, non plus sur les ailes de Platon, mais sur celles des prophètes, s'élève jusqu'à cette lumière inaccessible où réside le Verbe. Ce Verbe, cette Parole ineffable de Dieu, gardez-vous de la concevoir comme une parole qui passe. L'éternité de ce Verbe, sa génération avant les temps, son apparition sur la terre, son incarnation dans la souffrance, ses œuvres de lumière, de sainteté et d'amour, l'impossibilité à aucun homme de soutenir aucune comparaison avec l'Homme-Dieu; le peuple hébreu créé pour l'attendre, pour l'annoncer, pour le désirer, pour entretenir sur la terre la pensée qu'il va venir; et quand il est venu, l'Église naissant de son sang et répandue partout pour le faire connaître et aimer, et pour refaire l'homme par cette connaissance et par cet amour : tout cela est traité avec un éclat, une profondeur, un entrain et un feu qui arrachaient des cris d'admiration à Bossuet. C'est de là qu'est venue, le grand évêque de Meaux ne le nie pas, et il suffit d'un coup d'œil pour le reconnaître, la seconde partie du *Discours sur l'histoire universelle* : lumière née d'une lumière, génie éveillant un autre génie et le mettant en verve, moins par imitation que par émulation.

Mais cette religion qui est née au commencement du monde et qui ne peut plus finir, cette Église de Jésus-Christ, qui est chargée de porter sa vérité, sa sainteté, son amour, jusqu'aux extrémités des temps et des lieux, à quels signes la reconnaître? C'était précisément la question qui agitait et qui passionnait l'Afrique au moment où Augustin y arriva. Amené par le cours de ses études, et plus encore par la discussion avec les donatistes, à contempler de près ce grand édifice qu'on appelle l'Église catholique, Augustin se jette dans cette étude avec une sorte de passion joyeuse. Son noble et vaste génie se sent à l'aise dans l'immensité de ce monument et comme à la hauteur de ce temple sublime. Tour à tour contemplatif et militant, ému de la lumière qu'il découvre, plus ému encore du malheur de ceux qui ne la voient pas, il multiplie les discours [1], les conférences [2], les lettres [3], les traités [4], pour faire resplendir à tous les yeux la vérité et la beauté toute divine de la sainte Église. Il touche successivement, et sous toutes les formes, l'origine de l'Église, son établissement miraculeux, sa

---

[1] *Serm.* 37, 45, 62, 75, 78, 79, 91, 116, 129, 138, 144, 267.

[2] *Conférences* de saint Augustin avec Félix, manichéen; avec les Donatistes, à Carthage; avec Émérite, en présence de plusieurs évêques, etc. etc.

[3] *Epist.* 23, 33, 34, 35, 43, 44, 49, 51, 70, 76, 87, 93, 185, etc.

[4] *Liber de Utilitate credendi.* — *De moribus Ecclesiæ catholicæ et de moribus Manichæorum*, lib. II. — *Libri XXXIII contra Faustum manichæum.* — *Psalmus contra partem Donati.* — *Contra Epistolam Parmeniani, libri III.* — *Contra litteras Petiliani, libri III.* — *Libri IV contra Crescōnium.* — *Epistola ad catholicos contra Donatistas.* — *Breviculus collationis cum Donatistis.* — *Liber ad Donatistas post collationem.* — *Sermo ad Cæsareensis Ecclesiæ plebem.* — *Libri II contra Gaudentium.*

vie où à toute heure la main de Dieu apparaît, le miracle de son unité, de sa certitude historique, de sa catholicité, sous laquelle il écrase les donatistes resserrés sur un petit point du globe; de sa sainteté, qui ne transforme pas seulement les individus, mais les lois, les mœurs, les peuples, malgré les effroyables résistances des passions. Et quand il a terrassé, mis aux abois ces adversaires, et qu'il les a obligés, dans des conférences publiques, à s'avouer vaincus; ou quand, dans ses livres, il a pulvérisé leurs vaines objections, alors il laisse sortir de son cœur des cris d'amour. Le géant pose sa massue. C'est un père; c'est une mère. Jamais nul homme n'a uni dans une même âme une si inflexible rigueur de logique avec une telle tendresse de cœur. Enfin, après vingt ans de luttes, pour achever de confondre l'hérésie et frapper un coup décisif, il provoque la réunion de tous les évêques catholiques et schismatiques de l'Afrique, obtient de tous les évêques catholiques la promesse de donner leur démission si cela est utile au bien de l'unité, ouvre cette immortelle assemblée, où siégeaient plus de quatre cents évêques, par un discours sur *la Paix* tout empreint des tendresses de son âme; puis il descend dans la lice, soutient, pendant plusieurs jours, toute la discussion, oblige ses adversaires à s'avouer vaincus, et termine, aux applaudissements de l'Église tout entière, cette grande lutte en rendant la paix et l'unité à l'Afrique[1].

---

[1] Cfr *Lib. de Gestis cum Emerito.*

Voilà le début des travaux d'Augustin, et nos lecteurs en entrevoient la suite et la grandeur. Dieu et l'âme, et pour les unir, la religion; et au centre de la religion, Jésus-Christ, et pour continuer Jésus-Christ, l'Église, quel ensemble! Et ce ne sont encore que les premières assises de l'édifice.

Arrivé là, en effet, après s'être solidement établi sur ce roc inébranlable, Augustin entre dans le temple, et, s'enhardissant à mesure qu'il avance, il en visite successivement toutes les profondeurs et tous les sommets.

Dieu d'abord! non plus Dieu, comme il l'étudiait à Cassiacum, avec les lumières d'une raison chrétienne, mais Dieu, éclairé par le soleil de la révélation, Dieu un et triple, un dans sa nature, triple dans ses personnes : le Père, qui est le principe du Fils; le Fils, qui est éternellement engendré du Père; le Saint-Esprit, qui procède du Père et du Fils; tous ces mystères redoutables sont successivement abordés dans les quinze livres de ce beau traité de *la Trinité*, « qu'il commença jeune, et qu'il termina vieux, » selon ses expressions[1]. Nul Père n'avait jusque-là mieux sondé ces difficiles questions que Tertullien; mais ici la pensée est plus haute, plus philosophique, plus immatérielle, si j'ose ainsi dire, sans être moins grandiose. C'est peut-être, avec les *Élévations* de Bossuet sur les mystères, ce qui a

---

[1] Cfr *Lib. contra sermonem Arianorum.* — *Collatio cum Maximino Arianorum episcopo.* — *Libri II contra Maximinum.*

été murmuré de plus sublime autour de cette lumière inaccessible où réside Celui que personne n'a vu.

Mais Dieu sort de son silence. Il crée. Comment? Pourquoi? Augustin aborde ce second mystère, redoutable même après celui de la Trinité, et qui a tenu en échec les plus grands philosophes de l'antiquité. Il l'aborde de deux manières. En métaphysicien, il le creuse. En poëte, il le chante. Il a consacré douze livres à expliquer les trois premiers chapitres de la Genèse, touchant à tout, aux principes généraux comme aux moindres détails d'histoire naturelle, avec une érudition, une ampleur, une éloquence, une perspicacité singulières; refusant de se laisser enfermer dans des jours proprement dits, entrevoyant ces époques que la science moderne demande, jetant sur la création de la lumière, de l'eau, de l'air, surtout de l'homme, des étincelles de génie, et développant là, sous mille formes, cette théorie de la création que nous trouvons encore à la fin de son traité *de Musica;* « surprenante intuition du fond des choses, dit le P. Gratry, qui est du reste en pleine harmonie avec la réponse que prépare aujourd'hui la science à cette grande question : « Qu'est-ce que la matière[1]? » Et à côté du métaphysicien, quel poëte! poëte et métaphysicien tour à tour, et dans la même page. Lisez les trois derniers livres des *Confessions.* Il y a là tout un poëme de la création en trois chants,

---

[1] *De la Connaissance de l'âme*, tome I, p. 251.

une épopée d'une singulière grandeur, où tous les mondes viennent les uns après les autres chanter la magnificence du Dieu qui les a faits[1].

Mais, au sein de cette création si belle, voici le mal, voici le désordre intellectuel, moral, physique. D'où vient-il? Est-ce Dieu qui a créé le mal? S'il ne l'a pas créé, comment est-il? Question formidable, qui, on se le rappelle, avait agité Augustin dès sa première jeunesse, qui l'avait jeté dans le manichéisme, et avait torturé son grand esprit pendant dix-neuf années; c'est celle aussi sur laquelle il répand le plus de lumières et les plus originales. A peine converti, il s'empare de ce problème, et depuis il ne le quitte plus. Il développe dans vingt traités[2] sa conception si profonde et si juste que le mal n'est pas une substance; que ce n'est qu'une négation, une défaillance de la volonté, une absence de justice, comme la nuit n'est rien qu'une absence de lumière; que Dieu n'a pas fait la nuit,

---

[1] Voyez aussi les deux livres de la Genèse contre les Manichéens.

[2] *Liber contra Epistolam Manichæi quam vocant fundamenti.* — *De Actis cum Felice Manichæo lib. II.* — *Liber de natura boni.* — *Liber de duabus animabus.* — *Acta seu disputatio contra Fortunatum Manichæum.* — *Libri III de libero arbitrio.* — *Liber contra Secundinum.* — *Serm.* 1, 2, 12, 50, 153, 182, 237. — *Enarratio in Psalm.* 140, n°s 10, 12. — *Libri IV de anima et ejus origine.* — *De peccatorum meritis et remissione libri III.* — *Liber de spiritu et littera.* — *Liber de natura et gratia.* — *Liber de gestis Pelagi.* — *Liber II de gratia Christi et de peccato originali.* — *Libri II de nuptiis et de concupiscentiis.* — *Contra duas epistolas Pelagianorum libri IV.* — *Libri VI contra Julianum Pelagianum.* — *Opus imperfectum contra Julianum Pelagianum.*

comme il n'a pas fait la mort, comme il n'a pas fait le mal; que c'est l'ange d'abord, puis l'homme, qui l'ont créé, l'ange rebelle, l'homme dépravé; que Dieu, qui ne l'a pas fait, a pu le permettre, parce qu'il le punira, et que le mal puni sera aussi beau à voir que le bien glorifié. Il est revenu sans cesse sur cette genèse du mal; il a manié et remanié vingt fois tous les chants de ce triste poëme, où l'on voit l'ange déchu faisant tomber l'homme, l'homme tombé entraînant avec lui toute sa race, et qui serait si lugubre si un rayon de lumière ne traversait toutes ces scènes et ne faisait entrevoir la Rédemption.

Parvenu à ce point, au moment où Adam coupable, mais repentant, où Ève, tombée, mais relevée par une grande espérance, se mettent en marche portant le genre humain dans leurs flancs, saint Augustin s'écrie : « Deux amours ont bâti deux cités. L'amour de Dieu poussé jusqu'au mépris de soi a bâti la première, qui est la cité de Dieu. L'amour de soi poussé jusqu'au mépris de Dieu a bâti la seconde, qui est la cité du démon. Ces deux villes sont maintenant mêlées et confondues l'une dans l'autre, elles ne seront séparées qu'à la fin du monde. Elles se font une guerre continuelle, l'une pour l'iniquité, l'autre pour la justice. Tolérez l'une, soupirez après l'autre. »

En possession de cette magnifique idée, Augustin en tire le plus étonnant de ses ouvrages, *la Cité de Dieu*. Il commence, dans un premier livre qui sert d'introduction, à montrer les deux cités mêlées ensemble dans le mouvement des siècles, soumises aux mêmes catastrophes, aux mêmes épreuves, frappées des mêmes coups, mais la cité du mal châtiée par la souffrance, la cité de Dieu, au contraire, embellie, purifiée et transfigurée par elle ; et il jette là, dans quelques pages, toute la substance des belles et profondes considérations que, quinze siècles plus tard, M. de Maistre devait développer au milieu de ruines aussi grandes, et en présence des mêmes étonnements et des mêmes scandales.

Après ces réflexions préliminaires, saint Augustin se met à attaquer la cité du mal, avec les armes et la vigueur d'un athlète préparé par un travail de vingt ans à cette grande lutte. Ses dieux menteurs, ses philosophies fausses ou incomplètes et toujours orgueilleuses et absolument stériles ; ses fables ridicules ou corruptrices ; ses mœurs honteuses, ses théâtres impurs, son faux honneur, ses vertus d'apparat, ses stupides objections contre la cité de Dieu, il flagelle tout avec une ironie mordante, et visitant successivement toute la cité du mal, il n'y laisse pas pierre sur pierre.

Après quoi, ayant répondu, dans les dix premiers livres, aux ennemis de la cité sainte, il commence à traiter de la naissance, du progrès, de la fin de la cité de Dieu, et de son mélange avec la cité du mal. Son commencement dans le ciel avec la diversité des anges ; son apparition sur la terre avec l'homme ; Abel, citoyen et image de la cité céleste ; Caïn, citoyen et image de la cité terrestre ; les promesses faites à Abraham, à Isaac, à Jacob; David, roi victorieux de la cité sainte, figure de Jésus-Christ; tous les prophètes se levant les uns après les autres pour chanter la venue du Sauveur; et pendant ce temps les grandes monarchies des Assyriens, des Perses, des Grecs, des Romains, se succédant et se renversant les unes sur les autres; Jésus-Christ apparaissant à l'heure prédite, et mourant pour l'homme et par l'homme; l'Église née de Jésus-Christ et ayant le même sort, exercée par une infinité de craintes, de douleurs, de travaux et de tentations, sans avoir d'autre joie que l'espérance; beaucoup de réprouvés mêlés dans l'Église avec les élus; les uns et les autres renfermés comme dans ce filet de l'Évangile où ils nagent pêle-mêle dans la mer de ce monde, jusqu'à ce qu'on arrive au bord où les méchants seront séparés des bons; les méchants utiles aux bons pour leur perfection; les hérésies utiles au développement des dogmes; les dix persécutions s'acharnant sur l'Église, sans l'abattre et sans l'empêcher de conduire les élus au ciel; le ciel ouvert et contenant déjà une partie de l'Église et aspirant à posséder l'autre; dans ce ciel, Dieu se préparant à être tout en tous; la séparation s'opérant enfin entre les deux cités, et Dieu aussi glorifié par le supplice de l'une que par le triomphe de l'autre: voilà ce qu'Augustin a chanté, avec une puissance presque surhumaine, dans les vingt-deux livres *de la Cité de Dieu*. Toute la théologie se développe ainsi dans une vaste épopée, c'est celle de l'humanité.

A l'apparition de ce merveilleux ouvrage, l'Afrique et l'Église tout entière ressentirent des transports d'enthousiasme. Jusque-là, dans ses autres œuvres, sur la Trinité, sur le péché originel, Augustin avait eu des prédécesseurs, qui, sans l'égaler, lui avaient frayé la route; ici tout était nouveau, et nulle plume chrétienne n'avait encore doté l'Église d'un livre aussi monumental.

Et pendant qu'Augustin disait ces choses aux beaux esprits et aux savants, soignant son style et consacrant dix ans à écrire son chef-d'œuvre, voici que sur une autre corde de sa lyre il redisait tout son poëme d'une manière plus touchante encore aux bateliers et aux pauvres femmes d'Hippone, qui ne se lassaient pas de l'entendre. Prenez les douze livres sur la Genèse dont je parlais plus haut, les *Questions* sur l'Ancien Testament, le *Commentaire sur le livre des Psaumes*, les cent vingt-quatre *Traités sur l'Évangile de saint Jean*, et les douze *Traités sur la Ire Épître de saint Jean*, et vous aurez là, dans une causerie du dimanche, vive, hardie, familière, tendre, spirituelle, toujours éloquente, la reproduction de ce grand poëme dont je parlais tout à l'heure, qui va d'une éternité à l'autre, *ab œterno in œternum*. Le grand artiste a changé d'instrument; mais l'âme est la même, et l'éloquence aussi.

Et cependant, si étonnants que soient ces travaux, il s'en faut bien que nous ayons sous les yeux tout l'édifice construit par le génie d'Augustin en l'honneur de Dieu. A peine si nous en avons vu une moitié.

Voilà donc l'Église bâtie par Jésus-Christ, la cité sainte venant du ciel et y retournant. Mais comment l'homme y entre-t-il? Où puise-t-il la force de vivre en passager de la terre, en citoyen du ciel? Quel est l'agent mystérieux qui soutient son cœur à la hauteur de sa vocation divine? C'est la Grâce. Et à ce mot, on voit apparaître toute une nouvelle série de travaux; ces immortels ouvrages sur la Grâce, qui jetaient Bossuet dans une telle admiration, qu'il ne savait comment louer Augustin, « ce maître si intelligent et, pour ainsi dire, si maître[1], » « cet aigle des Pères[2], » « ce docteur des docteurs[3], » « Augustin l'incomparable, » « le plus grand de tous les esprits; celui où l'on trouve le dernier degré de l'intelligence dont l'humanité est capable; l'apôtre de la Grâce; le prédicateur de la prédestination[4]. » C'est là, en effet, le titre suprême d'Augustin à la reconnaissance et à l'admiration des siècles. Sa grande gloire est d'avoir par dix années de luttes immortelles, et par vingt-deux chefs-d'œuvre[5], établi la nécessité, défini la

---

[1] *Œuvres complètes*, tome III, p. 424; *Défense de la Tradition*, etc., liv. IV, ch. xvi.
[2] *Id., ibid.*, liv. IX, ch. xiv.
[3] *Sermon* pour la vêture d'une postulante Bernardine, à Metz.
[4] *Défense de la Tradition*, liv. IV, ch. ix.
[5] *Libri III de peccatorum meritis et remissione. — Liber de spiritu et littera. — Liber de natura et gratia. — Liber de perfectione justitiæ hominis. — Liber de gestis Pelagii. — Libri II de gratia Christi et de peccato originali. — Liber de gratia et libero arbitrio. — Liber de correptione et gratia. — Liber de prædestinatione. — Liber de dono perseverantiæ.* — Voir aussi tous les autres ouvrages sur le péché, cités plus

nature, et expliqué les mystérieuses opérations de la Grâce. Il arrivait à la maturité de son génie et de sa sainteté, lorsque Pélage parut, enseignant que l'homme n'a pas besoin de la grâce, que sa volonté suffit; qu'elle est bonne, lumineuse par elle-même, et toute-puissante pour le bien. Hélas! qui mieux qu'Augustin savait le contraire? Combien d'années son grand esprit avait cherché le bien sans le trouver? Où s'était égaré, loin de Dieu, son noble cœur? A quelles indignités était descendue sa vie, faite pour de si hautes vertus? Ému d'une telle ingratitude vis-à-vis de Jésus-Christ, libérateur de son âme et de toutes les âmes, Augustin prit la plume et engagea la lutte. Toute l'Église, du reste, le lui demandait. « Les particuliers, les évêques, les conciles, les papes, et tout le monde, en un mot, dit Bossuet, tant en Orient qu'en Occident tournèrent les yeux vers ce Père, comme vers celui qu'on jugeait le plus pénétrant pour démasquer l'hérésie pélagienne, arrivée au dernier degré de subtilité et de malice où peut aller une raison dépravée[1]. » Ajoutez la hauteur des questions, l'accord de la liberté et de la grâce, celui du mérite et de la prédestination, le péché originel et la persévérance finale : immenses et redoutables problèmes, qui faisaient pousser à saint Paul ce cri de stupeur : *O altitudo divitiarum sapientiæ et*

---

haut. — Voir encore *Serm.* 2 et 169. — *Epist.* 140, et le 26ᵉ *Traité sur l'Évangile de saint Jean*, et l'*Enchiridion*, etc. etc.

[1] *Défense de la Tradition.*

scientiæ Dei[1] *!* Augustin s'y jeta donc avec une ardeur que rien ne put lasser, et avec une perspicacité que nulle subtilité ne put égarer. Il y consuma ce que Dieu lui avait donné de vie ; il y employa ses dernières et plus grandes forces ; sur son lit de mort, il écrivait encore. Mais aussi quelle parfaite et étonnante intelligence des mystères de la grâce ! Ses livres n'ont pas plutôt paru, qu'on y reconnaît une doctrine céleste. Tout fléchit ; tout se tait. Le vieux Jérôme lui-même, courbé sous le faix de ses travaux, brise sa plume, fatale à tant d'hérésies, et ne veut dire autre chose, sinon qu'il n'y a plus rien à dire après Augustin. L'Église enfin le proclame le Docteur de la grâce, et lui décerne, dans le langage de l'admiration, le surnom de divin : *Divus Augustinus*.

Et pendant qu'il étudie ainsi, en théologien consommé et en philosophe, la nature de la grâce, marquant ses vrais rapports avec la liberté, comme autrefois il avait marqué les vrais rapports de la raison et de la foi, car la question est la même, il étudie, il suit de l'œil les différents canaux par lesquels la grâce épanche ses eaux vives dans les entrailles de l'humanité. Ces canaux sont les Sacrements. Saint Augustin les a presque tous étudiés, ou vengés, ou chantés ! Le Baptême, qui, étroitement lié avec la doctrine du péché originel, a été aussi de sa part l'objet des plus sérieuses, des plus

[1] Rom., cap. II.

écrasantes discussions[1]; la Confirmation, qu'on ne séparait pas alors du Baptême, et qu'il n'en sépare pas non plus[2]; la Pénitence, qu'il a étudiée comme sacrement[3] avec une vigueur et une logique singulières, et comme vertu[4] avec une tendresse toute divine, laissant aux pénitents, jusqu'à la fin du monde, les plus belles effusions de repentir, que David seul a surpassées; la sainte Eucharistie, pour laquelle il éprouvait un si grand amour, et à laquelle il se préparait avec ces prières d'une théologie si touchante que l'Église emploie encore aujourd'hui[5]; le Mariage, dont il a maintenu contre les manichéens l'indissolubilité, l'unité, la sainteté, et dont il a célébré, dans plusieurs lettres d'une beauté exquise, la tendresse, la pureté et la paix,

---

[1] *Libri VII de Baptismo.* — *Liber de unico Baptismo.* — Voir aussi la plupart des ouvrages de saint Augustin contre les Pélagiens.

[2] *Expositio in Psalm.* 132, n° 2. — *Libri II contra Petilianum*, n° 239. — *Contra Epistolam Petiliani*, lib. II, n° 28.

[3] *Serm.* 275, n° 2. — *Serm.* 278, n° 12. — *Serm.* 149, n° 7. — *Serm.* 99, n° 9. — *Serm.* 351, n° 9. — *Serm.* 98, n°s 6, 7. — *Liber de natura boni et mali*, n° 48. — *Contra adversarium Legis et Prophetarum*, lib. I, n°s 3-6. — *De Civitate Dei*, lib. XX, c. IX. — *Epist.* 185, etc.

[4] Voir en particulier les *Confessions*.

[5] *De Trinitate*, lib. III, n° 10; lib. X, n° 20. — *Contra Faustum*, lib. XX, n° 10. — *De Civitate Dei*, lib. XX. — *Epist.* 2, 13. — *Serm.* 59 et 95. — *Opus imperfectum contra Julianum*, lib. II, n° 30. — *Contra Faustum*, lib. XII, n° 10. — *Explanatio Psalmi* 33. — *Serm.* 1, n° 10; *Serm.* 2, n° 2; *Serm.* 3 et 6, publiés par Denis; *Serm.* 35, publié par Caillau; *Serm.* 143 et 193, publiés par Maï. — *Epist.* 140, n° 48. — *De Trinitate*, n° 21; etc. etc.

sous le joug de Jésus-Christ[1] ; l'Extrême-Onction[2], et la préparation à la mort[3], sur lesquelles il est revenu plusieurs fois, et qu'il a expliquées dans des pages d'une mélancolie, d'une grandeur et d'une sérénité ineffables. On souffre, en parcourant tous ces chefs-d'œuvre, de ne pouvoir en rien citer. Mais le temps nous emporte, et nous ne sommes pas encore au terme du gigantesque monument que nous essayons de décrire.

D'une telle irrigation divine de l'humanité, que va-t-il sortir? Nécessairement une floraison divine ; des vertus inconnues à l'antiquité, et qui, s'épanouissant sur le sol sacré de l'Église, et ne s'épanouissant que là, en célèbreront à jamais la fécondité céleste. Saint Augustin a touché successivement à toutes ces belles fleurs : la foi, l'espérance, l'amour, l'amour surtout, à quoi il réduisait tout l'Évangile, et qu'il a si souvent et si sublimement chanté, que le moyen âge n'a pas su représenter Augustin, si ce n'est un cœur à la main; puis les vertus plus hautes encore : la chasteté, la pauvreté, l'obéissance, le mystère des âmes éprises de la mâle beauté du Sauveur, et aspirant au lit sublime de la croix,

---

[1] *De Bono Matrimonii*, lib. I. — *De Matrimoniis adulterinis*, lib. II. — *De Matrimonio et Concupiscentia*, lib. II. — *Epist.* 200, 262, 137, 150.

[2] *Unctionis Sacramentum, unctio invisibilis*, tome XXXV, Patrologie Migne, p. 204. — *De Sacramentis ab infirmo suscipiendis;* Id., XL, 1134.

[3] *Liber de cura gerenda pro mortuis*, n°s 1-3. — *Enchiridion*, n° 29. — *Serm.* 31, 32, 38, 96, 124, 345. — *Epist.* 22, 92, 263. — *Epistola consolatoria ad Probum, de obitu filiæ.*

où elles puisent une vertu rédemptrice et transfiguratrice du genre humain. Augustin montre cette transfiguration qui commence : l'individu rétabli dans sa dignité primitive; la famille qui se reconstitue ; la société qui devient plus fidèle aux éternelles lois de la vérité; les horreurs païennes qui se cachent, ne pouvant pas se décider à mourir; les saintes égalités de la justice qui se multiplient, et quoique le monde, en ces années néfastes qui commencent par Alaric pour finir par Genseric, craquât de toutes parts, que la société ressemblât à un navire en perdition, et que l'humanité épouvantée attendît sa dernière heure, il refuse énergiquement de croire à la fin du monde; et, certain que le christianisme a en lui des énergies égales à toutes les plaies, il salue, à travers les ruines, un avenir meilleur, et les siècles venant un à un se coucher, paisibles et transformés, sous la houlette du Christ[1].

Voilà une idée et comme un rapide crayon du monument élevé à la gloire de Dieu par le génie de saint Augustin. Tout y est merveilleux : la majestueuse immensité du plan, la beauté des grandes

---

[1] *Liber de fide et operibus.* — *Liber de agone christiano.* — *De Doctrina christiana*, lib. III. — *Liber de moribus Ecclesiæ catholicæ.* — *Libri II de Sermone Domini in monte.* — *Speculum seu Collectio præceptorum moralium.* — *Liber de Patientia.* — *Liber de Continentia.* — *Liber de bono conjugali.* — *Liber de sancta Virginitate.* — *Liber de bono Viduitatis.* — *Liber de opere monachorum.* — *Liber de catechizandis rudibus.* — Et la plupart de ses Sermons et un grand nombre de Lettres.

lignes, la quantité des matériaux, la perfection de certaines parties, touchées par un maître, « si maître, » dit Bossuet; il n'y manque rien, si ce n'est peut-être un style qui sente moins l'époque où le monument a été conçu. Mais il ne faut pas trop insister sur une chose, secondaire après tout, en présence de tant de génie, d'éloquence, de raison et d'érudition, de peur d'entendre Bossuet nous crier : « Après cela, qu'Augustin ait ses défauts, comme le soleil a ses taches, je ne daignerais ni les avouer, ni les nier, ni les excuser, ni les défendre. Tout ce que je sais certainement, c'est que quiconque saura pénétrer sa théologie aussi solide que sublime, gagné par le fond des choses et par l'impression de la vérité, n'aura que du mépris et de la pitié pour ceux qui, sans goût et sans sentiment pour les grandes choses, semblent vouloir s'autoriser de quelques vétilles pour mépriser saint Augustin, qu'ils n'entendent pas [1]. »

On se figure aisément l'ivresse des catholiques, troublés par tant d'hérésies, et épouvantés par le bruit sourd d'un monde en décomposition, quand ils voyaient successivement sortir de terre toutes les parties de ce monument : aujourd'hui une pierre, demain une autre, chaque jour un chef-d'œuvre. Onze cent trente ouvrages en quarante ans ! On allait de surprise en surprise, et cet étonnement croissant se trahissait par des cris qui sont venus jusqu'à nous. Et, en même temps qu'une

---

[1] *Défense de la Tradition*, liv. IV, ch. xviii.

sorte de fierté chrétienne faisait battre tous les cœurs, on était ému jusqu'aux larmes en apprenant que ce grand homme, ce génie extraordinaire, était le plus doux, le plus humble, le plus pauvre, le plus pur et le plus saint de tous les chrétiens. Les étincelles qui jaillissaient de son grand esprit n'étaient que de pâles lueurs à côté des flammes ardentes qui sortaient de son cœur. L'amour de Dieu le consumait, et avec cet amour un mépris de la terre, un détachement des créatures, un désir de la mort, et par suite un esprit de pauvreté qui se révélait dans ses moindres démarches. Sa demeure était humble, sa couche dure, sa table frugale, et il ne supportait pas d'autres vêtements que ceux qui étaient portés par le dernier de ses clercs. « Cela pourrait être bon pour un évêque, disait-il en remerciant gracieusement ceux qui lui apportaient quelques riches habits ; mais cela est trop beau pour Augustin, qui est pauvre et fils de pauvres[1]. » Et une autre fois : « Un habit précieux me ferait rougir, disait-il ; il ne convient pas à mon état, à mon obligation de prêcher ; il ne convient pas à un corps cassé de vieillesse et à ces cheveux blancs que vous me voyez. » A cette loi inflexible, il ne fit qu'une exception ; mais c'est que son cœur l'emporta. Une jeune fille avait brodé une tunique pour son frère, qui était prêtre, et elle la lui apportait, joyeuse, quand, arrivant à Hippone, elle le vit tomber malade et mourir, sans avoir essayé

---

[1] Hominem pauperem, de pauperibus natum. (*Serm.* 356.)

sa tunique neuve. Accablée de douleur, elle en fit don à saint Augustin, et ce doux et tendre vieillard, pour la consoler, mit aussitôt l'habit brodé, et consentit à l'user jusqu'au bout.

De ce cœur, ainsi refait et détaché de tout par l'amour de Dieu, naissait une pureté angélique, qui lui inspirait des réserves, une pudeur et des précautions touchantes. En souvenir de ses fautes passées, se croyant et se disant à chaque instant le plus faible des hommes, il ne recevait jamais une femme chez lui. Il n'y voulut pas même supporter sa sœur ni ses nièces, non à cause d'elles qu'il aimait tendrement, mais à cause de leurs amies qui viendraient les voir, ce qui ne convenait pas, disait-il, dans le logis d'Augustin. Et il avait une manière de prononcer ce mot qui arrachait les larmes des yeux.

Son humilité était toute divine. Nul homme peut-être n'a été sur la terre l'objet d'une pareille admiration; mais plus on l'exaltait, plus il s'enfonçait dans son néant. « Vous ne connaissez pas Augustin, » répétait-il sans cesse. Et ce fut pour le faire connaître, et pour faire taire par ce moyen ce concert d'admiration, qu'il jeta tout à coup, au milieu d'un monde étonné d'abord et bientôt enthousiasmé, le livre des *Confessions*. Ah! il y a une manière de se confesser en public qui ne coûte pas beaucoup. Mais quand je vois l'accent avec lequel Augustin parle de ses fautes; quand, au lieu de s'en tenir aux désordres de son adolescence, à la liaison coupable de sa jeunesse, à la naissance d'Adéodat, toutes choses à peu près connues et dont il aurait pu faire un roman, il fouille dans les profondeurs de sa conscience pour en extraire les secrets les plus honteux et les plus cachés ; quand je pense à certaine page des *Confessions,* à certaine rechute, où non-seulement la foi, la conscience, mais l'honneur, la délicatesse, sont trahis et foulés aux pieds, et où malgré soi on rougit pour Augustin, et que je me dis que cette page a été écrite par un évêque, un vieillard arrivé au sommet de la gloire, et jetée par lui à ses prêtres, à ses fidèles, à toute l'Église, pour faire taire des applaudissements dont il souffrait : ah ! voilà bien le sublime de l'humilité, et il n'y a rien de plus beau dans l'histoire de cette héroïque vertu !

Mais ni cette humilité ni cette pureté ne nuisaient à l'autorité et à la tendresse de son zèle. Il faut remonter à saint Paul, il faut descendre à saint François de Sales, pour trouver un amour des âmes aussi fort et en même temps aussi tendre. Comme le premier, il ne voulait pas du ciel même, si on le séparait de ces chères âmes, pour lesquelles il désirait être anathème. « Je ne veux pas être sauvé sans vous, s'écriait-il ; non, mon Dieu, je ne veux pas être sauvé sans mon peuple ! Puissé-je, occupant une des dernières places dans le ciel, m'y voir environné de tous mes enfants ! Eh ! que désiré-je ? pourquoi parlé-je ? pourquoi suis-je évêque ? pourquoi suis-je au monde, sinon pour vivre en Jésus-Christ, mais pour y vivre avec vous ? C'est là ma passion, mon honneur, ma gloire, mon trésor. » Et pendant que sa charité et son dévouement éclataient ainsi dans des cris d'amour qui rappellent ceux de saint Paul, il avait en même temps pour les âmes des tendresses, des attentions délicates, des patiences qui ne se sont jamais rencontrées au même degré qu'en saint François de Sales. Comme le saint évêque de Genève, il reprenait quelquefois, mais doucement, suavement, ayant toujours peur d'éteindre la mèche qui fume encore, et, quoi qu'il advînt, voulant toujours rester mère. « Quelquefois, disait-il dans un langage qui ressemble à celui de saint François de Sales, la poule, traversant des sentiers étroits, foule, mais non pas de tout le poids de son pied, ses petits qu'elle réchauffe, et ne cesse pas pour cela d'être mère. » Il avait la même tendresse pour les pécheurs, pour les hérétiques. Vingt fois il alla se jeter aux pieds des gouverneurs pour demander leur grâce. Il offrait sa vie, son sang; il voulait descendre de son siége. Il amena tous les évêques d'Afrique à partager cette sublime résolution pour aider au salut des âmes. « Accordons-nous, mes frères, accordons-nous, mes bien-aimés, répétait-il sans cesse aux hérétiques. Nous vous aimons, nous vous souhaitons, nous voulons vous donner ce que nous nous souhaitons à nous-mêmes. » « Il n'est pas nécessaire que nous soyons évêques, criait-il aux trois cents évêques de l'Afrique; mais il est nécessaire que nous sauvions notre peuple, dussions-nous souffrir et mourir pour lui. »

Et tout cela, ce détachement, cette pureté, cette humilité, ce dévouement aux âmes, n'étaient que des ombres à côté de la grandeur, de la hardiesse, de la familiarité sainte, de la profondeur toute divine de son amour pour Dieu. Il passait des heures entières à genoux, ou assis, les yeux demi-clos, les lèvres entr'ouvertes, immobile et comme absent, pendant qu'on allait et qu'on venait autour de lui ; et c'est au sortir de ces longues contemplations qu'il prenait la plume, et que s'exhalaient de son cœur ces gémissements et ces plaintes sur la longueur de la vie, ces élans vers la patrie céleste, ces ardentes effusions d'amour, qui remplissent tous ses ouvrages. « Je vous aime, ô mon Dieu, s'écriait-il ; oui, je le sais, je le sens, j'en suis sûr. Mes craintes ne sont pas serviles ; mes espérances ne sont pas intéressées. Éteignez les feux de l'enfer : je ne crains que parce que j'aime. Détruisez votre paradis : ma joie, mon espérance et ma félicité ne consistent qu'à vous aimer. » Tout son cœur est dans ce mot admirable, qu'il répétait sans cesse : « Vivons ici-bas en apprentissage de cette vie immortelle du ciel, où toute notre occupation sera d'aimer. »

Ainsi vieillissait ce grand homme. Il arrivait à sa soixante-seizième année, sain de corps comme il l'était d'esprit, n'ayant perdu ni la vue ni l'ouïe, et toutes ses facultés dans leur plus belle puissance, quand d'effroyables malheurs, tombant sur l'Afrique, vinrent briser son cœur et atteindre le ressort même de sa vie.

Le torrent des barbares, qui roulait depuis plus d'un siècle sur toute la surface de l'empire ses flots dévastateurs, fondit tout à coup sur l'Afrique, semant partout la dévastation, le pillage, le meurtre, l'incendie et mille autres horreurs, n'épargnant ni les femmes, ni les enfants, ni les prêtres, ni les églises, mettant tout à feu et à sang. « L'homme de Dieu, dit Possidius, vit le début et les progrès de ce fléau avec des yeux et des pensées bien différents des autres hommes. Il y découvrit des maux plus terribles : le péril et la mort des âmes ; et, comme il est dit dans la sainte Écriture que *celui qui acquiert la science se prépare de plus vives douleurs, et qu'une grande pénétration dessèche les os*, il passa les derniers jours de sa vieillesse dans une tristesse et une amertume incomparables. Il avait toujours devant les yeux les églises brûlées et dépourvues de prêtres, les vierges consacrées à Dieu expirant sous le glaive, ou perdant la vie de l'âme, hélas ! avec la pureté du corps ; des évêques, des prêtres dépouillés, nus, et dans la dernière indigence ; partout des autels profanés, les sacrements impossibles, et des foules de chrétiens demandant le baptême ou la pénitence et mourant sans les recevoir. Enflammé d'amour pour Dieu et les âmes, ce saint vieillard passait le jour et la nuit à gémir, il séchait de douleur [1]. »

Bientôt l'armée des barbares, après avoir ravagé et détruit toutes les villes d'Afrique, excepté trois,

---

[1] Possidius, cap. XXIII.

Carthage, Cirta et Hippone, vint mettre le siége devant cette dernière, où s'étaient réfugiés une foule d'évêques, de prêtres, de religieux ; comme si Dieu avait voulu réunir auprès de ce grand homme toute l'Église d'Afrique, afin qu'elle apprît de lui comment se supportent les grands malheurs, et comment doivent finir, dans la résignation et l'héroïsme, les nations chrétiennes. Il pleurait avec les évêques, et mêlait ses gémissements aux leurs ; mais sa haute raison s'élevait plus haut. « Ce serait être bien petit, disait-il, que de regarder comme un grand mal ces écroulements de bois et de pierre et ces morts d'hommes mortels. » Ses larmes coulaient pour de plus grands malheurs.

A la fin, consumé de tristesse, n'en pouvant plus, il dit aux évêques : « Mes frères et mes pères, prions ensemble afin que ces malheurs cessent, ou que Dieu me retire de ce monde. » Quelque temps après, il se mit au lit, pris d'une fièvre violente, causée par la douleur qui inondait son âme, et bientôt on vit avec effroi qu'il allait mourir. Ce cœur si tendre et si fort prit alors ce je ne sais quoi de plus affectueux et de plus tendre encore. Il employa ses dernières forces à dicter, pour les évêques d'Afrique, une lettre admirable, où il les engageait à ne pas abandonner leurs peuples, à leur donner l'exemple de la résignation et de la patience, à souffrir et à mourir avec eux et pour eux. Ce fut son dernier écrit, et comme le chant du cygne ; et il était digne de ce grand cœur d'avoir, sur le bord de sa tombe, un tel cri d'amour.

Cependant le peuple d'Hippone apprend qu'Augustin va mourir. Aussitôt sa maison est assiégée. Les fidèles veulent voir une dernière fois leur évêque. Les malades se pressent autour de son lit. Les mères apportent leurs enfants pour qu'il les bénisse. Ému de ces témoignages d'affection, le mourant offrait à Dieu ses prières avec ses larmes. Un père lui ayant demandé d'imposer les mains sur la tête de son enfant et de le guérir : « Si j'avais le pouvoir de guérir, dit en souriant le doux vieillard, je commencerais par moi-même. » Néanmoins, le père insistant, il mit sa main sur la tête de l'enfant, qui fut guéri.

Mais déjà Augustin ne tenait plus à la terre. Il échappait aux embrassements de son peuple. Emporté par l'amour de Dieu qui le consumait, et tout à la fois retenu par le souvenir de ses péchés, que quarante années d'expiation n'avaient pu lui faire oublier, il employait ses dernières heures à achever la purification de son âme. Il avait fait écrire sur de grandes bandes d'étoffe et placer contre la muraille les Psaumes de la pénitence, et de son lit, dans les derniers jours de ses souffrances, il lisait ces versets avec d'abondantes et continuelles larmes. « Et afin, dit Possidius, que nul ne l'interrompît dans cette suprême méditation, dix jours environ avant sa mort, il nous conjura de ne plus laisser entrer personne dans sa chambre, sinon à l'heure de la visite des médecins. On lui obéit religieusement, et ces dix derniers jours, ce grand homme les passa dans un silence absolu, seul avec Dieu, et dans un mélange singulier de repentir et d'amour.

Enfin, l'heure dernière approchant, tous les évêques se réunirent une dernière fois autour de son lit; et, parmi leurs embrassements et leurs soupirs, l'âme du saint vieillard s'envola dans le sein de Dieu. Il y avait soixante-seize ans que Monique l'avait mis au monde, quarante-trois qu'elle l'avait converti par ses larmes, et quarante-deux qu'elle l'attendait dans le ciel. Alype, son vieil ami, lui ferma les yeux et ensevelit son corps; et qui doute que Monique n'ait reçu son âme et ne l'ait portée elle-même dans le sein de Dieu?

Il a été donné à un grand saint des temps modernes de contempler, dans une vision, la rencontre, au sein de l'éternité, de deux âmes qui s'étaient tendrement, fortement et purement aimées sur la terre. Saint Vincent de Paul vit l'âme de saint François de Sales descendre du ciel sous la forme d'un globe de feu, pendant que l'âme de sainte Chantal s'élevait elle-même de terre comme un second globe enflammé; puis les deux globes s'approchèrent l'un de l'autre et s'unirent, en sorte que bientôt on ne vit plus qu'une seule flamme qui se perdit dans le ciel.

Quelque chose de semblable dut se passer à la mort de saint Augustin. L'âme du fils et celle de la mère s'élevèrent jusqu'au centre divin de leur mutuel amour, s'y plongèrent ensemble, et, plus heureuses qu'à Ostie, n'en redescendirent pas.

Mais ce grand et touchant spectacle, Dieu ne le montra à personne. Pourquoi Dieu nous révèlerait-il ce que le cœur suffit à comprendre? Celui qui ne trouve pas dans son âme la révélation d'une pareille scène ne mérite pas de la recevoir d'en haut.

O Augustin, bienheureuses les entrailles qui vous ont porté! elles ont tressailli, ce jour-là, d'une ineffable joie. O Monique, ouvrez vos bras à ce fils qui est tant le vôtre, et jouissez à jamais du bonheur que vos larmes lui ont assuré!

CHAPITRE DIX-SEPTIÈME

COMMENCEMENT DU CULTE DE SAINTE MONIQUE
INVENTION ET TRANSLATION DE SES RELIQUES A ROME
LE PAPE MARTIN V EN RECONNAIT L'AUTHENTICITÉ

430-1586

Pendant qu'Alype, Possidius et les autres évêques d'Afrique ensevelissaient le corps de saint Augustin dans l'église Saint-Étienne d'Hippone, où il devait rester cinquante-six ans, pour être porté ensuite en Sardaigne et plus tard à Pavie, où il repose encore, Monique continuait à dormir dans la tombe que lui avait creusée son fils sur le bord de la mer, à Ostie. L'étranger qui visitait cette tombe vénérée y voyait, aux temps les plus reculés, un petit monument de marbre dont l'origine était inconnue, et que plusieurs faisaient remonter à saint Augustin lui-même. Qui doute, en effet, que, pendant cette première année d'un si grand deuil qu'il passa à Rome, Augustin ne soit venu souvent en pèlerinage au tombeau de sa mère? Qui doute même que, si la parole de sainte Monique n'eût été aussi formelle, il n'eût pris ses mesures pour transporter à Thagaste ces restes précieux et les réunir à ceux de Patrice, son père, dans leur tombeau de famille? Du moins, puisque Monique avait dit : « Vous enterrerez votre mère ici, » il ne quitta pas l'Italie, et ne dit pas un dernier adieu à ces restes vénérés, sans prendre soin de la tombe qui les renfermait, et sans l'entourer de quelque honneur.

Quoi qu'il en soit de ce monument de marbre, Monique demeura de longs siècles dans le sarcophage en pierre qu'elle devait à la piété de son fils. Son nom était vénéré à Ostie, et, après la publication des *Confessions*, il le fut dans le monde entier. Mais on ne voit pas qu'on lui rendît de culte. Sa fête n'est marquée ni dans les Martyrologes universels d'Usuard, d'Adon, du vénérable Bède, ni dans les calendriers spéciaux de l'Église d'Afrique. Il avait été arrêté dans les desseins de Dieu que sainte Monique n'arriverait qu'après plus de mille ans à la gloire d'un culte public. Pourquoi cela? Pourquoi sainte Philomène, martyrisée dès les premiers temps, n'a-t-elle obtenu qu'au xixe siècle, et y a-t-elle obtenu si vite sa splendide auréole? Pourquoi n'a-t-on vu briller que de nos jours le glorieux mystère de l'Immaculée Conception? Pourquoi y a-t-il dans le ciel des astres dont la lumière, au témoignage des savants, ne nous est pas encore parvenue? Ce sont les secrets de Dieu.

Ici pourtant, dans cette belle vie de notre Sainte, le mystère est transparent; et, en regardant d'un peu près, il est facile de voir pourquoi sainte Monique dut dormir, admirée, mais non encore honorée, dans l'humble tombe que lui avait creusée son fils. Monique devait être la patronne des mères qui ont des Augustins. Sa douce image avait été créée par Dieu pour encourager un jour, pour soutenir et consoler ces mères malheureuses dont les enfants s'égarent loin de la foi de leur berceau. Voilà pourquoi les siècles chrétiens du moyen âge virent sainte Monique, et ne la comprirent pas. Ils l'admirèrent, ils ne tendirent pas vers elle des bras émus. Pour comprendre cette douce et consolante physionomie, il faut la voir à travers ses larmes. En ce temps-là, il n'y en avait pas encore assez dans les yeux des mères.

Aussi mille ans s'écoulent, pendant lesquels Dieu veille seulement à ce que les restes précieux ne périssent pas. « C'est pour cela, dit un grand pape, que sainte Monique mourut en Italie, et qu'Augustin l'y laissa; car si ses ossements sacrés eussent été transportés en Afrique, ils auraient infailliblement disparu au milieu de ces invasions successives qui, après avoir détruit les églises, les autels, les corps des saints, ont détruit les villes elles-mêmes, et fait de cette immense et fertile contrée un désert[1]. » Et c'est pour la même raison que plus tard, à une époque qu'on ne connaît pas

---

[1] Voir, aux pièces justificatives, le Sermon du pape Martin V.

bien, mais qui doit coïncider avec les invasions des Lombards, vers le viᵉ ou le viiᵉ siècle, le corps de sainte Monique fut transporté sans bruit, sans cérémonie, dans l'église de Sainte-Aurée, à Ostie; et enfoui sous l'autel, au fond d'un caveau dont les prêtres de cette église avaient seuls le secret. Dieu réservait ce saint corps pour d'autres temps; il le gardait dans les trésors de sa miséricorde, pour des siècles qui en auraient grand besoin.

Enfin, vers le milieu du xvᵉ siècle, à la veille du Protestantisme, qui allait briser l'unité de foi et préparer ces tristes temps où sainte Monique devait apparaître comme une consolation et une lumière, son tombeau s'ouvre providentiellement, ainsi que nous l'allons voir, et elle monte sur les autels.

Déjà pourtant, dès le xiiᵉ et le xiiiᵉ siècle, elle commençait à sortir de l'ombre. On voyait sa fête s'établir sur plusieurs points à la fois, et partout on la plaçait le 4 mai, veille du jour où l'on célèbre le souvenir immortel de la conversion de son fils : comme pour dire aux fidèles que si, après tant d'erreurs et d'orages, Augustin avait retrouvé sa foi, sa conscience, son cœur, son génie même, et, secouant toutes ses ténèbres, avait pu irradier le monde et l'Église, c'est à sainte Monique qu'on le devait. Des autels se dressaient en son honneur dans les vieilles cathédrales du moyen âge; des hymnes étaient composées à sa louange ; et sur les fresques et les vitraux des églises on commençait à voir rayonner sa belle figure. Déjà un disciple du bienheureux Angélique de Fiésole, Benozzo Gozzoli, avait peint quelques-unes des plus belles scènes de sa vie, et en particulier sa mort, dans le chœur de l'église de San-Gimignano ; en attendant qu'une main inconnue, mais dirigée par une grande âme, fît resplendir sa douce image au-dessus de l'autel de l'église dévastée d'Ostie.

Ce n'était là toutefois que l'aurore d'un culte impatient de naître. Il fallait maintenant que le Chef suprême de l'Église intervînt, et qu'il plaçât lui-même sainte Monique sur les autels.

Pour cette grande œuvre, Dieu choisit Martin V. Peu de papes ont autant souffert que ce pontife. Car si son exaltation sur le saint-siége mit fin au grand schisme d'Occident, et s'il eut ainsi cette ineffable joie de voir les membres déchirés de l'Église se rejoindre, et le mystère de l'unité, un instant voilé, resplendir d'un plus brillant éclat, il eut aussi sous les yeux les scènes douloureuses du concile de Constance, qui préparaient les scandales de celui de Bâle. Il vit paraître Wiclef, Jean Huss, Jérôme de Prague. Il assista aux horreurs de la guerre des hussites, et, du haut de ce trône de saint Pierre, où les illuminations du génie et de l'expérience humaine ne sont que des lueurs incertaines à côté des lumineuses assistances de l'Esprit de Dieu, il eut le pressentiment amer des tristes et misérables voies dans lesquelles, malgré Dieu et son Église, le monde allait s'engager. Or c'est à ce moment, quand il sentait dans les entrailles de la chrétienté ces déchirements douloureux, présage de plus grands malheurs, que, par une de ces inspirations divines auxquelles les papes obéissent sans en saisir toujours toute la portée, Martin V donna l'autorisation de chercher les reliques de sainte Monique, et de les apporter à Rome.

Il chargea de cette fonction un des hommes les plus vénérables de ce temps, frère Pierre Assalbizi, religieux de l'ordre des Hermites de Saint-Augustin, évêque d'Aleth, son confesseur, et universellement tenu pour un saint. Celui-ci, heureux d'une telle mission, s'adjoignit un des religieux du même ordre, le bienheureux Augustin Favorini, prieur général, mort depuis en odeur de sainteté, et tous deux, accompagnés d'un certain nombre de prêtres et de religieux, se rendirent en toute hâte à Ostie. Car le jour des Rameaux approchait, et on désirait que ce jour fût celui de la translation de ces restes précieux à Rome.

Le corps de la Sainte avait été transporté et enseveli à une époque reculée, et dont on ne déterminait pas bien la date, dans le sanctuaire de Sainte-Aurée à Ostie. Les commissaires apostoliques s'y rendirent, accompagnés des prêtres de la ville; et, après s'être agenouillés et avoir prié avec ferveur, ils firent creuser d'abord à droite de l'autel. Là, à huit pieds à peu près de profondeur, on trouva un dallage de longues et larges pierres, sur lesquelles étaient épars quelques ossements. Peut-être étaient-ce des reliques de saints; mais rien ne l'indiquait. On s'arrêta alors, dans la persuasion qu'on avait touché le fond d'une chambre sépulcrale, profanée peut-être, et aujourd'hui vide, et l'attention se tourna du côté des autres parties du sanctuaire. On les sonda les unes après les autres; mais l'épreuve, faite en différents endroits avec de forts instruments de fer, ne révéla nulle part de cavité. On revint alors à ce dallage de pierres, que l'on eut peine à entamer, et sous une dalle on aperçut tout à coup une petite ouverture, adroitement cachée, qui conduisait à un caveau plus profond et tout à fait secret. Pleins d'une vive espérance, les commissaires apostoliques s'y font descendre, et là, dans un crypte assez vaste, ils aperçoivent plusieurs sarcophages de grandeur différente. Trois étaient à droite, et contenaient le corps de saint Lin, pape et martyr, celui de saint Félix, pape aussi et martyr, et celui de saint Astère, également martyr.

On interrogea avidement ceux qui étaient à gauche. Le premier était le vaste tombeau où sainte Constance avait été ensevelie avec sainte Aurée; le second était moins un tombeau qu'une châsse : il contenait les ossements de sainte Aurée, vierge et martyre; on les avait retirés, à une époque que l'on ne sait pas bien, du tombeau de sainte Constance, et mis à part dans cette châsse. Au-dessous était un large sarcophage en pierre semblable à ceux dont les Romains se servaient pour ensevelir les morts. Les commissaires apostoliques approchèrent la lampe, et sur une lame de plomb ils lurent, avec des yeux brillants de larmes, le nom de sainte Monique.

Le moment fut solennel. La mère de saint Augustin, après douze siècles d'obscurité et de silence, apparaissait enfin à la lumière, et avec elle toutes les reliques de la ville d'Ostie. Dans un jour d'effroi, à la veille d'une de ces invasions lombardes qui brûlaient tout, et en particulier les corps des saints, on les avait cachés en tremblant à plus de huit pieds sous terre, dans une crypte habilement dissimulée, et ils revenaient enfin réjouir la chrétienté, qui les croyait perdus, et encourager par leurs immortels exemples les nouveaux martyrs que Dieu allait bientôt demander à son Église.

Après que tous les religieux et les prêtres se furent prosternés et eurent adoré, à la lueur des flambeaux, le Dieu qui triomphe dans ses saints, on ouvrit d'une main tremblante d'émotion le sarcophage en pierre où le plus grand des docteurs et le plus aimant des fils avait enfermé le corps de sa mère. Ce n'étaient plus que des ossements desséchés, mais pleins de ces parfums de vie et d'immortalité qui s'échappent presque toujours du corps des saints. « Il sortait, dit un témoin, de ces reliques précieuses je ne sais quel arome, qui s'attachait aux mains, aux vêtements, et dont on ne pouvait plus se défaire. Cet arome n'avait aucun rapport avec les parfums, même les plus exquis, que l'on avait pu respirer autrefois : il élevait l'âme à Dieu[1]. »

---

[1] Voir, à la fin du volume, la note n° 4.

Après que les heureux témoins de cette scène eurent longtemps contemplé, prié, baisé ces restes vénérables, on les renferma dans une châsse en bois que l'on avait apportée, et on se hâta de reprendre le chemin de Rome.

Rien n'avait été préparé pour une translation solennelle des reliques de la Sainte. Il avait même été convenu qu'on pénètrerait à Rome sans bruit, et qu'on laisserait au Souverain Pontife le soin de choisir le jour de la fête publique. Mais quand un saint s'est immolé pour Dieu, il sort de ses os purifiés, comme autrefois du corps sacré de Notre-Seigneur, une vertu qui guérit, je ne sais quel charme céleste qui attire les âmes pour les consoler, les détacher de la terre et les élever à Dieu. Bientôt un peuple considérable, et qui croissait sans cesse, fit cortége à l'humble char qui portait les restes de sainte Monique. En entrant dans la ville, ce fut bien autre chose. Ce jour des Rameaux est un des grands marchés de Rome. La ville était encombrée d'une foule de paysans, de fermiers, de marchands venus de toute la campagne romaine. « A la vue de ce cortége, on s'interroge. Quand on répondait : C'est le corps de sainte Monique que l'on rapporte, il y en a qui ne comprenaient pas; mais quand on ajoutait : C'est la mère de saint Augustin, c'étaient de joyeuses acclamations[1]. » Tout le monde voulait voir la châsse, la toucher, la baiser, et les commissaires apostoliques, les religieux et les prêtres

---

[1] Sermon de Martin V.

d'Ostie, qui entouraient le char et lui faisaient une escorte d'honneur, ne pouvaient plus avancer.

Un miracle vint augmenter l'enthousiasme, et révéler au monde ce qu'était cette femme incomparable qui faisait son entrée à Rome. Pendant que les conducteurs du char essayaient inutilement d'écarter la foule, tout à coup elle se fendit respectueusement : c'était une femme qui accourait, apportant dans ses bras un enfant malade. On fait place avec je ne sais quel pressentiment de foi. Elle approche ; elle applique son enfant contre la châsse, avec un regard où se peint toute sa foi. Et tout à coup un immense frémissement court dans cette foule : l'enfant était guéri. A partir de ce moment, l'enthousiasme ne connut plus de bornes.

On arriva ainsi à l'église, et quand on y fut entré et qu'on eut déposé sur l'autel la châsse en bois où l'on avait renfermé les reliques de sainte Monique, on éprouva un vif regret : ce fut d'avoir laissé dans la crypte de Sainte-Aurée le grand sarcophage en pierre, où saint Augustin avait renfermé le corps de sa mère ; c'était une seconde relique. On retourna donc à Ostie, et le lendemain on rapporta en triomphe ce sarcophage vide, au milieu d'une foule qui s'était accrue, et que rien ne pouvait contenir.

Un nouveau miracle, de même nature, mais plus éclatant encore, acheva de révéler sainte Monique, et d'apprendre aux âmes quelles grâces surtout on pourrait lui demander.

Une mère veillait au pied du lit de son fils, malade depuis huit mois environ d'une maladie qui ne laissait aucun espoir. Elle apprend ce qui se passe, et avec un de ces élans de foi et d'indomptable espérance comme il y en a dans le cœur d'une mère, elle prend son enfant, l'enveloppe d'un drap, et vient le coucher dans le cercueil de la Sainte, debout, l'œil plein de foi, et attendant que sainte Monique se montrât vraie mère. Elle n'attendit pas en vain; car l'enfant se souleva bientôt, et se jeta dans ses bras, joyeux et guéri.

« Ces faits, s'écriait le pape Martin V dans une cérémonie que nous allons raconter, se sont passés sous les yeux de tous. Ils se renouvellent chaque jour, et avec tant d'éclat, qu'ils doivent nous inspirer une confiance inébranlable dans cette grande servante de Dieu. »

Beaucoup d'autres miracles accompagnèrent, en effet, cette translation. Nous entendrons tout à l'heure le pape Martin V les énumérer. Notons seulement un fait d'une lumière profonde et d'une délicatesse exquise. Outre les enfants guéris dans les bras de leurs mères, on remarqua que les miracles les plus fréquents étaient les guérisons d'aveugles : « Soit que Dieu, dit le Pape Martin V, voulût par là glorifier la mère de ce grand docteur qui illumine l'Église, soit qu'il voulût honorer de cette sorte les larmes que cette femme admirable avait versées pendant vingt ans pour obtenir que Dieu ouvrît les yeux d'Augustin. »

Ainsi, dès sa première apparition dans le monde, sainte Monique tenait à lui apprendre deux choses :

la première, c'est qu'elle ne résisterait jamais au cri d'une mère qui pleure pour son enfant; la seconde, c'est que de tous les infirmes, ceux qui triompheraient le plus de son cœur, ce seraient les aveugles, moins encore ceux qui ne peuvent plus voir la lumière du soleil, que ces autres aveugles, les plus malheureux de tous, dont l'intelligence, obscurcie par les passions, ne contemple pas le beau soleil de la foi.

Martin V fut ému jusqu'au fond de l'âme quand il apprit la manière dont s'était accomplie l'entrée du corps de sainte Monique à Rome; et comme cette pompe n'avait pas été ordonnée par lui, mais qu'elle avait été créée par le seul enthousiasme du peuple, jugeant qu'il n'avait pas payé sa dette, il voulut qu'une solennité extraordinaire eût lieu dans l'église où le saint corps avait été déposé, et il annonça le désir de la présider lui-même.

Il y vint, en effet, au milieu des flots d'un peuple immense, qu'avait attiré le bruit des miracles qui se multipliaient autour du saint tombeau. Il offrit le divin sacrifice, et après la messe, transporté d'une sainte joie, il adressa aux religieux auxquels il confiait le dépôt inestimable du corps de sainte Monique, et au peuple qui se pressait dans l'église, un discours éloquent et ému, dont nous nous reprocherions de ne pas donner une idée à nos lecteurs.

« Nous célébrons aujourd'hui, disait en commençant le saint pontife, la mère de ce grand docteur dont la vertu, les grâces et les victoires sont la gloire de tous les chrétiens, et dont le nom est célèbre entre tous dans l'Église catholique, partout où règne la foi. Or, comment ne pas faire partager à la mère les louanges que nous prodiguons au fils, quand aucun de nous n'ignore que la bienheureuse Monique n'a pas été seulement sa mère selon la nature ; mais qu'elle a été bien plus encore la mère de son esprit et de son cœur? L'unique but, en effet, des prières qu'à chaque instant elle faisait monter vers Dieu, l'unique objet de sa sollicitude, était le salut d'Augustin ; et lui-même nous rapporte dans ses écrits avoir entendu sa mère lui dire sans cesse qu'elle ne désirait d'autres jouissances sur cette terre que de voir son fils, enflammé du désir des choses célestes, mépriser les jouissances d'ici-bas. N'ai-je donc pas raison de me réjouir, moi à qui il est donné de toucher aujourd'hui les reliques de la bienheureuse Monique, et de rendre ce saint corps aux fils mêmes qu'Augustin engendra à sa mère? Oh! qu'elle est grande, de quelle dignité sublime elle est revêtue la mère d'un tel enfant! Heureuses les entrailles, bienheureuses les mamelles, vénérables mille fois les bras, digne enfin de tout hommage le corps de celle qui a donné au monde un si illustre fils!

« Recevez-le donc, ô religieux, avec un grand amour ; touchez-le avec un profond respect. Portez sur des épaules qui soient saintes cette mère dont vous vous réjouissez d'être les fils. N'ayez désormais pour Augustin et pour Monique qu'un même cœur et une même louange. Et vous aussi, citoyens, magistrats, Romains, livrez-vous à l'allégresse, et recevant un si grand bienfait, ne mettez pas de bornes à vos transports de joie. »

Après cette première effusion de son cœur, le saint pontife commence à retracer les vertus de sainte Monique, sa douceur, sa patience, sa sollicitude maternelle, récompensées par la création d'un tel fils. « Car, possédant saint Augustin, s'écrie-t-il, que nous importent la sagacité d'Aristote, l'éloquence de Platon, la prudence de Varron, la gravité de Socrate, l'autorité de Pythagore, l'habileté d'Empédocle? Nous n'avons pas besoin de ces hommes. Augustin nous suffit. En lui sont rapportés et expliqués les oracles des prophètes, les enseignements des apôtres, les saintes obscurités des Écritures. En lui sont réunis le génie et les enseignements de tous les Pères et de tous les sages. Si vous cherchez la vérité, la doctrine, la piété, qui trouverez-vous de plus instruit, de plus sage, et, pour ainsi parler, de plus saint qu'Augustin?

« Eh bien, c'est la pieuse Monique qui a enfanté un tel homme; c'est cette bienheureuse mère qui nous a donné, qui a donné à l'Église la gloire d'un si illustre docteur! Car ce ne serait pas la louer assez que de dire qu'elle l'a enfanté, qu'elle l'a allaité, qu'elle l'a élevé, comme font les mères pour leurs enfants. Oh! non, elle a fait mille fois plus. Qui ne se réjouira d'apprendre d'Augustin lui-même la pieuse coutume qu'avait sa mère de lui faire prononcer dès son berceau le nom de Jésus-Christ, nom qu'il aimait lui-même, dans un âge plus avancé, à imprimer sur les lèvres des petits enfants! Et ce qu'elle avait si bien commencé, dans la suite, pendant tout le cours de sa vie elle ne négligea rien, elle n'omit rien pour l'achever. Qui pourra redire tous les cris et tous les soupirs que jour et nuit elle poussa vers le ciel à cause d'Augustin, non pour lui obtenir la santé du corps, mais pour le salut, c'est-à-dire pour le bonheur de son âme? Qui pourra compter les larmes qu'elle versa, les gémissements qu'elle poussa par amour pour son enfant? Dieu mit fin à ses soupirs, en lui faisant entendre que le fils de tant de larmes ne saurait périr, et qu'il s'avancerait au même degré qu'elle dans le chemin de la foi et du salut. Aussi, à partir de ce jour, elle n'eut plus d'autre sollicitude que de répondre à l'oracle divin, pensant toujours à Augustin, à son fils promis et voué à Dieu et à la religion, et empressée de suivre les vestiges de ce fils, afin de l'arracher au mal et de le rendre à la vertu.

« Je ne rapporte pas, continue le pontife, par quelles industries auprès de son mari, par quels mérites auprès de Dieu, elle obtint le salut de ce même mari ; de telle sorte qu'elle vit s'accomplir cette parole de l'Apôtre dans sa première Épître aux Corinthiens : *L'homme infidèle doit son salut à la femme fidèle.* Et cela, afin qu'aucun membre de sa famille ne manquât dans ce lieu où les élus sont inscrits sur le livre de vie.

« Mais qui n'admirerait la foi et la grandeur de l'amour qui l'engagèrent à suivre Augustin par terre et par mer ? Et ce n'est point d'accord avec son fils qu'elle entreprit ce voyage ; car Augustin lui-même nous rapporte que, voulant quitter l'Afrique, il trompa sa mère ; mais, lorsqu'il fut parti pour Milan, elle entreprit de le suivre et fit voile vers son fils, poussée par un courage bien au-dessus de son sexe. O femme ! à qui il convient bien d'appliquer ces paroles du Sauveur : « Oh ! que votre foi est grande ! » Oui, elle était grande la foi qui la poussa à concevoir un tel dessein et à affronter sans hésitation la mer et ses tempêtes, la terre et ses périls, jusqu'à ce qu'elle embrassât son fils, qui n'attendait rien de tel de sa mère. Comment redire maintenant toute la sollicitude qu'eut cette femme forte et fidèle pour opérer à Milan la sanctification d'Augustin ? Par quels mérites, par quelle renommée de vertu acquit-elle la sainte familiarité d'Ambroise, de Simplicien, de tant d'hommes excellents et de saints pères ? Dans de telles relations, elle ne cherchait rien autre chose que de confier le salut de son fils aux hommes les plus fidèles. Je pourrais rapporter ici beaucoup d'actions qu'elle fit avec un courage au-dessus de son sexe, pour ramener Augustin à la foi ; mais nous n'en finirions pas. Elle obtint ce qu'elle désirait, c'est-à-dire de voir Augustin renaître par le baptême et par les sacrements qu'on administre aux fidèles ; comme si la cour céleste, vaincue par les gémissements de cette femme, n'avait pu refuser plus longtemps la vie et le salut de son fils aux soupirs de Monique ; soupirs si continuels et si ardents, que ces saints pères, Ambroise, Simplicien, en étaient comme fatigués, et semblaient pousser cette prière vers le ciel : « Éloignez-la, car elle nous importune par ses cris. »

Après avoir raconté la conversion d'Augustin, sa retraite à Cassiacum, les conférences philosophiques, la part qu'y prit la Sainte, et s'être écrié : « Oh! oui, sans nul doute, il y avait dans le cœur de cette femme un esprit bien différent de celui qui a coutume de s'exprimer par la bouche de l'homme; » le saint pontife continue ainsi :

« Ayant accompagné son fils converti jusqu'à Rome, et ayant vu toutes les choses qu'on pouvait visiter dans la ville, elle part avec Augustin pour Ostie, sur le Tibre, où elle doit quitter l'Italie afin de naviguer vers Carthage. Mais que dire ici, mes très-chers frères? Pour quelle cause Dieu n'a-t-il pas voulu qu'elle sortît d'Italie? car c'est là qu'après avoir suivi son fils elle vit arriver son dernier jour, alors qu'elle montrait, pour ainsi dire, à Augustin les murs de sa patrie, en lui disant : « Pour toi, mon fils, quitte ces lieux, et retourne dans ta patrie si désirée, te souvenant qu'au ciel seulement est la vraie, l'immortelle patrie, commune à tous les saints. Que tu tournes vers elle tous tes vœux et toutes tes actions, voilà l'unique héritage que je te laisse; alors je te recevrai dans mon sein. Maintenant, Dieu ne veut pas que je te suive plus loin ici-bas. C'est ici que finit mon pèlerinage, qu'il soit aussi le terme de ma mortalité (c'est-à-dire le commencement de mon immortalité dans le ciel). Fort de mon secours, marche en sûreté sous ma tutelle. Heureux temps, où tes fils et les miens, après t'avoir rappelé en Italie, nous garderont tous deux avec une religieuse piété! »

« C'est ainsi, s'écriait le pontife, qu'il me semble l'entendre prophétiser. Oui, nous voici au temps qu'elle-même prédisait il y a tant de siècles. Comment ne pas reconnaître la bonté, la miséricorde, la providence de Dieu, qui n'a pas voulu que l'Italie, que le monde entier fût privé d'un si magnifique présent? Je doute, en effet, que si elle fût morte en Afrique, il se fût trouvé quelqu'un qui eût recueilli ces bienheureuses cendres, et que le trésor de si précieuses reliques eût pu échapper aux dévastations de l'Afrique. Non, ils n'auraient pas conservé la mère, ceux qui, s'il n'eût été transporté auparavant, eussent perdu le fils, déjà connu dans tout l'univers. Que dis-je? dans la ville même d'Ostie les os des saints n'eussent pas été en sûreté, si le Seigneur n'eût veillé à leur conservation. Voilà pourquoi, pendant de nombreuses années, ce bienheureux corps demeure caché; Dieu l'a voulu, afin que vous pussiez rendre honneur à la mère, vous qui honoriez déjà avec tant de piété le nom du fils. Et moi, je me réjouis, je me félicite de ce qu'il a été donné à notre temps que nous soyons auprès de vous l'auteur d'un si magnifique présent. »

Ayant ainsi achevé de célébrer les vertus de sainte Monique, le saint pontife commença à raconter l'histoire de l'invention de ses reliques; il dit les ordres qu'il avait donnés, les fouilles qui avaient été faites, les miracles dont fut accompagné le transport de ces restes précieux à Rome, puis il acheva ainsi son discours :

« Recevez donc la mère avec le fils. Servez-vous, autant que vous le pourrez, de l'un et de l'autre; car ils n'ont tous deux qu'un seul esprit, une même règle, une seule et même institution. Faites de ce jour un jour solennel, et, puisque nous vous le permettons, puisque nous le voulons, puisque nous vous y engageons, qu'il passe, par vous, à la postérité la plus reculée. Que, par vous, soient partout connues la présence et la gloire de cette très-sainte mère. Amenez à elle les pauvres, les estropiés, les malades; invitez-les à venir chercher ici les secours d'en haut. Et, pour cela, publiez tout ce qui s'est passé dans ces jours, à Rome, auprès de ce bienheureux sépulcre. Une femme nommée Silvie est en proie à une violente douleur de tête : elle fait un vœu, et est aussitôt délivrée. Une autre, nommée Mariola, sœur d'un de vos frères, avait une tumeur au sein : au seul attouchement du tombeau, elle est guérie d'une fièvre violente qui la mettait aux portes de la mort. Un enfant a avalé du poison, il va mourir : à peine ses parents l'ont-ils recommandé à la Sainte, qu'il est sauvé. L'attouchement du tombeau rend à la santé une noble Romaine paralytique, et accablée d'une autre maladie appelée caduque. Que dirai-je de la femme stérile de l'ouvrier qui a fait les ferrements du sépulcre? Elle fait un vœu auprès de ce sépulcre, et aussitôt cesse sa stérilité. Et ce même ouvrier qui, presque aveugle, fait le même vœu, et recouvre entièrement la lumière? Et cette autre jeune fille, atteinte d'une maladie mortelle, qui promet de revêtir l'habit des femmes de votre ordre, et aussitôt tout péril cesse? Faut-il parler de tous les autres qui ont été délivrés de diverses maladies par son secours, et en particulier des aveugles auxquels elle a rendu la lumière? Sans doute, elle a prodigué surtout ses faveurs à ce genre d'infortunés, ou parce qu'elle est la mère d'un docteur qui a éclairé le monde des rayons de sa doctrine, ou bien encore parce qu'à cause de ce même fils, pour le conserver à la céleste lumière, pendant vingt années elle a répandu continuellement de pieuses larmes devant Dieu. Heureuse mère! Autrefois elle s'écriait avec l'accent de la douleur : « Hélas! je pleure la mort de mon fils Augustin! » et maintenant elle s'écrie : « Quel bonheur est le mien, moi qui, par mon fils Augustin, donne la lumière au monde! »

Après ces admirables paroles, qui sont comme la bulle de canonisation de sainte Monique, et par lesquelles le Souverain Pontife présentait aux hommages et à la vénération de l'Église cette mère incomparable, Martin V procéda à la translation de ses restes précieux dans le tombeau qui leur avait été préparé. Il était de marbre blanc, orné de sculptures d'un grand prix. Matteo Veggio de Lodi, secrétaire du Pape, en avait, par piété, fait la dépense, qui avait été considérable. Deux nobles dames romaines y avaient ajouté le présent de trois lampes d'argent doré, qui furent allumées devant les saintes reliques, et qui depuis lors brûlèrent jour et nuit.

Mais, en déposant dans ce sarcophage de marbre le corps de sainte Monique, Martin V crut devoir réserver le chef de la Sainte. Il le fit enfermer dans un reliquaire d'or garni de cristal, afin que les fidèles pussent contempler facilement ce qui restait de la figure vénérable de sainte Monique : ce front sur lequel s'étaient posées les lèvres de saint Augustin ; ces yeux, maintenant desséchés, d'où étaient tombées de si belles larmes ; cette langue qui avait poussé vers Dieu des cris si émus et si puissants ; tout cet être, aujourd'hui sans voix et sans vie, et qui pourtant parlait encore aux âmes et les consolait, en les assurant que Dieu n'abandonne jamais ceux qui espèrent en lui.

Et afin qu'un éternel souvenir de cette translation demeurât dans l'Église, Martin V donna une bulle qui est venue jusqu'à nous, et qui acheva de mettre le sceau à la grande œuvre de la reconnaissance authentique du corps de sainte Monique, et de la glorification de son nom[1].

La bulle est datée de Rome, le 27 avril 1430. Encore quelque temps, et Luther allait paraître, déchirer le sein de l'Église, préparer les voies à l'impiété, et donner au monde le vrai sens des événements que nous venons de raconter, et qu'on ne comprenait pas encore. Car, on a pu le remarquer, ce que Martin V salue en sainte Monique, ce

---

[1] En voir le texte à la fin du volume, note n° 3.

qu'acclamait alors la chrétienté, c'était la mère du grand docteur ; tandis que celle que salueront les temps modernes et qui aura toutes leurs tendresses et toutes leurs sympathies, c'est la mère du jeune égaré. Sainte Monique au xve siècle n'était pas encore à son vrai jour.

Cependant sainte Monique n'avait ni chapelle ni église. Elle avait été déposée par Martin V contre un des murs de la petite église de Saint-Trophonius, qui était desservie par les Hermites de Saint-Augustin, et les pèlerins qui accouraient en grand nombre implorer la Sainte ne pouvaient circuler autour du tombeau. Matteo Veggio de Lodi, touché de dévotion, et voulant achever l'œuvre qu'il avait commencée, fit construire sur les flancs de cette petite église une chapelle dédiée à sainte Monique, et il y fit transporter son saint corps. Les pèlerins affluèrent, et comme dans le nombre de ceux qui venaient chaque jour croiser leurs mains sur la grille en fer qui entourait le tombeau, on remarquait une foule de mères, et surtout de mères affligées, Eugène IV institua, pour répondre à leurs désirs, une confrérie des mères chrétiennes sous le patronage de sainte Monique : première pensée d'une œuvre admirable dont nous parlerons plus loin, mais dont l'heure n'était pas venue ; fleur trop tôt éclose, et qui aussi ne vécut qu'un jour. Par cette confrérie, cependant, la dévotion à notre Sainte acheva de pénétrer dans toutes les familles.

Aussi le siècle n'était pas fini, que de toutes

parts on commença à demander la construction d'une grande basilique digne de garder le trésor dont Rome venait d'être enrichie. Et comme si la France, pour laquelle, plus que pour toute autre nation, sainte Monique sortait du tombeau, en eût déjà le pressentiment et voulût le reconnaître par avance, ce fut un évêque français, le cardinal d'Estouteville, archevêque de Rouen, qui fit bâtir cette église, et qui mit ainsi le sceau à la glorification de sainte Monique, en lui décernant le dernier honneur qui lui manquât encore en ce monde. Seulement, par un sentiment de pieuse délicatesse, au lieu de dédier ce temple à sainte Monique, on le dédia à saint Augustin, comme pour donner à ce grand saint, à ce tendre fils, la joie d'abriter dans son temple le tombeau et le corps de sa mère.

A droite et à gauche du grand autel sont deux chapelles : celle de droite dédiée à saint Augustin, celle de gauche, à sainte Monique; toutes deux de même forme, de même beauté, comme les deux âmes à qui elles sont consacrées.

C'est là, au fond de la chapelle qui porte son nom, dans une urne de verre antique, taillée en forme de tombeau et placée sous l'autel, que repose le corps de la mère d'Augustin. Une courte inscription l'indique aux pèlerins :

HIC. JAC. CORPVS. S. MATRIS. MONICAE.

Dans cette même chapelle, à gauche de l'autel, adossé au mur latéral et conservé religieusement, on voit l'ancien tombeau de sainte Monique. C'est un sarcophage en pierre blanche, orné de cannelures en spirale et de ciselures antiques d'une grande simplicité. On l'a posé sur quatre griffes de lion, et surmonté de l'image de la Sainte, en relief, couchée et vêtue entièrement. Au bas du tombeau on lit l'inscription suivante :

IC Δ XC
SEPVLCRVM. VBI. B. MONICAE. CORPVS.
APVD. OSTIA. TIBERINA. ANNIS. M. XLI
JACVIT. OB. IN EO. EDITA. IN EJUS
TRANSLATIONE. MIRACVLA. EX
OBSCVRO. LOCO. IN ILLVSTRIOREM
TRANSPONENDVM. FILII. PIENTISS.
CVRARVNT. ANNO. SALVTIS.
MDLXVI.

Le fond de la chapelle, les murs latéraux, les voûtes, sont ornés de peintures à fresque qui représentent la vie, ou plutôt toutes les espérances et toutes les joies de sainte Monique. On la voit d'abord les yeux mouillés de pleurs, avec un rayon de bonheur sur le front, écoutant un vieil évêque qui lui annonce la conversion future du *fils de tant de larmes.* Plus loin, on revoit la même figure, noyée dans la même douleur ; mais le rayon de joie est plus vif : elle écoute un ange qui lui dit : *Ubi tu et ille*[1]*,* et qui lui montre dans le lointain les deux ombres unies et heureuses de la mère et du fils. Plus loin encore, on voit les larmes s'arrêter tout à fait sur la figure de la

---

[1] « Où tu es il viendra. »

Sainte, et une douce et pure joie briller dans ses yeux : c'est le moment où saint Augustin lui annonce sa conversion. Puis sainte Monique apparaît sur son lit de mort, radieuse, entourée de ses enfants, serrant la main d'Augustin converti, et expirant les yeux au ciel, le sourire sur les lèvres. Deux fois j'ai vu ces peintures, et, bien que je fusse très-jeune alors, que je ne connusse pas les tristesses de mon temps, ni par conséquent tout ce qu'il y a de larmes dans les yeux des mères chrétiennes, et qu'ainsi l'idée d'offrir à celles-ci une consolation et une espérance ne se fût pas présentée à mon esprit, deux fois j'ai senti, à la douceur de ces peintures et au recueillement de ce sanctuaire, profond, silencieux, demi-obscur, tout rayonnant d'espoir, qu'il était fait exprès pour abriter de grandes douleurs, et pour les calmer et les enchanter, si j'ose ainsi dire, par de sublimes espérances.

Au moment, du reste, où s'achevaient ces peintures, les temps se faisaient de plus en plus mauvais. On était en 1566. Luther était mort, après avoir incendié l'Allemagne; Henri VIII était mort, après avoir désolé et corrompu l'Angleterre; Calvin était mort, après avoir troublé la France. Si on en excepte l'Italie et l'Espagne, paisibles pour quelques années encore, toutes les nations ressemblaient à des navires en perdition. Des vents de schisme et d'hérésie soufflaient sur le monde, en attendant les vents d'impiété et d'indifférence. Tout ce qui était vraiment chrétien tremblait. Les mères n'osaient embrasser leurs petits enfants sans pâlir, en pensant aux dangers qui allaient menacer leur foi et leur conscience. Il était bien temps que Dieu envoyât quelque signe consolateur qui leur rendît l'espérance. Voilà pourquoi sainte Monique sortait chaque jour un peu plus de l'ombre. Elle commençait à resplendir, au milieu de l'orage, comme un doux arc-en-ciel.

CHAPITRE DIX-HUITIÈME

DÉVELOPPEMENT DU CULTE DE SAINTE MONIQUE
DANS LES TEMPS MODERNES
HARMONIES DE CE CULTE AVEC NOS BESOINS
ET AVEC NOS MALHEURS

1586-1866

Pendant tout le XVIe siècle, mais surtout dans sa seconde partie, au milieu de ces apostasies multipliées qui faisaient trembler toutes les mères chrétiennes, la dévotion à sainte Monique ne cessa de croître. Son nom, qui n'avait encore été inscrit dans aucun martyrologe, le fut dans celui que Baronius composa, sur l'ordre du Pape, pour l'usage de l'Église universelle, et de là il passa dans tous les martyrologes modernes. Sa fête, qui ne se célébrait qu'à Rome et dans les églises des religieux qui suivent la règle de Saint-Augustin, commença à se célébrer partout, et son office fut inséré au bréviaire romain. Ses reliques, jusque-là concentrées dans une seule église, s'éparpillent dans le monde entier. En 1576, le pape Grégoire XIII envoie un fragment de son chef à Bologne. La confrérie de Sainte-Monique à Rome en demande aussi une parcelle, et l'obtient. Pavie, qui se glorifie de posséder le corps de saint Augustin, veut avoir au moins une relique insigne de sa mère, et elle reçoit de la munificence des papes une côte de sainte Monique. Les PP. jésuites de Munster et les Hermites de Saint-Augustin de Trèves enrichissent également leurs églises de quelques ossements de la Sainte. Et pendant ce temps tous ces grands et saints personnages que l'Église enfantait alors avec une fécondité si merveilleuse, comme pour montrer au protestantisme qu'elle était toujours la vraie épouse de Jésus-Christ, répandaient partout dans les âmes le culte et la dévotion à sainte Monique.

Nous allongerions trop ces récits, si nous recueillions tous les témoignages de piété et de vénération que sainte Monique inspira aux grands hommes et aux grands saints du xvie et du xviie siècle. Nous ne demandons à nous arrêter, comme nous l'avons promis, que sur l'un d'eux, saint François de Sales; et on nous pardonnera cette préférence. Cet homme admirable, qui semble surtout avoir eu pour mission de parler au cœur des femmes chrétiennes et de l'attendrir pour Dieu, comprit tout de suite, avec sa haute intelligence des temps et sa profonde connaissance des âmes, que peu de dévotions étaient plus capables de les consoler et de les fortifier, de leur montrer leur sublime mission et de les rendre capables d'y répondre que la dévotion à sainte Monique.

Aussi, dans ce beau livre de l'*Introduction à la vie dévote*, qui fit une si profonde révolution dans les mœurs chrétiennes, il nomme sans cesse sainte Monique. S'il veut, dès les premières pages, apprendre aux chrétiennes qu'il n'y a point d'état où l'on ne doive tendre à la perfection, et qu'elle « est possible à toutes sortes de vocations et de professions », il montre sainte Monique « en son ménage »[1] Si, parlant au cœur des mères, il veut leur faire comprendre qu'elles attendent trop tard pour former l'âme de leurs enfants, et que c'est dès le premier jour, quand ils sont encore suspendus à leur cou, qu'il faut déjà les pénétrer de foi et d'esprit chrétien : « Regardez, leur dit-il, sainte Monique. Étant enceinte du grand saint Augustin, elle le dédia par plusieurs offres à la religion chrétienne et au service de la gloire de Dieu, ainsi que lui-même le témoigne, disant que déjà il avait goûté le sel de Dieu dès le sein de sa mère. C'est un grand enseignement aux femmes chrétiennes, ajoute-t-il, d'offrir à la divine majesté les fruits de leur sein, même avant qu'ils en soient sortis[2]. »

Et lorsque ces enfants commencent à grandir, que les mauvaises passions apparaissent, et que les mères ont besoin d'une vigilance et d'une fermeté toutes divines pour conjurer le péril, s'il veut leur

---

[1] *Introduction à la vie dévote*, Ire partie, ch. III.
[2] *Ibid.*, ch. XXXVIII.

apprendre à défendre, à protéger, à sauver, à ressusciter l'âme de leurs enfants, c'est encore à sainte Monique qu'il en appelle. « Sainte Monique, leur dit-il, combattit avec tant de ferveur et de constance les mauvaises inclinations de son Augustin, que, l'ayant suivi par terre et par mer, elle le rendit plus heureusement enfant de ses larmes par la conversion de son âme, qu'il n'avait été enfant de son sang par la générosité de son corps[1]. »

Ce que saint François de Sales disait ainsi dans un livre destiné au public, il le répète sous mille formes dans ses lettres. Rencontrait-il, par exemple, une de ces femmes mariées qui sont comme des exilées dans le monde; qui, ayant donné toute leur affection, et n'ayant point eu de retour, ont senti dans le cœur ce vide immense qui appelle Dieu, et, brûlées maintenant de son seul amour, regardent avec jalousie les religieuses derrière leurs grilles : « Je voudrais, leur disait-il, qu'au lieu de cela vous considérassiez combien de saints et de saintes ont été en votre état, et qui s'y sont accommodés avec une grande douceur et résignation, sainte Monique, par exemple. Que cela vous anime, et recommandez-vous bien à ses prières[2]. » Rencontrait-il une mère inquiète, troublée, tremblante de l'avenir (elles le sont toutes); en rencontrait-il surtout de cruellement accablées, comme il y en a tant, il

---

[1] *Introduction à la vie dévote*, Ire partie, ch. XXXVIII.
[2] *Lettres* de saint François de Sales, livre III, lettre 26°, édit. anc.

avait un mot qu'il disait de cet accent doux et pénétrant qui était déjà une consolation et une espérance : « Priez, priez; » et puis : « Lisez la Vie de sainte Monique; vous y verrez le soin qu'elle eut de son Augustin, et bien des choses qui vous consoleront[1]. »

Mais c'est surtout dans la longue et belle et si instructive direction de sainte Chantal, ainsi que je l'ai annoncé, qu'il faut voir quelle place il voulait que sainte Monique eût dans le cœur d'une femme et d'une mère chrétienne.

Madame de Chantal avait trente ans, quatre petits enfants, une grande fortune. Elle était très-attirée à la perfection, mais sans nulle idée de la vie religieuse, à laquelle elle n'avait jamais pensé: tout occupée, au contraire, de bien élever sa petite famille, et déjà inquiète de son fils, qui avec de belles qualités avait des germes de grands défauts, et qui, bientôt emporté par la fougue de ses passions, l'originalité de son caractère, les flatteries périlleuses de ses amis, le tourbillon de la cour, allait précisément lui causer ces mêmes inquiétudes qui remplissent aujourd'hui le cœur des mères chrétiennes.

Saint François de Sales, qui, lui non plus, ne pensait pas que madame de Chantal dût jamais être religieuse, et qui, n'en ayant pas le moindre soupçon, ne travaillait qu'à en faire une vraie veuve et une vraie mère, commence, au début de sa di-

[1] *Lettres* de saint François de Sales, livre II, lettre 1re.

rection, à lui recommander la solitude, le recueillement et la fuite du monde, vers lesquels l'inclinaient, du reste, les tristesses et les deuils de sa vie. Il veut qu'elle s'enferme dans sa maison avec ses quatre enfants, et que, tout occupée d'eux, elle fasse de son château un petit monastère plein de paix, de silence, d'oubli de la terre, et d'élan vers le ciel. Dans ce petit monastère il y aura une abbesse, ce sera la sainte Vierge : elle présidera. Madame de Chantal travaillera à ses pieds, en sa compagnie, lui obéira comme à une mère, prendra chaque matin sa bénédiction et ses ordres, et, en baisant le pied de sa statue, par exemple, ou en regardant son image, sera censée lui demander ses permissions.

Ces idées remplissent toutes les lettres de saint François de Sales à madame de Chantal pendant qu'elle est dans le monde; par exemple : « Courage, ma fille, lui écrivit-il un jour, tenez-vous bien serrée auprès de votre sainte Abbesse, et la suppliez sans fin que vous puissiez vivre, mourir et revivre en l'amour de son cher Enfant[1]. » Et encore : « Gardez bien la clôture de votre monastère, et ne laissez point sortir vos pensées çà et là; car ce n'est qu'une distraction de cœur. Observez bien la règle, et croyez, mais croyez bien, que le Fils de madame votre Abbesse sera tout vôtre[2]. » Et ailleurs, un jour de Noël : « Mon Dieu, ma fille,

---

[1] *Lettre* du 3 octobre 1605.
[2] *Lettre* du 10 juillet.

que je vous souhaite en Bethléhem maintenant, auprès de votre sainte Abbesse! Hé! qu'il lui sied bien de tenir ce petit enfant! Demandez-le-lui, elle vous le donnera, et, l'ayant, dérobez-lui secrètement une de ces petites gouttelettes qui sont sur ses yeux. C'est merveille combien cette liqueur est admirable pour toute sorte de mal de cœur[1]. »

Mais quand on entre dans un monastère, qu'on est jeune et novice, et qu'on a besoin d'être formée à la vie parfaite, on n'a pas seulement une abbesse à laquelle on obéit comme à Dieu, on a une maîtresse, la maîtresse des novices, qui nous suit de plus près, surveille nos moindres pas, nous avertit, nous corrige, nous élève et nous forme à la vertu. Eh bien! quelle sera la maîtresse de madame de Chantal, celle qui lui apprendra à être une vraie veuve, une vraie mère, une vraie dame du monde, y paraissant sans l'aimer, et le quittant sans regret, à la manière des anciennes chrétiennes? Ce sera sainte Monique.

Et savez-vous dans quelle circonstance saint François de Sales la lui donne pour maîtresse? C'est au moment où il voit naître en elle la pensée, irréalisable à son avis, de quitter le monde, et de se faire religieuse. Il lui montre sainte Monique, comme pour lui dire : « Vous cherchez la perfection? Regardez : a-t-elle quitté son fils? et, en se dévouant à lui, n'a-t-elle pas atteint le plus haut

---

[1] *Lettre* du 28 octobre 1605.

degré de la vertu? Je vous la donne pour votre maîtresse. »

Mais il faut l'entendre lui-même. Rien ne vaut ce style aimable dont le charme ne lasse jamais : « Ces désirs de vous voir éloignée de toutes récréations mondaines, comme vous dites, ne peuvent être que bons, lui écrit-il un jour, puisqu'ils ne vous inquiètent point. Mais ayez patience, nous en parlerons l'année suivante, si Dieu nous conserve ici-bas. Cela suffira bien. Aussi n'ai-je point voulu répondre à ces désirs de s'éloigner de sa patrie ou de servir au noviciat des filles qui aspirent à la religion. Tout cela, ma chère fille, est trop important pour être traité sur le papier; il y a du temps assez. En attendant, vous filerez votre quenouille, non pas avec ces grands et gros fuseaux, car vos doigts ne les sauraient manier; mais seulement selon votre petite portée : l'humilité, la patience, l'abjection, la douceur de cœur, la résignation, la simplicité, la charité des pauvres malades, le support des fâcheux, et semblables imitations pourront bien entrer en votre petit fuseau; et vos doigts les manieront bien en la compagnie de sainte Monique, qui est aux pieds de votre Abbesse[1]. »

Depuis lors, saint François de Sales ne les sépare plus : « Vivez joyeuse en Dieu, lui écrit-il; et saluez très-humblement en mon nom madame votre abbesse et votre maîtresse. » Et encore : « Vivez, ma chère fille, avec le doux Jésus et votre Abbesse,

---

[1] *Lettre* du 8 juin 1605.

parmi les ténèbres, les clous, les épines, les dérélictions, et avec votre maîtresse¹. » Et ailleurs : « Je souhaite mille grâces à vos petits et petites, lesquels je tiens pour miens en Notre-Seigneur. Ce sont les paroles du fils de votre maîtresse à Italica, sa fille spirituelle². »

Et plus tard, quand son fils s'égare, que le cœur de la mère commence à être percé de ces vives et profondes douleurs dont elle a si cruellement souffert : « Regardez votre maîtresse, lui écrit-il, et lisez sa Vie; elle vous consolera³. »

Et lorsque, après la mort de saint François de Sales, madame de Chantal voit son fils s'égarer de plus en plus; un jour qu'accablée, non de la pensée qu'il allait peut-être mourir en duel, mais de cette pensée plus intolérable encore qu'il allait périr dans la colère de Dieu; un jour, dis-je, qu'à genoux au pied des autels elle versait son âme ardente devant Dieu et lui confiait toutes ses douleurs, elle entendit une voix qui la fit tressaillir : c'était la voix de saint François de Sales, qui, sortant de la tombe, ou plutôt descendant du ciel, lui criait : « Lisez le VIII⁰ livre des *Confessions* de saint Augustin. » Elle le lut, et en arrosant de ses larmes les pages sublimes où l'on voit Augustin sauvé par les larmes de sa mère, elle eut le pressentiment consolateur qu'elle aussi sauverait son Celse-Bénigne,

---

1 *Lettre* du 30 août 1605.
2 *Lettre* du 29 juin 1606.
3 *Lettre* de juillet 1615.

à force de prier, de pleurer et de s'immoler pour lui[1].

Depuis lors, elle eut le plus tendre amour pour sainte Monique. Elle conseillait cette dévotion à tout le monde, elle la répandait partout. Et on sait assez que, voulant lui ressembler dans la mort comme elle lui avait ressemblé dans la vie, quand elle fut à son heure dernière, elle se fit lire le récit de la mort de sainte Monique. Et, arrivée à cet endroit où il est dit que peu importait à cette grande sainte de mourir loin de son pays, elle serra la main de madame de Montmorency, et la regardant gracieusement : « Voilà qui est pour moi, » lui dit-elle. Et, mourant loin de son cher Annecy, elle unit son âme à ce dernier sentiment de sa chère maîtresse[2].

Ce que saint François de Sales et sainte Chantal firent pour répandre et propager le culte de sainte Monique, tous les grands saints de cette époque le firent plus ou moins. Et leurs paroles, nées des mêmes pressentiments, éveillent partout les mêmes échos. Aussi, à mesure que les temps deviennent plus tristes, et qu'on entend grandir ce bruit sourd d'impiété qui effrayait Bossuet, et qui faisait tressaillir Fénelon, on voit les mères effrayées lever les yeux sur sainte Monique, et se presser à ses autels : et il faut bien avouer que rien n'était plus capable de les consoler, de les fortifier, de les remplir d'espérance, que la vue de cette mère heureuse, qui

---

[1] *Mémoires* de la mère de Chaugy, p. 470.
[2] *Id., ibid.*, p. 286.

presse sur son cœur ce fils qu'elle a sauvé par ses larmes.

Mais c'est surtout au xixe siècle que devait s'épanouir le culte de sainte Monique. Entre toutes ses tristesses, ce siècle en a une qui ne se compare à rien. Il a vu réapparaître tout à coup un phénomène horrible que le monde n'avait encore aperçu qu'une fois, et un instant seulement, et dont l'antiquité païenne aurait été épouvantée. Des hommes sans Dieu, sans autels, sans prières, sans adoration, sans culte; des jeunes gens abdiquant à seize ans la foi de leur berceau, et arrivant quelquefois à la tombe sans s'être demandé s'ils ont une âme et s'ils ne doivent rien au Dieu qui les a créés; des intelligences, riches du côté de la terre, dévastées du côté du ciel, où n'habitent plus ni la foi, ni l'espérance, ni les douces joies, ni les nobles élans, et qui s'en vont, tristes, devant elles, sans savoir ce qu'il y a au bout de la route. Et à côté de ces hommes, à leurs bras, il y a presque toujours une femme, une épouse, une mère, une fille, une sœur qui le sait et qui le voit, ce terme inévitable et affreux, et qui s'abîme de douleur en le voyant!

Pendant un demi-siècle, ce flot de tristesse s'amassa silencieusement dans les cœurs; puis vint un jour où, la mesure étant comble, il déborda au pied de l'autel. Ce fut le 1er mai 1850. Ce jour-là, quelques mères, ou plus éprouvées que les autres, ou sentant plus vivement leurs douleurs, se réunirent dans une humble chapelle de Paris, la chapelle de

Notre-Dame-de-Sion, que venait de bâtir un des meilleurs prêtres de ce temps[1], et, se souvenant de la parole de Jésus-Christ : « Si deux ou trois se réunissent en mon nom, je serai au milieu d'eux, » elles résolurent, pour les rendre plus puissantes, de mettre leurs larmes en commun. Dans ce but, elles composèrent une petite prière pour leurs enfants, et, après s'être promis de la réciter tous les jours, elles se donnèrent rendez-vous, un jour de chaque mois, au pied du même autel.

On vit alors combien cette pieuse association répondait profondément aux besoins du siècle. Car, à peine née, elle eut, si j'ose le dire, une subite et magnifique explosion. Quatre ans ne s'étaient pas écoulés, et déjà, au commencement de l'année 1854, elle était établie à Lille, à Amiens, à Nantes, à Versailles, à Cambrai, à Valenciennes ; et, avant la fin de l'année, elle fleurissait à Belley, à Fréjus, à Toulon, à Bordeaux, à Tours, à Coutances, à Rouen, à Bayeux. Elle passait même les frontières, et s'épanouissait en Angleterre et en Belgique [2].

1855 fut plus fécond encore que 1854. La jeune association étendit ses branches à Constantinople, à Jérusalem, à Pondichéry, à l'île Maurice, en Afrique, à la Martinique, à Sidney dans l'Océanie ; et pendant qu'elle jetait ainsi ses rameaux dans les

---

[1] Le R. P. Théodore Ratisbonne, supérieur général de la congrégation de Notre-Dame-de-Sion, et premier directeur des Mères chrétiennes.

[2] Rapport de madame Louise Josson, présidente de l'archiconfrérie, à l'assemblée du 19 mars 1855.

pays d'outre-mer, elle s'enracinait profondément dans l'Europe, et plus particulièrement en France. Londres, Dublin, Liverpool, Stockholm, Saint-Pétersbourg, Odessa, Vienne, Stuttgard, Fribourg, la Haye, Bologne, Turin, Madrid, Chambéry, Florence ; et, parmi nous, Lyon, Bordeaux, Orléans, Amiens, Rouen, devenaient les foyers d'où l'œuvre rayonnait ensuite dans les moindres villes et jusque dans les villages [1].

Et six années enfin ne s'étaient pas écoulées, six années, il est vrai, de silence, d'humilité, de prières, de larmes, de ces larmes fécondes qui coulent sans bruit, que le souverain pontife Pie IX, voyant cette œuvre qui n'était que d'hier et qui déjà remplissait tout, la saluait avec tendresse, comme on salue dans l'orage le signe consolateur qui en annonce la fin.

On s'attendrit malgré soi en voyant les humbles origines de cette grande œuvre. Mais c'est ainsi qu'en ce siècle Dieu fait tout ce qu'il fait. Qui eût dit aux petites ouvrières de Lyon que le sou qu'elles quêtaient de porte en porte pour la Propagation de la foi, produirait des millions, les eût fait sourire. Qui eût annoncé aux pauvres étudiants du quartier latin qui s'associèrent un jour pour servir les pauvres, qu'ils étaient l'avant-garde d'une immense armée de la charité qui couvrirait bientôt le monde, les eût étonnés. Qui eût prédit au fondateur des Petites-Sœurs des pauvres qu'avant de mourir il ne

[1] Rapport à l'assemblée générale du 13 mars 1856.

pourrait plus compter ses filles, l'eût probablement trouvé incrédule. Tout se fait ainsi maintenant : comme si, dans ce siècle où l'homme est enivré de sa puissance, où, parce qu'il a créé les chemins de fer et inventé les télégraphes électriques, il croit pouvoir se passer des forces divines, Dieu prenait plaisir à son tour à se passer, lui aussi, des forces humaines.

Du moment que les mères chrétiennes se réunissaient pour prier pour leurs fils égarés, il était impossible que la douce et consolante figure de sainte Monique ne planât pas sur leurs réunions. On y pensa dès le principe. Seulement on avait choisi six ou sept patrons à l'association ; sainte Monique n'y était qu'en dernier lieu. Mais à mesure qu'on avance, elle sort à peu près de l'ombre ; elle monte à l'horizon ; elle s'éclaire d'une lumière si douce et si pure, qu'après la très-sainte vierge Marie, à laquelle, dans le ciel de la sainteté, aucun astre ne s'égalera jamais, sainte Monique devient la première confidente, la patronne, le refuge, l'asile, la grande protectrice de toutes les mères chrétiennes.

On en eut, dès les premiers jours, un exemple frappant. Le Souverain Pontife ayant daigné, par un bref apostolique en date du 11 mars 1856, élever à la dignité d'archiconfrérie l'association des mères chrétiennes, Mgr Sibour, alors archevêque de Paris, réunit ces dames dans la chapelle de Notre-Dame-de-Sion, pour leur notifier cette grâce, et il leur adressa un discours dont nous demandons à citer quelques fragments, car il se résumait tout entier dans ce mot : « Mesdames, si vous voulez être de vraies mères chrétiennes, ayez les yeux attachés sur sainte Monique. »

« Oui, leur disait-il, prenez exemple sur cette sainte mère, qui par ses prières a ramené son fils dans les voies de la piété, et, avec la grâce de Dieu, en a fait un si grand saint. Hélas! peut-être avez-vous aussi à pleurer sur les égarements d'un fils. Eh bien! ne désespérez pas. Invoquez sainte Monique. Imitez-la. Il est impossible que cette mère d'Augustin ne se rappelle pas du haut du ciel les sollicitudes qu'elle a eues elle-même sur la terre; il est impossible qu'elle n'ait pas pitié de votre cœur, et qu'elle ne vous obtienne la conversion d'un fils bien-aimé, ou sa persévérance dans la vertu. »

Et, continuant sur ce ton, Mgr Sibour dévoilait, devant les yeux des mères, toute la vie de la Sainte, ses inquiétudes, ses tristesses, ses amères douleurs, ses prières pénétrantes; et, après la conversion de son fils, ses ineffables joies, et cette mort heureuse, et ce ravissement par lequel se termine dans le ciel une vie admirable. Puis, s'adressant aux mères : « Dites-moi, Mesdames, quelle est celle qui ne comprend une pareille existence, qui ne partage de tels sentiments? Quelle est celle qui, si son fils se perd, ne supplie Dieu, comme Monique, de le convertir? Et, le voyant revenu à Dieu, à la foi, à la vertu, quelle est celle qui n'aimerait à se voir détachée, avec son fils, de ce triste monde, pour aller tous deux dans le lieu où il n'y a plus d'erreur, plus d'égarements, plus de péchés; où aucun ennemi ne pénètre, où l'on est affermi à jamais dans le bonheur? »

Et il les exhortait à mériter ce bonheur, afin qu'un jour elles n'eussent plus qu'à soupirer, avec sainte Monique, vers les demeures éternelles, à dire avec elle : « Qu'ai-je à faire ici-bas? J'ai fini ma tâche. »

On ne pouvait assurément mieux inaugurer l'association des mères chrétiennes, ni mieux rendre le sentiment qui était dans tous les cœurs.

Depuis lors, l'association a fait de nouveaux progrès, que je crois inutile de signaler. Je n'ajouterai aux noms que j'ai cités précédemment que Genève, Alger, Santiago, Buenos-Ayres, Pondichéry, et les Indes [1]. Et partout le nom de sainte Monique, le souvenir de ses larmes plane sur ces réunions ; pas un prêtre n'y prend la parole, pas un évêque ne les préside sans que ce nom béni monte de lui-même à ses lèvres. J'ai lu un certain nombre de discours et de mandements relatifs à l'œuvre des mères chrétiennes, j'y ai entendu partout des cris de joie et d'espérance à la vue de ces belles assemblées de mères chrétiennes, et partout aussi des prières ardentes, et, si je l'ose dire, des souhaits de bienvenue à l'incomparable mère dont la figure, tour à tour désolée ou radieuse, rayonne sur ces réunions, et en est à la fois l'espérance, la consolation et la joie.

[1] Voir à la suite des rapports annuels, si intéressants et si édifiants. Il y en a de longs fragments dans le *Manuel de la mère chrétienne*, par le P. Ratisbonne. Paris, Olmer, éditeur, rue Bonaparte. 1859, 1 vol. in-18.

Oui, il monte à l'horizon, ce doux astre. Les âges précédents l'ont peu connu. Ils n'étaient pas assez malheureux pour cela. Dieu l'avait fait pour nous. Il sort aujourd'hui de l'ombre; et projetant sa lumière sur les mères chrétiennes, il sèche les larmes de leurs yeux; il adoucit les tristesses de leurs cœurs; il met des obstinations invincibles avec de joyeuses espérances dans leurs prières.

Des jours meilleurs vont se lever, n'en doutons pas. Dieu se laissera toucher. Il ne verra pas sans s'attendrir soixante mille mères chrétiennes agenouillées et pleurant sur leurs enfants, lui qu'émut si profondément autrefois la veuve de Naïm, lorsqu'elle suivait éplorée le cercueil de son fils! Non, il ne laissera pas périr une génération de jeunes hommes toute mouillée des larmes de leurs mères.

Achevez cependant votre œuvre, ô Monique, et du sein de la gloire où vous pressez dans vos bras ce fils dont vous êtes deux fois la mère, jetez les yeux sur tant de chrétiennes qui accomplissent en ce moment la noble et dure mission que vous avez remplie vous-même. Soutenez-les dans ces épreuves suprêmes par lesquelles Dieu veut qu'elles passent pour mériter le salut de leurs fils. Ne les laissez pas défaillir. O mère heureuse, souriez à leurs larmes; et qu'elles apprennent, en lisant votre Vie, que le feu mauvais qui consume quelquefois l'âme des enfants a un vainqueur et un maître : c'est le feu sacré, quand il est allumé au cœur des mères.

Pour moi, qui ai recherché avec tant d'amour les traces trop effacées de votre passage en ce monde, ô Femme incomparable, dût cette tentative ne pas réussir, je ne me repentirai pas de l'avoir entreprise. J'y ai trouvé une lumière que je n'attendais pas. En me montrant votre cœur, ô Monique, pour prix de mes travaux, vous m'avez révélé ce que doit être le mien. Grâce à vos leçons, je sais mieux qu'autrefois à quel prix se rachètent les âmes, et que s'il est impossible d'être une vraie mère à moins d'avoir un cœur de prêtre, il est encore plus impossible d'être un vrai prêtre si on n'a pas un cœur de mère. Désormais, chargé par mon ministère de rendre à Dieu tant d'Augustins, je ne me désolerai plus au pied des saints autels, ne sachant comment m'y prendre. Vous me l'avez appris, ô mère ! Heureux si je mets à profit une telle leçon, et si, enflammé par vos exemples, et après trop d'hésitations me vouant aux sacrifices qu'il exige, je me consacre plus entièrement que jamais à l'art sublime d'arracher les âmes au mal, et de les rendre à la vérité, à la vertu et à Dieu !

FIN

APPENDICE

NOTES
ET PIÈCES JUSTIFICATIVES
DE L'HISTOIRE DE SAINTE MONIQUE

NOTE PREMIÈRE

SOUK-ARRAS
(l'ancienne Thagaste)

Que Souk-Arras occupe véritablement l'ancien emplacement de Thagaste, c'est chose qui paraît aujourd'hui démontrée. Nous réunissons ici les principaux documents qui peuvent éclairer ce fait important.

Voici d'abord une lettre de M. le capitaine Lewal, commandant supérieur dans l'armée d'Afrique, et adressée au président de la société historique Algérienne.

Souk-Arras, le 17 novembre 1856.

Monsieur le Président,

J'ai l'honneur de vous adresser une inscription déterrée depuis quelques jours, et qui peut contribuer à donner des éclaircissements sur le fait controversé de savoir si le point qu'occupe aujourd'hui le poste de Souk-Harras est bien réellement Thagaste, lieu de naissance de saint Augustin.

J'y joins quelques détails sur l'état de la question.

Sans m'attacher à l'immensité du périmètre des ruines et à la multiplicité des tombeaux qui constatent l'importance passée de ce point; sans parler de la position géographique attribuée à Thagaste par les auteurs anciens, et qui semble concorder si exactement avec la localité que nous occupons, je me borne seulement à examiner les inscriptions trouvées jusqu'à ce jour.

Celle dont je vous entretiens est la troisième; je rappelle ici sommairement les deux précédentes.

La première, qui existe encore à Souk-Harras, est placée sur une pierre de petite dimension. On y lit :

THA
GASI
CHAE
RE

Elle a été mentionnée déjà, et on a cru pouvoir lui donner cette interprétation :

Élevé aux frais de Thagaste.

Il me paraît problématique qu'on puisse y voir cela, et quand bien même cette signification serait admissible, le CH resterait toujours inexpliqué [1].

---

[1] M. Renier a depuis expliqué ainsi cette inscription : THAGASI Χαίρε. — Thagaste, salut.

Ce qu'on peut constater, c'est le mot *Thagasi*, qui a une analogie assez grande, sinon une ressemblance avec Thagaste.

En second lieu, on a publié une autre inscription dont la première ligne est ainsi conçue :

MAEMILLIVS THAGAS ...ANVS

Le deuxième mot peut être interprété *Thagasius* ou *Thagasitanus*. Au point de vue grammatical, ces trois formes *Thagasi*, *Thagasius* ou *Thagasitanus* peuvent laisser à désirer. Cependant les deux premières syllabes *Thagas*, qu'on retrouve les mêmes et qui sont identiques à celles de Thagaste, portent tout naturellement à des suppositions qu'il y a lieu de croire fondées en dépit des terminaisons.

J'arrive à la troisième inscription qui vient d'être exhumée depuis peu, et qui donne un caractère plus complet de certitude aux inductions tirées des deux précédentes.

La pierre a la forme d'un parallélipipède rectangulaire.

La hauteur totale est de 1,36; sa longueur, de 0,55; son épaisseur est de 0,46.

La pierre est d'un calcaire blanc jaunâtre, à grain très-fin, compacte et très-dur, comme on en trouve beaucoup dans le cercle de Souk-Harras. Exposée à l'air, elle a pris à la longue une teinte grise à l'extérieur.

La hauteur des lettres est de 0,0545, les interlignes ont moyennement 0,008.

L'inscription est entourée de deux moulures en creux, peu profondes, encadrées par un filet étroit; aux deux angles supérieurs, entre les moulures et le filet, on distingue deux petits cœurs.

Aux deux angles inférieurs, il y en avait sans doute autant; mais, comme le dessin l'indique, ces deux angles n'existent plus.

Il n'y a pas d'autres traces d'ornements ou emblèmes funéraires.

Voici l'inscription :

```
        MAMVLLIOM
     TIL PAP OPTATO
       CREMENTIANO
        FOR SINGVLA
       RIS FIDEI BONI
       TATIS MVNIFI
         CENTIÆ VI...
       ORDO SPLENDI
       DISSIMVS THA
        GASTENSIVIS
        CONLATA CER
       TATIM PECVNIA
     N CVIVS DEDICAIONE
     Ss-... MILN ADOPVS MV
     NIFICENTIÆ SVÆ PATRI
      Æ DONVIT ETC.....S
       PRÆTER FP.. VINE
        VD M.QVINCENO
```

Les 6 premières lignes se lisent sans difficulté. A la 7ᵉ, après la syllabe VI, il manque une ou deux lettres. Un éclat enlevé à la pierre empêche de retrouver la moindre trace de gravure.

De la 7ᵉ à la 13ᵉ ligne, tout se lit très-bien; à la 9ᵉ et à la 10ᵉ on reconnaît, sans la moindre erreur possible, le mot *Thagastensivis*, sur lequel je reviendrai tout à l'heure. A la 13ᵉ ligne on trouve un N seul qui n'a aucune liaison avec *Pecunia* qui précède, ni avec *Cujus* qui suit; elle pourrait signifier *Nostra*. La même ligne présente dans le mot *Dedicatione* un I barré aux deux tiers de sa hauteur qui représente incontestablement un T et un I, puisqu'on le voit se reproduire à la 15ᵉ ligne dans *Munificentiae*, quoique le même mot soit écrit avec le T et l'I séparés à la 7ᵉ ligne.

A la 14ᵉ ligne, on reconnaît la tête d'un S, bien que le bas soit douteux. Cette lettre est suivie d'un autre petit S en vedette; après vient un tiret —, et au-dessous quelque chose qui pourrait ressembler à un C.

Toujours à la même ligne, on trouve quatre petites lettres bien distinctes, dont les deux dernières sont surmontées d'un tiret —; le reste de la ligne est très-lisible.

A la 15ᵉ ligne, le dernier mot est bien effacé; on distingue cependant avec une presque certitude un T qui, flanqué à droite et à gauche de deux lettres et ayant pour suite à la ligne suivante Æ, ne peut être probablement autre chose que *Patriæ;* en appliquant cette version sur la pierre, il semble que les vestiges que l'on y retrouve encore entrent bien dans la combinaison de ce mot.

La 16ᵉ ligne a son extrémité douteuse; le C du dernier mot est sûr, la tête de l'S est à peu près certaine : on pourrait donc supposer CONS, qui serait l'abréviation d'un mot assez usité : *Consecravit*.

La 17ᵉ ligne est la plus indéchiffrable; il semble, à force de chercher, qu'on y distingue d'abord *Prœter*. Le P, l'R, l'E et le T sont probables, le reste est assez douteux; vient après un E ou plutôt un F, ensuite l'apparence d'un P, puis deux ou trois lettres impossibles à lire ; les quatre dernières sont sûres.

La dernière ligne paraît contenir la date ; la fin se lit encore assez bien, mais le commencement est assez difficile. Il me semble bien y avoir un V et un D, puis une lettre que je ne puis supposer, un L peut-être ; ensuite un M ou bien ceci : VI, précédant l'X barré, qui est bien visible.

Quel que soit le sens qu'on donne à cette inscription, il n'en reste pas moins le fait de la présence incontestable du mot *Thagastensivis*.

Sans doute, c'est encore, comme les trois mots cités à propos des deux premières pierres, un dérivé assez peu correct de Thagaste, alors qu'on retrouve dans la liste des évêques des Conciles, celui de Thagaste qualifié de l'épithète régulière *Thagastensis*.

Quoi qu'il en soit de cette question de désinence, il est difficile d'admettre que *Thagastensivis*, bien accentué sur la pierre qui nous occupe, ne soit pas un dérivé de Thagaste.

Je fais remarquer en second lieu que le qualificatif *Thagastensivis* ne s'applique pas au personnage dont cette pierre gardait les cendres, il se rattache aux deux mots précédents : *Ordo splendidissimus Thagastensivis*.

Ce simple rapprochement réfuterait l'argument qu'on pourrait tirer de ce que cette inscription est tumulaire ; à savoir qu'on n'inscrit pas sur les tombes des habitants d'une ville, morts dans leurs foyers, qu'ils sont nés dans cette ville.

Cette nouvelle découverte vient, dans tous les cas,

augmenter les présomptions qu'on tirait des précédentes inscriptions en faveur de l'emplacement de Thagaste, présomptions qui se changeront peut-être en certitude quand l'inscription que je vous transmets aura été complétée et interprétée par vous.

Veuillez agréer, etc.

Capitaine J. LEWAL,
Commandant supérieur du cercle de Souk-Arras.

La *Revue africaine*, en publiant cette lettre, l'accompagne des observations suivantes :

L'estampage envoyé par M. le capitaine Lewal a été obtenu par frottis à la mine de plomb, procédé excellent quand la pierre est unie et bien conservée, ce qui n'était pas ici le cas. Il aurait donc mieux valu faire usage du procédé exposé à la page 78 du 1er numéro de notre *Revue*, et employer un papier très-fort.

Voici ce que nous pouvons donner comme lecture certaine dans le texte qui nous a été adressé :

MARCO AMVLIO MARCI	A Marcus Amulius
FILIO PAPITIA OPTATO	Fils de Marcus
CREMENTIANO	De la tribu Papiria,
EQVITI ROMANO SINGVLA	Surnommé Optatus
RIS FIDEI BONI	et Crementianus,
TATIS MVNIFI	Chevalier romain,
CENTIÆ VIRO	Homme remarquable
ORDO SPLENDI	Par sa loyauté,
DISSIMVS THA	Sa bonté, sa munificence,
GASTENSIVM	Le très-splendide corps municipal
COLATA CER	Des citoyens de Thagaste,
TATIM PECVNIA	Au moyen d'une souscription
IN CVIVS DEDICATIONE	Remplie avec empressement
. . . .	. . . .

Le reste de l'inscription nous paraît indiquer que « le jour de la dédicace de ce monument municipal, « Amulius a fait distribuer du pain, du vin et même de « l'argent. »

La partie incontestable de cette inscription établit :

1° L'identité comme emplacement de Souk-Harras et de Thagaste; car le monument que nous venons d'étudier est essentiellement *local* de sa nature; et d'un autre côté il ne s'est élevé à Souk-Harras aucune ville moderne dont la construction ait exigé l'apport de matériaux empruntés à des ruines environnantes;

2° La véritable orthographe de Thagaste et de son ethnique *Thagastensis* [1], que le savant Morcelli écrit sans *h;*

3° Un nouveau jalon pour déterminer l'emplacement du fameux champ de bataille de Zama. Car la position de Thagaste étant bien assurée, on a celle de Naraggara, qui était situé vingt milles plus loin, à l'est, sur la route de Carthage; et c'est auprès de Naraggara que les Romains et les Carthaginois se livrèrent le combat qui devait décider laquelle des deux nations serait maîtresse du monde.

Nous attendons un nouvel estampage pour reprendre cette intéressante question.

A. BERBRUGGER.

[1] A la 9ᵉ et à la 10ᵉ ligne, nous avions lu sans hésitation *Thagastensium*. Au moment où nous mettons sous presse, nous recevons une lettre de M. le capitaine Lewal, qui nous adresse cette leçon, rectifiant ainsi celle qu'il avait cru devoir adopter d'abord. Les dernières pluies, nous écrit-il, en soumettant la pierre à un lavage extraordinaire, ont fait disparaître toute cause d'incertitude. — N. de la R.

Voici maintenant divers renseignements inédits sur les ruines de Souk-Arras :

Nous empruntons le passage suivant au *Journal de marche de la colonne expéditionnaire de Tebessa*, sous les ordres de M. le général Randon (juin et juillet 1846) :

« Souk-Harras (Thagaste). — A 28 kilomètres au nord de Mdaourouche, on trouve les ruines de Souk-Harras sur les bords du ruisseau de ce nom. Elles occupent environ 10 hectares sur un petit plateau mamelonné de la rive droite, et attestent l'existence d'un établissement romain important qui a sa raison d'être dans la facilité qu'il y a de rayonner de ce point dans les bassins de la Seybouse, de la Medjerda et de la Mellaga.

« Les eaux sont abondantes et de bonne qualité; mais le fourrage est rare.

« En quittant Souk-Harras, on descend, par une ancienne voie romaine, au milieu de collines boisées, sur la Medjerda. »

M. Berbrugger, qui a visité ces ruines en 1850, les décrit ainsi :

« Les ruines de Thagaste, patrie de saint Augustin, sont situées sur des mamelons allongés formant trois ressauts du nord-ouest au sud-ouest. On appelle cet endroit *Souk-Harras ;* il s'y tient un marché le dimanche. Le kaïd des Hanencha, Mohammed-Salah, écrit ainsi le nom de cette localité, qui est à une heure de sa zmala : سوق هراس

« La majeure partie des ruines se trouve sur le mamelon où s'élève la koubba de Sidi M'saoul, saint musulman qui mourut de la peste à l'époque où le bey Hamouda régnait à Tunis, et le pacha Ali à Alger.

« Devant la pointe occidentale de ce mamelon, sont les ruines d'un édifice dont les substructions mesurent 40 mètres de face sur 9 de profondeur. J'ai lu en cet endroit, sur une dalle haute de 0,14 et dont les lettres ont 0,3 :

. : . . . VM VOTIS XXX ET . . . .

« A l'entrée occidentale des ruines, sur la gauche, est une construction dont le plan trace 25 mètres de façade sur 11 en profondeur. Elle est bâtie, comme la précédente, en blocage coupé par des chaînes de pierres de taille placées verticalement l'une au-dessus de l'autre.

« En remontant la rivière de Souk-Harras, j'ai trouvé des ruines assez considérables à l'endroit appelé *Ras-El-Ma* (tête, origine de l'eau). Un peu plus loin, au-dessous d'une fontaine, est l'*Henchir* ou ruines de la *Mrabta-Fatom* (Maraboute-Fatma), amas assez grand de pierres taillées.

« Voici une inscription que j'ai rencontrée dans ces ruines [1].

---

[1] M. Berbrugger a visité ces ruines en 1850, plusieurs années avant l'établissement français. Les travaux exécutés depuis lors sur ce point ont fait trouver de nouveaux documents épigraphiques.

« A l'intérieur de la Zaouïa de Sidi-M'saoud :

. . . . SA . . . . TIVS S.F. DATUS P. V. A. LXXI. H. S. E.	Ce personnage, Surnommé Datus, a vécu Plus de 71 ans.

« Dans le mur extérieur de Sidi-M'saoud, à côté de la porte, on voit une pierre à fronton creusée en forme de niche où un artiste, s'il est permis de profaner ainsi ce nom, a sculpté un personnage debout, de l'aspect le plus grotesque. La figure est fruste; les oreilles, longues et droites, sont très-écartées l'une de l'autre. Les mains reposent sur les hanches dans une attitude carnavalesque, et les bras s'arrondissent de façon à représenter assez exactement les anses d'un panier. Le costume consiste en une tunique juste au corps, à plis ou à raies entrecroisés. Ce vêtement, serré à la taille par une ceinture, s'étrécit vers les malléoles de manière à rendre la marche très-difficile.

« On remarque des croix gravées sur beaucoup de pierres; mais elles ne remontent pas à l'époque romaine, et sont l'œuvre de pieux visiteurs tout à fait modernes. Mohammed-Salah, alors kaïd des Hanencha, me raconta qu'il avait accompagné un jour dans ces ruines un marabout français qui allait enterrer un os d'un de nos plus grands saints dans la maison même où il était né *trente* siècles auparavant! J'admirais, à cette occasion, comment les faits les plus simples se dénaturent en passant par la bouche des Arabes. »

M. le commandant de La Mare a consacré quelques pages à Thagaste dans sa brochure intitulée : *Excursion aux ruines de Khemissa.* (Voir p. 25 à 28.)

Enfin, nous empruntons à M. l'abbé Godard d'autres renseignements sur la même localité :

« Souk-Harras. — J'ai recueilli les inscriptions suivantes dans les ruines de la ville natale de saint Augustin :

N° 1

SOLI INVICTO SACR...
PRO SALVTE ET INCO
LVMITATE PERPETVI
IMP. CAES. L. DOMI
TI AVRELIANI PII FELI
AVG. P. M. TR. VI COS.
III P.P. PROCONSVLI [1]

N° 2

IOVI OPT. MAX. STATORI ET IVN. AVG. REG.
M. GARGILIUS SYRUS VEL. F. P.P. ET IVL. VICTORIA EIVS
LIBERALITATE ET PECUNIA SVA
POSVERNT [2]

[1] *Monument consacré au soleil invaincu, pour la santé et la sûreté du perpétuel empereur César Lucius Domitius Aurelianus, pieux, heureux, auguste, grand pontife, tribun pour la* 3e *fois, consul pour la* 3e, *père de la patrie, proconsul.*

M. l'abbé Godard indique comme douteuses la dernière lettre de la 3e ligne et les deux dernières lettres de la 4e.

Le 3e consulat d'Aurélien est fixé par les fastes à l'année 274 de J.-C., ce qui ne s'accorde pas avec la mention de la 6e puissance tribunitienne, qui nous reporterait à 275, année de la mort de cet empereur. — Note de la R.

[2] *A Jupiter, très-bon, très-grand, qui arrête les fuyards, et à Junon, auguste reine,* — *Marcus Gargilius Syrus, fils de Velius* (?), *président de la province, et Julia Victoria, par sa libéralité et à ses frais, ont élevé ce monument.*

A la 1re ligne, avant le mot *Junoni*, nous lisons ET au lieu de E

« La lecture de l'inscription que je vais donner est certaine; mais je ne comprends pas CH. — On a écrit dans l'*Annuaire archéologique* de Constantine, qu'il y avait une inscription avec le mot *Thagasius*. Personne à Souk-Harras n'en a connaissance.

N° 3 [1]

THA
GASI
CHAE
RE

« Sur une même pierre, on lit ces deux épitaphes accolées :

N° 4

D. M. S.	D. M. S.
O. PRAE	CAECILI
CILIVS	A LIBO
GENIAIS	SA P.V.A.
P. V. A. LXXXI	LXXV
H. S. E.	H. S. E.

PRAECILIV. BATV
RVS PARENTIB [2]

donné par M. l'abbé Godard, qui n'aura pas remarqué la prolongation à gauche de la barre supérieure de l'E, appendice qui indique un T.

Nous lisons VEL. F. le sigle composé de ces quatre lettres qui arrive après le mot *Syrus*, à la 2e ligne.

En rendant par *præses provinciæ* l'abréviation P. P. de cette même ligne, nous n'ignorons pas qu'elle peut se traduire de plusieurs manières; mais celle-ci nous a paru la plus probable. — Note de la R.

[1] Voir la lettre de M. le capitaine Lewal.
[2] *Praecilius Baturus à ses parents qui gisent ici: Quintus* (?)

576   NOTES

N° 5
D. M. S.
CLAVDIA RUF
NA SACERDOS
MAGNA PIA VXI
ANNIS CHI
H. S. E.

N° 6
D. M. S.
B. PRIVATVS
V. A. LXXXX
B. IANVARIA
PATRI MER.
S.S. FECIT
H. S. E.

N° 7
SEDINI
MVS LIE
BIA VIXI. A
NNIL LVII
H. S. EST

« L'épitaphe de ce Sedinimus Liebia qui vécut 57 ans se trouve placée au-dessous d'un croissant; elle est fruste et grossièrement gravée.

N° 8

Au-dessous d'une femme grossièrement sculptée dans une niche, on lit :

D. M. S.
APRONIA
LAETA PIA
V. AN. LX
H. S. E.

N° 9

Au-dessous d'un croissant on lit :

D. M. S.
PAEVI
VS OCTAVIUS
SDATVS P. VI.
ANNIS XVII

Praecilius Genias, qui a vécu plus de 81 *ans; et Caecilia Libosa, qui a vécu plus de* 75 *ans.*

Ce nom de Praecilius est devenu célèbre depuis la découverte, au pied du rocher de Constantine, de la jolie sépulture de l'argentier de Cirta.

Au-dessus de chacune de ces épitaphes, il y a un croissant accosté d'une palme à l'inscription de gauche, et d'une espèce de fleur à celle de droite. — Note de la R.

« On voit dans un mur près du ruisseau, dans le ravin, un fragment de frise (?) avec cette inscription tronquée :

N° 10

. . . . MAMVLL . . . . [1]

« Au même endroit, on trouve cet autre document épigraphique, qui est presque effacé par le froissement :

N° 11

C. FLAVIO C. FIL
PAPIRIA HILARO
FELICI EQ. ROM. CVI
CVM SPLENDIDISSI
MVS ORD.....
PIIS VII.....
MOS V.....
PATRI.....
ET HON.....
PRIVM.....
QVIIM.....
...SDOC.....
...IVE.....
STATUM LOCO DM
IVXTA PARENTVM
CREVISSET EXEMPLVM
REMISA PECVNIA QVN
MEREBATVR PONI CVRAVI. . . [2]

On aime à voir des soldats français, de jeunes

---

[1] Il s'agit sans doute du Marcus Amullius mentionné sur l'inscription de M. le capitaine Lewal. — Note de la R.

[2] *Cette dédicace est faite par le corps municipal* (ordo) *de Thagaste à Caius.*

officiers, des généraux même, au moment où leur épée rend l'Afrique à la France, employer les longues heures des bivacs à estomper de vieilles inscriptions, en rétablir le texte, en interpréter le sens, et laisser derrière leurs armées un sillon de lumière avec un sillon de gloire.

NOTE DEUXIÈME

TRADITIONS RELATIVES A SAINTE MONIQUE

Saint Augustin nous a laissé peu de détails sur la jeunesse et les premières années de sa mère. Heureusement la tradition y supplée, en nous faisant connaître un certain nombre de faits du plus vif intérêt et qui achèvent de dessiner nettement la vraie physionomie de sainte Monique. Ces faits se rencontrent, partout les mêmes, dans de très-anciens monuments, et particulièrement dans les différentes liturgies des Ordres qui suivent la règle de Saint-Augustin. Les chanoines réguliers, de quelque congrégation que ce soit, les Hermites de Saint-Augustin, les Servites de Marie, les religieux de Prémontré, les Frères Prêcheurs conservent et célèbrent le souvenir de ces faits avec un tel accord, qu'il est impossible de mettre en doute leur authenticité. Nous donnons ici quelques-unes des pièces liturgiques qui ont le plus d'intérêt. D'abord les anciennes leçons de sainte Monique, dans presque toutes les liturgies augustiniennes. Nous les extrayons d'un très-ancien Bréviaire (*Breviarium Canonicorum regularium ordinis sancti Augustini*. Parisiis, 1523; in-16, caract. goth.)

Iᵃ LECTIO

Beata et venerabilis Monica, honestis parentibus progenita, et in timore Domini sub virga Christi pudice et sobrie educata, dum adhuc puella esset, sæpe domo parentum se subtrahens ad ecclesias fugiebat. Ibi aliquandiu in angulo permanens, virginales orationes ad Christum fundebat.

IIᵃ LECTIO

Et frequenter in nocte de lecto surgens, flexis genibus, orationes quas a matre sua nomine Facundia didicerat, Domino devote offerebat. Mirum in modum ab infantia secus crevit miseratio; ita ut quasi naturali affectione pauperes diligeret.

IIIᵃ LECTIO

Cumque esset annorum jam tredecim, parentes, divino disponente consilio, nobili viro de numero curialium sed gentili, Patricio nomine, licet plurimum renitentem parentibus, tamen non obsistentem, in conjugem tradiderunt. Tanto autem timore Dei et honestate, tantaque morum pulchritudine et pudicitia eam Dominus adornavit, ut esset viro suo pulchre et reverenter amabilis atque mirabilis.

IVᵃ LECTIO

Filios quos ex eo genuit in omni timore Dei sollicitudine ingenti nutrivit, toties eos parturiens quoties ipsos a Deo deviare cernebat. Et quia fieri non potest ut arbor bona bonum fructum non faciat, in benedictionis cumulum Pater luminum hoc ancillæ suæ contulit munus; ut sidus præclarissimum ex ea fulgeret quod totum mundum suo jubare perlustraret.

Vᵃ LECTIO

Cum autem vix esset cum viro suo fere duodecim annos, respexit Dominus humilitatem ancillæ suæ, et exaudivit lacrymas ejus. Nam inspiravit Dominus maritum ejus, ut deinceps uxorem pudicam servaret. O mira res, quia cum esset ferocissimus, quanto affectu carnali ab ea divisus est, tanto magis spiritali ei per dilectionem conjunctus est.

VIᵃ LECTIO

Cum itaque Dei famula toto nisu satageret maritum ad fidem Christi convertere, ipse vero paganica duritia multis annis inflexibilis perstitisset; tandem, divina opitulante gratia, illum in extremo vitæ suæ lucrata est Christo. Cumque ille esset annorum septuaginta trium, obiit in pace. Supervixit autem illa mortuo marito in sancta viduitate annis circiter sexdecim.

Le reste de l'office est consacré aux rapports de sainte Monique avec son fils. Indiquons seulement quelques-unes des plus belles antiennes, qui se rencontrent, je le répète, avec des variantes, dans toutes les liturgies des Ordres qui suivent la règle de Saint-Augustin.

Ad Vesp., Antiph. 1. Flebat et orabat assidue pia parens super filium, per quem Dominus impiorum capita conquassavit.

2. Beata mater, quæ implevit desiderium suum, dum pro filio plorans jugiter rogaret Dominum.

3. Exaudisti eam nec despexisti lacrymas ejus, cum pro salute fluentes rigarent terram.

4. Hæc est illa vere flens vidua, quæ filium diu et amare deflevit.

5. Elevaverunt flumina lacrymarum, Domine, per sanctam matrem, elevaverunt flumina vocem suam.

6. Flebat uberrimis lacrymis, etc.

Ad I^{um} Nocturnum, Respons. 1. Dum vero credibilia Dei apertis fidei oculis Augustinus conspexit, ad matrem ingredi non distulit... Quid autem tunc mente haberet pia mater gaudii, nec explicare quidem poterat.

Ad II^{um} Noct., Respons. 3. Volebat Monica dissolvi et esse cum Christo cum videret Augustini aptum modum vivendi... Displicebat ei quidquid agebat in sæculo præ dulcedine Dei et amore salutis filii quem dilexit...

Ad III^{um} Noct., Respons. 1. O felix mater Monica carne, felicior spiritu, duplici consolata spiritu prophetico. Ne defleas filium tuum quasi mortuum, quem Deus suscitavit vere catholicum, alleluia. ℣. Forti animo esto, filia. Deus cœli dabit tibi gaudium pro tædio quod perpessa es.

Ad IV^{um} Noct. Respons. 1. Itaque devotissime gratias egit præ cæteris Ambrosium attollens, et perierunt illæ plorationes, in quibus ei aliquando visum est ei adversari Augustinum legi Christianorum latratu sermonis ejus, alleluia. ℣. Et apparuit ei læta facies divinarum consolationum, et exultare in amore didicit.

Ad Magnif. Adest dies celebris quo soluta nexu carnis sancta mater Augustini assumpta est ab angelis. Ubi gaudet cum prophetis, lætatur cum apostolis, cumque omni militia Deum collaudantium in cœlesti curia; inter quos jucunda contemplando vultum Dei pia refulget Monica, alleluia.

On voit tout le ton de l'office; ce mélange de tristesse et de joie, qui est vraiment admirable. Nous n'y insistons pas davantage. Le moyen âge a consacré à sainte Monique plusieurs séquences; nous choisissons celle qui développe surtout les traditions relatives à notre Sainte. Cette séquence d'ailleurs est attribuée à Adam de Saint-Victor.

SEQUENTIA

Augustini magni patris
Atque suæ piæ matris
 Laudes et præconia
Decantemus, venerantes
Et optata celebrantes
 Hodie solemnia.

Mater casta, fide gnara,
Vita clara, Christo chara,
 Hæc beata Monica,

De profano propagatum,
Jam nunc parit suum natum
  In fide catholica.

Felix imber lacrymarum
Quo effulsit tam præclarum
  Lumen in Ecclesia !
Multo fletu seminavit,
Germen ubi reportavit
  Metens in lætitia.

Plus accepit quam petivit :
O quam miro tunc gestivit
  Spiritus tripudio,
Cernens natum fide ratum
Sed et Christo jam sacratum
  Toto mentis studio !

Hæc egenis ministravit,
Et in eis Christum pavit,
  Mater dicta pauperum ;
Curam gerens infirmorum,
Lavit, stravit, et eorum
  Tersit sordes vulnerum.

O matrona gratiosa
Quam transfigunt amorosa
  Crucifixi stigmata !
His accensa sic ploravit,
Lacrymis quod irrigavit
  Pavimenti schemata.

Pane cœli saturata,
Stat a terris elevata,

Cubiti distantia ;
Mente rupta exsultavit :
« Volitemus, exclamavit,
« Ad cœli fastigia. »

Eia, mater et matrona,
Advocata et patrona
Sis pro tuis filiis,
Ut dum carne exuemur,
Nato tuo sociemur
Paradisi gaudiis.
Amen.

Toutes les liturgies des Ordres qui suivent la règle de Saint-Augustin, Chanoines réguliers, Servites, Hermites de Saint-Augustin, Frères Prêcheurs, etc., d'accord entre elles sur les traditions dont nous parlons, le sont avec un très-ancien monument, adressé en forme de lettre à une épouse du Christ, *dilecta sponsa Christi,* pour lui raconter la vie de sainte Monique, à laquelle l'auteur anonyme donne le nom de mère, *caram matrem.* Les premiers collectionneurs qui rencontrèrent cette pièce, trompés par ce mot, imaginèrent que l'auteur de cette lettre était peut-être saint Augustin, et que cette épouse du Christ était probablement sa sœur (on sait, en effet, qu'elle se consacra à Dieu); et ils en conclurent que saint Augustin lui avait écrit cette lettre pour lui annoncer la mort de sa mère. En conséquence, ils se hâtèrent de mettre en titre : *Ad sororem,* et d'autres : *Sorori suæ Perpetuæ Virgini.* Et, des critiques peu exercés acceptant cette opinion, la lettre fut tenue pour une vraie lettre de saint Augustin.

Mais cette opinion ne se soutient pas. Le style de cette lettre n'est pas digne du grand Docteur. Il y raconte à sa sœur des choses qu'elle savait trop bien pour qu'il eût l'idée de les lui dire. On y trouve des paroles empruntées aux *Confessions* et plusieurs inexactitudes que n'eût pas commises saint Augustin. D'ailleurs il n'est pas prouvé que cette lettre ait été adressée à la sœur de saint Augustin. Elle a pu être adressée à une vierge consacrée à Dieu, dans un monastère qui suivait la règle de Saint-Augustin. Il y en avait du vivant même du saint. Et rien n'empêche qu'après sa mort, pour compléter ses *Confessions,* et pour révéler au monde des merveilles que l'humilité du grand Docteur avait cachées, un de ses disciples immédiats, ou un disciple de ceux qui l'avaient connu, n'ait écrit cette lettre, y ait réuni tout ce qu'on savait par tradition sur sainte Monique, et l'ait adressée à l'une des vierges qui suivaient la règle de son fils.

Et quand on voudrait que la forme de cette lettre fût plus récente, que ce fût un auteur du VIIe ou VIIIe siècle qui, pour donner à toutes les traditions relatives à sainte Monique une forme littéraire, ait imaginé d'en faire une lettre que saint Augustin serait censé adresser à sa sœur, il n'en est pas moins vrai que le fond de cette pièce est excellent, grave, emprunté à des monuments certainement anciens, authentiqué par l'accord de toutes les liturgies augustiniennes, soutenu, au moins en quelques parties, par les liturgies romaine et gallicane des premiers temps, et conservant, par conséquent, son autorité entière, malgré les quelques inexactitudes qui la déparent. Nous en donnons le texte, avec les observations des Bollandistes.

EPISTOLA

SUB NOMINE SANCTI AUGUSTINI AD SOROREM SCRIBENTIS EDITA DE VITA ET VIRTUTIBUS SANCTÆ MONICÆ

Ex Mss. et Montbritio (a).

1. Hortor te, dilecta sponsa Christi, ut Deo studeas in omnibus placere, sicut et caram matrem novisti perfecisse. Nam dum esset puella, ad ecclesiam fugiebat, diu in angulo permanens, et virginales orationes ad Christum fundebat. Dum autem domum tarde rediret, a bajula sua verberabatur, eo quod extra domum sine pedissequa recessisset, et totum ipsa puella patienter portabat (b). In tota autem pueritia sua, numquam cum puellis ludentibus se miscuit, sed frequenter in nocte adhuc in pueritia de lecto surgebat, et genibus flexis orationes, quas a matre, nomine Facundia (c), didicerat, Domino offerebat. Ab infantia autem

cum ea crevit miseratio, et naturali affectione pauperes diligebat. Sæpe panem de mensa in sinu collocabat, et, de paterna domo fugiens, pauperibus tribuebat, hospites et infirmos visitabat, vicinas litigantes reprehendebat, pedes infirmorum sæpe lavabat, et eis ut puella poterat serviebat.

2. Cum autem parentes ejus, more secularium, vestibus delicatis eam ornare voluissent, ipsa contristata respuebat. Et cum esset annorum tredecim, eam nobili Patricio (*d*) Carthaginensi tradiderunt. Quanto autem timore et honestate, quanta etiam summa pulchritudine Dominus eam dotaverit, quanta etiam pudicitia eam Dominus magnificaverit, certe in brevi dici nullatenus posset. Matrimonium tamen optime conservavit, filios in omni timore Domini sufficienter erudivit, torum immaculatum custodivit, et maritum ferocissimum cum magno labore in fine lucrata est. Cum autem vixisset cum viro suo fere annis duodecim, respexit Dominus humilitatem ancillæ suæ, et exaudivit lacrymas ejus : nam inspiravit Dominus maritum, ut deinceps uxorem pudicam (*e*) et castam servaret. O mira res! quia cum esset ferocissimus, quanto affectu carnali ab ea divisus est, tanto magis spiritali ei per dilectionem conjunctus est. Cum enim vir ejus esset annorum septuaginta duorum, obiit in pace.

3. Quantis autem salutaribus monitis et jejuniis, quantisque lacrymis et orationibus illam viduam sanctam, castam, sobriam et piam Dominus dotavit, mirum est. Omnia tamen post mortem viri contempsit, omne regnum mundi et omnem ornatum ejus respuit propter Deum; in tantum ut non solum mater paupe-

rum vocaretur, sed ancilla. Et quia dum vir ejus vivebat, potestatem proprii corporis non habebat, ideo eleemosynas non ita largiter tribuebat. Sed postea ita vixit, ut non solum eleemosynas largiter tribueret, sed etiam cicatrices pauperum liniret. Propter quos ei Dominus centuplum reddidit, dum crucem ejus in corde ejus infixit et passionem. Dum autem quadam die præventa et visitata a te, Domine, beneficia tua, quæ tu in carne humano generi clemens exhibuisti, ancilla tua consideraret, tantam gratiam tantamque lacrymarum copiam, torculari tuæ crucis expressam, in passione tua adinvenit, quod vestigia ejus per ecclesiam lacrymæ desuper pavimentum defluentes ostendebant : et quanto plus ab effluentia lacrymarum hortabatur desistere, tanto plus fluvius lacrymarum oriebatur.

4. Tanta autem gratia ancilla Christi jejunando alios præcellebat, quod diebus quibus ad cœnam vocabatur, tanquam ad amaram medicinam accedebat. Erat autem ei timor castus in corde, tanquam fascia pectoralis, qua cogitationes constringeret; in ore tanquam frænum, quo linguam reprimeret ; in opere, tanquam stimulus, ne pigritia torperet; in cunctis, tanquam regula, ne modum excederet. Timor autem iste, tanquam scopa, purgabat cor viduæ ab omni duplicitate, os a falsitate, opera ab omni vanitate. Numquam verbum seculare ab ore ejus recordor me audivisse : sed in omnibus verbis suis et factis semper Christum primo nominabat. Tantum timor Domini mentem ejus occupaverat, quod non solum ab omni specie mali sibi cavebat, sed spiritu pietatis ad omne bonum prona erat. Satagebat mirabiliter opera pietatis pro posse cordialiter

implere, super omnia infirmis servire, sepulturam mortuis præbere, orphanos custodire ut filios, viduas et maritatas consolari. Quapropter multa de arcanis cœlestibus Domino revelante percepit. Unde tanta ebrietate Spiritus sancti sæpe rapiebatur, quod in ea fere per totum diem quiescens, dum esset Rex in accubitu sui cordis, neque vox, neque sensus in ea audiebatur. Neque mirum : quia illa pax, quæ exuperat omnem sensum, sepeliebat viduæ sensus corporales, in tantum, ut vix matronæ nostræ et etiam vicinæ eam pungentes excitare valerent.

5. In die autem B. Cypriani, dum hæc Christi ancilla mereretur accipere sacramenta, dum esset in domo, fere a terra per cubitum elevata fuit, clamando, quæ quietissima esse consueverat, dicens : Volemus ad cœlum; volemus ad cœlum, fideles. Quam cum post interrogaremus quid sibi acciderat, non respondebat, sed tanto gaudio replebatur, quod omnes ad festum perducebat, cantantes cum Propheta : Cor meum et caro mea exsultaverunt in Deum vivum. Dum etiam in die Pentecostes esset refecta refectione istius panis, qui de cœlo descendit, post sumptionem sacramenti, tanta satietate repleta fuit, quod per diem ac noctem absque corporali cibo perseveravit.

6. Cum apud Ostia Tiberina infirmaretur, et sacramentum a nobis fideliter peteret, nec dolore stomachi vexata valeret retinere, visibiliter infantulus nocte media ad lectum Dei famulæ venit (*f*), eamque in pectore amplectens, anima illa sancta ad cœlum volavit. Ergo die nona ægritudinis suæ, quinquagesimo sexto anno ætatis (*g*), trigesimo tertio anno ætatis meæ, anima

illa pia et religiosa carne soluta est, die (*h*) quarta maii (*i*).

ANNOTATA BOLLANDIANA

(*a*) Mombritius in titulo, ait scriptam sorori suæ Perpetuæ, virgini.

(*b*) Ms. Ultrajectinum S. Salvatoris, in quo habebatur vita per Walterum collecta, sed valde contracta, hoc loco interponit breviter narrationem de castigata vinolentia, quam in Ms. Bodecensi deficientem supra proposuimus num. 6 ad signum.

(*c*) Nescio an aliunde hoc nomen innotuerit.

(*d*) An hoc sorori scripsisset frater? Deinde annos 23 nata erat cum peperit Augustinum, ut constat ex ætate n. 37 expressa, et hic liberorum primus potius quam ultimus fuisse videtur.

(*e*) Ex Augustino num. 13 colligimus, quod conversus ad Christum uxori deinceps fidem servavit; sed quod etiam ab illius usu carnali se cohibuerit, non est credibile : quomodo enim tantam, tamque raram virtutem in conjugato, filius, laudare parentes volens, tacuisset? Lacrymæ autem S. Monicæ pro viro non hoc spectarant, sed ut a Gentilismo tandem aliquando converteretur ad Christum, quod hic non bene dissimulatur.

(*f*) Nec hoc tacuisset Augustinus, si quid tale vel vidisset ipse, vel ex morientis ore postremum accepisset : quare incredibile id nobis videtur.

(*g*) Hæc fuissent apud sororem superflua, sunt autem accepta ex Confessionibus.

(*h*) Auctor istius seculi scripsisset, quarto nonas Maii. Existimo ego nec ab Augustino, nec ab alio coævo diem notatum, a compilatore autem hic positum esse ex usu Canonicorum Regularium, tali die festum S. Monicæ agentium, ob eam quam in Commentario prævio indicavi causam.

(*i*) Subjunguntur, tam in Mss. quam apud Mombritium, loca varia ex Confessionibus collecta tumultuarie quæ supra habentur num. 39, 9, 13, 31, 35. Mombritius porro, nescio an de suo addit : Quanto autem studio et amore B. Monica, ut filius ejus Augustinus ad Deum converteretur, contendit, idem Augustinus in libris Confessionum suarum diligenter inquirenti expressit.

Doctores Lovanienses in suâ editione operum D. Augustini totam hanc epistolam ad extremam appendicis calcem rejecerunt, ut certissime non suam, idque jure optimo.

NOTE TROISIÈME

TRANSLATION DU CORPS DE SAINTE MONIQUE A ROME

I

TRANSLATIONIS ORDO, MATTEUS VEGGIUS,
D. PAPAE EUGENII DATARIUS, SCRIPSIT

Romae. Typis Francisi de Cinquinis 1459 [1].

Apud Ostia Tyberina sanctissima Augustini mater Monica ex hac vita migravit, quod divino ita longe prospiciente concilio factum esse credendum est. Nam, cum pervertendi aliquando essent sancti patriae ejus ritus, et instituta immutandaque rerum facies, incolarumque studia, haud indignum visum est tam sanctae, tamque de omnibus benemeritae foeminae ossa incuria posteritatis, locorumque malitia deperire. Quare tali melius loco eam defungi non ab re Deus voluit, ubi haberent Christi cultores cuius sacrum corpus venerarentur, venerantesque maiorem ad devotionem, divinumque ad amorem inflammarentur, atque ut magnitudini meritorum eius, par etiam honor, et gloria

[1] Bibliothèque du couvent de Saint-Augustin à Rome.

redderetur cum summum Ecclesiae sanctae culmen, haereticorumque domitorem acerrimum Augustinum precibus illa suis, et lacrymis protulisset. Convenire etiam credidit ut urbi Romae, cum esset utique totius mundi summum culmen, omniumque nationum domitrix acerrima, futuris postea quando melius id expedire videretur temporibus, corpus eius aliquando inferreretur. Quod ut facilius commodiusque postmodum suo tempore fieret magno simul ante consilio providit, ut non longe illinc illa decederet, ubi translata demum sempiterno aevo sacra eius ossa quiescerent. Id vero quomodo post tot saecula contigerit (nam praecipuo Dei nutu cuncta acta sunt) dicendum est. Anno siquidem Domini nostri Iesu Christi 1430, Martini vero V pontificatus anno tertiodecimo, tot transactis saeculis, cum tempus iam advenisse Deus intelligeret, ut populorum devotio, quae satis tunc tepebat, nova magnarum sanctarumque rerum demonstratione excitaretur, misit in mentem cuiusdam Iohannae religiosissimae foeminae, quae, nulli unquam nupta, caste et sancte per omnem aetatem suam ad longos iam annos perducta ex proposito semper ita vixerat, ut persuaderet fratribus Augustinensibus qui Romae habitabant, sollicitaque admodum et frequens rogaret eos ut corpus beatissimae Monicae, quod certo apud Ostia Tyberina sub altari sanctae Aurae conditum esse a multis grandioribus natu, maioribusque suis saepe audierat, receptum translatumque in urbem irent. Tandem visum est eis qui regimen aliorum habebant ne desiderium pudicissimae foeminae omnino negligeretur. Itaque Pontificem adeunt, rem exponunt, rogant, supplicant.

Suscipiensque eos audiensque libenter Pontifex annuit plene onestissimis eorum motis, unde leati ocyus illi eo proficiscentes, templumque sanctae Aurae introeuntes, quae magna ibi cum incolarum et navigantium devotione colitur, primum altare, quod memoriae eius dedicatum, in interiori fornice secretius late aperire usque ad extrema fundamenta magna vi diu aggressi sunt. Nihilque prorsus invenientes, frustrati omni spe, infectoque negotio omnes abierunt. Unus tamen remansit qui rem animo altius fixam habebat perseveranter coepto operi instans, cupiensque, si Deus annueret, quod tantopere attentaverant, perficere. Cum interim senior quidam incola eius loci magno impetu irruens in eum, quod corpus sanctae Aurae inde auferre auderet, minas illi pessime intentabat. Quem prudens vir, cum sedato animo dulcibusque verbis se non quidem sanctae Aurae, sed Monicae matris Augustini, nec nisi summi Pontificis iussu corpus quaerere dixisset, illico repressit, quin, Age ergo, ille inquit, si tamen beatae Monicae corpus optas, fac quod libet; sed scito hic frustra tempus conterere, nisi me fallit quod a maioribus nostris indubitata fide, semper accepi, hic subtus altum fornicem extructum esse ubi multorum sanctorum suis quemque tumulis posita corpora requiescunt, atque inter caetera S. etiam Monicae cuius causa nunc tu tantum insudas. Quare rem oportet te alia aggredi via. Intuere parietem oppositum altari, hunc interius perfodito, atque inde exiens qua depressior extra locus patet, iterum perfosso eo introito usque ad fornicem quem dixi tibi sub altari situm esse, is a te etiam perfodiendus erit, in quo et quod tu quæris, et quod tibi affirmavi, sicut maiores nostri tradiderunt, procul dubio invenies. Haec cum ille audisset, magna affectus laetitia, statim socios advocari fecit qui ad tria iam millia passuum abscedentes iter confecerant. Quorum praesentia alacrior etiam factus, quidquid a seniore illo acceperat narrat eis. Tunc laeti omnes verba eius opere exequentes non aliter ut ipse dixerat invenerunt. Accensis autem subito cereis, fornicem ipsum subterraneum ingredientes quinque ibi tumulos marmoreos, ordine dispositos, intuentur, quorum quilibet apposita plumbea lamina quid contineret, indicabat. Primus quidem corpus S. Lini papae, secundus S. Austerii martyris, tertius S. Constantiae, quartus S. Aurae virginis, quintus vero S. Monicae matris Augustini. Porro qui continebant corpora Austerii et Constantiae tumuli, ambo aqua limpidissima pleni erant, ubi vero corpus S. Aurae iacebat tumulus, instar auri renitentem aquam servabat. Reliqui nihil liquoris omnino habebant. Nec mora : exultantes illi meritasque Deo laudes decantantes, dimissis reliquis corporibus, eduxerunt tumulum, in quo iacebat corpus beatae Monicae, ac per Tyberim usque ad basilicam S. Pauli summa cum veneratione detulerunt, quieveruntque ibi noctem illam. Cum interim fama tantae rei totamque urbem implere coepit : proxima autem die, quae fuit Dominica Palmarum quinto ydus Aprillis, cum venissent fratres magna cum celebritate, magnoque, et solemni cum apparatu, et honore deducturi in urbem sanctum Monicae corpus, mirum quanta ibi confluxerit omnis sexus, omnisque aetatis hominum multitudo. Tantus erat affectus, tantum studium, tam incensa omnibus videndi, contingendique tantum digito sacrum sarcophagum ; unde et quosdam a demoniis liberatos, nonnullos a lepra mundatos, alios variis languoribus sanatos fuisse omnibus manifestissime constitit. Quo magis etiam auctus est cunctorum amor, et devotio, factusque maior est undique concursus, et exultantium clamor. Ita Romam perlatum est, collocatumque in templo antiquo S. Trifonis, quod est contiguum novo templo S. Augustini, commendatumque curae fratrum Augustinensium; mansitque ita usque ad tempora papae Nicolai V : tunc, Deo volente, impellenteque ita animos hominum, templum S. Augustini longe ante desolatum magna ex parte per Guillelmum de Estoutevilla, cardinalem Rothomagensem, Religionis Augustinianae protectorem, erigi coepit; atque ibi per Matteum Veggium, Domini Eugenii Papae datarium nobilissimum, mausoleum, mira arte, et ingenio elaboratum, magnoque sumptu, et labore comparatum, quale etiam Roma caeteris suis praeclaris ornamentis merito anteposuerit, fabricatum est. Ubi demum defuncto Nicolao V succedenteque Callisto III, in principio eius pontificatus, rursum beatissimae Monicae corpus IV nonas Maii, quae est dies natalis eius, magno debitoque cum onore translatum est. Cui non modo libenter annuit Pontifex, sed insuper septem annorum, totidemque quadragenarum indulgentiam diebus natalium matris Monicae, et filii Augustini perpetuo aevo duraturam concessit, ut omni ex parte dignus tam praestanti tamque sanctae foeminae honor exhiberetur.

II

MARTINUS EPISCOPUS, SERVUS SERVORUM DEI,
AD FUTURAM REI MEMORIAM [1].
UNIVERSIS CHRISTIFIDELIBUS
PRAESENTES NOSTRAS INSPECTURIS SALUTEM,
ET APOSTOLICAM BENEDICTIONEM

§ 1. Pia charitas, atque devotio, qua ex christianae professionis, et pastoralis officii debito Sanctorum reliquiis afficimur, Nos impellit, ut circa sacrarum reliquiarum conservatione, earumque veneratione omni studio, et diligentia invigilemus, quo fides nostra, sine qua nemo salutem consequi potest, in magnitudine suae maiestatis conservari, et spirituale incrementum suscipere valeat.

§ 2. Nuper siquidem venerabili fratre nostro Episcopo Electensi, Apostolicae capellae Sacristae, et Confessore nostro, pro parte dilectorum filiorum Augustini de Roma Prioris Generalis, et universorum fratrum Ordinis Eremitarum sancti Augustini, cuius ipse Episcopus etiam professor extitit, Nobis supplicante corpus Beatae Monicae S. Augustini Matris ex certis piis respectibus et causis, praesertim quia corpus dicti sancti ipsius Ordinis fundatoris, in quadam ecclesia Papiensi dicti Ordinis venerabiliter, prout decet reconditum extitit, a loco civitatis nostrae Ostiensis, ubi sepultum, et recon-

---

[1] Ex literis Auditoris Camerae, quae asservantur Romae in Archivio Ordinis n° 6. — Cette note précède le présent décret dans le Bullaire de l'ordre des Hermites de Saint-Augustin, dans lequel les constitutions apostoliques sont transcrites sur les *originaux*.

ditum fuerat ad ecclesiam domus Fratrum dicti Ordinis de Urbe transferendi, et in dicta ecclesia recondendi, et sepeliendi, licentiam concessimus, cuius concessionis auctoritate praedictum corpus in dicta ecclesia debitis caeremoniis, et condigna reverentia die nona Aprilis, quae fuit Dominica Palmarum, translatum, et reconditum extitit.

§ 3. Nos itaque Episcopi, Prioris (generalis) et Fratrum praedictorum devotionem, huiusmodi religiosis personis convenientem approbantes, atque considerantes, quod ob translationem praedictam de sanctitate huiusmodi corporis, maior apud Christifideles notitia haberi potest, quam si in quovis loco reconditum fuisset, translationem, et repositionem huiusmodi ratas habentes et gratas, eas, ex certa scientia, apostolica auctoritate tenore praesentium confirmamus, et ut erga dictam sanctam Monicam magis inflammetur fidelium ipsorum devotio, quasi patulo praeconio ad omnium notitiam adduci volumus per praesentes.

§ 4. Nulli ergo omnino hominum liceat hanc paginam nostrae approbationis, confirmationis, et voluntatis infringere, vel ei ausu temerario contraire : si quis autem hoc attentare praesumpserit, indignationem Omnipotentis Dei, et Beatorum Petri et Pauli, Apostolorum eius, se noverit incursurum.

Datum Romae, apud sanctos Apostolos, quinto Calendas Maii, Pontificatus nostri anno decimotertio.

III

MARTYROLOGIUM ROMANUM CAESARIS BARONII

Quinto Idus Aprilis.

Romae translatio corporis sanctae Monicae matris beati Augustini[1] Episcopi, quod ex Ostiis Tyberinis, Martino Quinto Summo Pontifice, in Urbem delatum, in ecclesia eiusdem beati Augustini honorifice reconditum fuit.

[1] Facta est sub Martino Papa Quinto, extatque diploma in registro anno XIII sui pontificatus. Legimus et sermonem ejusdem Pontificis ad Fratres Augustinianos, quo etiam historia texitur de eadem tum facta translatione, insuper et de miraculis, quæ tunc etiam contigerunt, est eius exordium: *Gaudeo mihi quoque, fratres religiosissimi*, etc. Facta est hæc translatio anno Domini 1430. (*Note de Baronius.*)

NOTE QUATRIÈME

DISCOURS DE MARTIN V
EN L'HONNEUR DE SAINTE MONIQUE

Nous publions ici le texte complet de ce sermon : d'une part, parce qu'il est extrêmement rare et que les Bollandistes n'en ont publié que quelques lignes ; de l'autre, parce que ce discours est comme la bulle de canonisation de sainte Monique.

SERMO

MARTINI QUINTI ROMANI PONTIFICIS IN HONORE SANCTÆ MONICÆ

I. Gaudeo mihi quoque, Fratres religiosissimi, lætitiam hanc communem esse, quae hodie vestrum universum Ordinem conjungit, quod ejusdem Parentis estis Matrem adepti, cujus et vos secundum spiritum filii esse debetis. Etsi enim cura quam gerimus majorem quemdam titulum nobis adferat, una tamen ac par omnium fidelium caritas corda continet : ubi non extrinseci tituli, non alianae nuncupationes, non temporanea vocabula valde prosunt, sed ejusdem spiritus communicatio, quae nos ejusdem Regni secundum Jesum Christum Salvatorem nostrum haeredes et cohaeredes facit. In hac igitur spe atque expectatione, in qua simul omnes laboramus tamquam unius Dominici agri cultores, communis nobis fiducia est. Hic igitur, unde fratres sumus, praesens me delectat Dominici muneris gratia; ac libenter vos mihi consortes in tanto gaudio adsumo, pariter ut omnes eamdem laetitiam frequentioribus studiis celebremus. Sic enim decet ut superna jocunditate in unum laetemur, quos necesse est fide, pace, oratione esse conjunctos. Sive igitur ut Ecclesiae filii ad laetitiam convenistis, sive unanimes spirituali caritate fratres, ego illinc parens, hinc vobiscum frater in hac exultatione congratulor. Nec sane mirum si et ipse vobiscum in Domino frater dici velim, qui me secundum nostri Magistri vocationem et gratiam *servus omnium* appello. Nullum denique nomen est quod respuam, modo simul omnes caritas una contineat. Quando ipse idem Salvator omnium se et matrem et fratrem et sororem dixit quisquis ejusdem Patris, qui in Coelis est, voluntatem servat. Ceterum ad vos singularis quaedam cura esse debet, qui non tantum fidem, verum etiam religionem, ac vitae Christianae formam, omnibus postpositis, sancte aemulamini; ut non solum communi appellatione, sed etiam singulari gratia ac studio Fraternitatem colatis. Itaque et vobis illud primum convenit quod ad Ephesios : *Quia jam non estis hospites, et advenae, sed estis cives sanctorum, et domestici Dei.* Nemo enim vos ad hanc frequentiam convenisse videat, quin in vobis fateatur esse

Deum, quos idem Spiritus in unam hanc sollicitudinem conduxerit. Mihi vero illud et placet, et licet dicere, quod Princeps Apostolorum, cujus locum tenemus, Fratribus suis dixit : *Vos estis genus electum regaleque Sacerdotium.* Sic enim intueor, plerosque ex vobis Clericali, ac Sacerdotali honore insignitos : quorum tamen una cura et voluntas est simul Deo pro tanti muneris benignitate gratias referre. Neque ego aliud magis optem, quam simul in tanto gaudio laetari, simul in tanta gratia tantaque festivitate eamdem animi devotionem profiteri.

II. Undique enim et ipse mihi faciendum intelligo, praesertim quod Romam, hoc est, et Sedem et Patriam nostram video tanta gratulatione exsultare, tanquam omnes eamdem omnium Parentem nunc primum amplectamur. Quis vero non totis studiis conetur, ut in hanc solemnitatem fidem suam conferat, quam cernit amplitudine gratiae omnibus communem esse? Nam de illius Matre celebritatem agimus, cujus virtus, cujus gratia et victoria fidem omnium illustrat. Quis enim nescit, aut quis dissimulare potest, unum esse Beatissimi Augustini nomen in Ecclesia, atque in omni Christianae Fidei loco celeberrimum? Nemo autem negaverit Matri gloriam, quam dignissime impenderit Filio; nemo a Genitrice separet laudes, quas Genito existimet esse tribuendas; praesertim cum omnes noverimus non carnis magis fuisse Beatissimam Monicam parentem, quam cordis et spiritus. De quo apud Deum illa semper intercessit, nihil aliud sollicita, quam ut unius filii Augustini salutem pareret. Sic enim et ille scribit aliquando sibi Matrem dixisse, nullam rem jam sibi esse ultra hujus vitae voluptati, cum Filium jam cerneret aeternae vitae desiderio felicitatis terrenae contemtorem.

III. Non itaque jure ac merito gaudeam, qui sim tantae gratiae administrator, ut Beatissimae hujus Monicae Reliquias contingam, reddamque beatum Corpus eisdem, quos tanquam Nepotes Filius genuerit Matri? Quanta vero, aut quantae dignitatis illa Mater est, quae tanto Filio in oculis omnium mortalium splendet! Felix sane venter, beata profecto ubera, veneranda brachia, denique totum corpus honorandum, cujus cura et ministerio tantus Filius orbi terrarum clarus est. Sic ferme solet et patrum dignitas conferri filiis, et filiorum gloria prodesse parentibus, quorum maxime unum fuit vitae studium, ac successiva charitatis diligentia, ne tam corpore et aetate, quam gratia et spiritu videatur filius parentem imitari. Accipite igitur, Religiosi, bonis affectibus, attrectate piis manibus. Tollite sanctis humeris Matrem, cujus filios vos esse gaudetis. Copulate honorem, jam in duobus unam laudem ac Religionem componite: jam in Matre ac Filio eamdem gratiam celebrate. Mihi vero ipsi haud minor gratulatio est, cui datum sit tantae festivitatis esse participem. Vos quoque, Romani Cives, agite laetitiam : vos, quibus tantum munus venit, accumulate gaudia. Multo enim laetior beatiorque hic dies vobis est, quam cum Matrem Deum, ut ipsi vocabant, ex Phrygia adductam in hanc Urbem acceperunt, cujus muneris qui fuit minister Scipio Nasica fertur maximam gloriam peperisse : tanquam solus in ea aetate justus Romae esset, quem deceret tantae religionis obsequium peragere. Major, inquam, justiorque nobis est laetitiae caussa, qui non fictis sacris, non falsa religione, sed sancta ac vera pietate ducimur. Nec turpes Matris Deum reliquias colimus, sed magni ac summi Dei cultricem religioso studio veneramur. Nec praeterea Scipionem vanum impuri cultus sacerdotem sequimini, sed Martinum Ecclesiae ac Fidei nostrae Pontificem, nec minus vestrae caritatis conservum habetis. Haec omnium una cura est: haec, ut cerno, totius populi pia ac sedula institutio, Beatae Monicae reiteratas exsequias colere.

IV. Omnes dudum noverunt Filii nomen : quicunque de Christo, de Fide, de Religione aliquid saperent, omnibus in ore erat Augustinus : ut nihil pene ex Sacris Litteris possit nisi eo duce intelligi, nihil nisi in eo interprete explicari. Eo jam auctore factum, ut nec sapientiam philosophis invideamus, nec oratorum eloquentiam desideremus, non studiosorum ingenia requiramus : non denique acumen Aristotelis nobis necessarium sit, non Platonis eloquentia, non prudentia Varronis, non gravitas Socratis, non auctoritatis Pythagorae, non Empedoclis solertia, non cujusquam illius generis hominum scientia ac virtus exemplo aut documento nobis esse debeat. Idem nobis Prophetarum oracula, idem Apostolorum voces refert, idem omnem omnium Scripturarum sensum exprimit. Unus postremo omnium Patrum, sapientumque ingenia ac studia exhibet. Si veritatem quaeris, si doctrinam, si pietatem, quis doctior, quis justior, quis, ut ita dicam, sanctior Augustino ?

V. Hunc vero tantum ac talem Virum pia mater Monica genuit. Tanti Patris gloriam haec Beatissima ministravit : tanta igitur hujus Mulieris dignitas, tam digna et memoranda illius memoria, quantus ille in tot libris splendet, quantus omnium gentium ore ac fama praedicatur. Siquidem, ut ante dixi, haec illi fuit tot meritorum, tantae gloriae; haec secundum Deum tantae felicitatis origo, ut jam parum sit, quod hominem genuerit, quod aluerit, quod instituerit, quod communi more mulierum puero fomenta praestiterit. Unigenitus hic fuit Matri, ut intelligas, non ad unius propagationem, verum ad totius orbis utilitatem eas nuptias quaesitas esse : quippe uno contenta, satis habuit unius vitam omnium gentium beneficio peperisse. Itaque illud est tanti partus emolumentum maximum, quod quem in carne genuit, non protulit carni, quem materno utero, maternis officiis servavit, semper in id visa est intenta, quonam modo omnium mortalium generi filium efficeret.

VI. At quem non delectet hoc apud Augustinum cognoscere, solitam Matrem illi ex ipsis cunabulis Jesu Christi Nomen, quo magis postea per aetatem dulcesceret, infantilibus labiis imprimere? Sic deinde per omnes aetatis gradus gessit, nihil negligens, nihil intermittens, quod ad hominis salutem spectaret. Quis, eodem ipso Augustino referente, omnes clamores explicet, quibus illa dies noctesque pro unius Filii, non incolumitate corporis, sed sanitate, hoc est felicitate mentis, et integritate animae coelum ac sydera pulsabat? Cum tantae preces viderentur ad multorum salutem dirigendae, quantas illa pro unius Filii caritate proferebat! Quis lacrymas enumeret, quis fletus cogitet, quos illa Mater pro Pueri pietate edidit? Nec cessavit, donec coelitus admonita est, non posse tantarum lacrymarum Filium perire; ac postremo eo fidei ac salutis loco futurum Augustinum, quem illa tenuisset. Itaque deinceps, quanquam ipse multa praetereo, similes curas intendit, quo coelesti oraculo obsequeretur, semper Augustinum, semper Filium, semper Deo ac Religioni promissum ac devotum meditans, ut ne pedem ab hominis vestigio declinaret.

VII. Neque interim refero, quibus artibus apud Virum, quibus apud Deum meritis ejusdem Viri salutem obtinuerit, ut hoc fieret, quod Apostolus refert prima ad Corinthios: *Salvatus est vir infidelis propter mulierem fidelem :* ne ex omni familiae numero quisnam in eo loco deesset, ubi salvi atque electi aeternis conscriptis recensentur. Illud vero quantae admirationis, quantae fidei, quantae probitatis exemplum est, quod Augustinum per tanta maris ac terrarum spatia sequuta sit : neque una cum eodem Filio peregrinationem adgressa : nam ire cupiens Augustinus, ipse fatetur Matrem elusisse. Verum posteaquam ille hinc Mediolanum est profectus, illa quoque non muliebribus consiliis eadem cepit vestigia, sublatis ex Africa velis ad Filium ubicumque esset plusquam femineis studiis perrectura. Oh vere Phoenissam Mulierem, cui recte illud convenit a Salvatore dici, *Mulier, magna est fides tua!* Nempe quanta fides, qua, illam tam audaci proposito per undas tempestatesque, per tot viarum discrimina intrepidam, atque indubitatam ferret, quousque Mediolani Filium, nihil tale de Matre exspectantem complexa est! Ibi vero quis referat quantas curas, non quasi pro filio mater, sed pro Augustino ut sanctus esset, fortissima ac sanctissima Mulier adierit? Tum quibus meritis, qua virtutum fama Ambrosii Simplicianique totque maximorum Virorum ac sanctissimorum Patrum charissimam familiaritatem adtigerit? Nihil apud singulos inquirens aliud, quam ut Filii salutem fidelissimis hominibus commendaret. Possem hoc loco multa memorare, quae illa ut Augustinus ad fidem converteretur omnino super feminam gessit; verum nolo me existimetis hodie hunc sermonem coepisse, qui vos Beatae Monicae merita ac laudes doceam. Tantum vero his officiis valuit, ut quod unum plusquam Filium cupiebat, eumdem videret Baptismo ac fidelibus Sacramentis renasci, quasi unius mulieris gemitibus evicta coelestis Curia, non posset diutius hujus Feminae suspiriis unigeniti vitam ac salutem negare: ubi praecipue tot Patres in Coelum votis ac precibus intenderent, *Dimitte illam, quia clamat post nos*. Hinc demum, ut cetera quae plura his sunt praeteream, nunquam apud Filium coelestibus verbis cessavit usquequaque per Italiam vadentis iter comitata.

VIII. Nec sane ipse magnae aut parvae rei quidquam inconsulta Matre agebat. Exstant familiares ejus dialogi, ac pleraeque disputationes cum amicis ac discipulis habitae, in quibus de maximis rebus disputatur. Atque inter cetera quoque hujusmodi sermones referuntur, non quidem ut solent mulierculae studio garrulitatis alienis colloquiis permisceri: verum ut singulari quodam judicio praedita crebro haec testis infertur. Sunt omnino illius de Deo, de Paradiso, de nostra Redemptione in nonnullis Augustini voluminibus gravissimae sententiae, et quae maximis quoque ingeniis satis sint;

nempe divinitus edocta, quae disserebat, ea superno testimonio confirmata tuebatur. Habitabat, credo, in illius Mulieris corde alius spiritus, quam qui solet per humanam linguam fari. Quamobrem fere inducitur ab Augustino in ejusmodi colloquiis veluti quaedam omnium rerum Magistra, et cui aeternus Deus rerum suarum cognitionem et auctoritatem dederit, ut ferme liceret ei dicere : *An experimentum quaeritis ejus, qui in me loquitur Christus?* Ita arbitror factam illam omnibus, qui in Italia praestantes habebantur, ipsa sapientiae gravitate notissimam, dum Filium, verior dux quam comes, ex Mediolano Romam consequitur. Quo medio tempore Augustinum ferunt, sanctorum hominum consilia quaesivisse, quorum praecipue in Tuscia multi fuisse Conventus dicuntur : hodieque adparent apud posteros illorum colloquiorum vestigia. In his vos adhuc frequentibus consortiis habitatis. At nos cum ex Florentia Romam venimus, quaedam vidimus in agro Senensi, nec sine magna hujus recordationis voluptate per Fratres illos transivimus, tanquam adhuc vetustissimarum cellularum ac speluncarum vestigia spectaremus.

IX. Sed ad Beatissimam Monicam redeo. Sequuta illa per omnes terras Filium Romam usque, spectatis omnibus, quae in hac Urbe visenda erant, una cum Filio ad Ostia Tyberina proficiscitur, unde ex Italia in Carthaginem navigatio esset. Verum quid hoc loco dicam, Fratres optimi? Quaenam potuit esse causa cur noluerit eam Deus Italia excedere? Nam in loco ultimum diem peregit, eousque Filium sequuta : dum illi fere (ut ita dicam) patriae muros ostenderet his pene

verbis : « Tu quidem hinc abeas, Fili, teque ad opta-
« tam patriam refer; verum ita, ut memineris unam
« esse in Coelo immortalem ac veram, quae est com-
« munis omnium Sanctorum Patria. Nihil aliud igitur
« a me tibi relictum putes, quam ut hanc et votis et
« studiis omnibus prosequare. Tum ego te in sinum
« meum recipiam. Nam ut te longius in his terris se-
« quar, modo Deus prohibet. Hic meae peregrinationis
« finis : hic meae mortalitatis limes esto. Vade nostro
« auxilio nostraque tutela securus. Felix tempus erit,
« cum simul ambos Filii tui, Filiique mei, te in Italiam
« revocato, religiosa pietate servabunt. » Haec pene
mihi videor illam prophetantem audisse, atque hoc
illud tempus esse, quod tanto ante illa praedixit. Quis
vero non hic videat Omnipotentis Dei pietatem, misericordiam, providentiam, qui noluerit tam insigni dono
Italiam, quin potius terrarum orbem fraudari? Non
enim facile credo, si in Africa diem obiisset, fuisset
aliquis, qui beatos cineres collegisset, nec potuisset
superesse tot Africae vastationibus tantarum Reliquiarum memoria. Non enim servassent Matrem, qui Filium jam toto orbe notum, si non ante translatus esset,
perdidissent. Quanquam ne in oppido quidem Ostiensi
tuta fuissent Sanctorum Ossa, nisi Dominico praesidio
essent custodita. Latuit igitur hoc modo per multas
aetates Beatum Corpus, Deo ita providente, uti per vos
aliquando illustraretur Mater, qui Filii nomen tanta
pietate celebtatis. Ego vero et mihi ipsi gratulor, hoc
esse temporibus nostris concessum, ut simus apud vos
tam praeclari muneris auctores. Ac sane puto non aliam
ob caussam servata esse Ostiae ruinarum vestigia, quam

ut his Reliquiis locus esset, qui aliquando referret quasi pignus per tot annos reservatum. Est enim a temporibus Honorii, quando illa ad Coelos migravit, ad hanc nostram aetatem, annus supra quam millesimus, quo Deus nobis suae misericordiae benignitatem aperuit. Nam illud quoque multiplicis exsistit gratiae, quod dum unum corpus requirimus, multa sunt uno pietatis opere retecta. Quae quonam modo se habuerint, jam velim me referente discant qui forte ea nondum plane audierunt. Sic enim spero paullo post hujus gratiae opus universo terrarum orbe promulgandum, cum hic dies sit, quo, ut cernitis, Romam ex omni quae sub coelo est natione concurritur. Atque, ut opinor, id consulto egit Deus, ut solito etiam frequentiores peregrini, et advenae essent, quorum oculis placuit tantae supernae largitatis beneficium ostendere.

X. Jam igitur explicemus, quo ordine, quibusque modis tum quorum ministerio Beatissimae Monicae, Sanctissimi Patris ac Doctoris Augustini Matris Corpus sit nobis concedentibus repertum. Frater Petrus, homo vestri Ordinis, ac nostrorum Sacrorum Custos, quem etiam fecimus Electensem Episcopum, is saepe dudum a nobis petiverat, ut hoc praestaremus, quo liceret Beatae Monicae Reliquias Romam transferre, aut in alium quempiam locum, ubi congrua ac solemni veneratione colerentur; quippe male haberi, ac servari Ostiae, qui locus pene desertus esset. Maxime autem orabat, ut eas vestro Ordini tribueremus : sic enim decere conjungi Filio Matrem, et eosdem esse utriusque servatores, qui essent et cultores. Id nos hactenus certis ex caussis distulimus, non quasi non judicaremus dandum quod postulabat : sed nonnulla erant impedimenta, quae prius oporteret expediri. Postremo tamen, et precibus et auctoritate multorum victi, annuentibus nostris Fratribus, concessimus iter, quove modo videretur, ad Urbem eas Reliquias transferret. Vocat ille ad se alium Fratrem Augustinum hunc ipsum praesentem : atque illi operam dat negotii ducendi. Ille vero ut libenter suscepit, ita sine mora omnia quae viderentur opportuna negotio. Idem ceteros sollicitat, parat, ut in rem parati adsint; nam sibi in animo esse, ut in die Palmarum, qui proximus est praeteritus, transveherentur. Primum omnium quod erat necessarium Ostiensem hominem convenit, cui soli notus dicebatur locus, ubi erat sepulcrum. Respondet ille, se quidem locum nosse, (nam sub Altari in Ecclesia Sanctae Aurae sic se ab uno Seniorum accepisse, ac semper consulto factum, ut Sepulcrum paucis, ac ferme uni notum esset) ceterum vereri, ne simul et aliorum Sanctorum Ossa in eodem mausoleo clauderentur. Id renunciatum est nobis. Ac nos respondimus : Si hoc ita esset, nec discerni possent, Ossa omnia, quae in eodem monumento invenirentur, simul haberetis. Cum his mandatis laetior dimissus Frater Augustinus, Rodulphum Castellanum cum aliis, qui multi numero Romae tunc erant Fratribus, convocat. Ita omnes Ostia ad designatum locum proficiscuntur. Fuit Ostia quondam Romana Colonia; ab Anco Martio quarto Romanorum Rege condita duodevigenti milliaribus hinc ad mare distans : oppidum olim dives, nunc vix pauca supersunt vestigia. Eo ubi pervenerunt, tendunt cum mandatis nostris ad locum, qui ostendebatur in inferiori aditu Ecclesiae, ubi primum ad dexteram Altaris plus octo pedes effodiunt, ubi invenerunt parvula ossa; super planum lapidem posita erant. Videbantur tamen esse Reliquiae Sanctorum, etsi res nullo litterarum indicio adparebat. Tum vero omnes ambigunt, quid facto opus sit. Non enim existimabant esse Reliquias, quas quaerebant. Fornix item erat tam densus ac solidus, ut nec fortibus malleis pulsatus, sonitum redderet. Undique igitur tentant, si quis forte sit aditus. Nihil omnino cernitur. Denique ex eo loco saxum movent, ubi priores Reliquiae inventae erant, nam prae veneratione timuerunt contingere. Tum vero ostiolum adparuit, unde in secretiorem tumulum ibatur. Monimentum in modum camerae amplum subter erat, usquequaque inter Altare, et parietem replens. Ibi plures arcae in ordine stabant, quarum aliae aliis majores erant. Ad dexteram tria erant Sanctorum corpora; Primum Lini Martyris, qui post Beatum Petrum primus fertur Cathedram tenuisse : Hinc aliud Felicis Pontificis, qui et ipse, Claudio Principe, Martyrii coronam adeptus est : Tum et Asterii Martyris aliud sepulcrum sequebatur. In sinistra erat Beatae Constantiae primum sepulcrum, ubi cum Filia jacuerat (nam simul ambae Martyrium susceperant) : Dehinc arcula B. Aureae Virginis et Martyris Ossa continebat. Huic subjectum erat Beatae Monicae sepulcrum, cujus magnitudo hominis staturam implebat. Verum illud omnino intelligendum, ac propterea Deo gratiae referendae, qui tam mirabilis in suis Sanctis triumphat, nec patitur ullo tempore misericordiae suae expertes esse, qui se sponte pro amore ipsius Martyriis obtulerunt. Namque ex ossibus Virginum, ut manifestum erat, perennis liquor exsudabat, qui facile omnium odoramentorum suavitatem vinceret. Quae igitur Regum ac Tyrannorum jactantia, quod in auro ac marmore sepeliantur, quod imbuantur balsamo, quod magnificis tumulis conditi a populis honorentur? Quid? Quod fuit Fratri Augustino evenit contactu Beatorum Ossium? Nunquam potuit manus sacro odore purgare, donec lavit aqua benedicta; quasi ita Sacramento cederet Sacramentum; quod nequivisset communi lavacro aboleri. Mihi vero magis quoddam indicium praesentis Divinitatis videtur, nulla humana cura Defunctorum Reliquias divinis odoribus distillare. Quippe ut adpareat, quemadmodum in vita carnis concupiscentiam nescierunt, ita eos [post vera immortalitate insigniri. Neque hoc dubium fuit : siquidem nos hujus rei experimentum nostris oculis conspeximus. Quiescite jam, beata Corpora: manete, o Sanctissimae Reliquiae, quibus sanguis ille ob Domini nostri amorem fusus, in coelestis roris suavitatem convertitur.

XI. Aperto igitur Beatae Monicae Sepulcro, Fratres quanta possunt veneratione spectatum atque honoratum Corpus colligunt, simul altissimis vocibus divinarum laudum hymnos decantantes. Hoc modo illi desiderio potiti, ad Urbem multis sequentibus properant : quibus interim nostro jussu obviam procedit ex eodem Ordine Lucas, nunc episcopus in Corsica : tum hic Frater Antonius Legatus ab Rege Aragonum ad nos missus. Illud vero pulcherrimum, ac sane mirum dictu : adventantibus circa Sanctum Paulum Reliquiis, tantus ex inaudito per totam Urbem tumultus est erectus, quantus nullo praeconio potuisset excitari. Dominica erat Palmarum, qui dies est Romae convenarum frequentissimus. Millia peregrinorum undique discurrebant : quidnam hoc esset rogantibus respondebatur : Beatae Monicae Reliquias tum primum in Urbem inferri. Illi qui nesciebant Beatae Monicae nomen mirabantur. Ceterum ut audiebant Beatissimi Augustini Matrem fuisse, omnes sine mora e domibus atque hospitiis effundebantur : plenique concursantium vici, dum alius alium hortatur, impellit, arripit, incredibilis fiebat euntium tumultus. Ibi homo plebeius, qui apud Sanctum Paulum restiterat, viso gentium concursu, ut forte potuit flexis genibus, Sanctam maximis precibus venerabatur, opem marcido corpori expostulans. Nocte insequenti maculis, quibus in modum leprae universum corpus tegebatur, mundatus est. Deinde in Urbem ingrediuntur : nec capaces erant tumultuantium viae ; omnes videre, inspicere et tangere cupiebant. Plurimi, quibus non dabatur adcessus, aut caputeis aut zonis, aut hujusmodi rebus jactis, modo aliqua re contigissent, devotionem explebant. At per viam homo Romanus, cujus oculi pene caligaverant, post orationem factam, claro lumini est redditus. Ita personantibus Fratrum ac Sacerdotum hymnis canticisque Matris Corpus ad Filii ecclesiam transfertur. Non deerant vulgi clamores, non totius populi voces, non devotorum, non mulierum orationes ac lacrymae. Omnes gaudiis, omnes laudibus, ac votis satagebant. Neque illo tantum die solemnitas acta est. Omnem illam Hebdomadam, quae est, uti nostis, sanctissima pari devotione celebrarunt. Puerulus erat in domo Fratrum, Frater altero oculo derelictus. Hunc mulier cognata avitum applicavit, ut ante Corpus aliquid pueriliter orans flecteretur : atque illa cum paucis mulieribus pueri valetudinem precata, paulo post surgens, sanum atque integrum utroque lumine recepit. Eodem modo est de pluribus vulgatum, qui praecipue gloriantur similibus beneficiis, secum illam meruisse. Nec mirum quidem, si haec Beati Corporis praesentia effecit, quando et ipsum Monumentum, quod paullo post vacuum ex Ostia translatum est, hujusmodi miracula potuit operare; nam ita visum est Beata Ossa id fere desiderare, ut in veteri arcula, tanquam in suo habitaculo servarentur. Effossam igitur gravi devotione per amnem deportarunt; ac dum in Ecclesia paululum resideret, Fratribus ad Reliquias profectis, mulier cujus filius erat octavum jam mensem gravi atque implicito morbo aegrotus, arreptum parvulum sincerissima spe, in Arcam imponit : moxque sanum factum, super pedes nitentem jam infantulum statuit. Ista nunc quotidiana sunt, atque in oculis omnium gesta; ut nihil non sperare liceat patrocinio illius adfuturum, quod aut corporibus, aut mentibus nostris necessarium fuerit.

XII. Quam igitur gaudendum tibi, o Roma, quae hanc Parentem suscepisti? Ego vero quam maxime exsultem, vix possum referre, quod nostra aetate tam benigne Deus nostris rebus adcesserit. Mihi ipsi haud dubium Patronum Augustinum in Coelis habiturus videor: siquidem necesse est, et Filium eisdem muneribus debere, quibus Mater adfecta est. Speciosissimum vero hoc tempore munus, quandoquidem Ecclesia, quantum ad nostra pertinet gubernacula, opulenta pace fruitur. Itaque et hoc in rebus nostris praeclarissimum ducemus Sanctis quoque optatam sedem praestitisse; nec tantum ut uni locum dederimus, cum et Augustino et Monicae pariter hoc gratum fuisse existimem. Quid vero ipse charius habere possem, quam inter ceteros Sanctos uni Beatissimo Augustino gratificari? cujus tanta exstant erga omnem Catholicam Ecclesiam beneficia, ut nulli pene, ut ita dicam, Sanctorum majora merita debeamus. Quidquid enim simul omnes Apostoli plantaverunt, quidquid Apollo, atque alii Apostolorum sectatores rigaverunt, hic coronavit, hic tetendit, hic, velut circumposito aggere, materiam praebuit, qua ex Deo feliciora crementa susciperet. Totus itaque jam Augustini fio, meque illi quibus possum desideriis voveo, cujus opem capiti mihi in primis necessariam arbitror. At vobis quantum gloriari licet, Fratres devotissimi, qui sub tanto Magistro militiam geritis, qui sub tanto nomine Religionem servatis, qui ad speciem tanti praeclari exempli vitam exponitis! Tam deinceps honorate in Filio Matrem, duobus aequa religione servite. Ac si fortasse mulieribus hujus Religionis forma placuerit, una erit Beatissima Monica, cujus exemplum imitentur. Una erit Matrona sanctissima, cujus virtutem sequantur; una erit coelestis Vidua, cujus felicitatem amplectantur.

XIII. Ceterum hinc vos existimate hodie a nobis admonitos minime licere, ut a data Regula declinetis, quibus tam magna exempla proposita sunt, quibus tot commoditates adcessere. Quanquam nec aliis locis pepercit Deus bonitati suae erga nos, quasi omnino concupiverit munus suum implere, ac praedicatoris sui Augustini omnem gloriam patefacere, vestrum Ordinem extremis beneficiis sublimare. Sic enim audivimus Tiaram Augustini, Litumque illum Pastoralem non ante multos dies reperta, magnoque pretio redempta, in Sardiniam Valentiam translata esse. Ita omnibus locis et rebus bene successit, definiente Deo, ut qui rite praeter ceteros Augustinum colitis, soli omnem illius supellectilem possideatis. Quid enim magis congruit, quam eosdem rerum et Corporum custodes esse, qui nominis sunt haeredes? Jam igitur omnem Augustinum habetis, jam universam illius rem ac Familiam tenetis. Neque deest vobis omni studio Pater, nec deficit in aliquo benefacto Deus. Unum vero est mansuetudinis jugum, unaque humilitatis regula, qui primus ipse fuit subjectus, neque ejus propositi poeniteret. Ex his rebus, mihi, credite, vos quoque prima crementa accepistis. His institutis Majores ac Patres vestri per orbem terrarum clarissimum nomen habuerunt. Siquidem recte putant omnes, non Religionis modo, verum etiam ceterarum virtutum fundamentum in humilitate esse. Quod si quis verbis potius, aut cultu et fronte gloriam suam jactat, a veritate ad superstitionem animum reducens, ejus profecto, ut Apostolus Jacobus inquit, *vana est Religio*. Mea quidem sententia, si Patris Augustini praecepta servaveritis, nullum hominum genus fuerit, nullius Regulae institutio, cujus sanctitati vobis invidendum sit. Verum nescio quid vobis metuam, etc.

Omittimus quae hic habet Pontifex, Eremitis Augustinentibus propriae Regulae observantiam, pacem et humilitatem commendans, quœ quidem fere duas ex his nostris paginis occuparent.

Ita si quid ipsi coetui vestro proficere possumus, Fratres, omnes existimate nobis curae esse, qui omni opere vestram Religionem foveamus; ut nihil jam interesse placeat inter Presbyteros, et vestrae Regulae Professores; ne qui estis ad communem Ecclesiae utilitatem constituti, ex sociis membris indigne damnum feratis. Illa enim prorsus abominanda est insolentia, Religiosis Religionem invidere, aut non posse pauperem inopiam pati, aut denique se meliorem ducere, quod potior quisquam velit haberi. Tantum et ipsi date operam, ut per Conventus vestros quieti sitis, ac quisque Religionis suae negotium expleat, ac vos praesertim, qui tanto Patre gaudetis.

XIV. Jam enim nulla dubitatio est, quin vobis Augustinus in primis sit, non eo modo, quod illius nomen singulari honore sectamini : verum judicio nostro hoc potissimum caussae est, quod ad vos una cum Filio Mater adcessit, tanquam indigne ferret, non iis corpore praesentem esse, qui se digna Religione honorarent. Prospexit credo velut errantes parvulos, ut in sinum ipsa quoque Nepotes acciperet. Nondum enim cuiquam, nisi vobis haec sancta dicata est, nec alteri, quam Ordini vestro cessit. Multi tamen ad Augustini omen subiere, jam de ipsa Religionis dignitate certantes; quasi solis hic honor debeatur, quem velut primi adfectant. Sed alius hic locus est. Ipsa quidem mater solos elegit, quos tanquam Filio cognatos adsumeret, sponte in Ordine vestrum succedens. Utinam eo tempore quaesita esset, cum majore numero eratis per orbem terrarum frequentiores! Nihil profecto in ore hominum plus esset. Nam quae mulier Religionem expetens, nolit inter Beatae Monicae dicatas censeri? Quis hominum sub alio potius debeat, quam sub Augustino capite velle tueri

Religionem ? Hinc enim reliqua proficiscitur excellentia, modo se velint Fratres facti ad ipsius Patris exemplum conformes facere. Nempe si magna est Philosophorum gloria, ubi clarissimi alicujus Principis discipuli et sectatores dicantur, ut videatur huic magnificum, si se Pythagoricum referat, alteri quod Socraticum aut Platonicum; quanta vobis, et quam merita vestrae Religionis laus est, Augustinum Ducem ac Parentem habuisse!

XV. Accipite igitur cum Patre Matrem, accipite cum Filio Genitricem. Utamini quantum juste libet alterutro; nam utriusque eadem fuerit disciplina, eadem regula, eadem institutio. Denique hunc diem vobis solemnem facite, atque ita in posteros, concedentibus, volentibus, suadentibus nobis, transmittite. Hinc quantis potestis vocibus Sanctissimae hujus Matris praesentiam et gloriam declarate. Postremo omnes quoscunque inveneritis claudos ac debiles ad coelestia auxilia captanda invitate. Nec silueritis, quae his diebus Romae apud beatum hoc Sepulcrum edita sunt. Mulierem nomine Silviam ex intolerabili dolore capitis, facto voto, continuo liberatam. Mariolam aliam vestri Fratris sororem jam tumore mamillarum una et maxima febri morti pene vicinam, tactu Sepulcri mox sanatam. Puerum illum sumto toxico morientem, a parentibus huic Sanctae non prius commendatum, quam sanatum. Aliam nobilem Romanam simul et paralyticam et morbo comitiali, quem caducum appellant, vexatam, tacto Sepulcro, mox ad integram sanitatem restitutam. Quid dicam sterilem illam uxorem fabri, qui Sepulcri ejus ferramenta confecerat, expresso ad Sepulcrum voto, paullo post concepisse? Quid eumdem fabrum pene caecum, consimili voto splendidum lumen accepisse? Quid aliam puellam lethalis pestilentiæ morbo correptam, ac prodito gerendi hujus vestri habitus more mulierum voto, continuo ex omni periculo ereptam? Quid alios complures variis morbis ac magnis febribus per hujus auxilia dimissos? Praecipue vero quos ex caecitate ac tenebris in lucem reddidit? Recte hanc opem sibi adsumsit : vel quod illius Doctoris Mater est, qui doctrinae suae radiis universum orbem adhuc illustrat : vel item quod propter eumdem, ut superna luce servaretur, viginti continuis annis apud Deum piissimas lacrymas effudit, et quae aliquando moestis oculis dixit : *Heu, filii mei Augustini mortem plango* : nunc dicat : *Eia me felicem, quae per Augustinum filium universo orbi lumen pando.*

XVI. Haec vos, Fratres mei, auctoribus nobis nuntiate gentibus; simul ipsi tanto supernae gratiae munere gaudete; ac vos praeterea dignos, vel tam Beatae Matris, vel tanti Parentis et Doctoris filios discipulosque gerite. Omnes ita genus vestrum mirentur : omnes vitae vestrae instituta laudent. Denique omnibus Religio vestra placeat : atque his rebus sperate vobis omnia majora et ampliora succedere. Non deseret enim Deus quos tantis donis insignes fecit, non relinquet Filios, quibus tam Beatos, tamque illustres Parentes dedit. Ita fient laborantibus ac devotis omnia parata; modo hinc Religiosae vitae formam sumatis; ipsique ceteris exemplo sitis, quo in manibus vestris glorificetur Deus, Ordoque ad insignem numerum, ac dignam Capite nobilitatem celsitudinemque evadat. Tum ipsi videbimur idoneo loco nostrae concessionis munus statuisse, si diligentes ac sollicitos servandae hujus gratiae agnoverimus. Atque illi puto gratissimum ac jocundissimum fuerit intelligenti, se optimorum Filiorum gremio receptum. Hac itaque cogitatione spem vestram erigite ; his consiliis Ordinem vestrum confirmate ; hac religione caritatem vestram adornate. Ipsi vero laeti spectabimus ; nos pietatem vestram studiosa sinceritate observabimus ; denique vobiscum tantae felicitatis gaudia celebrabimus.

NOTE CINQUIÈME

SANCTUAIRES NOUVEAUX ÉLEVÉS A THAGASTE ET A HIPPONE EN L'HONNEUR DE SAINTE MONIQUE

Le vénérable et généreux évêque de Constantine, Mgr de Las-Cases, s'est à peine assis sur le siége restauré de saint Augustin, qu'il a eu l'inspiration d'ouvrir aux Mères chrétiennes deux sanctuaires nouveaux, augustes entre tous, l'un à Thagaste, l'autre à Hippone.

« Votre œuvre, mesdames, écrit-il à l'association des Mères chrétiennes, est éminemment, d'après moi, l'œuvre de notre siècle. Je ne m'étonne pas qu'elle ait rallié tous les suffrages; je ne suis pas surpris qu'elle ait, quoique comptant à peine quelques années d'existence, ému les cinq parties du monde, et réuni dans une seule pensée et dans une même confiance cent cinquante mille mères chrétiennes. Aussi suis-je heureux, mesdames, de pouvoir offrir un aliment nouveau à votre zèle, en ouvrant à votre Archiconfrérie deux sanctuaires où vos supplications maternelles auront plus qu'ailleurs puissance et efficacité.

« A Thagaste, où sainte Monique a si longtemps pleuré, à Hippone, où les larmes de Monique ont porté si magnifiquement leurs fruits, deux chapelles vous sont dorénavant tout spécialement consacrées.

« J'établis et j'ordonne que, chaque jour et à perpétuité, une messe soit dite dans l'un et dans l'autre sanctuaire, pour la persévérance ou pour le retour de ces enfants dont le salut vous préoccupe à bon droit.

« Toutes les indulgences particulières dont Sa Sainteté Pie IX a daigné enrichir ces deux fondations nouvelles, c'est pour vous, pour vos époux, pour vos fils surtout, que je les ai demandées; c'est à vous et à eux que je les transmets.

« Ah! mères chrétiennes, de cette terre autrefois si grande, de ce rivage où germaient jadis tant de saints, il s'élèvera, soyez-en sûres, des souffles d'innocence ou de régénération, de fidélité ou de repentir. Augustin parlera, et sa voix sera entendue; Monique gémira, et ses gémissements sauront toujours convertir. »

Et, après ces touchantes paroles, le vénérable évêque ajoute avec une modestie et une bienveillance qui nous ont profondément touché :

« L'idée que je réalise a été, je me plais à le proclamer, comme indiquée plusieurs fois déjà.

« Saint François de Sales disait aux mères affligées de son temps : « Mesdames, si vous voulez être de vraies « mères chrétiennes, ayez les yeux attachés sur sainte « Monique. » Il leur disait aussi : « Lisez la Vie de

« sainte Monique, vous y verrez le soin qu'elle eut de
« son Augustin, et bien des choses qui vous conso-
« leront. »

« Dans la biographie de cette illustre sainte, écrite avec tant de cœur et de talent par M. l'abbé Bougaud, je suis frappé d'un passage plus explicite encore. N'est-ce pas, en effet, le présage et l'annonce de ce que j'accomplis à cette heure ? « Du moment que les mères
« chrétiennes se réunissent afin de prier pour leurs fils
« égarés, il était impossible que la douce et consolante
« figure de sainte Monique ne planât pas sur leurs réu-
« nions. On y pensa dès le principe. Seulement, on
« avait choisi six ou sept patrons à l'association ; sainte
« Monique n'y était qu'en dernier lieu. Mais à mesure
« qu'on avance, elle sort peu à peu de l'ombre ; elle
« monte à l'horizon ; elle s'éclaire d'une lumière si
« douce et si pure, qu'après la très-sainte Vierge Marie,
« à laquelle, dans le ciel de la sainteté, aucun astre ne
« s'égalera jamais, sainte Monique devient *la première*
« *confidente, la patronne, le refuge, l'asile, la grande*
« *protectrice de toutes les mères chrétiennes.* »

« Vous saurez donc apprécier, je n'en doute pas, la grandeur du don que je vous fais. J'en ai pour garant la joie de plusieurs mères qui, apprenant par moi qu'elles pourraient désormais identifier leurs appréhensions, et confondre leurs soupirs et leurs larmes avec les larmes, les soupirs et les appréhensions de Monique, m'ont remercié avec effusion et n'ont su assez me redire combien mon pieux projet les avait encouragées, raffermies et consolées. »

A cette belle inspiration du cœur d'un Évêque qui tombe sur notre livre comme une bénédiction, et qu'accompagnait une démarche de la plus aimable délicatesse, nous nous sommes hâté de répondre par un cri de respectueuse reconnaissance :

Paris, le 17 mars 1869.

Monseigneur,

Je n'ai pas eu de bonheur. J'étais absent d'Orléans, au moment où M. l'abbé Caussanel est venu m'y chercher de votre part, et j'ai eu plus de regret encore de ne pas m'y trouver lorsque Votre Grandeur y est venue récemment elle-même. Je prêchais alors le carême à la Madeleine. J'ai manqué ainsi l'occasion de vous remercier du Mandement que vous avez bien voulu me faire remettre, et encore plus de la généreuse inspiration qui vous l'a dicté.

Il vous appartenait, Monseigneur, à bien des titres, de prendre cette belle initiative et d'enrichir l'association des mères chrétiennes de ces deux nouveaux sanctuaires, désormais les plus augustes : Thagaste et Hippone.

Vous avez vécu dans le monde, Monseigneur ; vous savez si les mères ont besoin d'être consolées. Et d'autre part, Évêque, successeur de saint Augustin, ayant reçu entre autres dons, au jour de votre sacre, la grâce d'apprécier les trésors de votre Église dans leurs rapports avec l'Église universelle, vous connaissez mieux que personne ce qu'a été sainte Monique, et ce que veulent dire, dans la langue de la consolation et de l'espérance, ces deux mots : Thagaste et Hippone.

Thagaste! ce sont les tristesses, les désenchantements d'un mariage où la vraie unité a manqué; les larmes silencieuses, les prières obstinées, les inquiétudes poignantes et aussi les joies du retour et les ineffables consolations du lit de mort. Tagaste, c'est la chère âme d'un mari, rachetée, sauvée à force d'amour.

Hippone! sainte Monique n'a peut-être vu Hippone que dans les ravissements d'Ostie; car qui sait si la vision qui emporta le cœur de la mère et qui la fit mourir de joie n'était pas la vision d'Hippone? Quoi qu'il en soit, Hippone, ce n'est pas seulement le fils de tant de larmes retrouvé, c'est la vertu, la sainteté, le génie, la pénitence, l'amour fleurissant là où il y avait eu tant de mal et de tristes ruines. C'est Augustin, prêtre, évêque, docteur. C'est le plus grand des docteurs donné à l'Église par les larmes d'une mère.

Monseigneur, les épouses et les mères vous béniront à jamais d'une telle inspiration, et quand elles tourneront, vers les deux sanctuaires de Thagaste et d'Hippone créés par vous, leurs yeux baignés de pleurs, quand surtout elles en reviendront ranimées, consolées, pleines de foi et d'une nouvelle énergie, elles n'oublieront pas la terre d'Afrique d'où leur sera venu ce secours; l'œuvre si laborieuse que vous y faites : tant d'églises à bâtir; tant d'âmes à sauver; ces petits orphelins que la famine a mis entre vos bras; et elles auront une prière et une aumône pour celui qui a si bien compris le cœur des mères.

Veuillez bien agréer, Monseigneur, l'assurance de mon plus profond respect et de mon plus religieux dévouement.

Em. Bougaud, *Vicaire général.*

FIN DES NOTES ET PIÈCES JUSTIFICATIVES

TABLE DES MATIÈRES

Avant-Propos. 5
Introduction. 25

CHAPITRE PREMIER

LA NAISSANCE ET LA FAMILLE DE SAINTE MONIQUE. LES PREMIÈRES ANNÉES DE SA JEUNESSE. SON MARIAGE. 75

 Thagaste, aujourd'hui Souk-Arras. Sa position. . . 76
332....Pourquoi Dieu y plaça le berceau de sainte Monique. 77
 État de l'Église à cette époque. 78
 Position sociale de la famille de sainte Monique. . 79
 Sa première éducation. 80
 Sa vieille nourrice. 81
 Vertus naissantes. 82
 Au milieu de ce doux éclat de vertus, on voit cependant apparaître en sainte Monique une ombre. 85
348....Conversion de Thagaste. — Pieux enthousiasme de la sainte. 87
 Avec les dons surnaturels se développent en sainte Monique les dons naturels. 88
 Son esprit. 88
 Son cœur. 89
 Ses dons extérieurs. 89
 Sa modestie. 90
 Elle est demandée en mariage. 91
 Qualités et défauts de Patrice 92

Comment les parents de sainte Monique purent-ils se décider à un pareil mariage ? 95
353....Monique paraît à l'autel avec un éclat de vertu qui attendrit tout le monde. 96

CHAPITRE DEUXIÈME

L'INTÉRIEUR D'UNE FAMILLE NON CHRÉTIENNE. DOUCEUR ET PATIENCE DE SAINTE MONIQUE. DIEU LA CONSOLE EN LUI ENVOYANT LE BONHEUR D'ÊTRE TROIS FOIS MÈRE. COMMENCEMENT DE L'ÉDUCATION D'AUGUSTIN. 98

353....Position pénible de sainte Monique au milieu de sa nouvelle famille.. 98
Sa belle-mère. 98
Violences et faiblesses de son mari. 99
Par quelle grande pensée sainte Monique soutient son courage. 101
Sa méthode de douceur, d'humilité et de discrétion. 102
Elle la conseille à toutes ses amies. 104
Premiers fruits de cette méthode. 104
354....Au milieu de ces tristesses, Monique est trois fois mère. 105
Nouvelles douleurs plus grandes que les autres. . 108
Abandonnée de son mari, Monique se tourne tout entière du côté de ses enfants. 109
Commencement de l'éducation d'Augustin. . . . 110
Monique s'applique surtout à former sa conscience. — Ses admirables principes. 112
361....Maladie d'Augustin. — On voit combien était déjà profonde cette impression de foi et de piété que sainte Monique s'efforçait de mettre dans l'âme de son enfant. 116
Plan périlleux que lui impose, dans l'éducation de son fils, la volonté de son mari. 118
Monique redouble de patience et de douceur. . . 120
Elle adoucit sa belle-mère. 120
Gagne le cœur de ses servantes. 121
Et déploie surtout vis-à-vis de son mari toutes les ressources de sa patience. 122

Commencement d'inquiétude vis-à-vis de son fils. . 125
Ses efforts pour triompher de la première apparition
    du mal dans l'âme d'Augustin. 127
367....Au milieu de ces inquiétudes, elle est obligée de se
    séparer de son fils; Patrice l'envoie à Madaure. . 129

CHAPITRE TROISIÈME

JEUNESSE D'AUGUSTIN, COMMENCEMENT DE LA CRISE DES PASSIONS. SES CAUSES, SES PROGRÈS, SES CARACTÈRES. POUR CONSOLER SAINTE MONIQUE ET POUR VENIR AU SECOURS D'AUGUSTIN, DIEU PERMET QUE PATRICE FASSE VERS LA RELIGION UN PREMIER PAS; IL ABJURE LE PAGANISME. 131

367....Première révélation du génie d'Augustin. 132
    Premier souffle des passions. 133
    Mauvaises lectures. — Fréquentation des théâtres.—
      Imprudence des maîtres d'Augustin. 134
    Le poison commence à circuler dans ses veines. . 139
    Peu inquiet de ce commencement de désordre, mais
      ravi des succès de son fils, Patrice se prépare à
      l'envoyer à Carthage. 139
    Péril du plan qu'il adopte. 139
369....La crise des passions éclate dans Augustin. . . . 139
    Soin extrême avec lequel il cache tout à sa mère. . 140
    Ses désordres, et au milieu de ses désordres ses tris-
      tesses. 141
    L'œuvre de sainte Monique avait-elle entièrement
      péri ? 143
    Au moment où son fils commençait à lui échapper,
      Monique gagnait à Dieu son mari. 144
370....Patrice abjure publiquement le paganisme et fait pro-
    fession de la foi chrétienne. 148
    Ce qui manquait encore à la joie de sainte Monique
      dans la conversion de son mari. 149

CHAPITRE QUATRIÈME

SUITE DE LA CRISE DES PASSIONS. SAINTE MONIQUE EST AVERTIE DES PÉRILS DE SON FILS. SA CONDUITE. A MESURE QU'AUGUSTIN S'ÉLOIGNE, DIEU PERMET, POUR LA CONSOLER, QUE SON MARI SE RAPPROCHE. MORT CHRÉTIENNE DE PATRICE. 151

370 ....Progrès continuels du feu mauvais allumé dans l'âme d'Augustin. 151
 On se demande avec effroi ce qui va advenir de son esprit, de son cœur, de son génie lui-même. . . 152
370 ....Monique est avertie; son émotion. 153
 Elle va trouver son fils. 154
 Conseils qu'elle lui adresse. 157
 Comment Augustin les reçoit. — Il méprise les paroles de sa mère. 157
370 ....Départ d'Augustin pour Carthage. 159
 Ce qu'était cette ville. 160
 Grand péril pour l'esprit et le cœur si malades d'Augustin. 162
371 ....Triste chute. 166
 Douleur de sainte Monique en apprenant les désordres de son fils. 168
 On craint qu'elle n'y succombe. 168
 Ce qu'on pourrait appeler la fête des larmes de sainte Monique. 168
 Patrice s'associe à sa douleur. — Il revient tout à fait à Dieu. 169
 Il demande le baptême et meurt chrétiennement. . 171

CHAPITRE CINQUIÈME

SAINTE MONIQUE VEUVE. ELLE S'IMPOSE LES PLUS GRANDS SACRIFICES POUR ACHEVER L'ÉDUCATION D'AUGUSTIN. ROMANIEN VIENT A SON AIDE. AU MILIEU DE SES DOULEURS, ELLE SUIT, AVEC UNE LUEUR D'ESPOIR, LE PREMIER EFFORT D'AUGUSTIN POUR RETROUVER LA VÉRITÉ. 174

371 ....Presque toutes les grandes saintes ont été veuves de bonne heure; pourquoi? 174

DES MATIÈRES

Nouvel essor de Monique veuve.	175
Sa plus grande fuite du monde.	178
Sa mortification plus austère.	178
Son amour des pauvres.	179
Ses œuvres de charité.	180
Son esprit de prière.	183
Sa dévotion pour les saints et les martyrs.	184
Ses ravissements aux jours où l'on célèbre les grands mystères de la religion.	185
372....Inquiétude de sainte Monique en voyant que par la mort de son mari elle serait obligée peut-être de faire interrompre à Augustin ses brillantes études.	187
Ce qu'était alors le génie d'Augustin.	187
372....Son cœur et son caractère.	189
Son extérieur et sa physionomie.	189
Tristesse de Monique en voyant qu'elle ne pouvait plus rien pour l'éducation d'Augustin.	192
Romanien vient à son aide.	192
Reconnaissance du fils et de la mère.	193
373...Augustin reprend ses travaux. — Il lit l'*Hortensius* de Cicéron. — Il est ravi.	194
Ce qui fût arrivé si cette commotion se fût fait sentir un an plus tôt. — Deux causes le refroidissent peu à peu dans l'étude de la philosophie antique.	196
Il ouvre les saintes Écritures.	199
Mais, faute d'humilité et de pureté de cœur, il ne les comprend pas.	200
Ce qu'était à dix-neuf ans l'âme d'Augustin.	201

CHAPITRE SIXIÈME

COMMENCEMENT DE LA CRISE MANICHÉENNE. APRÈS S'ÊTRE APPROCHÉ UN INSTANT DU CHRISTIANISME, ET L'AVOIR MANQUÉ, FAUTE D'HUMILITÉ ET DE PURETÉ, AUGUSTIN TOMBE DANS LE MANICHÉISME. CONDUITE INCOMPARABLE DE SAINTE MONIQUE. DIEU LA CONSOLE. IL EST IMPOSSIBLE QUE LE FILS DE TANT DE LARMES PÉRISSE. . . 202

Origine du Manichéisme.	202
Par quels charmes une doctrine si absurde séduisait-elle les jeunes gens?	204

374....Saint Augustin y succombe et abdique publiquement
  la foi de son enfance. 208
Il se fait l'apôtre du Manichéisme, et entraîne dans
  son erreur presque tous ses amis. 209
Étonnement et douleur de sainte Monique. . . . 211
Son énergie incomparable. — Elle chasse Augustin
  de chez elle. 212
Dieu seul peut consoler dans de pareilles souffrances.
  — Songe qu'il envoie à sainte Monique. . . . 214
374....Augustin quitte Carthage et vient se fixer à Thagaste. 216
Rapports de sainte Monique et de saint Augustin. . 216
Elle va conjurer un vieil évêque d'entrer en contro-
  verse avec son fils. 218
Belles paroles de cet évêque. 218
Monique revient un peu consolée et pleine d'espérance. 219

CHAPITRE SEPTIÈME

LES RESTES DU FEU SACRÉ. ARRIVÉE DE FAUSTE. ON COMMENCE A VOIR CE QUE PEUVENT LES LARMES D'UNE MÈRE. FIN DE LA CRISE MANICHÉENNE. 223

377....Les restes du feu sacré dans le cœur d'Augustin. . 223
Dans son esprit. 224
Dans son caractère. 225
277....De la manière dont il accomplissait ses fonctions. . 226
La mort d'un de ses jeunes amis fait jaillir en lui une
  telle source de larmes, qu'il est évident que son
  cœur n'est pas entièrement gâté. 227
378....Il quitte Thagaste et revient à Carthage, non pas con-
  verti, mais entrevoyant la vanité de ce monde. . 232
Le chant de la mort. — Ses deux parties. 233
Augustin compose son premier ouvrage. 235
Ce que dut en conclure sainte Monique. 236
A ces belles études de poésie et d'art Augustin mêle
  l'étude des sciences. 237
Comme l'avait prévu sa mère, c'est par là qu'un premier doute sur la vérité du Manichéisme s'insinue
  dans son esprit. 237
Inquiétudes d'Augustin. 238

Pour le calmer, les Manichéens lui annoncent l'arrivée d'un de leurs évêques, nommé Fauste. . . 240
Nouveaux tourments de sainte Monique en apprenant cette nouvelle. 241
Arrivée de Fauste. — Son portrait. 241
Impression qu'il fait sur Augustin. 242
Ses différentes visites à Fauste. 244
381....Il en revient désenchanté du Manichéisme. . . . 245
A qui fut dû ce résultat. 246
Admirables paroles de saint Augustin sur sa mère. . 246

CHAPITRE HUITIÈME

DÉPART D'AUGUSTIN POUR ROME. IL Y TOMBE MALADE. ON VOIT DE PLUS EN PLUS CE QUE VALENT LES LARMES D'UNE MÈRE. NOUVELLE CRISE, PLUS TERRIBLE QUE LES AUTRES. LE DOUTE ABSOLU. MONIQUE SE HATE D'ACCOURIR AU SECOURS DE SON FILS. . . . 249

382....Nobles motifs qui déterminaient Augustin à se rendre à Rome. 249
En apprenant cette nouvelle, Monique éprouve un affreux serrement de cœur. — Ce qu'était Rome à cette époque. 250
Elle décide qu'Augustin ne partira pas, ou qu'elle partira avec lui. 250
Ce n'était pas le compte d'Augustin. — Pourquoi ? . 251
Violence des transports de Monique pour empêcher Augustin de partir. 251
Augustin trompe sa mère. 252
En apprenant qu'il est parti, Monique devient folle de douleur. 254
383....Arrivée d'Augustin à Rome. 255
Ses dernières croyances s'en vont. 256
État de l'Église à ce moment. 257
Si Augustin eût jeté les yeux de ce côté, il eût été ravi. — Pourquoi il ne regarde pas l'Église. . . 259
Dernier abîme : le doute absolu. 260
Une tristesse profonde le consume. — Il tombe malade. 261
Péril immense que court son âme. 261
Il est sauvé par les larmes de sa mère. 262
Incomparable doctrine de saint Augustin. 264

Il concourt pour une chaire d'éloquence à Milan, l'obtient et part pour cette ville.	265
385....Monique, inquiète, quitte l'Afrique.	266
Elle arrive à Rome au moment où Augustin venait d'en partir.	267
Elle le suit à Milan.	268
Pourquoi Dieu l'amenait à ce moment auprès d'Augustin.	269

CHAPITRE NEUVIÈME

DERNIÈRE CRISE. L'ABIME DU DOUTE ACHÈVE DE SE CREUSER. SAINTE MONIQUE APPELLE SAINT AMBROISE A SON AIDE. POUR ÊTRE PLUS SURE DE SAUVER SON FILS, ELLE REDOUBLE DE FERVEUR. . 270

385....Après avoir donné sainte Monique à Augustin, Dieu lui avait préparé saint Ambroise. — Pourquoi ?	272
Portrait de saint Ambroise.	272
385....Première entrevue de saint Augustin et de saint Ambroise.	274
Augustin va l'entendre en public. — Son impression.	275
Sainte Monique arrive sur ces entrefaites.	277
Sa tristesse et ses espérances.	278
Elle va trouver saint Ambroise.	279
Elle se met sous sa direction.	280
Elle s'efforce de rendre plus intimes les rapports de son fils avec saint Ambroise.	281
386....Persécution de l'impératrice Justine contre saint Ambroise.	283
Grandeur d'âme de celui-ci.	283
Introduction du chant des psaumes à Milan.	284
386....Hymnes de saint Ambroise.	289
Saint Augustin est enthousiasmé de tous ces spectacles à la fois.	292
Joie élevée et profonde de sainte Monique en voyant saint Ambroise devenir un héros et un saint.	293

DES MATIÈRES 637

CHAPITRE DIXIÈME

LES PRIÈRES DE SAINTE MONIQUE COMMENCENT A ÊTRE EXAUCÉES. PREMIERS RAYONS DE LUMIÈRE DANS L'AME D'AUGUSTIN. PROFONDEUR DU PLAN ADOPTÉ PAR SAINT AMBROISE ET SUIVI PAR SAINTE MONIQUE. LA TEMPÊTE. 295

386....Augustin accompagne sa mère aux instructions d'Ambroise. 295
 Bien qu'il n'ait aucune des dispositions nécessaires, la lumière pénètre peu à peu. 296
 Premier rayon de lumière, très-doux et presque insensible. 297
 Deuxième rayon de lumière, plus vif et tout à fait brillant. 299
 Il commence à arrêter ses yeux sur le plan de l'Église. 303
 Il se résout à demeurer simple catéchumène de l'Église catholique en attendant le lever de la lumière totale. 304
386....Ce qu'il eût fallu pour hâter sa conversion ; mais Ambroise ne semblait pas s'en occuper. . . . 305
 Il semblait négliger à plaisir toutes les occasions. 306
 Explication de ce mystère. 308
386....Monique comprend la profondeur de ce plan et s'y associe. 309
 L'événement justifie la conduite d'Ambroise. . . . 310
 Lutte incomparable de la passion et de la conscience dans le cœur d'Augustin. 310
 Admirable pouvoir qu'ont reçu les mères d'exciter de tels orages dans le cœur de leurs fils. 316

CHAPITRE ONZIÈME

LE VRAI OBSTACLE. FORCE ET DÉLICATESSE AVEC LESQUELLES SAINTE MONIQUE S'APPLIQUE A L'ÉCARTER. NAISSANCE DE LA FOI DANS L'AME D'AUGUSTIN. 317

386....En quoi consistait le vrai obstacle. 318
 Beaux conseils d'Alype. — Augustin les repousse. . 318
 Profonde maladie du cœur d'Augustin. — Il n'y avait qu'un remède possible. 319

18*

Monique y pensait sans cesse. 320
Ses ardentes prières. 321
Elle s'efforce de marier son fils. 321
Douleur d'Augustin en se séparant de la mère d'Adéodat. 322
Belle conduite de celle-ci. 322
Délivré de ce joug, Augustin a un moment de paix. 323
Son rêve. 324
Nouvelle chute, plus ignominieuse que l'autre. . . 326
Toutes ses passions se réveillent. 327
Il soupire après le matérialisme le plus grossier. . . 328
Heureusement sa conscience proteste. 328
Et sa mère pleure. 330
Il rompt cette seconde chaîne. 331
De nouvelles et plus grandes lumières sont la récompense de ce sacrifice. 331
Combien l'idée de Jésus-Christ était obscurcie dans son esprit. 332
Platon commence à soulever le voile. 334
Admirable doctrine de Platon sur le Verbe. . . . 335
Émotion d'Augustin. 337
Saint Paul achève de soulever le voile en lui montrant le Verbe incarné. 340
Émotion de saint Augustin plus grande encore. . . 341
386....Les larmes commencent à couler. 343
On peut prévoir qu'Augustin ne tardera pas à se convertir. 345

CHAPITRE DOUZIÈME

DERNIÈRES INQUIÉTUDES DE SAINTE MONIQUE QUAND ELLE VOIT AUGUSTIN HÉSITER, NON PLUS EN PRÉSENCE DE LA LUMIÈRE, QU'IL POSSÈDE, MAIS DE LA VERTU, DONT IL A PEUR. LES LARMES DE CETTE MÈRE INCOMPARABLE SE CHANGENT EN JOIE. CONVERSION D'AUGUSTIN. 346

386....Augustin éclairé, mais non converti. 346
Ce qui lui manque encore. 346
Combien sainte Monique souffrait de ce retard. . . 347
Deux ailes, sans lesquelles on ne peut s'élever jusqu'à Dieu. 348

Agité, indécis, Augustin se résout à aller consulter
    un saint prêtre. 352
Ce qu'était Simplicien. 353
Ce saint vieillard raconte à Augustin la conversion
    de Victorin. 354
Cet exemple remue profondément Augustin. . . . 356
Monique croit son fils converti. — Sa déception et sa
    tristesse. 357
Visite de Potentien. 358
Histoire qu'il raconte. 362
Pendant ce temps un orage éclate dans le cœur d'Augustin. 364
Monique, avertie, se met en prière pour soutenir son
    fils dans ce dernier combat. 365
Paroles enflammées d'Augustin à Alype. 366
La tempête de son cœur le jette dans un jardin voisin de la maison de sa mère. 367
Dernière lutte. 367
Ses anciennes passions le retiennent encore. . . . 368
La chaste beauté de la continence se montre à lui. . 369
Il rougit et hésite. 369
Un affreux orage chargé d'une pluie de larmes s'élève
    dans son cœur. 369
Augustin va se jeter à terre sous un figuier. . . . 370
386....Il entend une voix d'enfant qui chante ces mots:
    Prends, lis. 371
Il ouvre les Épîtres de saint Paul. Ce qu'il y trouve. 371
Converti, il court à sa mère. 373
Joie du fils. 374
Joie de la mère. 375
On voit encore à Milan les lieux où se sont passées
    ces scènes émouvantes. 376

CHAPITRE TREIZIÈME

CASSIACUM. SAINTE MONIQUE EMMÈNE SON FILS A LA CAMPAGNE POUR LE PRÉPARER AU SAINT BAPTÊME. ELLE ASSISTE AUX CONFÉRENCES PHILOSOPHIQUES. LA MÈRE DU PLATON CHRÉTIEN. 378

386....Premières effusions de joie et de reconnaissance dans
    le cœur d'Augustin. 378

Monique heureuse 379
L'un et l'autre auraient voulu être seuls pour se livrer en paix à ces sentiments. 380
Raisons qui déterminent Augustin à attendre les vacances. 381
Il se retire à Cassiacum avec sa mère. 383
Ce qu'était Cassiacum. 384
Jeunes gens qui accompagnaient Augustin. . . . 385
Adéodat. 385
Navigius. 387
Alype. 387
Licentius et Trigetius. 387
Lastidianus et Rusticus. 389
Deux amis manquaient, et devaient, hélas! manquer toujours, Nebridius et Verecundus. 389
Sainte Monique était l'apôtre de ce petit cénacle. . 391
Pour se préparer au saint baptême, Augustin commence la lecture des Psaumes de David. — Impression profonde. 392
Monique le dirige dans cette lecture. 396
Après avoir employé la matinée à la prière, Augustin consacre sa soirée à ses chères études de philosophie 397
On a appelé Augustin le Platon chrétien. C'est à Cassiacum qu'il le devint. 398
386 ...Il exige que sa mère assiste à toutes les conférences philosophiques. 403
Belles raisons qu'il en donne. 403
Sainte Monique prenait quelquefois la parole dans ces conférences. 404
Conférence tenue le 13 novembre 386. 405
Beau génie de sainte Monique. 416

CHAPITRE QUATORZIÈME

BAPTÊME DE SAINT AUGUSTIN. JOIE DE MONIQUE EN Y ASSISTANT. LES FRUITS DU BAPTÊME DANS LE FILS ET DANS LA MÈRE. . . . 420

387....Augustin reste six mois à Cassiacum pour se préparer à son baptême. 420
Son repentir. 420
Son humilité. 421

L'amour divin commence à le consumer.	421
Son admirable confiance dans les mérites de Notre-Seigneur.	423
Ses désirs de mortifications corporelles.	425
Triste état de sa santé épuisée par le travail.	425
Grande douleur guérie par les prières de sa mère.	426
Il sent croître encore l'amour qu'il avait pour Dieu.	426
Monique heureuse attise le feu qu'elle a allumé au cœur de son fils.	428
Le carême approchant, Augustin revient à Milan et assiste au catéchisme préparatoire.	429
Cérémonie du baptême.	430
Le *Te Deum*.	433
Augustin sort transfiguré des eaux sacrées du baptême.	434
Ses torrents de larmes.	435
Ses désirs du ciel.	436
Sainte Monique plus transfigurée encore.	437
Sa foi.	438
Son espérance.	438
Sa paix.	439
Son amour pour Dieu.	439
Ce qui fait la beauté ineffable de cet amour.	440
Ses extases.	441
387....Augustin reprend le projet de vie religieuse qu'il avait eu autrefois.	442
Départ de Milan.	444

CHAPITRE QUINZIÈME

SAINTE MONIQUE MEURT DE JOIE EN VOYANT SON FILS CONVERTI. 446

387....Peu après le départ, sainte Monique a un ravissement.	446
L'idée du ciel ne la quitte plus.	447
Elle a l'air de se rendre en Afrique. En réalité elle se rend au ciel.	448
Saint Augusin et sa mère s'arrêtent près de Pise pour visiter des solitaires.	449
Arrivée à Cività-Vecchia.	450
Entrée à Rome.	450
De Rome, sainte Monique emmène son fils à Ostie.	451

TABLE

Second ravissement. 451
Après ce ravissement, sainte Monique commence à faire ses adieux à son fils. 456
Elle parle avec une grande ardeur du bonheur de la mort. 456
Son détachement de la terre. 457
Elle tombe malade 458
Troisième ravissement. 458
Elle se recueille pour se préparer à la venue de l'Époux. 459
Augustin au pied du lit de mort de sa mère . . . 460
Dernières paroles de sainte Monique 460
Sa mort. 461
Douleur d'Augustin. 462
Ses efforts pour ne pas pleurer 463
Funérailles de la sainte 464
Le lendemain, en se réveillant et se trouvant seul, Augustin ne peut plus contenir sa douleur . . . 465
Il arrose son lit de larmes. 465
Toute sa vie il porte ce deuil 466
Ses prières pour sa mère 466
Dernière page d'Augustin sur sa mère, incomparable de beauté 467

CHAPITRE SEIZIÈME

LE FILS DE TANT DE LARMES. 471

387-430. Ce sera continuer à étudier la mère que d'étudier le génie et la sainteté du fils. 472
Augustin reste une année à Rome, après la mort de sa mère. — Les visites qu'il rend à sa tombe ne sont pas étrangères au progrès de vertu qu'on remarque en lui. 473
388.... Il part pour l'Afrique et inaugure, aux portes de Thagaste, la vie monastique. 473
Il est ordonné prêtre à Hippone. 474
Vertu croissante. 475
Conduite admirable de son vieil évêque 476
Commencement des grands travaux de saint Augustin. — En y mettant de l'ordre on peut recon-

struire le monument qu'il a élevé, et qui est peut-être le plus sublime qui ait été construit en l'honneur de Dieu 478
Au frontispice, Dieu et l'âme. 479
Puis la religion 484
Et, au centre de la religion, Jésus-Christ 487
Et, pour continuer Jésus-Christ, l'Église. 489
Ces premières bases solidement établies, il entre dans l'examen approfondi des dogmes. 492
La Trinité. 492
La création 493
La chute 494
L'origine et la nature du mal. 494
Les deux cités. — Celle de Dieu, celle du démon. Leur naissance, leur progrès, leur fin 495
Puis, pour entrer dans la cité de Dieu et y vivre saintement, la Grâce. 499
Grandeur et poids de ses livres sur cette redoutable question. L'Église enthousiasmée l'a proclamé le docteur de la grâce 500
Après avoir étudié la nature de la grâce, il suit les différents canaux par où elle épanche ses eaux vives dans les entrailles de l'humanité 501
Le baptême 501
388.... La confirmation. 502
La pénitence. 502
La sainte Eucharistie 502
Le mariage 503
L'extrême-onction 503
Puis il traite des résultats divins d'une telle irrigation divine de l'humanité 503
La foi, l'espérance, l'amour 503
La chasteté, la pauvreté, l'obéissance. 503
La pénitence 503
L'amélioration, même sociale, du monde, transformé par l'Évangile 504
Ivresse des catholiques en voyant successivement sortir de terre toutes les parties de cet admirable monument. 505
Joie plus grande encore en apprenant que ce génie extraordinaire était le plus doux, le plus humble,

le plus pur, le plus saint des chrétiens. 506
Sa pauvreté 506
Sa pureté 507
Son humilité. 507
L'autorité et la tendresse de son zèle 508
La grandeur de son amour pour Dieu. 508
Son amour pour le prochain. 509
430....Il meurt consumé de tristesse, à la vue des maux
de son pays 513
Alype, son vieil ami, lui ferme les yeux, et Monique,
sa sainte mère, vient recevoir son âme. 514

CHAPITRE DIX-SEPTIÈME

COMMENCEMENT DU CULTE DE SAINTE MONIQUE. INVENTION ET TRANSLATION DE SES RELIQUES A ROME. LE PAPE MARTIN V EN RECONNAÎT L'AUTHENTICITÉ. 516

Sainte Monique demeure de longs siècles, dans la
tombe qu'elle doit à son fils, sans recevoir de culte.
Pourquoi ? 517
Elle ne monte sur les autels qu'au milieu du xve siècle. 519
1430...Martin V fait chercher ses reliques 520
Fouilles pratiquées à Ostie 521
On découvre le tombeau de la sainte. 522
1430...On l'apporte à Rome, au milieu de l'enthousiasme
du peuple 524
Caractère des miracles qui accompagnent cette translation. 525
Martin V ordonne une fête extraordinaire 527
Il vient célébrer le saint sacrifice sur le tombeau . . 527
Sermon de Martin V, qui est comme la bulle de canonisation de la Sainte. 527
Après ce sermon, Martin V procède à la translation
de ces restes précieux dans un sarcophage de marbre blanc 535
1445...Eugène IV établit une confrérie de dames pieuses
sous l'invocation de sainte Monique 537
1480...Construction d'une grande église pour abriter le tombeau de la sainte. 538
Description des peintures de cette église. 539

DES MATIÈRES 645

Triste état du monde 540
1566...Au moment où ces peintures s'achèvent, sainte Monique commence à apparaître au milieu de l'orage, comme un doux arc-en-ciel 541

CHAPITRE DIX-HUITIÈME

DÉVELOPPEMENT DU CULTE DE SAINTE MONIQUE DANS LES TEMPS MODERNES. HARMONIES DE CE CULTE AVEC NOS BESOINS ET AVEC NOS MALHEURS. 542

1576-1866. Pendant le xvi⁰ siècle, la dévotion à sainte Monique ne cesse de croître. 542
 Témoignages de piété et de vénération que sainte Monique obtient des grands saints du xvi⁰ et du xvii⁰ siècle 543
 De saint François de Sales en particulier. . . . 543
 Quelle place il voulait que sainte Monique eût dans le cœur d'une mère chrétienne 544
 Et dans celui en particulier de sainte Chantal. . . 546
 Mais c'est surtout au xix⁰ siècle que devait s'épanouir le culte de sainte Monique. 552
 Caractère de ce siècle 552
1850...Naissance de l'association des mères chrétiennes. . 552
 Subite et magnifique explosion de cette pensée . . 553
1850...En six années, l'association des mères chrétiennes a couvert le monde. 554
 Quelle place sainte Monique occupe dans cette association 555
 Discours de Monseigneur Sibour, archevêque de Paris. 556
 La douce figure de sainte Monique plane de plus en plus sur toutes les réunions des mères chrétiennes. 557
 Des jours meilleurs vont se lever. Dieu ne laissera pas périr une génération de jeunes hommes toute mouillée des larmes de leurs mères 558
 Conclusion. 558

APPENDICE

NOTES ET PIÈCES JUSTIFICATIVES DE L'HISTOIRE DE SAINTE MONIQUE

NOTE Ire. — Souk-Arras (l'ancienne Thagaste) 563
NOTE IIe. — Traditions relatives à sainte Monique. . . . 579
NOTE IIIe. — Pièces relatives à la translation du corps de sainte Monique à Rome 593
NOTE IVe — Sermon de Martin V en l'honneur de sainte Monique. 601
NOTE V^e — Sanctuaires nouveaux élevés à Thagaste et à Hippone en l'honneur de sainte Monique. . . 623

1459. — Tours, impr. Mame.

LITANIES

DE LA VIERGE SÉRAPHIQUE

SAINTE CATHERINE DE SIENNE

Du Tiers-Ordre des Frères Prêcheurs.

Seigneur, ayez pitié de nous.
Jésus, ayez pitié de nous.
Seigneur, ayez pitié de nous.
Jésus, écoutez-nous.
Jésus, exaucez-nous.
Père céleste, vrai Dieu, qui avez choisi d'une manière admirable votre fidèle servante Catherine, et qui l'avez prévenue de grâces, en lui donnant du haut des cieux votre bénédiction divine, ayez pitié de nous.
Fils de Dieu, rédempteur du monde, qui avez marqué Catherine du sceau de vos plaies sacrées, ayez pitié de nous.

Saint-Esprit, vrai Dieu, qui avez oint Catherine de l'onction de votre grâce et de beaucoup de douceurs célestes, ayez pitié de nous.

Sainte Trinité, un seul Dieu, qui avez reçu Catherine dans votre gloire, et qui l'avez signalée par beaucoup de miracles, ayez pitié de nous.

Sainte vierge Marie, mère du Fils de Dieu, que Catherine a saluée dévotement, et a servie avec ferveur dès sa plus tendre jeunesse, priez pour nous.

Sainte Catherine de Sienne, qui avez consacré votre virginité à Jésus-Christ, par l'entremise de sa chère Mère, avant l'âge de sept ans, priez pour nous.

Enfant spirituelle du Père céleste,
Epouse choisie de son fils unique,
Temple vivant du Saint-Esprit,
Imitatrice parfaite de notre bienheureux père Dominique,
Qui avez embrassé son Tiers-Ordre pour porter beaucoup de personnes à la vertu,
Qui avez formé un grand nombre de personnes à la piété solide.
Qui leur avez montré la voie, la vérité et la vie,
Qui avez été remplie de foi, d'espérance et de charité,
Qui avez été douce et aimable dans votre commerce avec le prochain, et édifiante dans toutes vos manières,
Vous dont toutes les paroles portaient les cœurs à l'amour de Dieu,
Qui avez mené sur la terre une vie irréprochable, et montré un courage admirable au moment critique de la mort,
Qui avez converti une masse de pécheurs par vos prières et vos exhortations vives et pressantes,
Qui avez servi les malades et les infirmes avec une admirable charité,
Qui avez réconcilié les ennemis les plus ardents,
Qui avez mis la paix entre les puissances divisées entre elles,
Qui avez été éprouvée de Dieu longtemps et d'une manière vraiment étonnante,
Qui avez été tourmentée non-seulement par des pensées impures, mais même par des démons sous une forme visible,

1459. — Tours, impr. Mame.

Qui avez mérité d'être consolée sensiblement de Dieu pour votre constance à toute épreuve,
Qui n'avez pris ni boire ni manger depuis le jour des Cendres jusqu'à l'Ascension,
Qui avez reçu dans votre corps virginal les plaies sacrées de Jésus, votre époux,
Qui avez soumis votre corps à l'esprit par des pénitences continuelles et indicibles,
Qui avez mis toute votre gloire dans la croix de Jésus-Christ et dans les opprobres que vous enduriez pour son nom,
Qui avez habillé notre Seigneur sous la figure d'un pauvre jeune homme,
Qui, par vos prières, avez apaisé les tempêtes de la mer,
Qui, jetée dans le feu par l'esprit malin, n'en avez reçu aucun dommage,
Qui, par vos prières, avez préservé l'âme de votre père des peines du purgatoire,
Qui, par votre intercession, avez tiré de ce feu dévorant l'âme de votre sœur qui y souffrait cruellement,
Qui, par vos larmes et vos supplications, avez préservé votre mère de la damnation éternelle qui la menaçait,

Afin que, par votre intercession, nous obtenions le pardon de nos péchés,
Afin que, par votre exemple, nous réformions en mieux notre vie actuelle,
Afin que, par votre secours, nous surmontions les embûches du démon.
Afin qu'à votre exemple, nous méprisions la vanité du monde, et comprimions la concupiscence de la chair,
Afin que les vertus théologales et morales prennent de l'accroissement en nous,
Afin que nous obtenions le don de la pureté,
Afin que nous aimions à souffrir pour Jésus-Christ, et que jamais nous ne perdions courage dans le combat,
Afin qu'après cette vie, nous puissions nous réjouir avec vous dans la bienheureuse éternité,

Agneau de Dieu, qui effacez les péchés du monde, pardonnez-nous, Seigneur.

Agneau de Dieu, qui effacez les péchés du monde, exaucez-nous, Seigneur.

Agneau de Dieu, qui effacez les péchés du monde, ayez pitié de nous.

℣. Sainte Catherine, priez pour nous.

℟. Afin que nous devenions dignes des promesses de Jésus-Christ.

PRIONS.

O Dieu, qui avez orné la bienheureuse Catherine du privilége particulier de la virginité et de la patience, et lui avez donné de vaincre les assauts du malin esprit, et de demeurer ferme dans l'amour de votre nom; accordez-nous, à son imitation, de fouler aux pieds la corruption du monde, de surmonter les embûches de tous nos ennemis, et de parvenir heureusement à la gloire. Par Jésus-Christ notre Seigneur. Ainsi soit-il.

Toulouse, Imprimerie Troyes Ouvriers Réunis.

1459. — Tours, impr. Mame.

A LA MÊME LIBRAIRIE

OUVRAGES DU MÊME AUTEUR

HISTOIRE DE SAINTE MONIQUE. Troisième édition, ornée d'une gravure de sainte Monique et de saint Augustin, d'après ARY SCHEFFER. Un beau volume in-8°. . . . . 7 fr. 50

HISTOIRE DE SAINTE CHANTAL et des origines de la Visitation, 6ᵉ édition, précédée d'une lettre de Mgr Dupanloup sur la manière d'écrire la vie des saints. 2 beaux vol. in-8°, avec 2 portraits. 12 fr. 50

— LA MÊME, 2 volumes grand in-18. . . . . 8 fr.

AGRICULTURE (L') ET LA FRANCE, discours prononcé dans la cathédrale d'Orléans le 9 mai 1868 à l'occasion du concours régional agricole, in-8°. . . . . 1 fr. 25

PANÉGYRIQUE DE JEANNE D'ARC, prononcé dans la cathédrale d'Orléans le 8 mai 1865, in-8°. *Prix net.* . . . . 1 fr. 25

PANÉGYRIQUE DE SAINTE CHANTAL, prêché à Annecy, à l'occasion du centième anniversaire de sa canonisation le 12 mras 1867 ; in-8°. 1 fr.

HISTOIRE DE SAINTE PAULE, par M. l'abbé LAGRANGE, vicaire général d'Orléans. Troisième édition. Un beau volume in-8°, avec une gravure d'après FLANDRIN. . . . . 7 fr. 50

LETTRES CHOISIES DE SAINT JÉROME, par M. l'abbé LAGRANGE, vicaire général d'Orléans. Nouvelle traduction française, avec le texte en notes. Un beau volume in-8°, avec portrait . . . . 6 fr.

HISTOIRE DE SAINT JEAN L'ÉVANGÉLISTE, par M. l'abbé BAUNARD, chanoine honoraire d'Orléans, docteur en théologie, docteur ès lettres. Un beau volume in-8°, avec portrait . . . . 7 fr 50

— LA MÊME, 2ᵉ édition, grand in-18. (*Sous presse.*)

HISTOIRE DE SAINT AMBROISE, par le même ; beau volume in-8°, avec portrait et plan de Milan. . . . . 7 fr. 50

ÉLIZABETH SETON et les commencements de l'Église catholique aux Etats-Unis, par Mᵐᵉ DE BARBEREY, 2ᵉ édition, 1 beau volume in-8°, avec portrait, carte, vues et autographes . . . . . . 7 fr. 50

LES OFFICES DE L'ÉGLISE, suivis d'un Recueil de Prières, par Mᵐᵉ DE BARBEREY. Ouvrage recommandé par un grand nombre d'Archevêques et Évêques. Troisième édition, in-32 jésus. . . . . . 4 fr.

LACORDAIRE (Le R. P.) des Frères Prêcheurs, sa vie intime et religieuse, par le R. P. CHOCARNE, du même ordre. 3ᵉ édit. 2 volumes in-8°, avec portrait gravé par M. Achille MARTINET, membre de l'Institut. *Prix net.* . . . . 8 fr.

DE MIRAMION (Mᵐᵉ DE BEAUHARNAIS), sa vie et ses œuvres charitables (1629-1696), par M. Alfred BONNEAU. Ouvrage honoré d'une lettre du Saint-Père, approuvé par NN. SS. l'Archevêque de Bourges, les Evêques d'Angers, Orléans et Poitiers, et couronné par l'Académie française. Un beau volume in-8°, avec portrait. . . . . . 6 fr.

DICTIONNAIRE UNIVERSEL DES SCIENCES ECCLÉSIASTIQUES, Histoire de la Religion et de l'Église. — Discipline ecclésiastique. — Liturgie. — Théologie dogmatique et morale. — Droit canon. — Hagiographie. — Papes. — Conciles. — Siéges épiscopaux. — Abbayes. — Ordres religieux. — Schismes. — Hérésies. — Exégèse biblique. — Biographie et Bibliographie religieuse, par M. l'abbé J.-B. GLAIRE, ancien conseiller de l'Université, ancien doyen et professeur d'hébreu et d'écriture sainte à la faculté de théologie de Paris. 2 très-forts volumes grand in-8°, faisant ensemble plus de 2,500 pages. . . . . 32 fr.

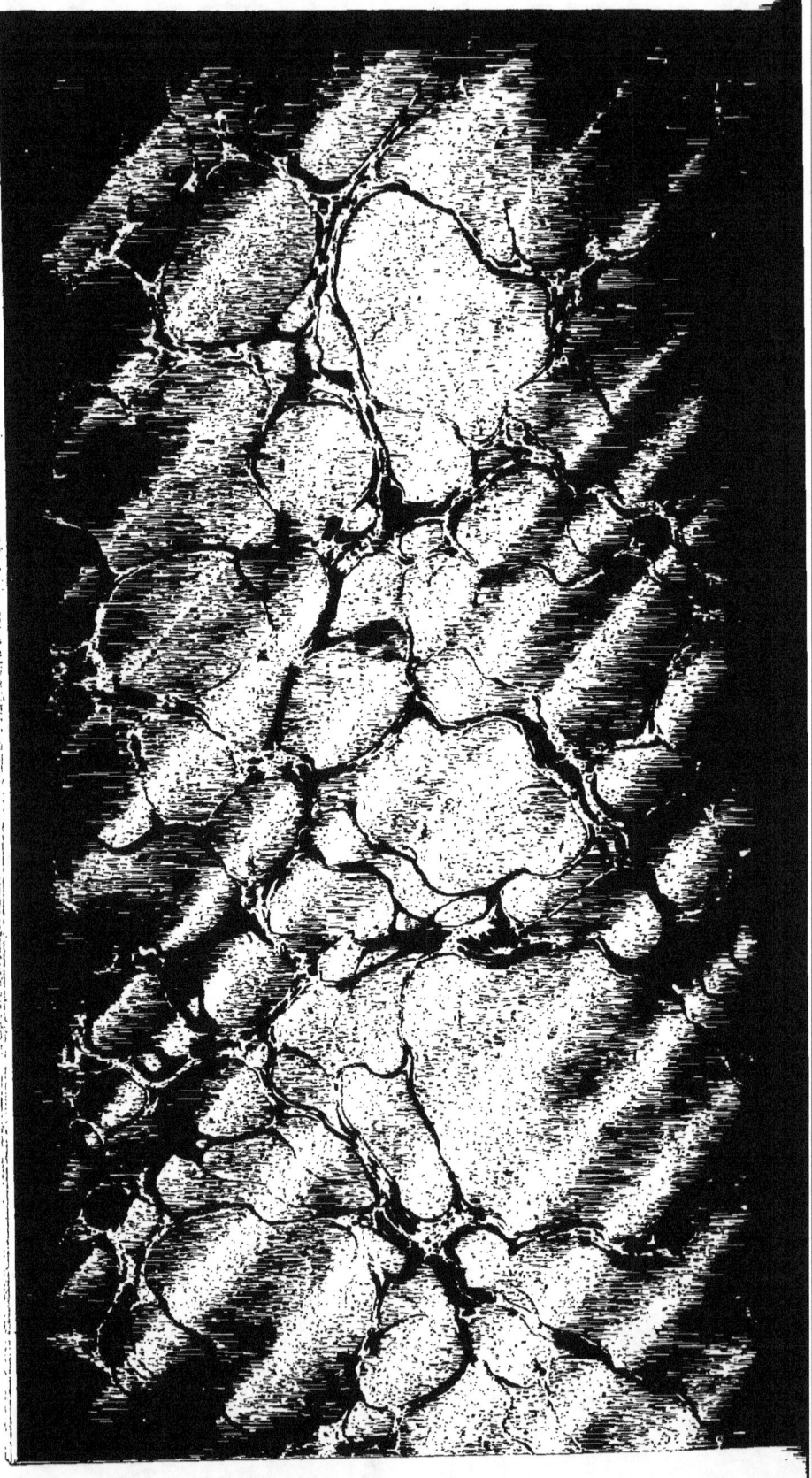

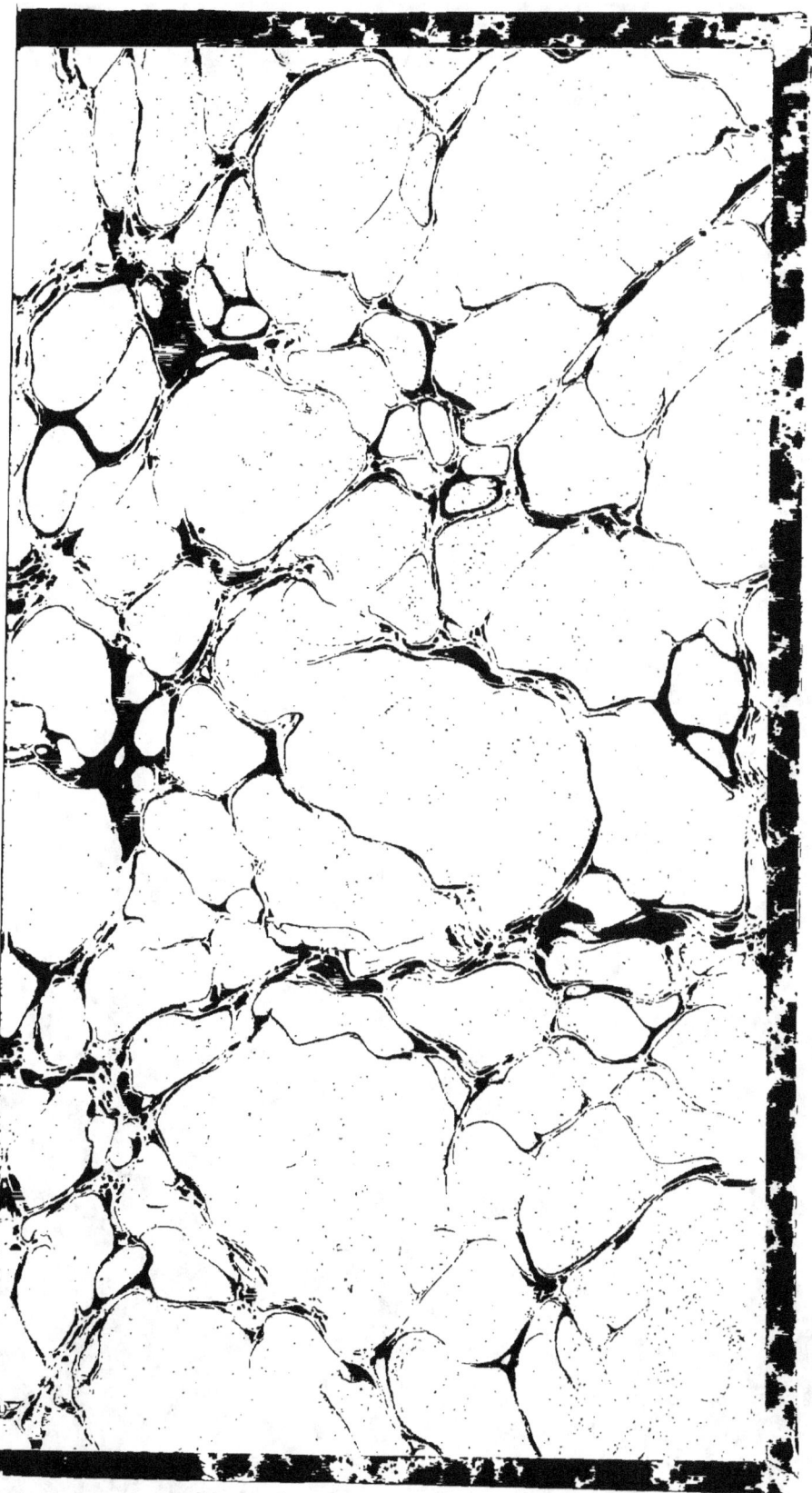

www.ingramcontent.com/pod-product-compliance
Lightning Source LLC
Chambersburg PA
CBHW050105230426
43664CB00010B/1446